금관·아라국과 일본국가의 기원

안 봉 익 지음

가우재

머 리 말

　일본 연구자들이 창작한 임나사는 고대 우리나라 남부에 존재했던 가야에 대한 왜곡된 역사이다.
　제국주의자들은 『삼국사기』 초기기록 불신론과 황국사관에 기초한 『일본서기』의 해석에 근거하여 고대 한국이 일본에 의해 건국되었으며 왜가 가야를 지배하였다는 임나일본부식 사관으로 무장한 채 한반도를 강제 병합하였다. 종전 후에도 일본 연구자들은 스에마쓰를 필두로 고대 한반도 지배사관에 대한 논의를 계속하였으나 한국 연구자들은 이에 대한 심도 있는 반박은 하지 않은 채 의도적 무시와 소극적 태도를 견지하였다. 그 결과 일본학계는 『삼국사기』 초기기록 불신론과 『일본서기』 신공기의 임나정벌 기사에 대한 논의를 심화시켜 남선경영론을 더욱 공고히 함으로써 역사적으로 가야를 일본의 땅으로 편입시켰다.
　반면에 우리 학계는 가야와 일본열도의 관계를 적극적으로 규명하기보다는 제국주의의 유산인 『삼국사기』 초기기록 불신론을 고대사에 촘촘하게 접목시켜 가야를 고대국가로 발전하지 못하고 역사의 뒤안길로 사라진 소국 연맹체로 규정하거나 백제에 부용된 약소국 집단으로 취급하였다. 그러나 가야는 오랜 기간 왜의 지배를 받았거나 백제에 부용된 약소국이 아니었으며, 오히려 초기부터 강대한 힘을 바탕으로 승국과 교통하였고 일본으로 뻗어나갔다. 고대 삼한에서 신라통일에 이르기까지 수많은 한국인이 일본열도로 건너가 선진문물을 전파하였고 가야가 주축이 되어 고대 일본국가를 세웠다.
　일본인이 한반도로부터 생겨났다는 것은 유전학적으로도 숨길 수 없는 과학적 사실이며, 『삼국사기』와 『일본서기』를 제대로 해석하고 일본열도 전체에 퍼져 있는 한국계 지명과 유물을 살펴보면 그 역사적 증거 또한 차고도 넘친다. 사실이 이러함에도 제국주의자들에 의해 왜곡된 역사관은 마침내 한반도 침략으로 이끈 결과를 초래하였다.

한일 간 고대 이동의 역사를 상고하는 목적은 서로 간의 독자적 정체성을 인정하되 원초적 동질성을 확보함으로써 화합과 평화를 도모하는 데 있어야 하며, 왜곡된 과거를 인출하여 현재화시키거나 미래의 잠재적 권리로 상정하는 데 있어서는 안 된다.

오늘날 미국이 영국과 영원한 우방으로 남아 있는 이유는 무엇인가? 그들이 영국에서 신대륙으로 건너온 청교도의 후예라는 역사 인식이 미국 시민사회에 면면히 흐르고 있기 때문이다. 근대 일본 사람들의 의식의 심연에 고대로부터 이어지는 친연성의 역사가 대를 이어 철저하게 인지되고 제대로 된 역사관이 뿌리박혀 있었다면 제국주의자들에 의해 자행되었던 불행한 역사는 막을 수 있었을지도 모르며, 그러지 못했더라도 진심 어린 참회는 즉시 뒤따랐을 것이다.

『삼국사기』 초기기록 불신론 및 『일본서기』에 대한 편향적 해석은 아직껏 한일 양국에서 유효하게 작용하여 역사 왜곡을 더욱 공고히 하는 두 기둥으로 버티고 있다.

고대사 왜곡에 의한 역사의 퇴행은 사라져야 하며 상호 발전적이고도 평화로운 관계가 확고히 정립되어야 한다. 그러기 위해서는 한일 간 역사적 단절의 장막을 걷어내고 고대로부터 면면히 이어져 온 이동과 교류의 역사에 대한 진지한 성찰을 통하여 제국주의자들에 의해 왜곡된 고대사를 제대로 복원해야 한다.

이러한 당위를 간직한 채 오랜 기간 고대 한국과 일본에 관한 사료를 섭렵하고 혼돈의 불모지에서 내전을 치르듯 오로지 외로운 열망에 이끌려 탄생한 결과물이 보잘것없지만 바로 이 책이다.

가야사의 비밀을 밝히고 싶은 마음은 가야고분군을 거의 매일 대하던 초등학교 때부터 시작되었고, 고교 시절 국사를 공부하던 중 광개토왕비문 신묘년 기사에 대한 일본 측의 해석을 대하면서 구체화되었으나 생각은 현실의 벽을 넘지 못하였다.

그런데도 가야사 연구를 향한 희망은 잠재되어 있었으나, 대학 졸업 후 공직에 입문하면서 바쁘기도 하거니와 업무와 무관한 일을 할 수 없다고 판단했기에 틈틈이 고대사 관련 자료를 읽으며 후일을 기약하였다.

가야사의 지식은 쌓였으나 정리되지 못한 채 잡다하였다. 그러다가 직장 내 모임인 문화유적답사회가 신설되고 그 모임의 회장을 맡아 가야 유적지를 탐사하고 사료를 면밀히 검토하면서 희망은 열망으로 진화되어 폭발 직전으로 치달았다.

결국 가야사에 대한 열망 때문에 공직을 소홀히 할 수 없다는 결론에 이르러 직장을 명예 퇴임하였고, 그때부터 지금까지 5년여의 기간 다른 일은 제쳐둔 채 오로지 가야사와 고대 한일관계사 연구에 몰입하였다.

고대사 자료를 벗 삼아 숱한 밤을 지새웠고 유적지를 직접 보기 위해 거제 아주동고분군에서 파주 오두산성에 이르기까지 전국을 발로 뛰었다. 가야사는 척박했고 흔적은 곳곳에 흩어져 있었다. 가야사의 공백은 한때의 절망만큼이나 깊고 넓었다.

연구지 여러 분들의 글은 당부를 떠나 옛길을 더듬어 가는데 큰 도움이 되었다. 어려운 환경 속에서도 역사학을 발전시켜온 그분들의 노고에 경의를 표한다. 아울러, 이 책이 출간되기까지 수고를 아끼지 않으신 모든 분들께도 감사드린다.

차 례

머리말

제1장 개설

I. 『삼국사기』 초기기록 불신론의 극복

1. 개요 15
2. 초기기록 불신론에 대한 분석 및 비판 18
   가. 일본 연구자들의 견해 및 비판 18
   나. 우리나라 연구자들의 견해 및 비판 21
3. 『삼국지』 위서 한조 및 『일본서기』에 대한 검토 25
   가. 위서 한조의 시기별 구분 여부 검토 25
   나. 『일본서기』의 기년 오류와 이주갑 인상 29
4. 『삼국사기』 초기기록의 정확성 확증 32
   가. 김부식의 사관과 『삼국사기』의 편찬 32
   나. 『고기』를 바탕으로 한 중국 사서와의 비교 분석 39
   다. 『삼국사기』 스스로 보여주는 초기 왕계의 정확성 41
   라. 고고학적 검증 43

5. 결론 - 『삼국사기』 초기기록 불신론의 소멸을 위하여   46

II. 국가 기원에 대한 연구방법론

1. 일본 우월주의와 일선동조론   48
2. 고대 한반도와 일본열도의 관계   50
3. 국가 기원에 대한 연구방법론   55
  가. 구체적 방법론   55
  나. 일본국가 기원으로서의 가야   57

제2장 가야사 총설

I. 가야의 기원 마한·변한

1. 개요   69
2. 가야의 기원에 대한 기존 견해 검토   71
3. 가야의 기원 마한·변한   73
  가. 진국과 삼한의 관계   73
  나. 진왕의 왕권과 통치 범위   76
4. 삼한의 멸망 시기에 대한 검토   82
5. 마한 지배층의 동향과 가야의 건국   91
  가. 마한 지배층의 동향   91
  나. 가야의 건국   95

II. 가야와 임나의 관계

1. 가라와 가야의 의미 98
2. 가야와 임나의 관계 101
   가. 영역의 동일성 여부 101
   나. 협의의 임나 위치 비정 및 임나의 의미 106

제3장 금관국과 구주 야마대의 기원

I. 개관

1. 금관국의 국명 유래 115
2. 금관국의 형성 및 인구 규모 117
3. 금관국의 입지 및 유적 120

II. 금관국의 초기 발전과 구주 야마대의 탄생

1. 수로왕의 왕권 강화 123
   가. 수로왕의 수명과 재위 기간 123
   나. 수로왕의 왕권 강화 129
2. 영역 확장을 통한 금관국의 성장 130
3. 허왕후와 가야불교 134
   가. 허왕후의 출자 134
   나. 가야불교의 전래 시기 146
4. 구주 야마대의 탄생 153

가. 천손강림신화의 실체　153
　나. 구주 야마대의 탄생　156

Ⅲ. 수로왕계의 일시 단절 및 신공에 의한 회복
 1. 수로왕계의 일시 단절　163
 2. 신공에 의한 수로왕계 회복　176
　가. 신공의 실재성과 이주갑인상론　176
　나. 비미호의 한반도 관련성　188
　다. 비미호의 일본 이거 과정　191
　라. 수로왕계 회복　193

Ⅳ. 「연오랑세오녀」 설화의 원형
 1. 기존 견해 검토　208
 2. 연오랑·세오녀와 숭신·신공의 동일성 검토　214
 3. 『삼국사기』 분석을 통한 설화의 실재성 확인　216

제4장 아라국과 일본국가의 기원

Ⅰ. 개관
 1. 아라국의 국명 유래　223
 2. 지형 및 유적　227
 3. 아라국의 인구규모 및 영역　232

Ⅱ. 아라가야 전쟁

1. 개요 236
2. 전쟁 시기·원인 및 대상국 238
3. 포상팔국의 위치 비정 245
   가. 칠포국의 위치 비정 245
   나. 포상 4국과 임나 4현 253

Ⅲ. 아라국의 교역 확대 및 영토 확장

1. 아라국의 대왜교역 확대 과정 270
   가. 아라국의 신항로 개척 270
   나. 교역품 개발을 통한 대왜교역 독점 274
2. 아라사등의 일본열도 진출과 영토 확장 281
   가. 아라사등과 천일창의 동일성 검토 281
   나. 아라사등의 실체 및 일본 진출 시기 283
   다. 아라국의 영토 확장 284
3. 중국과의 교섭 - 『진서』 진한전의 재검토 295

Ⅳ. 일본국가 수립과 고대 한일관계

1. 천일창과 응신의 동일성 검증 301
   가. 천일창의 출자 및 일본열도 진출 시기 301
   나. 천일창과 응신의 동일성 검증 306
2. 응신에 의한 일본국가 수립 314
   가. 광개토왕비문 신묘년 기사의 실체 314

1) 개요 314
  2) 신묘년 기사 연구의 흐름 및 비판 319
  3) 『삼국사기』 분석을 통한 기사의 실체 규명 327
 나. 응신의 일본 건국과 고대 한일관계 333
  1) 응신의 일본열도 진출 및 대화정권 수립 333
  2) 응신의 1차 군사 지원 345
  3) 광개토왕의 백제정벌 346
  4) 백제의 볼모 파견 및 응신의 2차 군사 지원 349
  5) 고구려의 남정 및 백제·아라·왜 연합군의 응전 352
  6) 한반도인의 대규모 일본열도 진출 360
 3. 소시모리의 위치와 함안 365

V. 아라국의 멸망과 아막성 전투
1. 아라국의 멸망 370
2. 아막성 전투 374

제5장 한일 고대사의 쟁점 검토

I. 칠지도의 실체
1. 의의 385
2. 연구의 전개 과정 및 비판 385
3. 칠지도의 실체 389

Ⅱ. 왜오왕 기사의 의미
 1. 『송서』 기사 분석   396
 2. 연구 개요 및 비판   398
 3. 결론   401

Ⅲ. 임나일본부와 임나의 조
 1. 임나일본부   404
   가. 의의   404
   나. 연구 동향   405
   다. 임나일본부의 실상   407
 2. 임나의 조   409
   가. 의의   409
   나. 연구 개요 및 비판   410
   다. 결론   414

참고문헌

찾아보기

제1장 개설

I. 『삼국사기』 초기기록 불신론의 극복

II. 국가 기원에 대한 연구방법론

I. 『삼국사기』 초기기록 불신론의 극복

1. 개요

우리나라 고대사 전반에 검은 그림자가 드리워져 있다. 이 검고 거대한 그림자는 근대 일본열도에서 처음 만들어져 위세를 떨쳤고 그 뒤 한반도로 건너와 더욱 치밀하게 변장(變裝)함으로써 지금까지도 우리 사학계에 붙박여 역사를 왜곡하고 있다.

그 실체는 바로『삼국사기』 초기기록 불신론이다.『삼국사기』 초기기록 불신론은 김부식 등이 삼국의 초기 역사를 편찬하면서 실재가 아닌 전설과 허구를 역사적 사실로 꾸며 조작(造作)하였으므로 믿을 수 없다는 것이다.

『삼국사기』 초기기록 불신론은 아직껏 학계의 통설로 자리매김하고 있으며 우리 고대사의 전 분야에 걸쳐 그 맹위를 떨치고 있다. 본격적인 가야사에 들어가기 전에『삼국사기』 초기기록 불신론을 가장 먼저 거론해야 하는 이유는 이 논지가 제국주의자들의 조선 침략을 정당화하기 위한 수단으로 일본 연구자들에 의해 처음 체계적으로 만들어져 한반도 침탈의 강력한 논거로 사용되었고, 오늘날에 이르기까지 한일 사학계에서 널리 통용되고 있으므로 초기기록 불신론의 장막을 걷어내지 않고는 제대로 된 고대사는 물론 정확한 가야사를 전개할 수 없기 때문이다.

『삼국사기』에 대한 비판은 일제시기에 앞서 조선시대에도 있기는 하였다. 그러나 그 비판은 『삼국사기』 초기기록에 대한 구체적 허위를 주장하는 지점에 있지 않았고 단지 유학(儒學)의 입장에서 『삼국사기』가 정통 역사체계를 갖추지 않았다는 데 집중되었다.

조선 초기 유학자인 권근은 『삼국사기』의 편찬체계가 춘추(春秋)와 어긋난다고 하였다.1) 『삼국사기』가 괴력난신(怪力亂神)을 배격하고 남녀 구별을 기본으로 하는 유교의 이념과 가르침을 따르지 않았다는 것이다.

즉, 신라 시조 박혁거세거서간의 탄생이 괴이하며 거서간의 비(妃) 알영과 탈해이사금의 출생 역시 정상이 아니라고 하였고, 신라 시조 5년(서기전 53)조에서 알영을 시조와 함께 이성(二聖)이라고 칭한 것은2) 잘못이며, 시조 17년(서기전 41)에 거서간이 6부를 순행하여 안무하고 농업과 잠업을 장려할 때 알영과 동행한 기사3)에 대하여 "부인은 바깥일을 보는 법이 없으므로 규문(閨門) 밖으로 나가지 않아야 한다. 그런데도 여자인 비가 왕을 따라간 것은 예가 아니다."라는 이유로 비판하였다.4)

권근이 박혁거세거서간에 대한 기사 자체의 허구성을 비판하지 않고 단지 유교적 관점에서만 문제를 제기한 밑바탕에는 신라본기 박혁거세거서간 기사가 사실에 기초하고 있다는 것을 전제하고 있다.

그 외 『삼국사기』의 내용이 "지나치게 길다(冗長)"라고 하거나5) "적고 빠진 것이 많다(疏漏)"라고 하는6) 등 주관적으로 평가를 달리하는 사례는 있어도 『삼국사기』가 기술하는 내용 그 자체에 대한 허위를 구체적으로 주장하지 않았다.

---

1) 『東文選』 券44, 進三國史略箋.
2) 『三國史記』 卷1, 新羅本紀1 赫居世居西干 5年 1月條.
3) 『三國史記』 卷1, 新羅本紀1 赫居世居西干 17年條.
4) 『東國通鑑』 券1, 三國紀 新羅始祖.
5) 『東文選』 卷41, 擬請刊行東國史略箋.
6) 『順庵先生文集』 卷10, 東史問答.

『삼국사기』 초기기록 자체를 허위로 여기는 불신론은 일본 제국주의 시기에 처음 체계화되었다. 일제가 『삼국사기』 초기기록을 허위로 몰아붙인 이유는 한반도 침략을 정당화하기 위해서였다.

군국주의 일본이 조선 침탈에 대한 역사적 정당성을 확보하기 위해 천손족(天孫族)인 고대 일본이 한반도 남부를 지배하였다는 논리에 기초하여 『일본서기』 신공기의 삼한정벌 기사와 임나일본부에 근거한 남선경영론(南鮮經營論)을 역사적 사실로 만들고, 그것을 바탕으로 침략의 대의명분을 완성하는데 가장 큰 걸림돌로 작용한 것이 바로 『삼국사기』 초기기록이었다.

『삼국사기』 초기기록 어디에도 왜가 군대를 동원하여 한반도로 건너와서 가야, 신라와 백제지역을 점령한 다음 군사적으로 지배하였다는 내용이 단 한 줄도 없고 임나일본부에 대한 언급도 전혀 없다.

오히려 신라본기를 보면 박혁거세거서간 8년(서기전 50)에 "왜가 군사를 몰아 변경을 침범하려다가 시조가 신덕(神德)이 있다는 말을 듣고 곧 돌아갔다."라고 되어 있고,[7] 거서간 38년(서기전 20)에 마한 왕이 조공하지 않은 것을 책망하자 사자로 간 호공이 "신라에는 두 성인이 나라를 세운 후 인사가 정비되고 하늘이 온화하여 곳간마다 가득 차고 백성들은 서로 공경한다. 진한의 유민으로부터 변한, 낙랑은 물론 왜인에 이르기까지 저절로 두려움을 품고 있다."라고 하는[8] 등 건국 초기부터 신라가 강국으로 기록되어 있다.

또한 남해차차웅 11년(14)에 왜인이 100여 척의 병선을 보내 해변의 백성들을 노략질하였으나 6부의 군사로 막게 하였고,[9] 내해이사금 13년(208) 4월에 이벌찬 이음이 변경에 침략한 왜인을 패퇴시켰으며,[10] 조

---

[7] 『三國史記』 卷1, 新羅本紀1 赫居世居西干 8年條.
[8] 『三國史記』 卷1, 新羅本紀1 赫居世居西干 38年 2月條.
[9] 『三國史記』 卷1, 新羅本紀1 南解次次雄 11年條.

개설 17

분이사금 3년(232) 4월에 왜인이 금성까지 쳐들어오자 이사금이 직접 나가 추격하여 격퇴하였고,11) 이사금 4년(233) 7월에는 이찬 우로가 사도에서 바람을 따라 불을 질러 왜군의 배를 태워 모두 바다에 빠뜨려 죽게 하였다고 되어 있다.12)

그 외에도 유례이사금 9년(292) 6월에는 일길찬 대곡이 사도성을 공격한 왜군을 물리쳤으며,13) 흘해이사금 37년(346)에 풍도에서 민가를 노략질하던 왜군을 강세가 기병으로 격퇴하였고,14) 내물이사금 9년(364) 4월15) 및 38년(393)16)에도 왜군이 대거 침입하였으나 두 차례 모두 대승을 거두었다고 한다.

이처럼 『삼국사기』 신라본기를 보면 초기에서 중기에 이르기까지 신라가 왜를 격퇴하는 기사가 다수 기록되어 있다.

2. 초기기록 불신론에 대한 분석 및 비판
가. 일본 연구자들의 견해 및 비판

『삼국사기』 신라본기의 초기기록을 살펴보면 신라가 초기부터 강국이었고 왜를 물리친 사실이 기록되어 있으므로 『일본서기』 신공기의 신라 정벌 기사는 허위라고 할 수밖에 없다. 백제본기를 살펴보더라도 초기에 왜와의 접촉 흔적이 전혀 없을뿐더러 온조왕 때부터 활발한 정복활동을 전개함으로써 백제 역시 강국으로 되어 있다. 이처럼 고대 일본이 한반도 남부를 일정 기간 지배하였다는 흔적을 터럭만큼이라도 찾을 수 없어

---

10) 『三國史記』 卷2, 新羅本紀2 奈解尼師今 13年 4月條.
11) 『三國史記』 卷2, 新羅本紀2 助賁尼師今 3年 4月條.
12) 『三國史記』 卷2, 新羅本紀2 助賁尼師今 4年 7月條.
13) 『三國史記』 卷2, 新羅本紀2 儒禮尼師今 9年 6月條.
14) 『三國史記』 卷2, 新羅本紀2 訖解尼師今 37年條.
15) 『三國史記』 卷3, 新羅本紀3 奈勿尼師今 9年 4月條.
16) 『三國史記』 卷3, 新羅本紀3 奈勿尼師今 38年條.

침략의 역사적 명분을 확보할 수 없었기에 일본 연구자들은 『삼국사기』 초기기록을 허위로 몰아붙이는데 전력을 기울였다.

불신론을 체계화한 쓰다 소키치(津田左右吉)는 "『삼국사기』 상대(上代)의 부분은 역사로서 믿을 수 없다."라고 전제한 다음, 백제본기 중 근초고왕 이후는 믿을 수 있으나 그 전의 기록은 후세의 사가에 의해 조작되었다고 주장하였다.[17]

쓰다는 신라본기에 대한 편을 따로 만들어 신라의 초기기록을 부정하면서 "신라기의 상대 부분에서 왜와 관련한 기사는 사료로서의 가치가 없다."라고 하였으며, 나아가 신라 초기기록뿐만 아니라 신라 중대에 해당하는 "실성이사금(402~417) 대의 기록도 명백히 허구"라고 하였다.[18]

신라본기에는 실성이사금 4년(405)에 왜군이 군사를 이끌고 쳐들어와 명활성을 공략하다가 이기지 못하고 돌아갔으며 이때 이사금이 독산 남쪽에서 기병으로 왜군을 공격하여 두 번이나 승리하였다는 기사가 있는데,[19] 쓰다는 특별한 논거 없이 당시 왜군이 초기에 신라를 압도하였는데도 패배했다는 것은 믿을 수 없다고 하였다.

이마니시 류(今西龍)도 "계왕 이전의 기사는 백제 중세에 제작분식(製作粉飾)된 것이라고 하여 그 신뢰성을 부정하면서 『일본서기』 신공기에 근초고왕이 처음 등장한다는 이유로 백제본기 기사 중 근초고왕 이후는 역사적 사실이라고 하였고,[20] 스에마쓰 야스카즈(末松保和)는 백제본기에 기록된 "서기전 18년(온조 즉위년)부터 서기 371년(근초고왕 26년)에 이르기까지의 약 400년간은 전설이며 역사적 사실로 입증할 수 없다."라고 함으로써 백제본기 초기기록을 부정하였다.[21]

---

17) 津田左右吉, 『古事記及び日本書紀の新研究』, 洛陽堂, 1919, 34~35쪽.
18) 津田左右吉, 위의 책, 560~562쪽.
19) 『三國史記』 卷3, 新羅本紀3 實聖尼師今 4年 4月條.
20) 今西龍, 『百濟史研究』, 近澤書店, 1934, 269쪽.

쓰다를 비롯한 다른 연구자들과 달리 스에마쓰가 근초고왕 26년(371)을 콕 집어서 그때까지의 기록을 믿을 수 없다고 한 이유를 살펴보면 다음과 같다.

> 근초고왕 26년, 고구려가 군사를 일으켜 들어왔다. 왕이 이를 듣고 복병을 패하(浿河) 강변에 숨겨두었다가 불시에 공격하니 고구려가 패배하였다.
> 겨울에 왕이 태자와 함께 정예군 3만 명을 거느리고 평양성을 공격하였다. 고구려 왕 사유(斯由)가 힘을 다해 항전하다가 유시(流矢)에 맞아 죽었고, 이에 왕이 군사를 이끌고 물러났다.22)

근초고왕의 고구려 공격은 고구려본기에도 백제왕이 병사 3만 명을 거느리고 평양성을 공격하였다고 기록된 만큼23) 역사적 사실이다. 그러나 당시 백제가 정예 병사를 3만 명이나 동원하여 고구려를 공격할 만큼 강국이었다면 왜가 백제를 지배하였다는 논리가 도저히 성립할 수 없기에 근초고왕 26년까지 부정하였다.

그는 이에 그치지 않고 신라본기의 초기기록에 대하여도 허위라고 주장하였는데, 특히 아라가야 전쟁 기사에 기록된 "가라, 아라도 편찬자의 조작"이고 아라가야 전쟁에 관한 기록은 "고려시대의 전승"일 뿐이며 역사적 사실은 아니라고 하면서 『삼국사기』의 가야 관련 기록마저 허위라고 몰아붙였다.24)

스에마쓰가 근초고왕 26년까지 부정한 것은 신공기 49년조에 역사적 사실성을 부여하기 위한 필사적 조치였다면, 아라가야 전쟁까지 허위기사라고 주장한 이면에는 이 전쟁의 진실이 밝혀지면 일본 건국의 실체

---

21) 末松保和, 『任那興亡史』, 吉川弘文館, 1961, 60~61쪽.
22) 『三國史記』 卷24, 百濟本紀2 近肖古王 26年條.
23) 『三國史記』 卷18, 高句麗本紀6 故國原王 41年條.
24) 末松保和, 위의 책, 218~221쪽.

가 드러날지도 모른다는 염려가 작용하였을지도 모를 일이다.

그 외에도 일제 시기 수많은 일본 연구자들이 『삼국사기』 초기기록 불신론을 전파하였으며 근래에 이르기까지 이러한 경향은 바뀌지 않고 있다.25)

일본 연구자들이 『삼국사기』 초기기록 불신론에 대한 근거로 삼은 주요 사료는 『삼국지』 위서 및 『일본서기』의 기록이었다. 위서에 기록된 바와 같이 한반도 남부는 서기 3세기까지 마한 54개국, 진·변한 24개국으로 분립된 소국이 난립한 시기였으므로 진한 소국에 불과한 신라가 여러 번에 걸쳐 왜를 격퇴할 수 없으며, 『일본서기』를 살펴보면 4세기경 왜가 신라, 가야 등 지역을 공략하여 한반도 남부를 지배한 것이 확실한데도 이에 대한 기록이 『삼국사기』에는 전혀 없으므로 허위라는 주장이 그 요지였다.

나. 우리나라 연구자들의 견해 및 비판

이처럼 일본 연구자들이 『삼국사기』를 왜곡하는 동안 우리 학계는 무엇을 하고 있었던가? 안타깝게도, 우리나라 연구자들은 광복 이후 임나일본부설은 부정하면서도 일제의 『삼국사기』 초기기록 불신론은 충실히 계승하였다.

이병도는 『삼국사기』 백제본기 고이왕 이전의 기록은 "부회조작(附會造作)"한 것이 많아 믿을 수 없고, 고이왕은 『주서(周書)』 백제전의 구태(仇台)와 동일 인물이며 구태가 대방에 나라를 세웠다는 기록이 있으므로26) 고이왕이 백제의 시조이며,27) 신라본기 내물이사금 이전의 기록은 백제의 고

---

25) 야마오 유키히사(山尾幸久)는 백제 근초고왕 및 신라 내물이사금 전의 기록은 믿을 수 없으며 전설의 시대라고 규정하였다(山尾幸久, 『古代の日朝関係』, 塙書房, 1989, 281쪽).
26) 『周書』 卷49, 列傳 41 百濟傳.

이왕 이전과 마찬가지로 믿을 수 없다고 하였다.28)

그러나 『주서』 백제전의 구태가 고이왕과 동일 인물이라는 근거는 어디에도 없으며, 신라본기에 객관적으로 인정할만한 허구나 역사적 사실이 아닌 것을 억지로 끌어 붙여 허위로 만들었다고 납득할만한 사료를 제시하지 않은 채 신라본기 초기왕계도 부정하였다.

이병도의 『삼국사기』 초기기록 불신론은 가야사로 확장되어 수로왕을 3세기경의 인물로 보았다.29) 이에 의하면 『삼국사기』 열전 김유신전에 수로왕이 김유신의 12대조라고 기록된 기사를 근거로 1세 평균 30년으로 역산하여 수로왕의 재위 시기를 중국의 삼국시대나 후한 말기인 3세기경이라고 하였다.

역사학에 '1세 평균 30년'과 같은 정태적인 산술학을 적용하는 것도 필요하지만 다른 사료가 전혀 없을 때 한정되어야 한다. 엄연히 『삼국사기』라는 역사서가 있을 뿐만 아니라 『삼국유사』 등 참고할 만한 문헌이 있음에도 불구하고 이를 무시하고, 또한 문헌을 보증할 수 있는 고고학적 자료 등에 대한 종합적이고도 치밀한 검토 없이 단순히 고정적이고 정태적인 산술의 편리한 잣대에 의거 역사를 재단하는 논리는 지양되어야 한다.

---

27) 李丙燾, 『韓國史 : 古代篇』, 乙酉文化社, 1959, 350~351쪽. 이에 의하면, 『周書』 百濟傳의 '仇台'가 '구이'로도 발음되므로 '古尒'와 동일 인물로 간주하고 있으나 '古尒'를 '仇台'로도 불렸다는 문헌사료는 없으며 '仇台'와 '古尒'는 그 형태나 의미를 살펴보더라도 서로 연관지을 수 없는 다른 글자로 보이므로 서로 음이 비슷하다는 이유만으로 '古尒'와 '仇台'를 동일 인물로 볼 수 없다. 더구나 부여계통의 인명에 '尉仇台', '優台', '夫台', '好台' 등이 있는데, 관명으로서의 優台(於台)는 '웃치'로 읽어야 하므로 '台'는 '이'보다는 '치'나 '디'로 읽어 '태'음을 취해야 한다는 견해도 있는 만큼(李弘稙, 「百濟 建國說話에 대한 再檢討」, 『韓國古代史의 研究』, 新丘文化社, 1971, 331~332쪽) '仇台'를 '古尒'로 연결하기 힘들다.
28) 李丙燾, 위의 책, 375쪽.
29) 李丙燾, 『韓國古代史研究』, 博英社, 1976, 321쪽.

이기백도 신라의 시조 박혁거세거서간의 기사를 "전설"로 간주하면서 신라의 실질적 건국자는 내물이사금이며,30) 백제는 고이왕이 27년(260)에 6좌평을 두어 업무를 분장하고 16관등을 설정하여 등급에 따라 복색을 제정하는 등 국가제도를 정비한 것을 들어 건국 시조라고 하였다.31)

이러한 주장을 담은 『삼국사기』 초기기록 불신론은 학계에서 이어져 지금까지도 한국 고대사의 통설로 자리하고 있다.

초기기록을 통째로 무시하는 기존의 통설에 대한 반성으로 이른바 『삼국사기』 초기기록 수정론이 제시되었는데, 주로 신라사를 중심으로 그전에 전설로 취급된 박혁거세거서간을 비롯한 초기 왕계를 역사적 실체로 인정하되 그 성립 시기를 하향하여 수정하는 방향으로 이루어졌다.

수정론을 최초로 제기한 김철준은 『삼국사기』 신라본기의 세계(世系)는 믿을 수 없고, 오히려 열전에 기록된 눌지마립간 때 박제상의 세계는 "고전에 '변개(變改)'를 가하지 않고 그대로 수록한 것으로 귀중한 사료적 가치"가 있다고 하였다. 즉, "박제상이 파사이사금의 5세손"이라고 하는 열전 기사를 근거로 "눌지의 즉위년인 417년에 박제상의 나이가 30세라고 가정하고 '1대 평균 30년'으로 잡아 역산하면 417-(30×5+30)=237로 파사이사금은 237년경의 인물"이며, "파사가 혁거세의 증손"이라는 신라본기의 세계를 적용하여 계산하면 "237-(30×3)=147"이 되어 혁거세가 147년경에 대두한 것으로 추정하였다. 또한 김알지는 146년 또는 147년경에, 석탈해는 177년경에 그 세력이 출현한 것으로 보았다.32)

그러나 신라초기 왕성인 박·석·김의 세계(世系)가 선후(先後) 관계가 아니라 병렬(竝列) 관계라고 하는 것은 제2대 남해차차웅 때부터 신라

---

30) 李基白, 『韓國史新論』, 一潮閣, 1967, 51쪽.
31) 李基白, 위의 책, 62~67쪽.
32) 金哲埈, 「新羅上古世系와 그 紀年」, 『歷史學報』17·18, 1962, 193~194쪽 ; 『韓國古代社會研究』, 知識産業社, 1975, 104~107쪽.

말기인 제55대 경애왕 때까지 계속된 시조 박혁거세거서간에 대한 제사 기록 및 김씨왕계인 지증왕이 박혁거세거서간으로부터 22세에 이르렀다고 한 기사와 정면으로 배치되어 『삼국사기』를 통째로 부정하는 결과를 초래하게 된다. 김철준은 『삼국사기』 초기기록 불신론을 주창한 마에마 교사쿠 등의 글을 배경으로 하고 『삼국유사』 가락국기의 기년에 대한 해석을 덧붙여, 신라본기의 기년이 연장되었으므로 『삼국사기』가 고전을 바꾸어 고쳤다는 논지를 펼치기도 하였으나 이 또한 부당하다.[33]

이러한 논지를 근거로 『삼국사기』 신라본기는 믿지 않으면서 열전에 있는 박제상의 계보를 인용하거나 신라본기를 자의적으로 해석한 마에마의 견해에 근거하여 박·석·김의 시조 출현을 2~3세기대로 보고 수로

---

33) 金哲埈, 앞의 「新羅上古世系와 그 紀年」, 178~179쪽 ; 앞의 『韓國古代社會研究』, 92~93쪽. 이에 의하면, 『삼국사기』 신라본기의 김씨세계와 문무왕비문의 세계를 비교하여 검토한 마에마 교사쿠의 견해(前間恭作, 「新羅王の世次と其名につきて」, 『東洋學報』15-2, 1925)에 의거, 신라본기 내물이사금 원년조의 기사를 채택하지 않고 『삼국유사』의 왕력을 참고하여 내물이사금의 부를 '仇道'로 보아 1대를 줄이고 비문에서의 '星漢'을 본기 미추이사금 원년조에 기록된 '勢漢'과 동일 인물로 보고 1대를 삭제하면 비문의 '星漢'이 바로 문무왕의 15대조가 된다고 추정하면서, '星漢'이 문무왕의 15대조라고 하는 비문을 기준으로 신라본기의 김씨왕계 대수를 2대 줄여 계산하면 김씨는 206년경, 박씨는 207년경, 석씨는 237~252년경 각 대두한 것으로 볼 수도 있다고 하였으며 수로왕은 252년경 즉위한 것으로 보았다. 그러나 '勢漢'을 '星漢'과 동일 인물로 볼 수 있는 근거는 어디에도 없으며(오히려, 혈통을 근거로 하여 대수를 산정하기보다는 실제 왕위에 올랐던 사람을 기준으로 신라본기에 따라 계산하면 문무왕의 15대조는 미추이사금이 되므로 비문의 '星漢'은 미추이사금으로 보는 것이 타당하다(金昌鎬, 「新羅 太祖星漢의 재검토」, 『歷史敎育論集』5, 1983, 99~100쪽). 비문에서 '星漢'이 '王'으로 刻字되고 뒤를 이어 '肇', '玉欄', '金輿'가 각자되어 있는데(韓國古代社會研究所, 『譯註 韓國古代金石文Ⅱ (신라1·가야 편)』, 駕洛國史蹟開發研究院, 1992, 125쪽), '肇'은 왕조를 개창하였다는 의미를 내포하고 '玉欄', '金輿'는 왕의 기물을 상징하는 것으로 보이며, 따라서 성한왕은 김씨로서 처음 왕위에 오른 미추이사금이라고 하는 것이 자연스럽다.), 내물이사금의 부는 왕력만 간략히 기록한 『삼국유사』보다는 신라본기에 자세히 기록된 바와 같이 '末仇'라고 해야 할 것이다. 따라서 비문 및 김씨왕계에 대한 자의적인 대수 산출을 근거로 박·석·김왕계의 대두 및 수로왕의 즉위년을 3세기대로 보는 것 역시 부당하다.

왕을 3세기경의 인물이라고 하는 관점은 납득할 수 없다. 더구나 박혁거세거서간의 즉위년을 산정함에 있어 신라본기의 세계는 믿을 수 없다고 하면서도 파사이사금이 박혁거세거서간의 증손이라는 신라본기의 세계는 어떻게 쉽게 채택할 수 있는지 이해할 수 없다.

　김광수는 『삼국지』 위서 왜인전에 240년경 비미호가 주로 보이고 『삼국지』의 기년은 신뢰할 수 있으므로, 비미호 관련 기사가 기록된 『삼국사기』 신라본기 아달라이사금 20년(173)조의 기년은 70여 년 내려 잡아야 한다고 주장하였다.34) 『삼국사기』와 『삼국지』의 기년이 서로 다른 경우 무조건 『삼국사기』가 잘못되었다는 기준은 도대체 무엇인가? 비미호는 147년부터 247년까지 생존하였으므로 아달라이사금과 동시대에 활동한 인물로 야마대 조정을 장악한 후 신공황후로 신화(神化)화되기 전에 구주 소왕국의 여왕일 당시 아달라이사금에게 사신을 보냈으며 신라본기는 그 사실을 기록한 것이라 하겠다.

3. 『삼국지』 위서 한조 및 『일본서기』에 대한 검토
가. 위서 한조의 시기별 구분 여부 검토

　초기기록 불신론을 주장하는 연구자들이 제시하는 기본 사료는 『삼국지』 위서 한조의 기록이다. 즉, 위서 한조에는 3세기경 한반도 남부에 마한 54개국, 진·변한 24개국으로 분립된 소국들이 난립하였으므로 『삼국사기』 초기기록에서 보는 바와 같이 신라 박혁거세거서간, 백제 온조왕과 같은 강력한 군주가 나올 수 없고 신라와 백제가 초기부터 강국이 될 수 없다는 것이다.

　『삼국사기』보다 『삼국지』 위서의 정확성을 주장하는 논지는 첫째, 『삼국지』는 그 "편찬 시기가 진의 태강 연간(280~289)"35)으로 추정되므로

---
34) 金光洙, 「新羅上古世系의 再構成 試圖」, 『東洋學』 3, 1973, 373~374쪽.

『삼국사기』보다 약 1000년이나 앞선 기록이어서 믿을 수 있다는 것이며 둘째, 위서의 삼한에 관한 기록이 3세기경 한반도 상황을 그대로 기사화한 것이라는 고정관념에 근거하고 있다.

즉, 『삼국지』는 1145년에 편찬된 『삼국사기』와 비교해 볼 때 "서술하고 있는 사실과 사실을 서술한 시기가 비교적 가까운 것"이기에 『삼국사기』보다 사료적 가치가 있으며,36) 위서는 "당대의 사실을 전해주고 있다는 장점"을 가진다는 것이다.37) 『삼국지』 위서가 고대 한반도의 풍습 등을 알려주는 중요한 사료라는 사실은 부정할 수 없다.

"동이의 습속, 제도, 산물 그리고 관계사 등에 관한 사료적 가치는 다른 책에 비할 수 없다."38) 그러나 위서에 대한 사료적 가치의 경계는 거기에 그쳐야 한다. 단순히 『삼국지』의 편찬 시기가 앞서 있다는 이유만으로 그 사료적 가치의 경계를 한반도에서 시기별로 발생한 구체적 사실로 확장하고 그에 따라 『삼국사기』를 믿을 수 없다는 주장으로까지 확대하는 것은 부당하다. 만약 『삼국사기』가 김부식 등 편찬자들이 기록이 아닌 오로지 전 세대로부터 이어져 내려온 사람들의 불명확한 기억에 의존한 구전(口傳)에 근거하여 편찬하였다면, 위서가 『삼국사기』보다 실제 사건과 편찬 시기가 가까우므로 『삼국지』를 더 믿을 수 있다는 주장은 정당화될 수 있을 것이다. 하지만 『삼국사기』는 김부식 등이 오래 전 사실을 후세 사람들의 가물가물한 기억을 더듬어 편찬한 것이 아니라 사건 당대이거나 그와 가까운 시기에 편찬된 것으로 보이는 『삼한고기』 등 고서를 참고하여 저술하였으므로, 편찬 시기가 실제 사건과 시

---

35) 全海宗, 『東夷傳의 文獻的 硏究』, 一潮閣, 1980, 63쪽.
36) 徐永大, 「韓國宗敎史 資料로서의 三國志東夷傳」, 『韓國學硏究』3, 1991, 12쪽.
37) 盧重國, 「總論:韓國古代의 國家形成의 諸問題와 關聯하여」, 『韓國古代國家의 形成』, 民音社, 1990, 16쪽.
38) 全海宗, 위의 책, 149쪽.

기적으로 가깝다는 이유로 위서를 더 신뢰하는 것은 설득력이 없다.

학계에서는 "『삼국사기』 초기기록과 『삼국지』 위서 동이전은 제3의 결정적인 자료가 나오지 않은 한 어느 하나만을 전폭적으로 취신(取信)할 수는 없다."라고 하면서도,39) 결과적으로는 위서의 기사를 사실로 받아들이면서 『삼국사기』 초기기록을 여전히 불신하는 편견에 사로잡혀 있다. 이른바 제3의 결정적 자료가 『삼국사기』 외 다른 서적을 의미하는 것이라면 그 기록의 정확성을 입증하는 제3의 서적은 얼마든지 존재한다. 고려 충렬왕 7년(1281)에 일연이 쓴 『삼국유사』와 조선시대에 편찬된 여러 사서에서도 『삼국사기』의 기년과 일치된 역사를 기술하고 있다.

이러한 사료는 당시 시중에서 떠돌아다니던 잡서(雜書)가 아니라 당대 최고 지식인들이 『삼국사기』뿐만 아니라 그때까지 존재한 여러 사서를 종합하여 저술한 역사서이므로, 이를 철저히 분석하면 『삼국사기』 초기기록의 정확성은 충분히 검증할 수 있다.

『삼국지』 위서의 편찬 방식을 살펴보면 "동이전 기사의 4분의 3 이상이 『위략(魏略)』 기사의 전사(轉寫)"이며,40) 『위략』도 편찬자가 직접 동이지역을 여행하거나 동이인을 직접 접촉하여 기록한 것은 아니므로 대부분 전사이거나 타서에 의한 선집(選集)이라고 할 수밖에 없다.41) 결국 책 내용의 대부분이 진수(陳壽) 자신이 직접 체험한 것이 아니고 『위략』을 인용하였으며 『위략』 역시 편찬자의 경험적인 사실을 전부 기록한 것이라고 볼 수 없다.42)

---

39) 盧重國, 『百濟政治史 硏究』, 一潮閣, 1988, 25쪽.
40) 全海宗, 앞의 『東夷傳의 文獻的 硏究』, 50쪽.
41) 全海宗, 위의 책, 149~150쪽.
42) 『삼국지』를 살펴보면 타인의 경험적 사실조차 실제와 다르게 기록되어 있는 경우도 있다. 예컨대, 『삼국지』 왜조에는 구야한국에서 대마도까지의 거리가 천여 리라고 기록되어 있다. 그러나 김해에서 대마도까지의 실제 직선거리는 60킬로미터 정도로 150여 리에 불과하며 항해의 곡선거리를 감안하더라도 『삼국지』 왜조의 기사는 비정상적이다.

무엇보다 살펴보아야 할 핵심은 위서 한조의 편찬 방법에 있어 시대별 구분 여부에 있다. 위서가 3세기에 편찬되었다는 이유만으로 당시의 한반도 상황을 정확히 기록한 것이라는 견해가 유효하기 위해서는, 3세기만의 사건을 기록하였다는 근거가 연대기(年代記)적으로 증명되거나 각 사실에 따른 시기가 특정되어 있어야 한다. 그런데 위서 한조는 3세기의 역사적인 사실뿐만 아니라 그 전의 상황도 기록하고 있으며 일부 기사를 제외하고는 대부분 그 시기를 특정할 수 없다.

위서 한조를 아무리 살펴보아도 고조선과 연과의 전쟁 기사(서기전 3세기경) 등 고조선 관련 기록, 왕망의 지황 연간(20~23) 염사치 기사, 후한 헌제(재위 189~220), 위 명제(재위 226~239) 때의 전쟁 기사에서 알 수 있듯이 중국과 직접 전쟁이나 외교적인 관계가 있는 사항에 대해서는 특정한 시기 또는 시기를 추론할 수 있는 사건이 상세히 기술되어 있으나 중국과 무관한 삼한 정치체의 사항에 대하여는 특정 시기를 구별하지 않고 뭉뚱그려져 있어 도대체 어느 시기의 역사가 기록된 것인지 알 수 없다.

요컨대, 위서의 기록만으로는 마한 54개국, 진·변한 24개국이라는 삼한 정치체의 형태가 서기전의 한반도를 기준으로 한 것인지 아니면 서기 1세기 또는 3세기를 기준으로 한 것인지 도무지 알 수 없다는 것이다. 이에 비하여 『삼국사기』는 초기부터 시기별로 해당 역사적 사실을 상세히 기록하고 있다. 그러므로 위서의 기록만으로 3세기경 한반도 남부에 마한 54개국, 진·변한 24개국으로 분립된 소국들이 난립하였으므로 『삼국사기』 초기기록을 믿을 수 없다는 통설의 논지는 부당하다.

위서는 객관적인 시각에서 3세기 당시 한반도의 역사를 자세히 기록한 문헌이 아니라 3세기까지 한반도의 상황을 중국의 시각에서 대강 기록한 문헌이라는 사실을 분명히 인식하여야 할 것이다.

상식의 눈으로 보더라도 『삼국지』 위서보다 『삼국사기』가 더 정확하고 상세한 것은 당연하다고 하겠다. 고대 각 나라의 영토 내에서 일어났던 일이나 사건에 대하여 그 나라만큼 역사적 사실에 대하여 상세히 기록할 수는 없으며, 고대 중국의 사서가 믿을 수 있다고 한들 아무런 외교관계나 접촉이 없던 한반도 국가 정치체의 구체적인 상황, 각 나라의 국력 및 규모에 대하여 지적 관심을 가지고 시대별로 정확히 기록하였을 것이라고 기대하는 것은 참으로 비상식적이기 때문이다.

『삼국사기』 초기기록에는 수많은 나라가 등장한다. 신라 관련 기사에만 한정하더라도 파사이사금 때 음즙벌국(音汁伐國), 실직국(悉直國), 압독국(押督國), 다벌국(多伐國), 초팔국(草八國),43) 벌휴이사금 때 소문국(召文國),44) 조분이사금 때 골벌국(骨伐國),45) 유례이사금 때 이서국(伊西國)46)이 기록되어 있으며, 열전 석우로전에 사량벌국(沙梁伐國),47) 물계자전에는 골포국(骨浦國), 칠포국(柒浦國)48) 등이 있다.

이들 국가 중에서 『삼국지』 위서 한조에 언급된 나라는 전혀 없다. 그렇다고 이처럼 수많은 나라를 김부식을 비롯한 편찬자들이 허위로 만들 이유 역시 전혀 없다.

나. 『일본서기』의 기년 오류와 이주갑 인상

제국주의 시기 일본 연구자들은 『삼국사기』 초기기록 불신론을 주장하면서 『삼국지』 위서 외에도 『일본서기』 신공기의 한반도 남부 정벌 기사를 주요한 근거로 삼았다.

---

43) 『三國史記』 卷1, 新羅本紀1 婆娑尼師今 23年 8月條, 29年 5月條.
44) 『三國史記』 卷2, 新羅本紀2 伐休尼師今 2年 1月條.
45) 『三國史記』 卷2, 新羅本紀2 助賁尼師今 7年 2月條.
46) 『三國史記』 卷2, 新羅本紀2 儒禮尼師今 14年條.
47) 『三國史記』 卷45, 列傳5 昔于老傳.
48) 『三國史記』 卷48, 列傳8 勿稽子傳.

신공기에는 신라, 가라 7국 등에 대한 정벌 기사가 있는데 『삼국사기』에는 이러한 내용이 전혀 없으므로 믿을 수 없다는 논리로써 순전히 『일본서기』의 입장에서 『삼국사기』를 허위로 몰아갔다.

『일본서기』의 기사는 역사적 사실이며 『삼국사기』의 기사가 허위라는 주장이 정당화되기 위해서는 첫째, 형식상 『일본서기』가 『삼국사기』보다 시대별 기년을 정확히 따랐으며 둘째, 실질적으로도 문헌 및 고고학적 자료 등을 종합하여 검토해 볼 때 『일본서기』가 『삼국사기』보다 역사적 사실을 충실히 반영하였다는 전제조건이 필요하다. 전자가 당대 사실의 존재 여부를 확인하는 것이라면 후자는 당대 기사의 진실 여부를 증명하는 것이다.

우선 형식적 기년과 관련하여 산술적인 오류가 발생하였다면 그 내용의 진실성을 따지기에 앞서 신뢰할 수 없는 사료로 의심할 수밖에 없다. 『일본서기』의 기년에 심각한 오류가 있다는 사실은 일찍부터 제기되었는데, 에도시대 학자인 도 데이칸(藤貞幹)은 『충구발(衝口發)』에서 『일본서기』 신무천황의 연대는 600년이 인상되어 있으므로 이를 인하해야 한다고 하였다. 『일본서기』를 살펴보면 응신기의 기년 역시 120년이 인상되어 있음을 알 수 있다.

초대 신무천황이 서기전 660년에 즉위하였으며 7년간의 동정(東征)으로 일본열도를 정복하였다는 『일본서기』의 기사는 기록 그 자체뿐만 아니라 고고학적으로도 도저히 증명할 수 없는 허구적인 수사(修辭)에 불과하다.

『일본서기』는 응신의 즉위년을 태세 경인(270)으로 기술하면서도[49] 『삼국사기』 백제본기의 진사왕 사망 시기(392)[50]와 일치하는 응신 3년 진사왕의 사망 기사[51], 아신왕 때 태자 전지의 볼모 시기(397)[52]와 일치

---

49) 『日本書紀』 卷10, 應神天皇 元年條.
50) 『三國史記』 卷25, 百濟本紀3 辰斯王 8年條.
51) 『日本書紀』 卷10, 應神天皇 3年條.

하는 응신 8년 전지의 볼모 기사[53] 및 아신왕의 사망 시기(405)[54]와 일치하는 응신 16년 아신왕의 사망 기사[55]를 싣고 있으므로, 그 기년을 비교하면 응신기의 기년이 한중 기년보다 120년이 앞당겨져 있다.

스에마쓰를 비롯한 대다수 일본 연구자들도 응신기의 기년을 그대로 따르지 않고 이른바 이주갑인상설에 동의할 수밖에 없었던 근본적인 이유는 『일본서기』 스스로 그 모순을 노정(露呈)하고 있기 때문이며, 결국 그들 스스로 『일본서기』가 형식적인 기년에 있어서도 사실에 따르지 않았다는 것을 실토한 셈이다.

『일본서기』가 당대 사실의 존재 여부를 다투는 기본적인 조건조차 갖추지 않았음을 여실히 보여주는 것이다. 그런데도 그들이 이주갑인상설을 응신기에 머물게 하지 않고 오히려 그 범위를 신공기 전체로 확장시킨 이유는 무엇인가?

그것은 바로 『삼국사기』 초기기록 불신론의 출발점이자 그 이유이기도 한 신공기 49년조의 한반도 관련 기사 때문이다. 신공기 49년조를 『일본서기』 기년인 249년보다 120년 끌어내려 369년으로 보아야 할 당위론적인 이유! 한반도 침략을 정당화하기 위한 수단으로 신공기 49년조를 광개토왕 비문의 신묘년 기사, 칠지도, 왜오왕 기사와 동시대적이고 병렬적인 사건으로 일체화시켜 임나일본부설을 확고부동한 역사적 실체로 만들기 위한 불가피한 조치!

이러한 이유와 조치에 철저히 봉사하기 위해 만든 것이 바로 『삼국사기』 초기기록 불신론이다.

---

52) 『三國史記』 卷25, 百濟本紀3 阿莘王 6年條.
53) 『日本書紀』 卷10, 應神天皇 8年條.
54) 『三國史記』 卷25, 百濟本紀3 阿莘王 14年條.
55) 『日本書紀』 卷10, 應神天皇 16年條.

4. 『삼국사기』 초기기록의 정확성 확증
가. 김부식의 사관과 『삼국사기』의 편찬

일찍이 우리 역사의 연구 과정에서 김부식만큼 많은 관심과 비난을 받은 인물은 없을 것이다. 그가 편찬한 『삼국사기』와 함께 김부식은 당대의 정치이데올로기로 무장한 연구자들로부터 유교적인 원칙론에서 벗어난 학자라든지 역사를 왜곡한 사대주의자라는 비난과 공격을 받았으며, 1000여 년이 지난 오늘날에는 역사를 조작한 위조범으로까지 몰리고 있다. 김부식에게 드리워진 이와 같은 혐의가 정당한 것인가?

김부식이 유교적인 원칙론에서 벗어났다는 비난은 그가 유학자임에도 불구하고 역사적 사실에 충실하였음을 반증한다. 『삼국사기』에 유교적인 관례에 어긋나게 비인 알영을 순행에 대동한 사실과 김알지 탄생설화 등을 그대로 실은 것은 김부식이 괴력난신을 배격하고 남녀차별론에 입각한 유학자임에도 불구하고 그때까지 전승되어온 기록을 얼마나 중시하였는지 잘 알려주고 있다.

백제본기 의자왕조에서, "신라 고사(古事)에 '하늘이 금궤를 내려보냈기에 성을 김씨라고 하였다.'라고 전하는데, 그 말이 괴이하여 믿을 수 없다. 그러나 신(臣)이 사서를 엮음에 있어 전해 내려온 지 오래되어 그 말을 없애지 못하였다."56)라고 한 김부식의 논찬은 그가 있는 그대로의 사실에 충실하였고 사료를 함부로 바꾸지 않았음을 시사하며 당시 편찬자들이 우리 역사를 대하는 자세가 어떠하였는지 충분히 짐작하게 한다.

김부식이 사실에 충실하였다는 또 다른 근거는 신라의 초기 왕호를 표기함에 있어 중국식 왕호가 아닌 신라 고유의 호칭인 거서간, 차차웅, 이사금, 마립간을 그대로 기록하였다는 사실에서도 발견된다.

그는 신라본기 지증왕조에서 신라 말 최치원이 『제왕연대록』을 지을

---
56) 『三國史記』 卷28, 百濟本紀6 義慈王條.

때 이사금 등의 왕호를 사용하지 않고 중국식인 왕으로 칭한 것은 그 말이 촌스러워 그렇게 하였을 것이라고 추측하면서, "지금 신라의 사실을 기록함에 있어 그 방언을 그대로 두는 것이 역시 마땅하다."[57]라고 하여 신라 초기 왕호에 적용된 고유의 명칭을 고치지 않고 그대로 기술하였다.

신라 고유의 왕호를 고치지 않고 있는 그대로 기술하였다는 것은 사료를 왜곡하거나 조작하지 않았다는 사실을 알려 주는 주요한 단서임과 동시에, 김부식이 우리 고유의 토속적인 문화를 그대로 보존하고자 하는 역사관을 갖추지 않았다면 불가능하였을 것이라는 사실을 넉넉히 알게 해준다.

이처럼 역사적 사실에 관한 것은 그것이 유학자의 소신에 어긋나거나 한자나 표준어가 아니라고 할지라도 있는 그대로 기술하였으나 기록에 전하지 않는 내용은 거짓으로 지어내지 않았다. 『삼국사기』 열전 강수전을 보면 "『신라고기』에 이르기를 '문장은 강수, 제문, 수진, 양도, 풍훈, 골답이다.' 라고 하였으나 제문 이하는 행적이 없어져 전기를 만들 수 없다."라는 기록이 있는데,[58] 역사적 사실로 전하지 않는 것은 절대 허위로 창작하지 않겠다는 편찬자의 결의가 드러난다.

김부식에 대한 사대주의자 비난 역시 치열한 탐구의 결과로 보이지 않는다. 『삼국사기』 여러 군데에서 한중 문헌을 분석하여 우리 기사를 채택하거나 한중 기사를 동시에 채택한 것을 보더라도 그를 단순히 중국 중심의 사대주의적 역사관을 가졌다고 매도할 수 없다. 오히려 김부식은 삼국 각 왕의 기록을 본기라고 표현함으로써 삼국이 중국과 대등한 자주(自主) 국가임을 선포하였다.

---

57) 『三國史記』 卷4, 新羅本紀4 智證麻立干條.
58) 『三國史記』 卷46, 列傳6 強首傳.

중국의 기전체 사서는 전통적으로 본기(本紀), 세가(世家), 열전(列傳)으로 나뉘는데 본기는 황제의 일대기를 기록하고, 세가는 왕이나 제후 등의 일생, 열전은 충신이나 업적이 지대한 장군 등의 전기를 기록하였으며, 황제에게 올리는 문서를 '표(表)'라고 하였다. 만약 김부식이 사대주의자였다면 당연히 『삼국사기』에 고구려세가, 백제세가, 신라세가라고 편제하였을 것이며 인종에게 올리는 글을 '표'라고 하지 않았을 것이다.

그러나 그는 삼국의 왕의 일대기를 중국의 황제와 동격인 '본기'라고 부르고 또한 『삼국사기』를 완성한 다음 인종에게 올리는 글을 '진삼국사표(進三國史表)'라고 표현함으로써 고려가 중국과 대등한 독립 국가임을 선언하였다. 이러한 사실은 사대주의를 표방한 조선에서 『고려사』를 편찬할 당시 고려왕들의 기록을 '세가'라고 표현하거나[59] 조선시대 유학자들이 편찬한 역사서에서 우리나라 왕들의 기록을 '세가'라고 한 것과 대비된다.

어찌 김부식을 사대주의자라고 할 것인가!

그가 중국을 떠받드는 한낱 사대주의자에 불과하였다면 고구려 대조대왕의 한나라 공격 사실,[60] 동천왕 때 위나라 공략 및 관구검이 침략

---

[59] 『高麗史』의 纂修凡例를 보면, "'천자'는 '기'라 하고 '제후'는 '세가'라고 하므로 『고려사』를 편찬함에 있어 왕의 기록을 '세가'라고 한다(『高麗史』, 纂修高麗史凡例, "天子曰紀 諸侯曰世家 今纂高麗史 王紀爲世家")."라고 명시하여 고려왕을 제후와 동격으로 취급함으로써 사대주의 사상을 표명하고 있다.

[60] 『三國史記』 卷15, 高句麗本紀3 大祖大王 94年 8月條. 일반적으로 고구려 제6대왕을 '태조대왕' 또는 '태조왕'으로 부르고 있는데, 『삼국사기』 고구려본기에는 '大祖大王' 또는 '國祖王', 『삼국유사』 왕력편에는 '國祖王' 또는 '大祖王'으로 기록되어 있다. 태조는 "한 왕조의 첫 대의 임금"을 뜻한다(이희승, 『국어대사전』, 민중서림, 1982, 3841쪽). 이러한 예는 우리나라에서 고려를 세운 왕건, 조선을 세운 이성계뿐만 아니라 중국에서 송을 세운 조광윤, 금을 세운 아골타, 명을 세운 주원장, 청을 세운 누르하치를 각 태조라고 부르는 데에서도 발견된다. 그럼에도 불구하고 우리 학계뿐만 아니라 중고등학교 교과서에도 대조대왕 또는 대조왕이라고 하지 않고 태조대왕 또는 태조왕으로 칭하고 있다. 이런 현상은 고구려의 출발을 대조대왕으로 보는 『삼국사기』 초기기록불신론에 근거한 것으로 보인다. 여기서는 『삼국사기』 고구려본기에 기록된 그대로 대조대왕으로 칭하고자 한다.

해 왔을 당시 밀우·유유를 비롯한 고구려 군사들이 용감하게 싸워 물리친 기사,61) 광개토왕의 후연 공략 사실,62) 영양왕 때 수나라를 상대로 대승을 거둔 을지문덕의 살수대첩,63) 보장왕 때 안시성에서 당 태종의 대군을 물리친 업적,64) 신라 태종무열왕 때 당나라의 소정방이 약속한 기일보다 늦게 도착하였다는 이유로 신라장군 김문영의 목을 베려 하자 백제를 쳐부수기 전에 먼저 당과 결전을 불사하겠다는 김유신의 결기,65) 문무왕 때 당의 삼국 합병 의도를 알아차린 신라의 결전 의지에 의한 매초성 전투66) 및 기벌포 해전의 승리67) 등 중국을 상대로 한 우리 민족의 수많은 승전사례를 그대로『삼국사기』에 실을 수 있었을까?

김부식을 시대적 상황을 직시하고 통찰한 합리주의자라고 할 수는 있어도 한낱 사대주의자로 매도하는 것은 역사를 한쪽으로만 바라보는 일방적인 편견에 불과하다. 그가 없었고『삼국사기』가 없었다면 중국에서 일어난 동북공정에 어떻게 대처할 것이며 일본에서 역사 왜곡의 단초가 된 광개토왕비문의 신묘년 기사를 어떻게 반박할 수 있을지 아득할 뿐이다.

김부식이 사대주의를 숭상하고 괴력난신을 배격하는 유학자라서『삼국사기』에 우리 민족의 시조인 단군을 기록하지 않았다고 비난받기도 하지만 이 또한 설득력이 없다. 그가 괴력난신을 배격하는 편협한 유학자에 불과하였다면 당연히 난생설화로 표현된 김알지 기사는 물론 박혁거세 서간 및 고주몽 기사도 괴이하다고 하여 기록하지 않았을 것이다.

---

61)『三國史記』卷17, 高句麗本紀5 東川王 16年條, 20年 10月條.
62)『三國史記』卷18, 高句麗本紀6 廣開土王 13年 11月條.
63)『三國史記』卷20, 高句麗本紀8 嬰陽王 23年 7月條.
64)『三國史記』卷21, 高句麗本紀9 寶藏王 4年條.
65)『三國史記』卷5, 新羅本紀5 太宗武烈王 7年 7月 9日條.
66)『三國史記』卷7, 新羅本紀7 文武王 15年 9月 29日條.
67)『三國史記』卷7, 新羅本紀7 文武王 16年 11月條.

만약 김부식이 '고조선사'라는 제목의 책을 편찬하면서 단군을 기록하지 않았다면 일부 사학계에서 제기하는 비난은 납득할 수 있으나, 『삼국사기』는 고조선의 역사서가 아닌 삼국의 역사서이므로 삼국의 시조로부터 시작하여 이를 기록한 것은 어쩌면 당연하다고 할 것이다. 한편 고구려본기에서 "평양은 선인왕검(仙人王儉)의 택(宅)이다."[68]라고 기술함으로써 단군을 부정하지도 않았다.

『삼국사기』가 신라 중심의 편협한 역사서라는 비판도 있으나 이 또한 부당하다. 먼저 『삼국사기』의 물리적인 양만을 기준으로 살펴본다면 확실히 본기 총 28권 중 신라본기 12권, 고구려본기 10권, 백제본기 6권으로 신라본기가 제일 많지만, 신라본기는 고구려와 백제가 멸망한 후의 통일신라까지 포함한 것으로 그 전의 신라본기의 권수는 7권에 불과하여 오히려 고구려본기보다 적다.

또한 지(志) 및 열전(列傳)의 분량도 신라가 많으나 이는 고구려와 백제에 관한 "사료의 결핍"으로 인한 결과일 뿐이므로, 결국 『삼국사기』는 실제적인 분량에 있어서 결코 신라 중심이라고 할 수 없을 정도로 균형을 갖추고 있다.[69]

『삼국사기』가 신라 중심의 역사서라면 백제, 고구려는 본기라고 표기하지 않을 수도 있었는데, 이러한 예는 중국의 사서에서도 보인다. 『삼국지』는 "저자 진수가 정통으로 삼은 위(魏)만을 본기로 삼고 있고" 오와 촉에 대하여 본기로 취급하지 않았다.[70] 그런데도 김부식이 삼국을 모두 본기로 표기한 것은 기록 형식에서도 공평한 방식을 적용하였다는 것을 잘 알게 해준다.

---

68) 『三國史記』 卷17, 高句麗本紀5 東川王 21年條.
69) 高柄翊, 「三國史記에 있어서의 歷史敍述」, 『金載元博士 回甲紀念論叢』, 乙酉文化社, 1969, 78~80쪽.
70) 高柄翊, 위의 글, 81쪽.

삼국을 지칭하는 표현 방식에서도 김부식은 각국을 차별하지 않은 의도를 드러냈다. 신라본기 눌지마립간 34년조에 고구려와 교전한 신라를 '아(我)'라고 표기하였는데[71] 고구려본기 유리왕 31년조에서 왕망이 징발하려고 한 고구려 병사를 '아병(我兵)'로 표기하였으며,[72] 백제본기 온조왕 10년조에 말갈과 싸운 백제의 군사를 '아군(我軍)'으로 표기하는[73] 등 고구려본기와 백제본기를 살펴보면 신라뿐만 아니라 고구려와 백제를 '아(我)'라고 명기한 기사가 적지 않다.

또한 신라 첨해이사금이 친아버지인 골정을 갈문왕으로 봉한 것을 두고 가차 없이 비판하고[74] 내물이사금이 같은 김씨인 미추이사금의 딸을 왕비로 맞이한 것을 지적하는[75] 등 신라에 대하여도 엄정한 입장을 견지하였다. 삼국을 대하는 김부식의 자세는 "놀라울 정도로 공평불편(公平不偏)하였고 주관적인 호악(好惡)이나 명분론적인 차별에 사로잡히지 않고 냉정한 객관성을 유지"하고 있었다.[76]

『삼국사기』는 김부식이 71세 때인 인종 23년(1145) 왕명에 따라 편찬되었다. 김부식은 편찬의 총책임자인 편수(編修)를 맡았으며 김영온, 최우보, 이황중, 박동계, 허홍재, 서안정, 이온문, 최산보가 참고(參考)를, 김충효, 정습명이 관구(管句)를 맡는 등 총 11명의 편사관이 편찬에 참여하였다.

김부식은 두말할 필요가 없는 당대 최고의 석학이었으며 송나라 학자이자 외교관인 서긍(徐兢)이 그를 가리켜 "학문이 뛰어나며 문장에 밝고 고금을 잘 알아 학사들 사이에 신망이 높으므로 고려에 그보다 뛰어난

---

71) 『三國史記』卷2, 新羅本紀2 訥祗麻立干 34年 7月條.
72) 『三國史記』卷13, 高句麗本紀1 琉璃王 31年條.
73) 『三國史記』卷23, 百濟本紀1 溫祚王 10年 10月條.
74) 『三國史記』卷2, 新羅本紀2 沾解尼師今 元年條.
75) 『三國史記』卷2, 新羅本紀3 奈勿尼師今 元年條.
76) 高柄翊, 앞의 「三國史記에 있어서의 歷史敍述」, 84쪽.

사람이 없다."라고 극찬할 정도로 으뜸가는 지식인이었다.[77]

김부식은 인종 2년(1124)에 예부시랑으로 있으면서 왕의 외조부이자 당대 최고 세력가인 이자겸의 생일을 '인수절(人壽節)'[78]이라고 부르자는 논의가 있을 때 "신하된 자가 생일을 절이라 칭한다는 말은 듣지 못하였다."라고 하면서 그 부당성을 직간할 정도로 강직한 선비였으며, 묘청의 난을 진압할 때는 원수(元帥)로 임명되어 삼군을 지휘하는 총사령관직을 수행하였고 문하시중에서 물러난 후 인종 23년(1145)에 『삼국사기』를 편찬하였다.[79]

참고 중 정습명은 인종 때 내시[80]를 거쳐 예종 때 한림학사를 역임하고 추밀원지진사에 오를 정도로 걸출한 학자로, 인종 재위 당시 낭사 최재 등과 함께 시폐(時弊) 10조를 올리고 3일 동안 궐문 앞에 엎드려 있었으나 왕의 반응이 없자 사직한 일이 있을 정도로 성품이 대쪽 같았으며,[81] 그 외 허홍재, 최산보, 박동주 등도 학문에 뛰어난 인물들이었다.[82]

이러한 강직함과 깊은 학식을 갖춘 지식인들이 불편부당한 입장에서 『삼국사기』를 편찬하였다는 것은 그 자체만으로도 역사서의 정확성을 담보하는데 충분하다고 하겠다.

---

77) 『高麗圖經』, 同接伴通奉大夫尙書禮部侍郎上護軍賜紫金魚袋金富軾.
78) 『고려사』에 의하면 덕종 1년(1032) 1월 17일에 그전부터 부르던 왕의 생일인 인수절을 응천절로 바꾸었다고 기록되어 있으므로(『高麗史』卷5, 世家 卷5 德宗 1年 1月 17日條), 인수절은 왕의 생일을 지칭한다는 것을 알 수 있다.
79) 『高麗史』卷98, 列傳 卷11 金富軾.
80) 고려시대의 내시는 조선시대의 환관과는 달리 내시성 소속의 문반관직이었으며, '『高麗史』列傳 및 志 選擧'를 살펴보면 명문가의 후손이거나 재능이 있는 사람을 대상으로 엄격히 선발하였음을 알 수 있다.
81) 『高麗史』卷98, 列傳 卷11 鄭襲明.
82) 『고려사』에 관구 김충효 및 참고 김영온, 최우보, 이황중, 서안정, 이온문에 대한 기록이 없어 이들의 자세한 행적을 알 수 없으나 『삼국사기』 편찬에 참여한 것으로 보아 학문적 깊이는 상당한 것으로 보아도 무방할 것이다.

나.『고기』를 바탕으로 한 중국 사서와의 비교 분석

　김부식을 비롯한 학자들이『삼국사기』를 편찬할 때『해동고기(海東古記)』,[83]『본국고기(本國古記)』,[84]『삼한고기(三韓古記)』,[85]『신라고기(新羅古記)』[86]라는 명칭으로 불리는 다양한『고기』를 참고하였다.『삼국사기』보다 100여 년 늦게 편찬된『삼국유사』에서도『고려고기』,『백제고기』,『신라고기』 등의 사료를 인용한 것으로 보아[87]『삼국사기』 편찬 당시 각국의『고기』가 따로 존재했다고 하겠다.

　김부식이『삼국사기』를 편찬할 당시 삼국과 관련된『고기』가 독립해 존재하였다는 것은 다음과 같은 논찬(論贊)에서도 드러난다. 고구려 대조대왕 70년(122)에 왕이 마한 등과 함께 요동을 공략한 기사에서 김부식은 "마한은 백제 온조왕 27년(9)에 이미 멸망하였다. 지금 고구려왕과 함께 군사행동을 하는 마한은 어찌 다시 일어난 것인가?"하고 의문을 표시하였다.[88]

　이것은 무엇을 말하고 있는가? 그 당시『고구려고기』와『백제고기』가 각 독립하여 존재하였다는 것이며,『백제고기』에는 온조왕 27년에 마한이 망하였다고 기록되어 있어『고구려고기』의 기사와 서로 상이한데도『삼국사기』를 편찬할 때『고구려고기』의 기사를 수정하지 않고 그대로 실었다는 것을 의미한다.

　이러한 사실은 ㄱ가 얼마나 역사적 사실에 충실하였는가를 잘 보여주는 사례임과 동시에 고구려본기 기사의 진실성 여부에 대한 평가 자료

---

83) 『三國史記』 卷15, 高句麗本紀3 大祖大王 94年 12月條 ; 卷32, 雜志1 祭祀.
84) 『三國史記』 卷40, 雜志9 武官.
85) 『三國史記』 卷26, 百濟本紀4 東城王 23年 11月條.
86) 『三國史記』 卷46, 列傳6 强首傳 ; 卷32, 雜志1 祭祀.
87) 『三國遺事』 卷3, 興法3 '寶藏奉老 普德移庵'에서『高麗古記』를 인용하고, 卷1 紀異1 '太宗春秋公'에서『百濟古記』를 인용하며, 卷1 紀異1 '靺鞨渤海'에서『新羅古記』를 각 인용하고 있다.
88) 『三國史記』 卷15, 高句麗本紀3 大祖大王 70年條.

로 백제본기가 사용될 수 있음을 알려준다.

즉, 『삼국사기』는 최소한 그 자체만으로도 서로 비교 분석할 수 있는 사료 3개를 자체적으로 갖추고 있음을 의미하며, 삼국 간의 시기별 사료가 일치한다는 것은 그만큼 『삼국사기』가 사실에 입각하고 있다는 것을 보여주는 좋은 사례이기도 하다. 그러므로 『삼국사기』는 그 자체만으로도 사실을 증명할 가치가 충분한 사료이다.

『삼국사기』의 객관성을 더욱 담보하는 사실은 김부식 등 편찬자들이 우리나라의 고서뿐만 아니라 중국의 사서도 참고하여 편찬하였다는 것에도 있다.

우리의 고서와 중국의 문헌을 비교하여 사소한 사항이라도 서로 다르면 기사 내용을 철저히 분석하였고, 의문이 있는 내용에 대하여는 한중양 기록을 그대로 기사화할 만큼 엄정한 객관성을 유지하였다. 예컨대, 고구려본기에 "대조대왕 59년(111) 한나라에 사신을 보내 방물을 바치고 현도(玄菟)에 속하기를 요구하였는데 '『통감(通鑑)』'[89]에는 고구려왕 궁(宮)이 예맥(穢貊)과 함께 현도를 쳤다고 기록되어 있어 속하기를 원했는지 아니면 침범한 것인지 알 수 없다."라고 하면서 "어느 하나는 잘못된 듯하다."라고 논찬하였다.[90] 이렇듯, 『삼국사기』를 제대로 읽어 보면 김부식을 비롯한 편찬자들이 얼마나 객관적이었으며 사실에 충실하였는가를 분명히 알 수 있다.

『삼국사기』 초기기록 불신론자들은 고구려 대조대왕 이전의 역사도 믿을 수 없다고 한다. 즉, 주몽의 개국 이후 유리왕, 대무신왕, 민중왕, 모본왕의 5대에 이르는 역사를 신화시대로 볼 뿐 역사적 사실로 취급하지 않는다.[91] 그러나 고구려를 세운 시조가 주몽이라는 사실은 『수서』

---

89) 중국 송나라 때 司馬光이 편찬한 『資治通鑑』을 칭한다(李丙燾 譯註, 『三國史記』 上, 乙酉文化社, 1983, 363쪽).
90) 『三國史記』 卷15, 高句麗本紀3 大祖大王 59年條.

고구려전92) 및 『양서』 고구려전93)에 기록되어 있으며, 유리왕 때 왕망과 충돌한 사건94)은 『삼국사기』 초기기록 불신론자들이 신주처럼 받드는 『삼국지』의 고구려조에도 기록되어 있을 뿐만 아니라95) 『한서』,96) 『후한서』97)에도 기록된 역사적 사실이다.

이때 왕망은 고구려왕을 낮추어 하구려후(下句麗侯)라고 불렀으며, 그 후 고구려본기에 "대무신왕 15년(32) 12월에 사자를 한에 보내 조공하니 광무제가 왕호를 회복시켰다."라는 기사가 있는데,98) 그 내용이 『삼국지』, 『한서』뿐만 아니라 『후한서』 고구려전에도 기록되어 있으며 『양서』 고구려전 등 다른 중국 사서에도 실려 있다. 이처럼 중국 측 사료를 검토하더라도 고구려본기의 초기 왕계가 정확하며 김부식 등 편찬자들이 허구를 창작하였다는 논리가 얼마나 허황된 것인지 잘 알 수 있다.

다. 『삼국사기』 스스로 보여주는 초기 왕계의 정확성

고구려 초기 왕계는 중국 사서에 다수 기록되어 있으나 백제나 신라의 초기 왕계에 관한 기사는 기록되어 있지 않다. 이러한 이유로 고구려의 초기 기록은 믿을 만하고 백제나 신라의 초기 왕계에 대한 중국 사서의 기록이 없으므로 백제나 신라의 초기 왕계는 믿을 수 없다고 한다면99) 이는 사리에 어긋난다.

---

91) 井上秀雄, 「神話におれた現高句麗王の性格」, 『朝鮮學報』81, 1976, 47~70쪽.
92) 『隋書』 卷81, 列傳46 高句麗條.
93) 『梁書』 卷54, 列傳48 高句麗條.
94) 『三國史記』 卷13, 高句麗本紀1 琉璃王 31年條.
95) 『三國志』 卷30, 魏書30 烏丸鮮卑東夷傳 高句麗條.
96) 『漢書』 卷99, 王莽傳.
97) 『後漢書』 卷85, 東夷列傳75 高句麗條.
98) 『三國史記』 卷14, 高句麗本紀2 大武神王 15年 12月條.
99) 오타 아키라(太田亮)는 신라 및 백제의 초기기록은 부정하면서도 다른 일본 연구자들과는 달리 『삼국사기』 고구려본기의 기년은 신뢰할 수 있다고 하였다(太田亮, 『日本古代史新研究』, 磯部甲陽堂, 1928, 417~418쪽).

고대 중국이 주로 접촉한 국가가 고구려이기 때문에 고구려 초기 왕계는 정확하게 기록해 놓았으며 백제, 신라와는 일찍부터 교류하지 않아 초기 왕계를 기록하지 않았을 뿐이다.

그런데 『삼국사기』 신라본기를 살펴보면 그 자체만으로 신라의 시조가 박혁거세거서간임을 충분히 알 수 있다. 신라본기에 의하면, 제2대 남해차차웅 3년(6)에 시조묘를 세우고[100] 남해의 누이동생 아로(阿老)가 제사를 담당하였다.[101] 박씨계인 남해차차웅이 시조묘를 세운 후 석씨계의 시조 탈해이사금 2년(58)에 이사금이 직접 시조묘에서 제사를 지내고,[102] 김씨 왕계를 연 미추이사금 2년(263)에도 직접 제사를 지내는[103] 등 소지마립간 때에 이르기까지 모든 왕들이 직접 시조의 제사를 봉행하였다. 소지마립간 9년(487)에는 시조를 모시는 신궁(神宮)을 설치하였으며,[104] 그후 경애왕 원년(924)에 이르기까지 정복전쟁 중이거나 나라가 위난에 처한 때를 제외하고는 왕이 신궁에서 직접 시조의 제사를 지낸 것으로 『삼국사기』에 기록되어 있다.

신라 초기에 서로 다른 성씨인 박·석·김이 왕위를 이어가는 구조였음에도 불구하고 석씨·김씨세력 모두 왕성과는 관계없이 박혁거세거서간에 대한 제사를 지냈으며, 통일신라를 거쳐 신라가 멸망하기 직전까지도 제사를 이어감으로써 신라의 시조가 박혁거세거서간임을 천명하였다.

또한 국호를 신라로 바꾸고 왕호를 처음 사용한 지증왕은 박혁거세거

---

100) 『三國史記』 卷1, 新羅本紀1 南解次次雄 3年 1月條.
101) 『三國史記』 卷32, 雜志1 祭祀.
102) 『三國史記』 卷1, 新羅本紀1 脫解尼師今 2年 2月條.
103) 『三國史記』 卷2, 新羅本紀2 味鄒尼師今 2年 2月條.
104) 『三國史記』 卷3, 新羅本紀3 炤知麻立干 9年 2月條. 신궁이 박혁거세가 태어난 나을에 설치되었고 경애왕 때에 이르기까지 신궁에서 제사를 지낸 것으로 보아 소지마립간 9년에 시조묘를 대체하여 신궁을 새로이 설치했다고 하겠다.

서간으로부터 22세에 이르렀다고 공표함으로써105) 신라가 박혁거세거서 간으로부터 시작되었음을 알리고 있다. 『삼국사기』와 『삼국유사』에 따르면 지증왕은 박혁거세거서간으로부터 정확히 22세 왕이다. 『삼국사기』 초기기록 불신론을 고수하는 연구자들이 주장하는 것처럼 어떤 왕계가 가공된 허구이며 무엇이 전설이라는 것인지 도무지 알 수 없다.

결국 신라본기 자체만으로도 신라 왕계의 정확성을 충분히 알 수 있을 뿐만 아니라 또 다른 사서인 『삼국유사』로도 그 사실성이 충분히 담보된다. 이로써 신라본기의 왕계 및 초기기록은 조작된 허위가 아니라 그 당시 "역사적 사실의 반영"106)이라는 것을 충분히 알게 해준다.

백제본기의 초기 왕계 또한 허위가 아니라는 것은 신라본기, 고구려본기와 대조해 보면 충분히 확인된다. 결국 『삼국사기』 그 자체만으로도 초기기록의 정확성은 입증되며, 일체의 편견 없이 『삼국사기』를 제대로 읽었다면 김부식 등 편찬자들이 절대 허구를 창작하지 않았다는 사실을 명확하게 알 수 있다.

라. 고고학적 검증

『삼국사기』 초기기록의 정확성은 고고자료에서도 입증된다. 삼국 초기 대표적인 유적지인 '풍납토성(風納土城)'은 백제본기에서 보는 것처럼 백제 초기 도읍지인 '하남위례성(河南慰禮城)'107)이다. 이형구는 모래펄 흙과 황토로 판축하여 축조한 풍납토성의 전체 길이가 3,470미터이고, 백

---

105) 『三國史記』 卷4, 新羅本紀4 智證王 4年 10月條.
106) 신라 초기왕계의 역사적 사실성에 관하여 논증한 연구서로는 '李鍾旭, 『新羅上代王位繼承研究』, 영남대학교출판부, 1980', '崔在錫, 「新羅王室의 王位繼承」, 『歷史學報』 98, 1983' 등이 있다.
107) 『삼국사기』 백제본기에는 하남위례성의 위치에 관하여, "북쪽으로는 한수를 띠처럼 두르고 있고 동쪽으로는 높은 산을 의지하고 있으며 남쪽으로는 비옥한 벌판을 바라보고 서쪽으로는 큰 바다에 막혀 있다."라고 기록되어 있다(『三國史記』 卷23, 百濟本紀1 溫祚王 元年條).

제 당시의 높이는 15미터나 되며 그 밑변은 30~40미터나 된다는 사실을 밝혀내고, 풍납토성에 왕궁, 관청, 거주지가 함께 조성되었고 해자가 있는 것으로 보아 풍납토성을 하남위례성으로 비정한 바 있다.108)

1964년 풍납토성 발굴에 직접 참여한 김원룡은 토성에서 출토된 토기의 종류를 풍납리무문토기, 유문조질토기, 김해식유문토기, 신라식토기, 흑도의 5종으로 분류한 다음 김해식유문토기는 김해 회현동 패총시기(서기 1세기)보다 뒤떨어질 가능성은 없으며, 삼국의 건국연대를 서기 전후 1세기경으로 추정함으로써 그때까지 정설로 굳어진 『삼국사기』 초기기록 불신론을 고고학적 측면에서 최초로 반박하였다.

> 삼국사기가 전하는 삼국의 건국연대에 관해서 그것을 전적으로 거부할 이유는 하나도 없으며 당시의 일반적인 정세나 고고학적 자료, 특히 풍납토성 발굴에서 나타난 백제 초기의 문화 수준이나 토기 모습으로 보아 삼국의 건국을 서기 전 1세기나 후 1세기경으로 볼 수 있다.109)

2000년 4월 국립문화재연구소가 실시한 풍납토성 출토 유물에 대한 방사성탄소 측정 결과에서도 풍납토성 유적의 연대는 서기전 2세기에서 서기 2~3세기에 걸쳐 있는 것으로 확인하였다.110)

이처럼 풍납토성은 『삼국사기』 초기기록의 정확성을 고고학적으로 증명하며 토성의 규모는 백제가 조그마한 마을국가 수준이 아니라 초기부터 강국이었음을 알려주고 있다.

---

108) 이형구, 『서울 風納土城[百濟 王城]實測調査硏究』, 百濟文化開發硏究院, 1997, 64~80쪽.
109) 金元龍, 「三國時代의 開始에 關한 一考察-三國史記와 樂浪郡에 대한 再檢討-」, 『東亞文化』7, 1967, 32쪽.
110) 이종욱, 「『삼국사기』에 나타난 초기 백제와 풍납토성」, 『서강인문논총』12, 2000, 125쪽.

『삼국지』 위서에는 마한이 산과 바다 사이에 흩어져 있으며 성곽은 없다고 기록되어 있는데,[111] 풍납토성의 규모와 축성 시기는 위서의 기사가 얼마나 부정확한가를 잘 보여준다.[112]

초기기록을 불신하는 견해는 고구려 동천왕 19년(245) 신라 북변을 공략한 기사[113] 및 이에 대응하여 신라장군 석우로가 병사를 이끌고 출격한 기사,[114] 신라 첨해이사금 2년(248) 고구려에 사신을 보내 화친을 맺은 기사[115]에 대하여도 역사적 사실이 아니라고 부정하면서, 두 나라 간의 첫 접촉은 4세기 후반 고구려의 도움으로 신라가 전진에 사신을 보냄으로써 시작된 것으로 추정하였다.[116]

그러나 경주 월성로고분군 5호분에서 발굴된 연유소대(緣釉小臺)와 29호분에서 출토된 단갑편(短甲片) 등 고고자료는[117] 4세기 전반이나 그 전으로 편년되는 고구려계통의 유물로써 고구려와 신라의 통교가 이른 시기부터 이루어졌을 가능성을 보여주고 있다.[118] 고고학적으로도 고구려·신라 관계의 개시 연대가 3세기까지 소급됨으로써 『삼국사기』 기사가 역사적 사실에 기초하고 있음을 알려준다. 이렇듯, 『삼국사기』는 문헌학적 측면에서나 고고학적 측면에서도 그 정확성이 입증된다.

---

111) 『三國志』 卷30, 魏書30 烏丸鮮卑東夷傳 韓條
112) 이종욱, 앞의 「『삼국사기』에 나타난 조기 백제와 풍납토성」, 136쪽.
113) 『三國史記』 卷17, 高句麗本紀5 東川王 19年 10月條
114) 『三國史記』 卷2, 新羅本紀2 助賁尼師今 16年 10月條
115) 『三國史記』 卷2, 新羅本紀2 沾解尼師今 2年 2月條
116) 李丙燾, 앞의 『韓國史 : 古代篇』, 403쪽.
117) 國立慶州博物館·慶北大學校博物館, 『慶州市 月城路 古墳群-下水道工事에 따른 收拾發掘調査報告-』, 1990.
118) 李建茂, 「慶州月城路古墳發掘調査」, 『韓國考古學全國大會發表文』, 1985, 71~72쪽.
李賢惠, 「4세기 加耶社會의 交易體系의 변천」, 『韓國古代史硏究』1, 1988, 168쪽.
林起煥, 「漢城期 百濟의 對外交涉」, 『漢城期 百濟의 물류시스템과 對外交涉』, 학연문화사, 2004, 106쪽.

5. 결론 - 『삼국사기』 초기기록 불신론의 소멸을 위하여

앞서 검토한 것처럼 일본 연구자들은 『일본서기』 신공기에 근초고왕이 나온다는 이유로 근초고왕 때부터는 신뢰할 수 있다고 주장한다.

그러나 신공기에는 파사이사금이 언급되고 석우로에 관한 역사적 사실도 기록되어 있다. 파사이사금은 신라의 제5대 왕(재위 80~112)이며 석우로는 제10대 내해이사금의 왕자로 3세기에 활약한 신라의 대장군이다. 『일본서기』는 신공기에 파사이사금과 석우로에 대한 기사를 남김으로써 『삼국사기』 초기기록이 사실에 기초한 문헌이라는 것을 역설적으로 알려준다. 일본 연구자들이 파사이사금과 석우로 기사를 보지 못했을 가능성은 전혀 없다. 다만 그 사실을 알면서도 『삼국사기』 초기기록을 불신하기로 아예 작정하고 덤벼들었기에 애써 무시한 것이다.

초기기록을 부정하는 우리나라 연구자들의 견해 역시 『삼국사기』 전체 기록 및 관련 문헌사료에 대한 총체적인 접근 없이 부분적이고도 지엽적인 기사 등을 문제 삼아 허위라고 하지만, 이는 마치 코끼리 전체에 대한 분석 없이 코끼리 한쪽 발에 묻어 있는 개미의 혈흔에 대한 DNA 분식을 한 나음 코끼리를 코끼리가 아니라고 주장하는 것만큼이나 설득력이 없다.

『삼국사기』 초기기록 불신론은 일본 제국주의가 조선을 강제 병합하기 위해 창출한 것이며 일제 사학이 새로이 만들어낸 신종 전염병이다.

초기기록 불신론이 전염병일 수밖에 없음은 이 현상이 제국주의 시기에 처음 체계적이고 광범위하게 출현하였으며 우리나라 학계에까지 퍼져 줄기차게 생명력을 유지하고 있기 때문이다.

초기기록 불신론이 전염병이라면 그 전염병을 옮긴 바이러스는 무엇인가? 바로 『삼국사기』 초기기록 불신론과 일체불가분의 관계로 연결된 신공기의 삼한정벌 기사와 임나일본부설이다.

전염병을 옮긴 바이러스가 부정된다면 그에 파생된 전염병도 없어져야 하며, 따라서 실체가 없는 그림자에 불과한 초기기록 불신론 역시 사라지는 것이 상식에 맞다.

그런데도 우리 학계에서는 신공기의 삼한정벌 기사와 임나일본부설은 부정하면서도 초기기록 불신론은 여전히 신봉하는 상황이 아직껏 벌어지고 있다. 『삼국사기』 초기기록 불신론은 『일본서기』 신공기를 맹신하는 제국주의에서 출발하였으나 그 기준점을 『삼국지』로 삼음으로써 사대주의에도 근거를 두고 있다.

결국 『삼국사기』 초기기록 불신론은 사대주의와 제국주의를 바탕으로 역사 왜곡의 뿌리에서 자라난 허상에 불과하다. 그러므로 『삼국사기』 초기기록 불신론은 터럭이라도 발붙이지 못하고 사라져야 하며 김원룡의 일갈(一喝)로 그 당위의 마음을 전하고자 한다.

> 삼국사기의 기사는 실로 이로정연(理路整然)하다. 그 자체에 불신해야 할 점은 하나도 없다.[119]

---

119) 金元龍, 앞의 「三國時代의 開始에 關한 一考察-三國史記와 樂浪郡에 대한 再檢討-」, 22쪽.

II. 국가 기원에 대한 연구방법론

1. 일본 우월주의와 일선동조론

제국주의 시기 황국론자들은 신공기 및 임나일본부설을 근거로 고대 일본의 한반도 지배를 기정사실로 만들었으며, 그들의 민족 유래에 대하여는 하늘에서 내려온 천손족이라고 주장하면서 일본인의 고유성 및 우월성을 강조하였다.

대표적인 황국론자인 구로이타 가쓰미(黑板勝美)는 일본민족은 천손족(天孫族)이며 일본의 황통은 아마테라스오미카미(天照大神) 이래 만세일계로 이어져 왔다고 하였고,[120] 키요노 켄지(淸野謙次)는 1938년에 발표한 「고분시대 일본인의 인류학적 연구」에서 "일본열도는 인류 발생 이래 일본의 고향이며, 일본인은 일본국에서 처음부터 결성되었다."라고 하면서,[121] 일본인은 외부의 영향을 받지 않은 순수한 민족이며 고대 일본 국가가 다른 민족의 유입이나 영향을 받지 않고 고유 일본인에 의해 자생적으로 만들어졌다고 주장하였다.

황국론자들의 입장에서는 일제에 의한 조선 침략의 역사적 정당성을 확보하기 위해 일본인은 한국인과는 달리 태생부터 드높은 천손족이어

---

120) 黑板勝美, 『國史の研究』, 岩波書店, 1918, 1~25쪽.
121) 関根英行, 「한반도 도래설을 부정한 일본인 기원론의 사상적 배경」, 『東아시아古代學』44, 2016, 131쪽.

야만 했으며 한반도는 고대로부터 일본의 지배를 받아왔어야 했을 것이다. 그러나 일본의 기원이 한반도에서 직접 유래하였다는 주장을 한 일본 연구자가 전혀 없는 것은 아니었다.

14세기 일본 남조시대 학자인 기타바타케 지카후사(北畠親房)는 "고대 일본은 삼한과 같은 종족이었으나 이와 관련된 서적을 간무천황 때 불태워 없앴다."라고 하였으며,122) 18세기 에도시대 학자인 도 데이칸(藤貞幹)은 일본이 마한, 진한과 깊은 관련이 있다고 주장하기도 하였다.123)

유학자(儒學者)로 대표되는 도 데이칸의 이러한 견해는 국학자(國學者)로 대표되는 모토오리 노리나가(本居宣長)에 의해 커다란 논쟁을 일으키는 계기가 되었다.

일본과 조선의 조상이 같다는 취지의 일선동조론(日鮮同祖論)을 주장하는 연구자들도 적지 않았지만, "단군이 스사노오(素戔嗚尊)의 아들"124)이라고 주장한 하야시 다이스케(林泰輔)와 같이 대부분 일본 절대우위론의 입장에서 고대로부터 군사적으로 한반도를 지배하였다는 논리의 기본구조는 전혀 변하지 않았다.

신의 시대에는 스사노오가 조선으로 근거지를 옮겨 "국왕(國王)이자 건국신(建國神)"이 되었고 조선인은 일본에 투항·귀화하였으며, 또 천황의 시대에는 신공황후가 삼한을 정벌하여 조선을 "신하의 나라"로 삼음으로써 고대로부터 일본에 복속되었으므로,125) 조선은 당연히 일본의 지배를 받아야 하며 조선 백성들은 천황에 복종해야 한다는 것이 일세

---

122) 北畠親房 著;御巫淸勇 註, 『新註 神皇正統記』, 敎育硏究會, 1928, 51쪽. 간무천황이 우리나라 고대와 일본의 동질성을 기록한 서적을 불태웠다는 것은 율령국가 시기에 역사 왜곡이 얼마나 심하였는가를 단적으로 증명하는 사례이다.
123) 藤貞幹, 「衝口發 (1781)」, 『日本思想鬪爭史料』4, 東方書院, 1930, 228~229쪽.
124) 林泰輔, 『朝鮮史』1卷, 吉川半七, 1892, 19쪽. 이에 의하면, 『일본서기』 신대기에 나오는 '素戔嗚尊'의 아들 '五十猛神'을 단군이라고 한다.
125) 旗田巍, 『日本人の朝鮮觀』, 勁草書房, 1977, 36~38쪽.

시기 일선동조론의 요지이다. 일선동조론은 가족국가관을 통한 국민통합을 전제로 일제의 한반도 지배를 정당화하려고 한 시도로써, 일본 천황의 만세일계를 바탕으로 "일본 자체의 가족국가관에 기초한 군신동조의 논리를 한국으로까지 확장하려한 논의"일 뿐이었다.126)

진정한 일선동조론의 목적은 한일 간 독자적인 국가정체성을 인정한 상태에서, 역사적 사실에 근거한 친연성을 바탕으로 인류 공통가치로서의 평화로운 선린관계를 도모하고 상호 교류와 협력을 통한 공동 발전을 모색하는 데 있어야 한다. 그러나 제국주의 시기에 강조된 일선동조론은 그러한 목적은 배제된 채, 왜곡된 역사관에 기초하여 1910년 국권 침탈의 구실 및 1919년 거국적인 3.1운동 당시 우리나라의 독립운동을 억압하고 제국주의에 유리한 책략으로만 잠시 활용되었을 뿐이며, 전후(戰後)에는 다시 황국사관 및 국수주의로 재무장한 채 일본 우월주의에 입각한 역사관이 극성을 부렸다.

쓰다 소키치는 "일본인은 조선인과는 다른 민족"이라고 하였으며,127) 하세베 고톤도(長谷部言人)는 그 시기를 구체화하여 "최신세(最新世) 말기에 중국 화남에 거주하고 있었던 동아시아인의 일부가 육로로 규슈에 도착하여 일본인의 원조(遠祖)가 되었다."라고 함으로써128) 한국인과 관계가 없다고 주장하는 등 일본인의 뿌리에 대한 한반도 관련성을 부정하였다.

2. 고대 한반도와 일본열도의 관계

일본 연구자들이 어떠한 논리를 전개하든 문헌, 지명 및 유적을 제대로 분석하면 일본인이 한국인의 후예라는 사실을 충분히 확인할 수 있

---

126) 吉野誠, 「植民地支配と日鮮同祖論」, 『明治維新と征韓論 : 吉田松陰から西鄕隆盛へ』, 明石書店, 2002, 229~237쪽.
127) 津田左右吉, 『日本上代史の硏究』, 岩波書店, 1947, 416쪽.
128) 長谷部言人, 「日本民族の成立」, 『論集 日本文化の起源』5, 平凡社, 1973, 123쪽.

다. 『일본서기』만 살펴보더라도 신대기뿐만 아니라 숭신기 이후 거의 각 천황조마다 수많은 한국인이 일본열도로 이주한 것으로 파악되며, 특히 응신 집권기에는 대규모의 한반도세력이 일본으로 건너갔다.

당시 일본열도를 향한 수많은 한국인의 이동은 규슈 및 근기 지방을 포함하여 일본열도 전체를 한반도 관련 지명이 뒤덮고 있다는 사실에서도 충분히 알 수 있다.

4~5세기 한국 사람들의 일본열도 진출에 대하여, 고대 일본이 "도래인의 공급을 안정화시키기 위해 조선의 모든 나라를 번국(蕃國), 즉 조공국(朝貢國)으로 예속"시킨 결과라고 하거나[129] "임나 성립기에 따른 중국과 한국 사람들의 귀화"라고 보는 견해가 있다.[130]

이러한 견해는 고대 일본열도에 선진적이고도 강력한 정치체가 존재하였고 그 세력이 미개한 한반도 남부에 진출하여 정치·군사적으로 지배하였다는 임나일본부설을 전제로 하며, 당시 일본의 지배를 받던 한반도 사람들이 일본열도로 끌려갔거나 선진적 정치체인 일본을 숭상하여 건너간 것으로 보고 있다.

고대 한반도를 미개한 지역으로 보는 경향은 『일본서기』 편찬자들의 의도에서 시작되었다. 수인기에는 일본열도로 건너간 아라사등(阿羅斯等)에 대하여 "일본국에 성황이 있다는 말을 듣고 귀화하였다."라고 서술되어 있고,[131] 응신기에는 120현민이라는 대규모 인원을 이끌고 일본열도로 건너간 궁월군(弓月君)도 귀화로 서술되어 있는[132] 등 한반도에서 건너간 사람들이 줄곧 귀화인(歸化人)으로 표현되어 있다.

---

129) 吉村武彦, 「ヤマト王權と律令制國家の形成」, 『列島の古代史 8 : 古代史の流れ』, 岩波書店, 2006, 94쪽.
130) 末松保和, 앞의 『任那興亡史』, 264쪽.
131) 『日本書紀』 卷6, 垂仁天皇 2年條.
132) 『日本書紀』 卷10, 應神天皇 14年條.

귀화라는 용어는 『일본서기』에 나타나고 『고사기』에는 '도래인(渡來人)'이라고 기록되어 있다. 귀화라는 표현이 일반적으로 선진문명으로의 이동을 나타내듯이 『일본서기』에서 귀화인이라는 용어도 고대 일본이 한반도보다 선진적인 문물과 정치체를 가지고 있었다는 선입견을 담고 있다.

그러나 고고학적으로 입증된 사실만 보더라도 귀화인이라는 표현이 얼마나 허황된 것인가를 충분히 알 수 있다.

> 일본 고고학자들에 의해서 1987년에 보고된, 일본에서 출토된 토기 자료만을 대상으로 대륙계(거의 한국계)로 집계된 유적, 유물의 숫자는 한국계 유적과 유물이 가장 많이 발견되는 곳의 하나인 웅본현 등에 대한 조사가 빠지고 지석묘와 같은 유구와 토기 이외의 자료는 제외됐음에도 455개나 되는 것을 보면, 당시 문화의 흐름은 더 이상 언급할 필요조차 없이 한국에서 일본으로 거의 일방적인 흐름이었다고 보아야 할 것이다.[133]

제국주의 시기 한일 간 고고학적 흐름을 이미 간파한 도리이 류조(鳥居龍藏)는 일본인의 기원을 한반도로 보고 태고부터 일본열도와 한반도가 혈연적으로 연결되어 있었음을 강조하였으며, 특히 1920년 『동방시론』에 기고한 글에서 한반도에서 도래한 민족이 일본열도를 정복하였기 때문에 "일본은 한국의 식민지였다."라고 언급하기에 이르렀다.[134]

『신찬성씨록(新撰姓氏錄)』을 보면 일본인의 원류가 한국인이라는 사실이 더욱 명백해진다. 『신찬성씨록』은 헤이안(平安) 시대 초기인 815년에 일본 제52대 천황인 사가(嵯峨)의 명으로 편찬된 일본 고대 씨족의 계보

---

133) 安春培,「考古學上에서 본 任那日本府說」,『加羅文化』8, 1990, 58쪽.
134) 小熊英二,『單一民族神話の起源 : <日本人>の自畵像の系譜』, 新曜社, 1998, 158쪽.

서로, 선조의 출자에 따라 천황의 자손으로 분류되는 황별 335씨, 천황의 조상으로 받들어지는 신별 404씨,135) 도래인의 자손으로 구분되는 제번 326씨, 출자를 알 수 없는 117씨를 기록하고 있다.136) 『신찬성씨록』에 수록된 1,182씨 가운데 황별과 신별로 분류된 성씨는 숭신천황, 신공황후와 응신천황이 가야계통인 만큼 그 출자가 대부분 한반도일 수밖에 없다.

또한 『신찬성씨록』에 도래계 씨족으로 분류된 고대 일본 성씨 중의 하나인 진씨(秦氏)가 중국 진시황의 후예이며 그 출자를 중국이라고 하고 있으나,137) 『일본서기』에 의하더라도 한반도 출신이며 광개토왕의 남정 후에 일본열도로 건너간 사람들로 드러난다.

그런데도 그들이 진시황의 후예라고 한 이면에는 7세기 이후 율령국가로 나아가면서 한국과의 관련성을 단절하고 대국인 중국과 연결하려는 의도가 작용한 것으로 추정된다. 그러므로 평안좌경(平安左京) 이하 각 제번조에 수록된 도래계 씨족 326씨 중 자신들의 조상을 직접 중국과 연결한 그 외 성씨 역시 실제로는 대부분 고대 한국 사람들이라 하겠다. 그 외 미정잡성(未定雜姓)으로 분류된 117씨에도 도래계 출자로 분류할 수 있는 씨족이 적지 않으며 이들 또한 한반도에서 출자하였을 것이다.

---

135) 황별이나 신별에 해당하는 씨족이 비교적 많은 이유는 도래계 씨족 중에서 적지 않은 성씨가 그 출자를 황별이나 신별로 바꾼 결과로 보인다. 『일본서기』응신기에 기록된 최대의 도래인인 한씨(漢氏)와 진씨(秦氏)의 출자와 관련한 세키아키라(關晃)의 연구에 의하면 황별과 신별로 출자를 바꾼 도래계 씨족이 적지 않게 존재하는 것으로 나타난다고 한다(關晃, 『歸化人-古代の政治·經濟·文化を語る-』, 至文堂, 1962, 76~106쪽). 그들이 황별이나 신별로 출자를 바꾼 것은 한반도계인 황별이나 신별과 혈연이나 지연으로 연결되어 있다는 사실을 암시한다.
136) 佐伯有淸, 『新撰姓氏錄の硏究 : 本文篇』, 吉川弘文館, 1962.
137) 佐伯有淸, 위의 책, 279쪽.

오늘날 정확한 과학기술은 일본인이 한국인의 후예라는 사실을 확실히 증명하고 있다. 동경대학교 이학부 교수 하니하라 카즈로(埴原和郞)는 1987년 『인류지』에 발표한 「일본 조기이민자의 수 추정(Estimation of the Number of Early Migrants to Japan : A Simulative Study)」이라는 제목의 글에서, 고대 세계인구 평균증가율인 0.1%를 기준으로 서기전 300년부터 서기 700년에 걸쳐 죠오몽 시대 원주민의 인구증가와 이주민의 인구증가를 추정한 결과, 서기 700년경의 전체 인구수 5,399,800명 중 96.2%를 이주민이 차지하였다고 분석한 바 있다.[138]

1996년에 일본 국립유전학연구소 교수인 호라이 사토시(宝來聡) 등 연구진이 한일 간 유전적 관련성에 대하여 분석한 결과 "한국인과 본토 일본인의 유전자 거리가 0"이라는 결론을 도출하였다.[139] 이처럼 문헌과 유물뿐만 아니라 현대과학이 유전적으로 밝히고 있는 사실은 일본이 한반도에서 비롯되었음을 증명하고 있으며, 고대 한반도에서 건너간 한국 사람들에 의해 문명이 전파되고 일본국가가 세워졌다는 사실을 넉넉히 알게 해준다.[140]

---

138) 崔在錫, 「古代 日本으로 건너간 韓民族과 日本 原住民의 數의 推定」, 『東方學志』61, 1989, 4~5쪽.
139) 세키네 히데유키, 「한국인과 일본인의 계통연구와 패러다임」, 『민족문화연구』47, 2007, 422쪽.
140) 재레드 다이아몬드는 일본인의 조상에 관하여 야요이시대 수많은 한국인의 일본 이주를 근거로 "현대 일본인은 지난 2000년간 그들의 고유한 문화를 수정·발전시켜온 한국인 이민자의 자손"이며, 한국인은 선진농법으로 기존 수렵채집인을 대체하면서 현대 일본인의 조상이 되었다고 하였다(재레드 다이아몬드 지음;김진준 옮김, 「일본인은 어디에서 왔는가」, 『총,균,쇠』, ㈜문학사상, 2015, 649~654쪽).

3. 국가 기원에 대한 연구방법론
가. 구체적 방법론

한반도의 어떤 나라가 일본열도로 건너가 고대 일본국가를 세웠는지 살펴보기로 한다. 일반적으로 특정한 국가나 세력의 이동에 따른 서로 간의 동질성을 증명하기 위해서는 다음과 같은 요건이 충족되어야 할 것이다.

첫째, 문헌사료를 통한 논증이 우선되어야 한다. 문헌사료는 국가나 특정세력의 정체성을 밝혀 줄 수 있는 가장 확실한 등대이다. 사료 중에서는 사실을 그대로 기록한 장면이 있는가 하면 당대 각국의 사정에 따라 그 내용이 왜곡되거나 과장되어 기록되기도 한다. 그러므로 연구자는 치밀한 고증을 통하여 공정하고 엄격한 잣대로 문헌사료의 사실 여부를 따져야 한다. 이 과정에서 문헌사료를 편찬한 당대의 역사적 상황과 함께 집필자의 엄격성을 철저히 살펴보는 것은 고대사를 대하는 연구자의 필수적인 요건이다.

또한 수많은 외침으로 인한 소실(消失)로 고대사 관련 사료들이 부족한 우리나라의 현실에서 민간의 전승이나 기록도 자세히 살펴보는 지혜가 있어야 한다.

고대 역사서가 부족한 상황에서는 문헌 외에도 민간에서 전해 내려오는 전승기록 및 설화도 참고할만한 가치가 있으면 문헌에 준하여 연구해야 할 것이다. 민간의 전승기록이나 설화는 그 자체로 '날 것의 역사'이므로 신화적으로 과장된 부분만 걷어내면 역사적 사실이 될 수 있다.

따라서 설화를 비롯한 민간의 전승기록도 철저히 분석하고 그 사실성 여부를 따져 신빙성이 있는 자료는 역사적 사실을 증명하는 사료로 채택하여야 할 것이다.

둘째, 지명의 동일성이 검토되어야 한다. 지명의 동일성은 원집단과 이동집단의 동일성을 증명하는 중요한 근거이다. 자기를 낳아주고 길러준 향토의 지명은 그 자체로 역사성을 내포하고 있으며 지명 이동의 역사는 인간 이동의 역사이다. 이러한 역사성이 강한 지명이 다른 지역에서 다수 발견되는 현상은 상호 간의 동질성을 나타내는 대외적 선언으로 볼 수밖에 없다. 그러므로 지명 이동의 여정은 그 자체만으로 동일집단의 이동을 알려주는 역사적 기록이다.

동서양을 막론하고 사람들은 자기가 태어나고 자란 모국에 대한 향수로 이주한 곳에서도 모국의 지명을 그대로 사용하는 경향이 있다. 이주한 사람들은 자신의 정체성을 잃지 않고자 고국의 지명이나 이와 연관된 명칭을 따서 새로운 곳에 붙인다.

17세기경 영국의 청교도들을 비롯한 유럽인들이 신대륙으로 건너가서 동부지역을 개척할 때 사용한 지명도 대부분 그들의 출신지와 관련되어 있다. 미국의 뉴욕지역을 최초로 개척한 네덜란드인들은 모국의 지명을 따서 '뉴암스테르담'으로 명명하였고 그 뒤 이곳을 정복한 영국인들은 요크공작의 이름을 따서 '뉴욕'이라고 이름 지었으며, 그 외 많은 주와 도시들도 그들의 출신 국가와 관련된 지명을 사용하였다. 역사적 관점에서 볼 때 이러한 지명의 동일성이 단발적이 아니라 연속적으로 나타난다면 특정세력의 이동이 있었다고 하는 것이 타당하다.

셋째, 고고학적 동일성이다. 고고자료는 그 자체로 동질적인 문명과 문화를 공유하였다고 추정할 수 있는 역사적 사료이다.

그러나 특정한 지역에서 동일계통의 유물이 집중적으로 발굴된다면 동일한 국가나 세력의 이동에 의한 결과로 볼 수 있으나, 간헐적이거나 소량의 유물은 단순한 교역의 흔적일 가능성도 전혀 배제할 수 없으므로 그것만으로 어떤 세력의 이동이 있었다고 단정할 수 없다. 고고자료를 이동집단의 동질성을 확보하는 근거로 사용하기 위해서는 그 자체만으로도 증명될 수 있는 밀집성과 특이성이 있어야 할 것이며, 그렇지 않을 경우 반드시 이를 뒷받침할 만한 다른 사료와 함께 납득할만한 설명이 뒤따라야 할 것이다.

나. 일본국가 기원으로서의 가야

지금까지 국내에서 제기된 일본 기원에 대한 견해는 어떠한가?

특정 유물에만 의존하여 일본국가의 기원이 부여라고 주장하는 견해가 있는가 하면, 철저한 문헌 분석이나 고고학적 검토도 제대로 하지 않고 나아가 『삼국사기』 초기기록은 물론 중기기록마저 무시한 채 일본국가의 백제 기원설을 주장하는 견해가 난무하는 현실이다.

아키히토 천황(明仁天皇)은 2002년 한일월드컵 공동개최를 앞둔 2001년 12월경 '간무 천황의 생모가 백제 무령왕의 자손'이라고 발표함으로써 한일 양국에 적지 않은 충격을 주었다. 천황 스스로가 한반도와의 혈연관계를 공개적으로 말한 것은 일본 내에서 천황가의 기원에 대한 언급을 금기시하는 현실을 고려하면 매우 이례적이라 할 수 있다.

『속일본기』에 기록된 것처럼 일본천황 간무(桓武)는 백제 무령왕의 후손 고야신립(高野新笠)을 모계로 두었다.[141] 간무는 794년에 수도를 나라에서 교토로 옮기고 지방관제 및 군사제도의 개혁을 통하여 황권 강화를 추진함으로써 일본 고대문명의 황금기라 불리는 헤이안(平安)시대의 막을 열었던 인물이다.

아키히토 천황은 적어도 그 사실이 역사서에 기록되어 있고 당시 한일월드컵을 앞두고 양국 간 친선이 강화되는 시기의 분위기를 감안하여 이를 공표하였을 것이지만, 국내에서는 일본 천황의 발언이 마치 일본

---

[141] 『續日本紀』 卷40, 延曆 9年 1月 辛亥條, "皇太后 姓和氏 諱新笠...后先 出自 百濟武寧王之子純陀太子".

의 기원이 백제에 있다는 기존 입장을 더욱 견고하게 하는 방향으로 작용하였다. 그러나 발언의 전체 내용을 자세히 살펴보면 특정 시기 천황가의 외가에 백제 후기 왕가가 혈연적으로 연관이 있었다고 한 것일 뿐 이를 전체 계보로 일반화하지 않았으며, 정작 천황의 친가 및 그 기원은 물론 일본의 기원에 대한 어떠한 언급도 없었다.

오히려 일본의 기원은 『일본서기』에서 명백히 찾을 수 있다. 흠명천황 23년(562)에 신라가 대가야를 공격하여 멸망시킴으로써 가야 전체가 사라지게 되자 천황이 직접 조서를 내렸다.

"신라는 서쪽의 오랑캐로 작고 더럽다. 하늘의 뜻을 거역하고 간사하다. 나의 은의를 어기고 나의 관가를 무너뜨렸다. 수많은 나의 백성을 죽이고 나의 군현을 쳐부수었다. 나의 조상인 기장족희존(氣長足姬尊)은 성스럽고 총명하여 천하를 주행하시며 모든 백성을 잘 보살펴 풍족하도록 살게 하였다. 신라가 궁지에 빠지자 불쌍히 여겼고 죽을 고비에 놓인 신라왕을 살려 주었으며, 신라에게 기름진 땅을 주어 특별히 영화를 누리도록 해주었다. 기장족희존이 신라를 야박하게 대한 것이 무엇인가. 나의 백성이 신라의 원한을 산 적이 있는가. 그런데도 신라는 긴 창과 강한 활로 임나를 능멸하였고, 강한 이빨과 날카로운 손톱으로 사람들을 모질게 학대하였다. 간을 가르고 발목을 베고도 싫어하는 기색이 없이 오히려 즐거워하였고, 뼈를 드러내고 시신을 불살랐으나 잔혹하다고 여기지 않았다. 임나의 귀족과 백성은 칼과 도마로 도륙되었다. 왕의 신하를 비롯하여 곡식을 먹고 물을 마시는 사람이라면 어찌 참을 수 있으며 슬퍼하지 않겠는가. 더구나 태자와 대신은 그 자손이기에 피를 토하듯 울며 원한에 사무쳐 있다. 번병의 임무를 맡는 것은 온몸을 바쳐 희생하는 데 있다. 전조(前朝)의 덕을 받았으니 후대에 그 지위를 이어가야 한다. 모두 힘을 합쳐 간악한 역적을 죽여 천지간의 비통함을 씻어야 한다. 군부(君父)의 원수를 갚지 못한다면 죽어서도 신하된 자의 도리를 다하지 못한 한을 남길 것이다."142)

---

142) 『日本書紀』卷19, 欽明天皇 23年 6月條.

천황이 직접 글을 내리면서까지 가야를 멸망시킨 신라에 대한 원망을 표출하고 있다. 『일본서기』에 서술된 신라의 행위는 허위와 과장으로 가득 차 있어 역사적 사실과는 다르지만,143) 사실과 다른 행위를 과장으로 채워 넣은 기사의 전체 취지를 살펴보면 그들의 유래가 명백히 드러난다. 흠명기의 조서는 일본의 태자와 대신들이 임나의 자손이며 나아가 태자의 아버지인 천황 자신도 임나의 자손이라는 선언과 다름이 없고, 군부(君父)144) 또한 천황 자신이면서 동시에 임나, 즉 가야를 지칭한다고 하겠다.

---

143) 신라의 가야 왕족 등에 대한 가혹행위를 서술한 흠명기 23년 6월조는 신라에 대한 감정을 고취하기 위해 허위와 과장으로 가득 차 있어 실제 역사적 사실과는 크게 어긋난다. 금관국 멸망 당시 수로왕계는 신라의 진골이 되었으며, 대가야는 멸망 전부터 일부 지배세력이 신라에 편입되어 있었을 뿐만 아니라 멸망 후에도 고령지역에 대가야 기존 지배세력이 온존하고 있었다(신가영,「대가야 멸망과정에 대한 새로운 이해-가야반 기사를 중심으로-」,『한국고대사연구』72, 2013, 183~184쪽 ; 『가야사 연구의 현황과 전망』, 주류성, 2018, 309~310쪽). 대가야 정벌에 큰 공을 세운 사다함은 진흥왕으로부터 받은 포로 200명을 풀어주어 양인이 되게 하였다(『삼국사기』 권4, 신라본기 진흥왕 23년조). 또한 신라가 가야를 흡수하고 삼국을 통일하는 과정에서 민족통합을 위해 부단히 노력하였다는 사실은 『삼국사기』를 통해서도 충분히 알 수 있다. 사실이 이와 같음에도 신라의 행위를 왜곡하여 서술한 데는 『일본서기』 편찬과정에서 백제인 등의 신라에 대한 감정이 개입되었을 것이며 무엇보다 신공기의 신라정벌과 가야공략의 기사를 역사적인 사실로 가공하려는 의도가 강하게 작용하였을 것이다.

144) 흠명기에 '君父'라는 표현을 사용함으로써 문언으로만 보면 왕이나 대왕이 천황과 분리된 별개의 인격체로 오해할 수도 있으나 일본은 7세기 이후 천황이라는 호칭을 사용하였고 그전에는 대왕이라고 불렀으며 그 직계는 왕이란 칭호를 사용하였다. 1968년 이나리야마고분에서 출토된 철검에 새겨진 '와카타케루대왕(獲加多支鹵大王)'이라는 칭호를 보더라도〔철검에 새겨진 '와카타케루대왕'의 실체에 대하여 일본에서는 '웅략천황(雄略天皇)' 또는 '흠명천황(欽明天皇)'이라는 견해가 있으나 두 사람 모두 7세기 이전의 '대왕'이라는 사실은 틀림없다.〕당시 왜왕의 호칭이 대왕임을 알 수 있으며,『일본서기』황극천황 2년(643) 11월조에서 소가노 이루카(蘇我入鹿)의 압박으로 자살한 제31대 용명천황의 손자인 야마시로노 오에(山背大兄)를 왕으로 표기하는 등 천황의 후손에게 왕의 칭호가 부여된 점을 살펴보면 왕은 천황 자신이나 혈족에게도 부여된 칭호임을 알게 해준다. 이러한 역사적 정황을 고려하여 전체 문맥을 검토하면 군부는 바로 천황 자신임과 동시에 천황의 조상의 나라인 가야를 가리킨다는 것을 알 수 있다.

백제가 멸망해도 당시 일본 천황이 비통한 마음을 담은 이렇다 할 글을 내리지 않은 것에 비해 가야 전체가 멸망한 직후 흠명천황은 직접 조서를 내리면서까지 애통한 마음을 절절히 표출하였는데, 그 내용을 살펴보면 일본 천황가의 근본이 가야에 있음을 알게 해준다.

비록 흠명의 조서가 신공의 실체에 대한 왜곡 및 신라의 행위에 대한 과장으로 가득 차 있다고 하더라도 가야 여러 나라의 멸망과 관련한 심정이 적나라하게 드러나 있다.

흠명기 23년 6월의 조서는 그들의 근본이 가야에 있음을 확실히 보여주는 징표이다. 재위 중에 가야의 멸망을 겪은 흠명천황(欽明天皇)은 임종하면서 신라를 공략하여 임나를 세우라는 유언을 남겼으며,145) 흠명의 아들인 민달천황(敏達天皇)도 죽음에 이르러 임나의 정사를 잘 살필 것을 유언하였고,146) 민달의 아들 숭준천황(崇峻天皇) 또한 임나를 세울 것을 주창하는147) 등 임나의 부흥문제가 후계 천황들이 수행해야 할 중대사로 인식되고 있었다. 추고천황(推古天皇) 10년(602)에는 임나를 회복할 목적으로 백제 및 고구려와도 연합하여 신라를 공략하기 위해 내목황자를 장군으로 정하고 병력 2만 5천 명을 집결하기도 하였다.148)

일본 역대 천황기를 살펴보면 앞에 신(神)이라는 명칭이 붙은 천황 등이 4명이 있는데, 제1대 신무천황(神武天皇), 제10대 숭신천황(崇神天皇), 제14대 중애천황의 비 신공황후(神功皇后),149) 제15대 응신천황(應神天皇)이다. 천황 등의 호칭 앞에 붙은 신(神)은 "나라를 건국한 개척자이거나 정복자"150)임을 표시한다. 그러나 신무천황은 『일본서기』에 서기전 660

---

145) 『日本書紀』 卷19, 欽明天皇 32年 4月條.
146) 『日本書紀』 卷20, 敏達天皇 14年 3月條.
147) 『日本書紀』 卷21, 崇峻天皇 4年 8月條.
148) 『日本書紀』 卷22, 推古天皇 10年 2月條.
149) 신공황후는 『일본서기』에서 천황과 동일한 위상을 가진 황후로 기록되어 있으나 실제로는 그 이상의 존재로 부각되어 있다.

년에 구주와 근기지역을 아우르는 지역을 정복하고 일본을 건국한 것으로 서술되어 있으나 『일본서기』에 기술된 "신무의 전승 기사는 4세기 이후의 사실"151)이며 신무의 동정 경로는 곧 응신의 동정을 기록한 것이므로, 일본열도를 개척한 의미가 내포된 '신(神)'이 붙은 시호를 부여할 수 있는 실체를 가진 존재는 숭신, 신공, 응신 3명뿐이다.

『일본서기』에서 사실상 처음 신으로 명명된 숭신은 "최초의 천황"152)이자 "나라를 처음 세운 천황(御肇國天皇)"153)으로 불린다.

숭신, 신공 및 응신의 출자를 밝히기 위해 먼저 일본에서 지내는 천황가의 제사에 대하여 살펴보기로 한다.

『연희식(延喜式)』은 927년 제호천황(醍醐天皇) 때 편찬된 율령세칙으로 제신(諸神)들에 대한 제사 의식이 상세히 설명되어 있다. 이 가운데 가장 으뜸가는 "가라가미(韓神) 2신과 소노가미(園神) 1신"에 대한 제사는 황거(皇居) 안에 있는 사당에서 천황이 주관하여 지내는데 이 제사를 "신상제(新嘗祭)"라고 한다.154)

'가라'는 한반도 남부의 가야지역을 의미하며 '가라가미 2신'은 '금관국과 구주 야마대의 기원' 편에서 자세히 논증하는 바와 같이 김해 금관국에서 출자한 숭신천황과 신공황후를 가리킨다. 그렇다면, '소노가미'는 누구이며 출자는 어디일까?

소노가미에서 일본어의 소(そ)는 우리말 첨(初)에서 소리 바꿈한 글자이다. 그렇기 때문에, 매년 1월 2일에 하는 첫 붓글씨 쓰는 행사를 가끼소메(かきそめ;書初)라고 하고 일본어 소모소모(そもそも)는 제일, 첫째라는 뜻이 된다. 일본에서 제

---

150) 江上波夫, 『騎馬民族國家』, 中央公論社, 1967, 184쪽.
151) 井上光貞, 『日本國家の起源』, 岩波書店, 1960, 77쪽.
152) 水野祐, 『日本古代の國家形成』, 講談社, 1972, 152쪽.
153) 『日本書紀』 卷5, 崇神天皇 12年 9月條.
154) 『延喜式』 卷1, 四時祭祀 神祇篇.

일 역사가 오래되고, 규모가 크기로도 으뜸가는 시마네현의 이즈모대사(出雲大社) 부근 해변을 '소노하마(そのはま)'라고 한다.155)

이즈모(出雲)는 아라국 출신인 아라사등이 거쳐간 곳이며 응신천황의 화신인 스사노오가 도래한 곳이기도 하다. 이즈모가 속한 시마네현에는 '아라가야, 아라키, 아라와이, 아라시마' 등 아라계 지명이 분포되어 있다.156) 또한 이즈모에 위치한 '카미나가하마(上長浜)패총'에서는 4세기 전반에 해당하는 아라가야계 토기인 승석문타날단경호가 발굴되었고, 인근 돗토리현 '아오키이나바(青木稲場)유적'에서도 4세기 전반의 아라가야계 양이부단경호가 출토되었다.157)

이러한 사실로 보아, 소노가미는 아라가야계 인물을 대표하며 바로 응신천황을 지칭한다고 볼 수 있다. 응신천황을 '소노가미'로 지칭하는 이면에는 응신이 일본 역사상 최초로 구주와 근기지역을 아우르는 일본국가를 만들었다는 의미가 내포되어 있을 것이다.

9세기 청화천황(清和天皇) 시기에 편찬된 『정관의식(貞觀儀式)』에는 가라가미 및 소노가미를 모시는 신제(神祭)의 절차가 설명되어 있다.158)

『정관의식』에 의하면 소노가미는 남쪽에 모셔져 있고 가라가미는 북쪽에 모셔져 있다고 하며 신기관(神祇官) 등이 제물을 바친 후 가라가미와 소노가미에 대한 제사를 지냈다고 기록되어 있는데, 이러한 사실은 오래전부터 구주 및 근기지역에서 일본 최초의 국가를 수립하고 발전시킨 숭신, 신공 및 응신에 대한 제의가 중요시되었으며 동시에 이들이 일본 건국의 신으로 추앙되었음을 시사한다.

---

155) 박병식, 『도적맞은 우리국호 일본』, 문학수첩, 1998, 248쪽.
156) 윤내현, 『한국열국사연구』, 지식산업사, 1998, 496~497쪽.
157) 하승철, 「유물을 통해 본 아라가야와 왜의 교섭」, 『중앙고고연구』25, 2018, 13쪽.
158) 『貞觀儀式』 卷1, 園神韓神祭儀篇.

『일본서기』에는 천황기에 앞서 신대기가 소개되어 있는데 신대기를 분석하면 숭신, 신공 및 응신을 신화화하여 기록되어 있음을 파악할 수 있다. 즉, 숭신천황은 신화로 가공된 니니기의 실체이며 신공황후는 아마테라스, 응신천황은 스사노오의 실체라는 것을 알게 해준다. 결국 일본 천황가의 으뜸가는 제사 대상인 가라가미와 소노가미 3신, 『일본서기』 신대기 3신과 숭신, 신공 및 응신 3명은 각 대칭되는 동일체이며, 일체의 편견 없이 관련 사료를 살펴보면 이들의 출자가 바로 한반도 가야지역임을 알 수 있다.

　지명을 살펴보더라도, 일본열도에는 백제계 지명보다는 가야계 지명이 압도적으로 많이 분포되어 있다. 백제계 지명은 거의 근기지역에 한정되어 있음에 반하여159) 가야계 지명은 근기지역을 포함하여 일본열도 전체에 퍼져 있다. 가야계 유적 또한 일본을 뒤덮을 정도로 수없이 출토된다. 3~4세기경 가야지역에서 가장 넓은 분포권을 형성하는 승석문 타날호를 비롯한 아라가야 양식 토기가 나가사키를 비롯한 일본 전역에서 광범위하게 출토되고 금관가야 양식 토기 또한 규슈 등지에서 다수 발굴된다.160) 그런데 "이 시기 일본열도에서는 백제와의 관계를 보여주는 백제산 문물은 칠지도 이외에 찾아보기 어렵다."라는 견해도 있는 만큼,161) 고고자료를 검토하더라도 백제보다는 가야가 이른 시기에 일본열도로 진출했다는 사실을 알려준다.

---

159) 백제계 지명은 주로 5세기경 궁월군 집단의 이동으로부터 시작되어 백제 패망 시기에 일본열도로 건너간 백제인들에 의해 형성된 것으로 추정된다.
160) 朴天秀, 「考古資料를 통해 본 古代 韓半島와 日本列島의 相互作用」, 『한국고대사연구』27, 2002, 57~62쪽 ; 「3~6세기 한반도와 일본열도의 교섭」, 『한국고고학보』61, 2006, 9~13쪽.
161) 朴天秀, 위의 「3~6세기 한반도와 일본열도의 교섭」, 10쪽. 칠지도 제작 연도와 관련한 학계의 통설은 4세기경으로 보고 있으나, '칠지도' 편에서 자세히 검토하듯이 5세기경에 제작되었다고 보아야 할 것이므로 일본열도에서 3~4세기경으로 비정되는 백제계 유물은 전혀 없다고 해도 과언이 아니다.

결국 문헌, 지명 및 유적을 종합적으로 검토하면 일본국가의 기원은 백제라기보다는 가야라고 하는 것이 타당하다. 따라서 가야 사람들이 구체적으로 어떤 이유로 일본열도로 건너가서 일본 건국의 주체가 되었는지 상세히 살펴보고자 한다.

【백제·가야계 지명이 있는 일본 현】

지역 명칭	현 명칭	백제계	가야계	비고
칸사이(関西)	오사카(大阪)	○	○	
	나라(奈良)	○	○	
	시가(滋賀)	○	○	
	교토(京都)		○	
	효고(兵庫)	○	○	
	미에(三重)		○	
규슈(九州)	구마모토(熊本)	○	○	
	오이타(大分)		○	
	후쿠오카(福岡)		○	
	미야자키(宮崎)		○	
	가고시마(鹿児島)		○	
	사가(佐賀)		○	
	나가사키(長崎)		○	
추고쿠(中国)	야마구치(山口)		○	
	히로시마(広島)		○	
	시마네(島根)		○	
	돗토리(鳥取)		○	
	오카야마(岡山)		○	
시코쿠(四国)	가가와(香川)		○	
추부(中部)	시즈오카(静岡)		○	
	나가노(長野)		○	
	기후(岐阜)		○	
	아이치(愛知)		○	
	후쿠이(福井)		○	
	이시카와(石川)		○	
간토(関東)	군마(群馬)	○	○	
	가나가와(神奈川)		○	
	도치기(栃木)		○	
	지바(千葉)		○	
	사이타마(埼玉)		○	
도호쿠(東北)	후쿠시마(福島)		○	
	이와테(岩手)		○	

162)

---

162) 이 표는 '崔在錫, 『古代韓日關係와 日本書紀』, 一志社, 2001, 71~72쪽', '윤내현, 앞의 『한국열국사연구』, 491~497쪽'을 참고하여 작성하였다.

【지명 분포도】

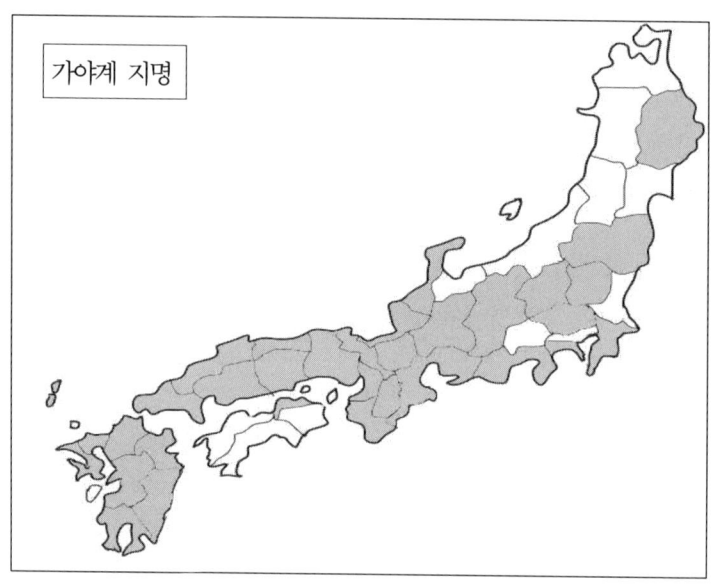

가야계 지명

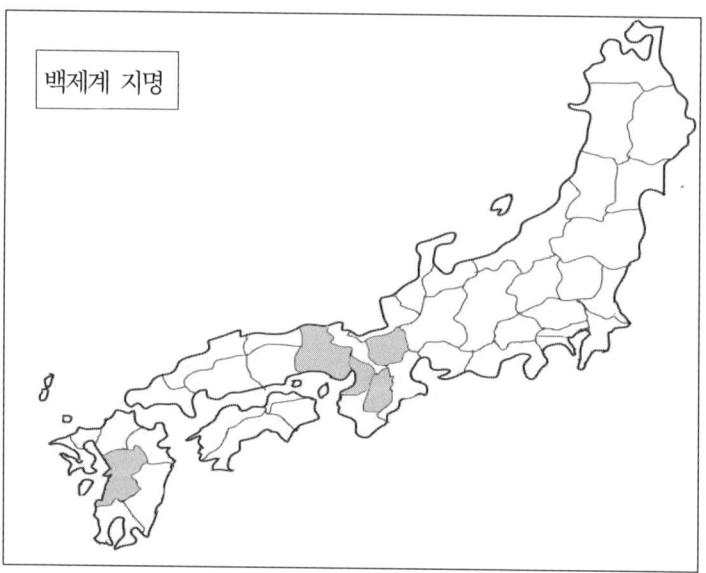

백제계 지명

제2장 가야사 총설

I. 가야의 기원 마한·변한

II. 가야와 임나의 관계

I. 가야의 기원 마한·변한

1. 개요

가야는 대개 낙동강 서쪽에 위치한 변한과 관련된 것으로 이해하고 있다. 이는 조선 중기 한백겸(韓百謙)이 『동국지리지(東國地理志)』에서 삼한을 한강 남쪽으로 비정한 다음 마한은 일반적으로 충청도, 전라도 지역에 위치하여 백제로 발전하였고, 진한은 경상북도 지역에 위치하여 신라로 발전하였으며, 변한은 가야의 모체(母體)로 낙동강 서쪽 영남지역에 위치하였다고 규정한 후부터 오늘날까지 이어져 내려온 학계의 일반적인 경향이기도 하다.

이러한 지역적인 고착화는 결과적으로 마한에서 백제로, 진한에서 신라로, 변한에서 가야로 각각 발전하였다는 도식적인 경향으로 수백 년 동안 굳어져 변한만이 가야의 전신이며 경상도에 한정된 집단이라는 분리적인 역사인식이 이어져 내려오게 하였다.

삼한에서 삼국으로의 교체 시기에 대해서도 대개 3세기 후반에 편찬된 『삼국지』 위서의 삼한 기사를 근거로 300년경 전후로 보고 있는데, 가야의 성립 시기는 연구자의 입장에 따라 천차만별이다. 즉, 서기전 2세기경을 가야의 성립 시기로 보는 견해[1]가 있는가 하면 서기 3세기경

---

1) 李丙燾, 앞의 『韓國古代史硏究』, 319쪽.
　白承忠, 「加耶의 地域聯盟史硏究」, 釜山大學校博士學位論文, 1995, 83쪽.

유이민 집단인 가락국 수로족이 가야연맹체의 맹주로 등장하였고 대가야 역시 맹주로 등장하면서 이들 집단이 상·하가야 연맹을 이루었다고 하는 견해,2) 가야를 조기 가야와 만기 가야로 나누어 김해를 중심으로 한 조기 가야의 성립시기를 162년으로 보는 견해,3) 가야사의 시작을 42년을 상한으로 삼고 하한을 2세기 후반이라고 하는 견해4)가 있는 등 연구자마다 다양한 주장을 전개하고 있다.

또한 변한과 가야의 연관성에 대하여 변한을 가야사의 전사로 보는 전사론(前史論)적 입장에서는 가야라고 불리는 정치세력이 실질적으로 형성된 시기를 3세기 후반 또는 4세기 전반으로 보고 있으며,5) 변한을 가야사의 일부로 포함시켜 이해하는 전기론(前期論)적 입장에서는 가야사를 전기와 후기로 구분하여 변한을 전기 가야로 이해하고 있으나6) 변한을 가야사의 전사로 보든 전기로 보든 변한과 가야사의 구분은 여전히 모호하기만 하다.

이처럼 변한과 가야의 구분이 애매하고 가야의 성립 시기마저 혼란스러운 것은 『삼국지』 위서 한조의 해석에 그 이유가 있다.

즉, 3세기 후반에 편찬된 위서에 삼한이 있으므로 그때까지 삼한이라는 실체를 가진 정치체가 존속하였으며, 3세기경 한반도에는 백제와 신라가 마한과 진한의 일원이었던 것처럼 가야 역시 변한에 종속되거나 관련되어 있었다는 것이다.

그러나 앞서 검토한 바와 같이 위서 한조는 서기 3세기의 사건만을

---

2) 金哲埈, 『韓國古代國家發達史』, 韓國日報社, 1975, 70~74쪽.
3) 千寬宇, 『加耶史研究』, 一潮閣, 1991, 16쪽.
4) 金泰植, 『加耶聯盟史』, 一潮閣, 1993, 42~46쪽.
5) 申敬澈, 「金海禮安里 160號墳에 대하여-古墳의 發生과 관련하여-」, 『伽耶考古學論叢』1, 가락국사적개발연구원, 1992.
朱甫暾, 「序說-加耶史의 새로운 定立을 위하여-」, 『加耶史研究』, 慶尙北道, 1995.
6) 金泰植, 「加耶聯盟體의 性格 再論」, 『韓國古代史論叢』10, 2000.
이영식, 「문헌사학으로 본 가야」, 『가야고고학개론』, 진인진, 2016.

상술(詳述)한 것이 아니라 서기 3세기까지의 한반도 상황을 대강 기록한 문헌이다. 따라서 위서에 삼한이 기록되어 있다고 하여 반드시 3세기까지 역사적 실체를 가진 정치체로서의 삼한이 존재하였다고 볼 수 없으므로 위서를 근간으로 하는 삼한 존속 시기의 산정은 타당하지 않다.

2. 가야의 기원에 대한 기존 견해 검토

가야의 기원에 대해서는 일반적으로 위만조선의 멸망과 관련이 있다고 한다. 가야의 기원을 위만조선과 관련짓는 견해는 한반도 남부에 전파된 철기 문명을 논거로 제시할 뿐 그 성립과정에 대한 구체적인 설명은 없다.

가야의 성립에 고조선이 관련된 것은 역사적 사실이다.[7] 그러나 한반도 남부에서 일어난 철기 문명의 전파 대상이 위만조선이 유일하다고 볼 수 없다. 더구나 가야의 건국시기를 2세기나 3세기경으로 주장하는 견해에서 살펴보면 위만조선 멸망(서기전 108) 후 가야의 성립 사이에 그 시간적 간극이 너무 커 위만조선의 멸망과 가야의 건국을 직접 연결하기에는 무리가 있다.

가야의 기원을 흉노라고 주장하는 견해도 있다. 이에 의하면, 한 무제의 흉노정벌 때 붙잡힌 흉노 휴저왕(休屠王)의 아들 김일제(金日磾)가 한 무제의 신임으로 조정의 실권을 잡았고, 그 뒤 김일제의 증손인 왕망이 한나라를 멸망시키고 신(新)을 건국하였으나 한 고조 유방의 9세손인 광무제 유수가 멸망시키고 후한(後漢)을 세웠으며, 이에 김일제의 후손들이 탄압을 피해 한반도 남부로 이동하여 금관국을 비롯한 가야의 여러 나라를 건국하였다고 한다.[8]

---

7) 『삼국사기』 신라본기 박혁거세거서간조를 살펴보면 유이민세력이 고조선인임을 알 수 있으며, 이러한 기사로 보아 가야에도 고조선지역에서 이동하여 들어온 유이민세력이 당연히 포함되어 있었다고 하겠다.

금관국이 김일제의 후예에 의해 건국되었다는 주장은 신라 문무왕 비문과 김유신전에 기록된 김유신 비문 관련 기사를 주요한 근거로 삼고다. 문무왕과 흉노의 직접적인 관련성은 문무왕 비문에 보이는 "투후제천지윤칠엽(秺候祭天之胤七葉)"9)에서 나타나는데, 비문에는 문무왕과 투후와의 혈연적 연관성이 명기되어 있다.

'투후(秺候)'는 한 소제가 김일제에게 내린 제후의 명칭이며, 김일제는 흉노 휴저왕의 아들로 한나라에 포로가 되었다가 무제를 섬기면서 김씨를 사성받았고, 그 뒤 망하라의 무제 암살 기도를 막아내어 무제의 유조(遺詔)로 소제 때 투후의 작위를 받은 것으로 『한서』에 기록되어 있다.10) 한편, 『삼국사기』 열전 김유신전에 인용된 비문 관련 기사에는 다음과 같이 기술되어 있다.

> 신라 사람들은 스스로 이르기를 소호금천씨의 후예이기에 성을 김씨로 삼았다고 한다. 유신의 비문에도 헌원의 후예이며 소호의 종손이라 전하고 있으니 남가야의 시조 수로도 신라와 성이 같다.11)

그러나 김유신전에 인용된 비문 관련 기사를 아무리 살펴보아도 투후 김일제의 후예가 금관국을 건국하였다는 구절이 전혀 없다. 김유신전에는 신라인과 조상이 같다는 선언적 의미의 '헌원의 후예이며 소호의 종손'12)이라고만 기록되어 있을 뿐 수로왕이나 김유신이 김일제의 후예임

---

8) 文定昌, 『加耶史』, 柏文堂, 1974, 139~156쪽.
9) 韓國古代社會硏究所, 앞의 『譯註 韓國古代金石文Ⅱ (신라1·가야 편)』, 125쪽.
10) 『漢書』 卷68, 金日磾傳.
11) 『三國史記』 卷41, 列傳1 金庾信傳.
12) 『漢書』에 '少昊金天'은 황제 '軒轅'의 아들이라고 기록되어 있는데(『漢書』 卷21 下, 法曆志1 下 世經, "少昊曰淸 淸者 黃帝之子 靑陽也"), 비문에는 신라인들이 스스로 '少昊金天'의 후손이라 성을 김씨로 하였다고 언급한 후 금관국과 신라의 왕계가 같은 김씨임을 강조하기 위해 '軒轅'과 '少昊'를 새긴 것으로 보인다.

을 직접 암시하는 '투후'에 대한 언급은 전혀 없으므로 김유신 비문 관련 기사를 수로왕이 김일제의 후예라는 근거로 삼을 수는 없다.

그러므로 신라 김씨의 흉노 유래설은 신라본기 김알지 설화와 대비하면 연구할 만한 여지가 있지만 그것을 금관국을 비롯한 가야 왕계로 확장하는 것은 설득력이 없다. 김유신은 금관국 왕의 후예로 신라 주류사회에 편입하기 위해 부단한 노력을 기울였고 마침내 삼국통일을 이룩한 후 흥무대왕(興武大王)으로 추존되었는데, 금관국 멸망 후 '신김씨(新金氏)'로 신라 왕족에 편입된 금관국의 왕계가 신라와 일체불가분임을 강조하려는 의도가 반영되어 열전에 '헌원의 후예이며 소호의 종손'과 같은 내용이 삽입되었을 것이다. 결국 금관국의 기원은 김일제와 관련이 없으며 나아가 김알지의 계보와 연관지을 수도 없으므로 금관국의 기원을 흉노 출신 김일제에 두는 것은 타당하지 않다.

가야의 기원을 위만조선이나 흉노에서 구하는 것과 같이 문명 또는 국가의 교체를 오로지 이주세력의 유입에 의한 것으로 보는 견해는 한반도 중남부지역에 오래전부터 지석묘 등 청동기 문화를 기반으로 하는 토착 정치체가 존재하였다는 사실 및 이러한 토착 정치체가 계통을 같이하는 이주세력을 적극 수용하여 자체적으로 발전하였을 가능성을 간과하고 있다.

3. 가야의 기원 마한·변한
가. 진국과 삼한의 관계

『삼국지』 위서 및 『삼국사기』 등 사료를 검토하면 가야의 출자 및 성립 시기는 삼한과 밀접한 관계가 있으므로, 무엇보다 『삼국사기』를 기본으로 하고 중국 사서를 참고하여 삼한의 성립과 멸망에 대하여 살펴보면 가야의 출자 및 성립 시기를 밝힐 수 있을 것이다. 삼한의 성립은 진국(辰國)과 밀접한 관계가 있는데 『삼국지』와 『후한서』에는 진국의 범위에 대하여 달리 기록되어 있다. 문헌사료 중 삼한의 명칭이 가장 먼저 보이는 것은 『삼국지』 위서의 다음 기사이다.

> 한(韓)은 대방의 남쪽에 있으며, 동서는 경계가 바다에 닿아 있고 남은 왜와 접하여 있으며 면적은 사방 약 4천리이다. 세 종족이 있는데, 첫째는 마한(馬韓), 둘째는 진한(辰韓), 셋째는 변한(弁韓)이라고 한다. 진한은 옛 진국(辰國)이다.13)

위서에는 진한만이 옛 진국이라고 기록되어 있으나 『후한서』에는 이와 다른 기사가 실려 있다.

> 한(韓)에는 세 종족이 있는데, 첫째는 마한(馬韓), 둘째는 진한(辰韓), 셋째는 변진(弁辰)이라고 한다....모두 옛날의 진국(辰國)이다.14)

『삼국지』에는 진국에서 진한이 나왔다고 되어 있는 반면 『후한서』에는 진국에서 삼한으로 발전하였다고 되어 있는 등 삼한의 기원에 대하여 서로 달리 기술되어 있는데, 또 다른 사서인 『책부원구(冊府元龜)』에는 마한이 옛 진국이라고 하면서15) 진국과 결부시켰다.

조선 후기 실학자들은 진국을 삼한 전체의 기원으로 파악하였다. 이러한 사실은 한진서의 『해동역사속』,16) 안정복의 『동사강목』,17) 정

---

13) 『三國志』 券30, 魏書30 烏丸鮮卑東夷傳 韓條, "韓在帶方之南 東西以海爲限 南與倭接 方可四千里 有三種 一曰馬韓 二曰辰韓 三曰弁韓 辰韓者 古之辰國也".
14) 『後漢書』 券85, 東夷列傳75 韓條, "韓有三種 一曰馬韓 二曰辰韓 三曰弁辰....皆古之辰國也".
15) 『冊府元龜』 卷957, 外臣部, "馬韓 古之辰國也".
16) 『海東繹史續』 券3, 三韓, "古初漢水以南謂之韓國 亦謂之辰國 其中分爲三種 西曰馬韓 馬韓之東曰辰韓 辰韓之南曰弁辰".
17) 『東史綱目』 附卷, 辰國三韓說, "古初漢南之地謂三韓 以韓人立國故稱韓又稱辰國".

약용의 『강역고』18)에서 삼한이 분립하기 전의 나라를 진국으로 여기고 있는 것에서도 확인된다.

진국이 곧 진한이라고 하면서 『후한서』가 『삼국지』보다 150여 년 뒤에 편찬되었고 『삼국지』의 기사를 전재(全載)한 데 불과하므로 진국에 관한 기사 역시 『삼국지』가 정확하다는 견해도 있다.19) 그러나 『후한서』에는 『삼국지』에서 볼 수 없는 소마시(蘇馬諟) 기사도 있으며, 진국에서 마한으로의 이행에 관하여도 『삼국지』에서보다 『후한서』에서 더 상세하게 기술되어 있는 만큼 『후한서』를 무조건 『삼국지』를 본떠 만든 복제품 정도로 평가해서는 안 된다.20) 『삼국지』가 서진의 진수(233-297)에 의해 편찬되었으므로 5세기경 범엽에 의해 편찬된 『후한서』보다 확실히 편찬 시기가 빠르지만, 범엽은 『후한서』를 편찬하면서 진수가 참고한 『위략(魏略)』보다 앞서 "240년을 전후한 시기에 편찬"된 것으로 판단되는 사승의 『후한서』 동이열전을 참고하였을 것이므로,21) 편찬 시기의 선후만으로 사서가 전하는 내용의 정확성에 차등을 둘 수 없다.

고대 이른 시기에 중국 사서에 기록된 진국이 대륙에 개방된 국가라고 할 때 지정학적으로 한반도의 내륙에 치우쳐 있어 폐쇄적일 수밖에 없는 진한만을 지칭하는 것으로 볼 수 없으며, 따라서 진국의 분화에

---

18) 『疆域考』 卷1, 三韓總考, "辰國則 東方三韓之地也".
19) 李丙燾, 「三韓問題의 新考察(一)-辰國及三韓考-」, 『眞檀學報』1, 1934, 21쪽.
　千寬宇, 『古朝鮮史·三韓史研究』, 一潮閣, 1989, 356~357쪽.
20) 『후한서』 한조를 보면 건무 20년(44)에 염사인 소마시가 낙랑에 조공을 하여 염사읍군으로 삼았다는 기사가 있는데 『삼국지』 한조에는 시기를 달리하여 신의 왕망 지황 연간(20~23)에 염사치가 낙랑에 투항하였다고 되어 있는 등 서로 다르게 기록되어 있으며, 준왕 교체 후의 정치 상황에 대하여도 『삼국지』에서보다 『후한서』에서 더 구체적으로 기술되어 있다. 고대 한반도뿐만 아니라 일본열도 관련 기사에서도 비미호의 등극 전에 난이 일어난 시기에 대하여 『삼국지』보다 구체적으로 기록되어 있는 등 전체적인 내용을 살펴보면 『후한서』가 『삼국지』와는 다른 독창성을 갖추고 있음을 알 수 있다.
21) 박대재, 「謝承 『後漢書』 東夷列傳에 대한 예비적 고찰」, 『한국고대사연구』55, 2009, 57쪽.

대하여는 『후한서』의 기록이 더 정확하다. 결국 삼한이 성립되기 전에 한반도 중남부에는 진국이 존재하고 있었고 진국을 다스리던 진왕이라는 정치체가 있었으며 진국에서 삼한이 나온 것은 분명하다.

학계에서는 진국에서 마한으로의 이행(移行)이 고조선의 준왕과 직접 관련이 있는 것으로 이해하고 있다. 비록 진국에서 마한으로의 이행이 준왕과 관련이 있다고 하더라도 『후한서』를 보면 준왕이 세운 정권은 오래 지속되지 않았다고 하겠다. 『삼국지』의 한전 기사에는 『위략』을 인용하여 준이 "그 후 절멸되었다(其後絕滅)."라고 간략히 기록되어 있으나, 『후한서』에는 "준 후에 절멸되었고 그 후에는 다시 마한인이 스스로의 힘으로 진왕이 되었다."라고 기록되어 있다.22)

준 후 절멸되었다는 것은 준왕의 왕위가 그 후대로 계속 이어가지 못하고 당대에 끊어졌다는 사실을 의미하며, 준왕 사후 마한인이 스스로의 힘으로 왕이 되었다는 기사는 이동집단인 준왕세력이 당대에 종말을 고하고 그 뒤부터는 예전대로 토착세력이던 진국의 지배층이 왕위를 이어 갔다는 것을 의미한다. 결국 진국 초기부터 한반도 남부를 통치하던 진왕은 준왕의 명멸(明滅)에도 불구하고 준왕 때를 제외하고는 여전히 대를 이어 진국 및 이를 뒤이은 마한을 계속 통치하였으므로, 마한의 진왕은 진국의 정치체를 그대로 계승했다고 하겠다.

나. 진왕의 왕권과 통치 범위

진왕의 왕권과 관련하여, 『삼국지』 변진조에 다음과 같은 기사가 있다.

> 진왕(辰王)은 늘 마한(馬韓) 사람이 대대로 이어갔다. 진왕은 스스로의 힘으로 왕이 될 수 없었다.23)

---

22) 『後漢書』 卷85, 東夷列傳75 韓條, "準後滅絕 馬韓人復自立爲辰王".

이 기사에서 변진조의 진왕을 마한의 진왕과 동일한 대상으로 이해한 다음, 변진조의 진왕 기사는 실제로 마한의 진왕과 관련된 것이므로 마한조의 진왕 기사가 변진조에 잘못 삽입되었다는 견해가 있다.[24]

그러나 『삼국지』 위서 변진조의 진왕 기사와 다른 내용이 『양서』와 『북사』에 기록되어 있다. 먼저, 『북사』를 살펴보기로 한다.

> 진한(辰韓)의 왕은 늘 마한(馬韓) 사람이 대대로 이어갔다. 진한 사람은 스스로의 힘으로 왕이 될 수 없었다.[25]

『삼국지』 위서 변진조에서 진왕이라고 연달아 기록된 것과는 달리 『북사』 열전에서는 '진한왕'과 '진한'이라고 구별되어 있다. 『북사』와 같은 기사는 『양서』 열전에서도 발견된다.[26] 『삼국지』에는 '진왕'이라고 통칭되어 있으나 『양서』와 『북사』에서는 '진한왕'과 '진한'으로 구분하여 구체적으로 기술되어 있다.

변진조의 진왕을 마한의 진왕으로 본다면 『삼국지』에 의하는 한 마한의 진왕은 스스로의 힘으로 왕이 될 수 없는 나약한 왕인 반면, 『양서』와 『북사』에 의하면 스스로의 힘으로 왕이 될 수 없는 존재는 진한의 왕이지 마한의 왕이 아니다. 그렇다면 둘 중 한쪽은 오기임이 분명하다.

어느 쪽이 오기일까?

『삼국사기』 신라본기를 살펴보면 박혁거세거서간 38년(서기전 20)에

---

23) 『三國志』 卷30, 魏書30 烏丸鮮卑東夷傳 弁辰條, "辰王常用馬韓人作之 世世相繼 辰王不得自立爲王".
24) 任昌淳, 「辰韓位置考」, 『史學硏究』6, 1959, 18쪽.
    權五榮, 「三韓의 國에 대한 硏究」, 서울대학교박사학위논문, 1996, 220쪽.
25) 『北史』 卷94, 列傳82 新羅條, "辰韓常用馬韓人作之 世相相傳 辰韓不得自立爲王".
26) 『梁書』 卷54, 列傳48 諸夷傳 新羅條, "辰韓王常用馬韓人作之 世相係 辰韓不得自立爲王".

마한 왕이 신라 사신으로 온 호공에게 호통을 치는 기사가 있다.

"진한과 변한 두 나라는 우리의 속국인데 근래 공물(貢物)을 보내지 않으니, 큰 나라를 섬기는 예의가 어찌 이러한가?"27)

백제본기에는 온조왕 24년(6) 7월 웅천에 목책을 설치하자 마한의 왕이 다음과 같이 책망하였다고 기록되어 있다.

"왕이 처음 강을 건너와 발을 디딜 곳조차 없을 때 내가 동북의 1백 리 땅을 나눠주어 편안히 살게 하였다. 이는 왕을 후하게 대접한 것이니, 왕은 마땅히 보답할 마음을 가져야 할 것이다. 그런데 지금 나라가 완비되고 백성들이 모여드니 '나와 겨룰 자는 없다.'라고 말하면서 성과 못을 크게 만들고 나의 땅을 침범하였다. 어찌 의리가 이와 같을 수 있는가?"28)

그 뒤 온조왕은 두말없이 국경을 원래대로 뒤로 물렸다. 마한의 왕이 신라 사신 호공과 백제 온조왕에게 호령할 당시 마한은 말기로 국력이 약할 때였다.29) 마한의 국력이 쇠약할 때도 백제왕에게 호령하여 국경을 물리게 하고 신라 사신에게도 조공을 제대로 하지 않는다는 이유로 호통을 칠 정도였다면 오래전부터 마한의 국력은 진한과 변한을 압도하고 있었으며, 진한과 변한은 마한에 의해 어떤 형태로든 지배를 받았을 것이다.

이처럼 『삼국사기』의 마한 왕 관련 기사는 진한과 변한이 오래전부터

---

27) 『三國史記』 卷1, 新羅本紀1 赫居世居西干 38年 2月條.
28) 『三國史記』 卷23, 百濟本紀1 溫祚王 24年 7月條.
29) 『삼국사기』 백제본기 온조왕 26년(8)조에서 마한이 점점 약해지고 상하 간에 생각이 다르고 민심이 이반되어 나라가 오래 갈 수 없을 것이라고 기술된 것으로 볼 때(『三國史記』 卷23, 百濟本紀1 溫祚王26年 7月條, "馬韓漸弱 上下離心 其勢不能久"), 말기에는 마한의 국력이 상당히 쇠퇴하였을 것이다.

마한의 속국임을 선언하고 있는 것이며 마한에 조공하였다는 것을 알려준다. 마한의 진왕이 스스로의 힘으로 왕위에 오를 수 없는 나약한 왕에 불과하였다면 『삼국사기』에서 보는 것처럼 진한과 변한으로부터 조공을 받는 것은 불가능하였을 것이다.

그러므로 『삼국지』 변진조의 진왕은 마한의 왕이 아니라 "진한의 오기"[30] 이므로 『양서』 및 『북사』에 기록된 것처럼 뒤 문구의 진왕은 진한의 사람이며 앞 문구의 진왕은 진한의 왕으로 해석하여, 진한의 왕은 마한 사람이 이어갔으며 진한 사람이 왕이 되지는 못하였다고 보아야 할 것이다.

즉, 진한 12개국에는 왕이라는 지배자가 있었지만 모두 마한 사람들이 왕위를 이어갔다고 하겠다. 마한 사람이 진한의 왕을 이어갔다는 사실은 진한 왕의 즉위 과정에 마한 왕인 진왕의 힘이 개입되었다는 것을 의미하며, 진한이 마한에 의해 간접 통치되었음을 암시한다.

결국 마한의 진왕은 진한, 변한에 통치권을 행사한 삼한의 대왕이었다.[31] 마한의 진왕은 진한과 변한을 어떻게 통치하였을까? 『삼국지』 위서를 살펴보면 진한과 변한을 포함한 총 24개국이 변진조에 기록되어 있는데 그중 12개국은 변진이라는 명칭을 국명 앞에 붙여 진한 12개국과 구분되어 "그 12국은 마한의 진왕에 속해 있다(其十二國屬辰王)."라고 기록되어 있다. 진왕에 속해 있다는 의미는 변한이 마한에 의해 군신관계로 묶여 있다는 의미이기도 하다.

위서에서 진한은 마한인이 왕위를 이어갔으나 변한은 따로 왕에 대한

---

30) 李丙燾, 앞의 「三韓問題의 新考察(一)-辰國及三韓考-」, 21쪽.
李基東, 「騎馬民族說에서의 韓·倭연합왕국론 비판」, 『韓國史市民講座』11, 1992, 84쪽.
31) 『후한서』에도 삼한 중에서 마한이 가장 크며 진왕은 삼한 땅 모두를 다스린다고 기록되어 있다(『後漢書』 卷85, 東夷列傳 第75 韓條, "馬韓最大 共立其種爲辰王 都目支國 盡王三韓之地").

언급이 없이 진왕에 속해 있다고 한 사실은 마한의 진왕이 마한은 물론 변한을 직접 통치하였다는 것을 알게 해준다. 마한의 진왕이 마한은 물론 변한까지 직접 통치하였다는 사실은 『삼국지』 위서 한조에 기록된 다음과 같은 문장에서도 확인할 수 있다.

辰王治月支國 臣智或加優呼臣雲遣支報安邪踧支濆臣離兒不例拘邪秦支廉之號[32]

여기서 신운은 마한의 신운신국, 분신리아는 마한의 신분활국, 안야는 변한의 안야국, 구야는 변한의 구야국으로 비정된다.[33] 위 전체 문장의 해석에 대하여 진왕은 월지국만을 다스리고 그 외 대국을 자처하는 각 신지들이 스스로 가우호(加優呼)한 것으로 보는 견해가 있는가 하면[34] 진왕이 4국의 신지들에게 우호를 더해 준 것이라는 견해가 있는[35] 등 연구자에 따라 견해가 다르고 난해하게 해석되고 있다.

이러한 견해는 진왕에서의 '왕'을 '신지'와 분리하여 다른 인격체로 보고 있으나, 왕을 신지와 동격으로 표현한 예는 위서 한조의 백제 관련 기사에서도 발견된다. 『삼국사기』 백제본기 고이왕 13년(246)에 위나라 유주자사 관구검이 낙랑태수 유무 등과 함께 고구려를 침략할 당시 왕이 좌장 진충을 보내 낙랑을 습격하였다는 기사가 있다.[36]

『삼국지』 위서 한조에도 신지와 한인들이 기리영을 공격하였고 이에 낙랑태수 유무 등이 군사를 일으켜 정벌하였다는 기사가 있는데[37] 당시 "기리영을 공격한 주체는 백제의 고이왕"으로,[38] 이 기사를 『삼국사기』

---

32) 『三國志』 卷30, 魏書30 烏丸鮮卑東夷傳 韓條.
33) 李丙燾, 앞의 『韓國古代史硏究』, 278~279쪽.
34) 權五榮, 앞의 「三韓의 國에 대한 硏究」, 217쪽.
35) 盧重國, 「目支國에 대한 一考察」, 『百濟論叢』2, 1990, 14~17쪽.
36) 『三國史記』 卷24, 百濟本紀2 古尒王 13年 8月條.
37) 『三國志』 卷30, 魏書30 烏丸鮮卑東夷傳 韓條.

와 대비하면 왕과 신지는 동일 인물을 가리킨다는 것을 알 수 있다.

그러므로 진왕 관련 기사에서도 진왕과 신지는 표현이 다를 뿐 동일 인격체라고 할 수 있다. 결국 마한 왕(=진왕)을 삼한의 대왕으로 암시한 『삼국사기』를 기준으로 하면 『삼국지』 한조의 기사는 다음과 같이 해석된다.

> 진왕은 월지국을 다스린다. 신지(=진왕)에게는 신운견지보, 안야축지, 분신리아불례, 구야진지렴의 칭호를 우대하여 더하기도 한다.

이와 같은 긴 칭호는 마한의 진왕이 마한과 변한의 여러 나라 중 가장 강력하고 번성한 국가인 마한 2국과 변한 2국에 대하여 칭호를 더함으로써 마한은 물론 변한을 직접 통치한다는 것을 대외적으로 선언한 것이기도 하다. 즉, 마한의 진왕이 삼한 전체에 대한 관할권을 대외적으로 공표하기 위해 직접 통치한 마한 및 변한 여러 나라 중 가장 강국인 마한 2개국 및 변한 2개국을 대표적으로 나열하여 호칭함으로써 삼한의 대왕임을 과시한 것이다.

변한 12개국이 '진왕의 주변에 있으며 신하로서 진왕을 섬기는 국가'라는 의미로 해석될 수도 있고 실제로 변한에는 왕이 없고 진왕이 직접 지배하고 있었으므로 변한의 '변'에는 신하를 의미하는 '진왕의 주변'이라는 뜻이 포함되어 있다고 하겠다.

가우호의 대상 국명이 마한과 변한에 한하여 나타나고 진한의 국명에 대해서는 어떠한 언급도 없다는 이유로 진한이 진왕의 세력범위 밖에 있었다는 견해도 있으나,39) 진한의 왕이 가우호의 대상에서 빠진 것은

---

38) 李丙燾, 앞의 『韓國史 : 古代篇』, 350쪽.
   千寬宇, 『古朝鮮史·三韓史硏究』, 一潮閣, 1989, 214쪽.
39) 金貞培, 「辰國과 韓에 關한 考察」, 『史叢·金成植博士華甲紀念論叢』, 1968, 369쪽.

진왕에 의해 간접 통치되었기 때문이지 세력범위 밖이어서 그런 것은 아니다.

진한 12개국은 마한 사람들이 왕위를 이어가기는 하였으나 변한과는 달리 왕이라는 정치체를 가지고 있었으므로 칭호를 더 하지 않았을 뿐이다. 결국 변한은 진왕에 의해 직접 통치되었으나 진한은 간접 통치되었고 『삼국사기』 기사에서 보는 것처럼 마한에 조공하였을 것이다.

진한을 비롯한 변한이 자립하지 못하고 마한의 제재를 받는 이유에 대하여 『삼국지』는 그들이 "옮겨온 사람들"[40]이기 때문이라고 한다. 『삼국사기』 신라본기 박혁거세거서간조에도 신라의 건국이 고조선의 유민과 관련이 있다고 기록되어 있으므로 변한의 적지 않은 구성원 역시 고조선의 유민이었을 것이다.

4. 삼한의 멸망 시기에 대한 검토

삼한 중에서 마한의 멸망 시기에 대하여 우리나라 학계의 경향은 크게 세 갈래로 나뉜다. 『삼국사기』 초기기록 불신론에 근거하여 온조왕 때의 마한 정복 기사를 당대의 사실로 보지 않고 4세기경 백제 근초고왕 때의 역사적 사실로 보는 견해[41]와 『삼국사기』 백제본기 초기기록을 대체로 신뢰하는 입장에서 온조왕 때의 마한정복을 인정하는 견해[42]가 있는데, 근초고왕 때에 이르러 마한이 멸망하였다는 견해가 『삼국지』 위서 및 『일본서기』 등의 해석과 맞물려 대다수 연구자들에게 받아들여져 통설로 자리매김하고 있다. 그 외 직산지역을 중심으로 한 목지국(目支國)의 마한연맹체는 3세기경 고이왕 때 멸망하였으며, 영산강 일대를 중

---

40) 『三國志』 卷30, 魏書30 烏丸鮮卑東夷傳 弁辰條, "明其爲流移之人 故爲馬韓所制".
41) 李丙燾, 앞의 『韓國史 : 古代篇』, 362쪽.
　　李基東, 「百濟國의 成長과 馬韓倂合」, 『百濟論叢』2, 1990, 14쪽.
42) 千寬宇, 「三韓의 國家形成(下)-三韓攷 第3部-」, 『韓國學報』2-2, 1976, 131~133쪽.

심으로 한 마한의 신미제국(新彌諸國)은 4세기경 근초고왕 때 멸망한 것으로 보는 견해도 있다.43)

『삼국사기』 초기기록 불신론에 근거하여, 백제의 마한정복을 4세기 근초고왕 때의 역사적 사실이라고 하는 견해에서는 『삼국지』 위서 한조, 『일본서기』 신공기 49년조 및 『통전』 변방에 실린 백제조 관련 기사를 그 근거로 제시한다. 『삼국지』 위서 한조에 의하면 백제본기 온조왕 때 마한 멸망기사에 해당하는 시기인 1세기뿐만 아니라, 3세기까지도 엄연히 한반도 남부에 마한이 존재하고 있었으며 백제국은 마한 54개 소국의 일국에 불과하였으므로 백제 온조왕의 마한정복은 위서에 의하는 한 허구의 기사라고 한다.

또한 『일본서기』 신공기 49년조의 기사 및 『통전』 변방 백제조를 해석하면 백제 근초고왕 때에 마한정복이 이루어졌다고 보는 것이 타당하다는 것이다. 즉, 『일본서기』 신공기 49년(249)조는 이주갑을 인하한 369년에 해당하고 백제 근초고왕 때의 역사적 사실을 그대로 옮겨 적은 것이므로 근초고왕이 신공기 49년조에 기록된 것처럼 369년에 마한 전 지역을 통합하였으며, 중국사서인 『통전』 백제조에 있는 '자진 이후(自晉以後)'로 시작되는 문장의 기사에서 '자진 이후'를 근초고왕 때로 볼 수 있다는 것이다.

그러나 앞서 충분히 검토하였듯이 『삼국지』 위서를 3세기경의 한반도 상황에 그대로 적용할 수 없다. 더구나 문헌에 대한 철저한 검증과 비교분석이 없을뿐더러 고고학적 근거도 없이, 단순히 신공기에 백제와 관련한 일련의 기사가 있다는 이유 및 이에 근거한 자의적인 해석만으로 신공기 49년조의 기사를 근초고왕 때의 마한정복 기사라고 보는 것은 부당하며 역사적 사실과도 전혀 거리가 멀다.

---

43) 盧重國, 앞의 「目支國에 대한 一考察」, 23~26쪽.

『삼국사기』 백제본기를 살펴보더라도 근초고왕 당시 백제가 강국이기는 하지만 마한을 정복하였다는 흔적은 없다. 당시 근초고왕은 고구려와의 전쟁에 전력을 집중하고 있었고 이를 위해 21년(366) 신라에 먼저 사신을 보냈으며,44) 23년(368)에는 말 두 필을 보내45) 우호의 손길을 내밀었다.

그리고 백제가 고구려를 선제 공략한 것이 아니라 근초고왕 24년(369)에 고구려가 보기 2만 명으로 쳐들어오자 이를 격파하였고,46) 26년(371)에는 고구려가 먼저 공격하자 이에 대응하여 근초고왕이 정예병 3만을 거느리고 고구려를 공략하였으며 그 과정에서 고국원왕이 "빗나간 화살(流矢)"47)에 맞아 죽기까지 하였다.48)

고구려왕이 죽은 사실을 두고 근초고왕을 과대평가하여 정복군주의 반열에 올리는 견해도 있으나,49) 당시 고국원왕은 누가 쏘았는지도 모르는 빗나간 화살에 의해 우연히 사망하였을 뿐이다. 고구려가 고국원왕의 죽음에도 불구하고 치명적인 타격을 입지 않았다는 것은 근초고왕 30년(375)에 고구려가 백제를 공격한 사실에서도 잘 알 수 있다.50)

근초고왕 28년(373)에는 백제 독산성주가 주민 300명을 거느리고 신라로 도망하여 이를 돌려 달라고 요청하였으나 신라가 거절하였으며 이에 대하여 백제는 아무런 조치도 취하지 못하였다.51) 이런 제반 사정으

---

44) 『三國史記』 卷24, 百濟本紀2 近肖古王 21年 3月條.
45) 『三國史記』 卷24, 百濟本紀2 近肖古王 23年 3月條.
46) 『三國史記』 卷24, 百濟本紀2 近肖古王 24年 9月條.
47) 이희승, 앞의 『국어대사전』, 2797쪽.
48) 『三國史記』 卷24, 百濟本紀2 近肖古王 26年條.
49) 이도학, 『살아있는 백제사』, 휴머니스트, 2006, 110~117쪽. 이에 의하면, 『일본서기』 신공기의 전라도지역 진출 기사를 근초고왕의 마한 공략으로 추정하는 견해에 근거하여 근초고왕 때에 마한을 멸망시켰다고 한다.
50) 『三國史記』 卷24, 百濟本紀2 近肖古王 30年 7月條.
51) 『三國史記』 卷24, 百濟本紀2 近肖古王 28年 7月條 ; 卷3, 新羅本紀3 奈勿尼師今 18年條.

로 미루어 보아 백제가 369년 고구려의 침략을 받던 해에 마한을 공략하였다는 주장은 전혀 설득력이 없다.

더구나 『통전』 백제조에는 "진나라 이후에 백제가 여러 나라를 병합하면서 마한의 옛 땅을 차지하였다."52)라고 기록되어 있을 뿐 그 구체적 시기는 아예 언급하지 않았으므로 이를 근초고왕 때라고 볼 수 없다.

오히려 『통전』 백제조를 정확히 해석하면 진대 후에 '마한 땅을 차지'한 것이 아니라 '마한의 옛 땅을 차지'하였다고 표현함으로써 마한은 그 전에 이미 멸망하였고 남아 있던 잔여세력마저 자진 후에 백제가 멸망시키고 마한의 옛 땅을 전부 차지하였다고 보아야 하며, 『진서(晉書)』를 검토하더라도 백제가 마한의 옛 땅을 전부 차지한 시기는 근초고왕 때가 아니고 그 후라는 사실을 충분히 확인할 수 있다.

『진서』는 당 태종의 명에 의해 방현령 등이 편찬한 역사서로 서진(265~316) 초대 선제(宣帝)부터 동진(317~420) 마지막 황제인 공제(恭帝)까지 다루고 있으므로 『진서』에 의하면 진나라는 265년에 시작되어 420년까지 계속되었다. 『통전』에 기록된 자진(自晉)은 당나라 때 편찬된 또 다른 사서인 『주서(周書)』와 『북사(北史)』에서도 보이는데, 『주서』에서는 그 위치를 양쯔강 하류의 남쪽 지역을 의미하는 강좌(江左)라고 기록하고53) 『북사』에서도 강좌(江左)라고 표기함으로써54) 자진(自晉)이 동진(東晉)임을 명확히 하고 있다. 또한 국명이 진(晉)으로 표기된 경우에도 동진을 의미한다는 것은 『삼국사기』 백제본기를 살펴보아도 명백하다.55)

---

52) 『通典』 卷185, 邊防1 東夷 百濟條, "自晉以後 呑幷諸國 據有馬韓故地".
53) 『周書』 卷49, 列傳41 百濟條, "自晉宋齊梁 據江左".
54) 『北史』 卷94, 列傳82 百濟條, "自晉宋齊梁 據江左".
55) 『삼국사기』 백제본기 근초고왕 27년 1월조에는 동진을 진이라고 하였고(遣使入晉朝貢), 침류왕 원년 7월조에도 동진을 진이라고 표기하였는데(遣使入晉朝貢), 침류왕 원년 8월조에는 자진(自晉)에서 인도승려 마라난타가 왔다고 표기함으로써(胡僧摩羅難陁自晉至) 편찬자들이 진이나 자진을 모두 동진으로 인지하였음을 알 수 있다.

그러므로 『통전』 백제조의 '자진 이후'로 시작되는 문장을 정확히 분석하면 '동진이 끝난 420년 후'에[56] 마한의 잔여세력이 멸망했다는 것으로 파악되어, 375년까지 재위한 근초고왕이 마한을 멸망시켰다는 전제 자체가 시기상 불가능하므로 『통전』 백제조가 근초고왕이 마한을 멸망시켰다는 근거 사료가 될 수 없다. 『통전』 백제조에 기록된 진나라 후에 백제가 병탄한 마한 잔여세력의 구체적인 명칭은 『진서』 열전 장화전을 보면 알 수 있다. 즉, 『통전』 백제조의 마한은 『진서』 열전 장화전에 기록된 신미제국(新彌諸國)을 지칭한다고 하겠다.[57] 『통전』 백제조의 기사는 진 때에는 마한의 잔여세력인 신미제국이 있었으나 동진이 끝난 후 백제가 병탄하였다고 해석되므로, 여기에 근초고왕이 개입될 근거는 전혀 없으며 『통전』 및 『진서』에 의하더라도 신미제국은 서기 420년 후에 멸망하였다는 것을 알 수 있다. 이처럼 『삼국지』 한조, 『일본서기』 신공기 49년조 및 『통전』 백제조의 기사를 근거로 근초고왕이 마한을 정복하였다는 논지는 타당성이 전혀 없다.[58]

---

56) 동진(317~420) 당시 마한이 멸망하였다면 '자진 당시'라고 표현하지 굳이 '자진 이후'라고 기록하지 않았을 것이다. 그러므로 『통전』 백제조의 문맥상 '자진 이후'는 '동진이 멸망한 후'로 보아야 한다.

57) 『晉書』 卷36, 列傳6 張華傳, "東夷馬韓新彌諸國 依山帶海 去州四千餘里 歷世未附者二十餘國".

58) 신공 49년조를 이주갑 인하하여 서기 369년이라고 해석하는 견해는 현재 우리나라 및 일본의 통설을 넘어 마치 움직일 수 없는 정설(定說)처럼 굳어져 있다. 이에 따라, 우리나라에서는 신공 49년조를 백제에 의한 마한정복의 근거로 이해한 다음 근초고왕 때 마한정복이 마치 역사적 사실인 것처럼 중고등학교 국사 교과서에도 그대로 실려 있으며, 동시에 이 시기를 백제의 전성기로 보고 칠지도 역시 백제 근초고왕 때 왜왕에게 하사한 것이라고 한다. 반면, 일본에서는 신공 49년조를 고대 왜가 신라 및 가라7국 평정 등 한반도 남부를 정벌한 기사로 해석하고 이때 신공으로부터 침미다례를 하사받은 백제 근초고왕 부자가 영원한 복속을 서약하는 증거로 칠지도를 현상한 것이라는 취지로 정반대의 해석을 하고 있다. 그러나 '신공의 실재성과 이주갑인상론' 편에서 자세히 살피는 바와 같이 신공 49년조는 이주갑인상설이 적용될 수 없고 『일본서기』 기년대로 서기 249년으로 보아야 하며, 따라서 가라 7국 평정 등 왜에 의한 한반도 남부 정벌 기사는 허구에 불과하고 칠지

『삼국사기』 백제본기 초기기록을 신뢰하는 입장에서 온조왕 때 마한 정복을 인정하는 견해는 온조왕 당시 마한 전 영역을 정복하지는 못하였고 충남 '직산지역의 목지국'을 멸망시킴으로써 백제가 정복한 남쪽 영역을 직산지역으로 추정하고 있다.[59]

그 외 마한을 분리하여 보는 견해는 3세기경 고이왕이 정복한 마한의 목지국은 직산지역에 있었고, 4세기경 근초고왕 때 멸망한 마한의 신미제국은 영산강 일대를 중심으로 하여 전라도 해안지역에 산재하여 있었다고 한다.[60] 즉, 3세기까지 충청지역에 마한이 존재하였고 고이왕의 정벌에도 불구하고 영산강을 포함한 전라지역에는 4세기까지 여전히 마한 정치체가 건재하였으며, 근초고왕 때에 이르러 영산강 일대를 포함한 전라도 전 지역을 차지함으로써 마한 전체를 멸망시켰다는 것이다.

그러나 전북지역에서 서기 2세기경으로 편년되는 옹관묘가 백제의 금강 이남 정복으로 영산강 고분군처럼 대형화되지 못하고 사라졌으며, "전북지역의 옹관묘에 한해서 백제의 정복 이후에도 상당한 기간 토착문화의 전통이 계속된" 고고학적 특성[61] 및 전라지역의 가야유적 분포현황 등을 종합하여 검토하면 전라 동부와 전남 해안을 제외한 전라지역 및 충청지역 전체는 온조왕 때 이미 정복되었을 것이다.

또한 4세기경 근초고왕 때 멸망한 마한을 신미제국으로 파악하고 그 중심지역을 영산강 일대로 비정하는 주장도 앞에서 검토한 바와 같이 근초고왕 때의 마한정복을 증명할 문헌학적 근거가 없다는 점은 차치하

도 헌상설이나 하사설은 역사적 사실이 아니다. 또한 근초고왕이 마한을 정벌하였다고 볼 수 있는 타당한 근거는 어디에도 없으며 『삼국사기』, 『진서』 및 『통전』 등 문헌 및 고고자료를 살펴보더라도 정치적 실체로서의 마한은 백제 온조왕 때 멸망하였으므로 한일학계에서 통용되는 기존의 견해는 마땅히 재고되어야 할 것이다.
59) 千寬宇, 앞의 「三韓의 國家形成(下)-三韓攷 第3部-」, 131쪽.
60) 盧重國, 앞의 「目支國에 대한 一考察」, 23~26쪽.
61) 尹德香, 「甕棺墓 數例」, 『尹武炳博士回甲紀念論叢』, 1984, 190~191쪽.

더라도 고고학적 측면에서 납득할 수 없다.

근초고왕 때 백제가 영산강 일대를 정복하였다면 이 지역에 백제 관련 유적이 다수 발견되거나 마한의 흔적은 찾아볼 수 없어야 할 것이다.

그러나 영산강 유역에는 백제 관련 유적은 거의 발견되지 않고 오히려 마한의 묘제인 "대형 옹관묘(甕棺墓)가 3세기 후반경 등장한 다음 4세기경에 크게 유행하여 5세기 후반까지 사용"[62]되었으며, 특히 "영산강 일대의 대형 옹관묘는 나주군 반남면과 다대면 복암리, 영암군의 시종면 일대, 함평군 월지면과 학교면 일대 등에 20~30기씩 밀집 분포"[63]되어 있어, 이 지역의 옹관묘 사용집단이 가장 강력한 세력을 형성하였음을 알 수 있다.

그러므로 유적자료를 살펴보더라도 영산강 일대가 근초고왕 때 백제에 편입되었다고 볼 수 없다.[64]

영산강 일대에서 5세기까지 대규모 옹관묘 고분이 나타날 뿐만 아니라, 전남 동부 해안지역인 여수, 순천, 광양지역 등지에서 6세기 전반에 이르기까지 아라가야, 대가야 등 가야계 유물이 주로 발굴되는 고고학적 현상[65] 및 5세기경 절정에 이른 전라 동부지역의 가야계 고총 등 유적분포 현황은[66] 이 지역이 최소한 5세기까지는 백제의 영역이 아니었다는 사실을 알려주고 있다.

---

62) 崔盛洛, 「全南地方의 馬韓文化」, 『馬韓·百濟文化』12, 1990, 150쪽.
63) 成洛俊, 「榮山江流域의 甕棺墓研究」, 『百濟文化』15, 1983, 83쪽.
64) 이러한 고고학적 난점을 극복하기 위하여, 4세기 중엽 이후 백제 근초고왕의 왕성한 정복활동으로 금강 이남까지 진출하여 마한을 정복하였는데, 노령산맥을 분기점으로 하여 노령 이북은 영토적으로 지배하고 노령 이남 영산강유역의 마한은 공납적 지배를 하는 방법으로 간접 지배하였다는 견해도 있으나(이도학, 『백제고대국가연구』, 일지사, 1995, 325~326쪽), 영산강지역의 고분군이 백제왕릉을 압도할 만큼 대규모라는 점에서 지배의 역학 관계상 받아들이기 힘들다.
65) 이동희, 「全南 東部地域 加耶文化의 起源과 變遷」, 『百濟文化』45, 2011, 13~14쪽.
66) 곽장근, 전북지역 백제와 가야의 교통로 연구, 『한국고대사연구』63, 2011. 98쪽.

영산강유역에 기존의 지배질서를 분쇄하며 백제중앙세력이 침투한 시기는 이 지역에 횡혈식석실분(橫穴式石室墳)이 등장하는 6세기 초가 될 것이다.[67]

전남 해안지역 및 전라 동부지역의 가야유물 분포를 살펴보더라도, 백제가 영산강 유역은 물론 해안지역을 포함한 전라지역 전체를 차지하여 통치하게 된 시기는 6세기경이라 하겠다.

결국 『통전』에 기록된 마한은 신미제국으로 온조왕에 의해 멸망한 후 영산강 유역 및 전남 서남부 해안지역으로 밀려난 마한의 잔여세력을 의미하며,[68] 백제가 영산강 유역을 비롯한 전라지역 전체를 통치영역에 포함시킨 시기는 『진서』, 『통전』 등 문헌 및 고고학적 자료에 의하더라도 6세기경으로 볼 수밖에 없다.

이와 같은 사실을 뒤집어 종합하면, 결국 고고학적 측면뿐만 아니라 문헌의 해석에 의하여도 영산강 유역, 전남 해안 및 전라 동부지역을 제외한 마한 지역 대부분은 온조왕 때에 이미 백제의 통치영역에 포함되었으므로 『삼국사기』 백제본기의 기사와 같이 실체를 가진 정치체로서의 마한은 온조왕 27년(9)에 멸망하였다고 보는 것이 타당하다.[69] 온조왕 때 마한 멸망 관련 기사는 『삼국사기』 초기기록 불신론을 주장하는 연구자들이 제대로 검토하였더라면 도저히 허구라고 주장할 수 없을 정도로

---

67) 權五榮, 「初期百濟의 성장과정에 관한 一考察」, 『韓國史論』15, 1986, 94쪽.
68) 『진서』에 기록된 신미제국은 전남 서남부 해안지역 및 영산강지역 일대를 지칭하는 국가집단으로 보인다. 온조왕에 의해 멸망한 후 마한 잔여세력은 신미제국 외에도 전남 동남부 해안지역 및 전라 동부지역에도 존재하였는데, 이들 중 전남 동남부 해안지역은 신미제국과는 달리 아라가야 전쟁에 참가하였으나 패배한 후 가야지역에 편입되었고 그 뒤 인접한 전라 동부지역 역시 가야의 영향권에 들어갔을 것이다.
69) 『三國史記』 卷1, 百濟本紀1 溫祚王 27年 4月條. 마한이 온조왕 때에 이미 멸망하였음에도 불구하고, 그 뒤 편찬된 중국사서에서 계속 마한이라는 국명이 기록된 이유는 마한의 잔여세력들이 옛 마한 땅에서 활동하였으므로 습관적으로 그 세력을 뭉뚱그려 마한이라고 표기하였기 때문이라 하겠다.

논리정연하며 구체적이다.

변한은 신라본기에 마한보다 앞서 "박혁거세거서간 19년(서기전 39)에 나라를 들어 항복하였다."라고 기록되어 있다.[70] 그러나 변한지역이 신라에 흡수되지 않고 가야로 발전하는 것으로 보아, 이때의 항복은 변한 전체의 항복이 아니고 일부 변한 지배층의 신라투항이었을 것이다.

백제본기 온조왕 26년(8)조를 살펴보면 온조왕이 "마한이 점점 약해지고 상하 간에 생각이 다르고 민심이 이반되어 나라가 오래 갈 수 없을 것이다."라고 하면서[71] 마한정벌을 결의하는데, 온조왕 26년의 이 기사는 마한의 직접 통치대상이던 변한의 지배층이 신라에 항복하고 뒤이어 변한이라는 정치체가 소멸된 후 벌어진 혼란 상황을 기술한 것이라고 할 것이다. 그러므로 『삼국사기』 신라본기 및 백제본기의 기사로 보아 변한은 서기전 39년과 서기 8년 사이에 해체되었다고 하겠다.

진한이 멸망한 연대는 『삼국사기』에 기록되어 있지 않다. 그런데 신라본기의 박혁거세거서간 38년(서기전 20) 기사에서 마한 왕이 조공하지 않은 것에 대한 호공의 대답 중에 "진한의 유민(遺民)"이라는 문구가 있는 것으로 미루어, 박혁거세 재위 초기에 진한 역시 멸망하였을 것이므로 국가적 실체로서의 삼한은 마한 멸망을 마지막으로 서기 1세기 초엽에 소멸되었다고 볼 수밖에 없다.[72]

삼한이라는 명칭은 신라가 삼국을 통일한 당시에도 사용되었다. 신라본기 신문왕 12년조에는 신라가 삼국을 통일한 것을 두고 '삼한일통(三

---

70) 『三國史記』 卷1, 新羅本紀1 赫居世居西干 19年 1月條.
71) 『三國史記』 卷1, 百濟本紀1 溫祚王 26年 7月條.
72) 김원룡은 『삼국사기』 신라본기에서 1세기 중엽 이후 사건이 구체화하고 백제, 가야, 말갈과의 기사가 많아지는 점을 들어 늦어도 서기 1세기 중엽에는 신라가 엄연한 1국으로 존재했다고 봄으로써 진한이 소멸하였고, 『삼국지』 한전에 기록된 삼한도 이때 소멸한 것으로 추정하였다(金元龍, 앞의 「三國時代의 開始에 관한 一考察-三國史記와 樂浪郡에 대한 再檢討-」, 23~25쪽 ; 『韓國考古學研究』, 一志社, 1987, 545쪽).

韓一統'이라고 표현되어 있는데 그 당시까지 삼한이라는 명칭이 사용되었으므로 삼국통일 당시에도 이념적 허상으로서의 삼한은 여전히 존재하고 있었다. 그렇다고 하여, 그때까지 삼한이 존속하였다고 보는 연구자는 아무도 없다. 결국 삼국 및 가야가 건국한 이후에도 역사서에서 간혹 보이는 관념적 상징으로서의 삼한은 존재하였으나 실체적인 정치체로서의 삼한은 서기 1세기 초엽에 사라졌다.[73]

5. 마한 지배층의 동향과 가야의 건국

가. 마한 지배층의 동향

멸망한 마한 지배층의 일부는 백제의 지배층으로 흡수되었다. 백제에 흡수된 마한 지배층은 백제왕조의 한 축을 이루어 왕비족으로 성장한 진씨(眞氏)이다. 진씨는 『삼국사기』 백제본기 온조왕 27년(9) 마한 멸망 후인 2세 다루왕 10년(37)에 진회를 우보로 삼았다는 기사에서 등장한다. 다음은 백제본기에 나타나는 진씨 관련 기사이다.

> 다루왕 10년(37) 10월, 우보 흘우를 좌보에 임명하고 북부의 진회(眞會)를 우보에 임명하였다.[74]
> 초고왕 49년(214) 9월, 북부 사람 진과(眞果)에게 명하여 병사 1천 명을 거느리고 말갈의 석문성(石門城)을 빼앗았다.[75]

---

[73] 『삼국사기』 신라본기 신문왕 12년에 '삼한일통'이라는 문구가 기록된 것을 비롯하여 열전 김유신전 및 『삼국유사』에서도 삼한이라는 명칭은 여러 번 기록되어 있으며, 『일본서기』에도 삼한이라는 정치적 실체가 사라진 시기인 웅략기 9년(465) 5월조, 현종기 3년(487)조, 선화기 3년(537) 10월조, 흠명기 13년(552) 10월조에도 삼한이 보이고 그 뒤에도 여러 번 삼한이 기록되어 있다. 이처럼 단순히 문헌에 기록되어 있다고 하여 그때까지 삼한이 존재했다고 하는 것은 비상식적이다. 같은 논리로 서기 3세기 후반에 편찬된 『삼국지』 위서에 삼한이 거론되었다고 하여 그때까지 삼한이라는 실체적인 정치체가 존재하였다고 보는 것 또한 이 치에 맞지 않다.

[74] 『三國史記』 卷23, 百濟本紀1 多婁王 10年 10月條.

고이왕 7년(240) 4월. 진충(眞忠)을 좌장(左將)에 임명하여 내외병마사의 임무를 맡겼다.[76]

14년(247) 2월, 진충을 우보에 임명하고 진물(眞勿)을 좌장으로 임명하여 병마사의 임무를 맡겼다.[77]

28년(261) 2월, 진가(眞可)를 내두좌평에 임명하였다.[78]

진씨세력은 고이왕에서 계왕에 이르는 시기에는 큰 세력을 이루다가 근초고왕 때부터 왕비족으로 등장하였다. 진씨를 왕비로 맞아 소위 "진씨 왕비시대"라고 부를 수 있는 시기가 시작된 것도 근초고왕 때부터였으며,[79] 근초고왕 이후부터 아신왕까지 백제는 부여족인 왕족과 진씨인 왕비족의 "연합정권 시기"라고도 부를 수 있는 시기였다.[80] 마한의 지배층인 진씨가 어떤 과정을 거쳐 백제의 왕비족으로 편입되었을까?

다루왕 10년(37) 10월 진씨가 최초로 등장하는 기사에서 진씨를 북부 세력으로 명기한 것으로 보아 진씨세력의 근거지가 백제 북쪽지역임을 알 수 있다. 여기서 북쪽은 당시 백제의 도읍지인 한산의 북쪽을 의미한다. 백제본기 온조왕 27년 4월조의 기사는 마한과 진씨의 연관성을 보여준다.

27년(9) 4월. 원산과 금현 두 성이 항복하므로 그 백성을 한산(漢山)의 북쪽으로 옮겼다. 마한이 마침내 멸망하였다.[81]

---

75) 『三國史記』 卷23, 百濟本紀1 肖古王 49年 9月條.
76) 『三國史記』 卷24, 百濟本紀2 古尒王 7年 4月條.
77) 『三國史記』 卷24, 百濟本紀2 古尒王 14年 2月條.
78) 『三國史記』 卷24, 百濟本紀2 古尒王 28年 2月條.
79) 李基白, 앞의 『韓國史新論』, 62쪽.
80) 李基白, 「百濟王位繼承考」, 『歷史學報』11, 1959, 44쪽.
81) 『三國史記』 卷23, 百濟本紀1 溫祚王 27年 4月條.

"백제는 마한을 병합한 후 백성들을 기존 세력기반에서 유리시키기 위해 사민정책을 취하게 된다."[82] 백제본기에서 보는 것처럼 온조왕은 마한 멸망 후 다시 세력화하는 것을 방지하고 힘을 분산시키기 위해 마한의 유민들을 한산의 북쪽으로 옮겨 살게 하였을 것이다. 이때 북쪽에서 생존하던 마한 유민 중에 지배계층으로 부상한 성씨가 백제본기 다루왕 10년 기사에서 보는 것처럼 진씨라는 사실을 알 수 있다. 마한의 옛 국명이 진국이고 왕의 칭호가 진왕이었던 만큼 진씨는 진국부터 마한에 이르기까지 지배자 집단 중 왕성(王姓)이라 하겠다. 진씨가 근거지로 삼았던 정확한 위치는 지금의 파주시 적성면 일대로 비정된다.[83]

진씨를 비롯한 마한 사람들을 북쪽으로 옮긴 후 행정구역의 책정이 필요했던 온조왕은 북부와 남부를 두면서[84] 마한 백성들을 관할하는 기관을 정하였을 것이다. 파주시 적성면 일대에서 세력화한 진씨는 고이왕을 거쳐 근초고왕 때에 이르러 백제의 왕비족으로 성장하였다. 그런데 백제본기에서 보는 것처럼 온조왕 31년(13)에 먼저 북부와 남부가 만들어지고 33년(15)에 동부와 서부가 만들어진 것은 4부가 사전에 계획적으로 설치된 것이 아니라는 사실을 알려준다.[85]

백제의 부체제(部體制)가 미리 계획된 것이 아니라 급조된 느낌을 주는 것은 마한 사람들을 통제할 필요성이 갑자기 대두된 것에 기인하였을 것이다. 당시 백제는 북쪽으로 말갈과 대치하고 있었으며, 말갈은 마한과도 적대적인 관계를 유지하였다.[86]

---

82) 최희수, 「百濟초기 部의 성립·운영과 地方統治」, 『韓國古代史探究』18, 2014, 57~58쪽.
83) 정재윤, 「初期百濟의 成長과 眞氏勢力의 動向」, 『歷史學硏究』29, 2007, 16~18쪽.
84) 『三國史記』卷23, 百濟本紀1 溫祚王 31年 1月條.
85) 최희수, 위의 글, 58쪽.
86) 『삼국사기』 백제본기 온조왕 18년조를 보면, 백제가 칠중하에서 말갈의 추장을 사로잡아 마한에 보냈다는 기사에서 확인되듯이 말갈과 마한은 적대적이었음을 알 수 있다.

온조왕은 마한세력의 분산과 동시에 말갈과 적대적이던 마한을 이용하여 말갈의 침입을 방비하려는 목적으로 마한 사람들을 북쪽 국경지역에 배치하였을 것이다. 그러나 북쪽으로 이주한 마한세력 중 일부가 고구려지역으로 탈출한 것으로 보이며 이 세력이 그 뒤 고구려 대조대왕 70년(122) 고구려와 함께 요동을 공략한 마한으로 추정된다.

김부식은 대조대왕 70년에 왕이 마한, 예맥과 함께 요동을 공략하였다는 기사에서 백제 온조왕 27년(9)에 이미 멸망한 마한이 고구려왕과 함께 군사행동을 하는 것을 두고 의아하게 생각하였다.[87] 이병도는 대조대왕 70년의 마한을 "오전(誤傳)"이라고 하였으나[88] 동일한 사건과 함께 마한이 『후한서』에도 기록되어 있으므로[89] 역사적 사실일 수밖에 없으며, 이때의 마한이 바로 온조왕 당시 고구려로 탈출한 일단의 마한세력으로 파악된다.

북부 마한세력의 일부가 고구려로 이탈한 것으로 보아 초기 이주 정책에 강제력이 동원되었을 것으로 추정되며, 따라서 마한 전체세력의 동요는 이주 초기부터 있었을 것이다. 그러므로 백제에 남아 있던 마한 지배집단은 유민들을 이끌고 같은 마한세력이 지배층으로 있었던 변한지역으로 대거 이동하였으며, 이에 온조왕은 마한 사람들에 대한 시급한 통제의 필요성을 느끼고 지방 행정단위인 남부와 북부를 먼저 설치했다고 하겠다.

---

87) 『三國史記』 卷15, 高句麗本紀3 太祖大王 70年條.
88) 李丙燾 譯註, 『三國史記』上, 乙酉文化社, 1983, 365쪽.
89) 『後漢書』 卷85, 東夷列傳75 高句麗條.

나. 가야의 건국

온조왕 27년(9) 마한 멸망 후에 변한지역으로 대거 이동한 마한의 지배집단은 이미 멸망한 변한세력을 규합하여 『삼국유사』 가락국기에 기술된 바와 같이 서기 42년에 새로운 왕조를 개창하였다. 그리고 금관국의 개국과 더불어 가야의 여러 나라도 그 무렵 건국되었다.[90]

금관국이 42년에 건국되었다는 것은 『삼국사기』 열전 김유신전에도 기록되어 있으며 신라본기 파사이사금조의 기사에 의해서도 증명된다.[91] 김해 양동리·예안리 등지의 토광묘유적, 김해 회현리패총 등지의 생활유적, 김해식와질토기, 철기 등의 출현[92]은 고고학적으로도 금관국이 1세기경에 형성되었다는 것을 알게 해준다.

가락국기를 보면 금관국을 비롯한 가야의 여러 나라가 같은 시기에 건국되었다고 한다. 고고학적으로도 가야가 1세기경 형성된 것이 확인되므로, 서기 42년 자체가 금관국의 건국 연도이며 가야 여러 나라의 실제 건국 시기도 그 무렵으로 보아야 한다.

백제에서 이동한 마한세력이 변한 잔여세력을 규합하여 가야를 개국할 때 상황이 어떠하였는지는 구지가를 통해서 유추해 볼 수 있다.

구지가는 바다 부근에서 생활하던 김해지역의 고대인들이 동물인 거북을 매개로 신을 향한 기원의 노래이다. 동물을 매개로 한 기원의 노

---

90) 편찬자들이 유학자와 불교승려라는 전혀 다른 학문 성향을 지닌 『삼국사기』와 『삼국유사』에서 가야의 건국연대가 똑같이 기록되어 있는 것은 적어도 고려시대에는 가야의 건국연대를 서기 42년으로 보는 것이 일반화되어 있었음을 알게 해준다(윤내현, 앞의 『한국열국사연구』, 248쪽).
91) 파사이사금 23년(102) 음즙벌국과 실직곡국과의 국경 다툼을 해결하기 위해 금관국 수로왕을 불러 해결하기로 하면서 수로왕이 나이가 많다고 한 것으로 보아 재위기간 또한 상당하였을 것이므로, 금관국은 가락국기에서 보는 것처럼 42년경 건국되었으며 가야의 여러 나라 역시 그때쯤 세워졌다고 하겠다.
92) 金廷鶴, 「古代國家의 發達」, 『韓國考古學報』 12, 1982, 4~13쪽.
李殷昌, 「伽耶古墳의 編年 硏究」, 『韓國考古學報』 12, 1982, 163~182쪽.
李賢惠, 『三韓社會形成過程硏究』, 一潮閣, 1984, 83~95쪽.

래는 김해지역 외에 고구려, 백제에도 있었는데 고구려에서는 산신에게 제사를 지낼 때 산짐승인 사슴을 잡아 소원을 빌었고, 백제에서는 천신에게 기원하기 위해 하늘을 나는 매를 잡아 위협하면서 주술의 노래를 불렀다.[93] 즉 고구려, 백제에서는 위협을 당하는 매개자로서의 동물과 응답을 들어 주는 신의 관계가 일치함을 알 수 있으나, 가락국기에 기록된 구지가의 경우 구간이 바다 동물인 거북을 위협하는데 하늘의 천신이 소원을 들어주는 것으로 묘사되어 있다.[94]

구지가에서 겉으로 드러난 가사의 형식만 분석하면 매개자(바다)와 천신(하늘)의 관계가 불일치하여 서로 이질적인 집단으로 비칠 수 있으나, 가사의 내용을 살펴보면 천신 스스로 매개자를 직접 지정하고 위협 대상으로서의 매개자와 천신을 일체화시킴으로써 서로 동일한 세력임을 시사하고 있다. 구지가를 보면, 수로왕으로 대표되는 가야의 화신이 구간에게 거북을 위협하는 내용의 구지가를 부르도록 명하고 이에 구간들이 구지가를 부르자 하늘에서 6개의 알이 내려왔다고 한다.

여기서 바다로 상징되는 거북은 하늘에서 내려온 가야의 지도자들과 동질적인 집난이라는 사실을 시사한다. 즉, 구간이 하늘을 향해 제사를 지내면서 천신이 명한 대로 거북을 위협하자 하늘에서 알이 내려오는 등치성의 구조로 보아, 구지가야말로 가야의 여러 나라 최상층부가 천손으로 상징되는 이주세력이면서도 거북으로 대표되는 토착세력과 이질적인 집단이 아니라는 사실을 표현한 것이라고 할 것이다.

이러한 비유는 마한 멸망 전에 변한을 지배하던 마한세력을 거북으로 표현하고 마한 멸망 후 가야지역에 이동해 온 마한의 지배집단은 천손으로 표기한 것으로 볼 수 있으며, 이들이 같은 마한인임을 알리기 위

---

93) 이영식, 『이야기로 떠나는 가야역사 여행』, 지식산업사, 2009, 29쪽.
94) 이영식, 위의 책, 30~31쪽.

해 거북과 천손을 동일시하였을 것이다. 구지가는 동일 족속에 의한 국가 정치체의 교체를 은유적으로 표현한 것으로 파악된다.

결국 마한은 한반도 남부의 토착세력인 진국에서 이어져 내려왔으며, 백제에 의해 멸망한 후 이동한 마한의 지배집단이 변한 내 잔존 마한세력 등과 연합하여 가야를 건국하였다.

II. 가야와 임나의 관계

1. 가라와 가야의 의미

가라(加羅)는 『삼국사기』를 비롯한 우리나라 문헌 뿐만 아니라 『일본서기』에도 기록된 국가의 명칭이다. 가라는 가야(加耶)로도 불리며 『삼국사기』에서도 가야와 가라라는 국명이 혼용되고 있다. 가야는 『삼국유사』에 보이는 6가야의 명칭에서 보는 것처럼 포괄적인 범칭으로 사용되는가 하면 『삼국사기』 신라본기 탈해이사금 21년(77) 기사에서 특정 국가를 가리키는 용어로 사용되기도 한다.

가라 또한 『일본서기』 수인기에서 아라사등의 출신국이 의부가라(意富加羅)으로 표기된 것처럼 포괄적인 범칭으로 사용되는가 하면, 『삼국사기』 신라본기 내해이사금 14년(209)조의 아라가야 전쟁 기사에서 가라는 특정 국가를 가리키는 용례로 사용되기도 한다.

이처럼 가라와 가야는 특정 국가를 가리키는 명칭이나 포괄적인 범칭으로도 활용된다. 한편 가야라는 명칭은 불교와 깊은 관련이 있는데 산스크리트어에서 석가모니가 활동하던 곳을 한자로 번역할 때 가야라고 하였으므로 가야라는 국명은 불교적인 언어이며 불교 경전에도 자주 보인다.

그러므로 가라라는 국명은 불교 전파 전에 있었던 우리나라 고유의 명칭이며 가야는 불교의 영향을 받은 국명으로 볼 수 있다.[95]

결국 가라는 불교가 전래되기 전에 통용된 국가의 명칭이며 가야는 우리나라 남부지역에 불교가 전래된 이후에 도입된 국명으로 최초의 국명은 가라이며, 뒤이어 가야라고도 불렸다.[96)]

가라의 의미에 대하여는 관책의 뾰족한 윗부분(冠幘之尖頂)을 변(弁)이라고 하고 또한 가나, 금가나라고 하므로 가라는 관책의 뾰족한 윗부분에서 유래하였다는 견해,[97)] 주변 나라를 의미하는 갓나라(邊國)로 해석하는 견해,[98)] 하천(河川)의 표음자인 강으로 보는 견해[99)], 겨레(族) 또는 갈래(支派)와 같은 뜻이라고 하는 견해,[100)] 한·간·한기의 나라라고 하는 견해[101)] 등으로 나뉘어 있다.

하지만 가라의 정확한 의미는 아시아 여러 나라에서 통용되고 있는 언어의 공통된 정의에서 찾아야 할 것이다. 필리핀 동쪽 해상에서 오키나와를 거쳐 우리나라 남해안과 서해안으로 북상하는 해류를 '쿠로시오(黑潮)'라고 하는데 일본어 '쿠로'는 '가라'의 변형으로 '쿠로'의 한자어 '흑(黑)'은 '검다'라는 뜻이며, 일본의 성씨 중 '쿠로다(黑田)'의 '쿠로(黑)' 역시 '검다'라는 뜻이다.

---

95) 金煐泰,「伽耶의 國名과 佛敎와의 관계」,『伽倻文化』6, 1993, 78쪽. 이에 의하면, 가야는 불전(佛典)에 보이는 지명'으로, 불교가 전해진 뒤에 오래지 않아 불전의 이름을 취하여 종래의 가락이나 가라 써오던 옛 이름 대신 새롭게 가야라고 불렀다고 한다.
96) 가라 또는 가야는 일반적인 범칭으로도 사용되었으므로, 용어의 혼란을 피하기 위해 사료에 이미 기록된 명칭은 제외하고 가라 또는 가야는 일반적으로 가야지역을 가리킬 때 사용하고 고령지역을 지칭하는 가야는 대가야로, 김해지역을 지칭하는 가야는 금관국 또는 금관가야로, 함안지역은 아라국 또는 아라가야로 각 부르고자 한다.
97)『疆域考』卷1, 弁辰考.
98) 李丙燾,「三韓問題의 新考察(六)-辰國及三韓考-」,『震檀學報』7, 1937, 104쪽 ; 앞의『韓國古代史硏究』, 306쪽.
99) 安在鴻,『朝鮮上古史鑑』上, 民友社, 1947, 302쪽.
100) 崔南善,『朝鮮常識問答』, 玄岩社, 1973, 454쪽.
101) 丁仲煥,『加羅史硏究』, 혜안, 2000, 283쪽.

투르크메니스탄 북부지역에 있는 사막인 '카라쿰'도 '검은 모래'의 뜻으로[102] 여기서 카라는 가라와 동일한 형태이며 '검다'라는 의미를 내포한다. 또한 13세기 몽골의 옛 수도 '카라코룸' 역시 '검은 자갈밭'이라는 뜻의 몽골어로[103] '카라' 역시 '검다'라는 의미가 있다.

'카라'는 '가라'와 동일한 형태이므로 아시아 각 지역에서 통용되는 '가라'의 일반적인 뜻은 '검다'라는 사실을 알 수 있다. 그런데 '검다'를 단지 색깔의 의미에 두지 않고 고대인들이 숭배하는 대상으로 파악해보면 바로 '검다'의 '검(黑)'이 '곰(熊)'과 깊은 연관성이 있는 언어임을 알 수 있다. 알래스카 등 극지방의 곰은 털이 흰색인 반면 우리나라와 만주 지역에 살고 있는 곰은 검은색을 띄고 있으므로 '검'은 곧 '곰'과 그 의미가 일치한다. 『삼국유사』 단군 관련 기록에서 보더라도 곰은 우리 민족의 유래와 깊이 관련되어 신성시되고 있다. 한자어 '라(羅)'는 땅이나 나라를 의미하므로 결국 가라를 직역하면 '곰의 나라'로 정의되며, 곰은 고대 우리나라 사람들이 숭배하는 대상이기도 하므로 가라는 곧 '신의 나라'로 의역된다.[104]

결국 가라라는 국명은 적지 않은 구성원이 북방의 고조선 사람들이라는 의미를 표현하고 있으며, 이들을 받아들인 한반도 토착세력인 진국 및 마한의 지배계층 역시 고조선의 사람들이라는 사실도 동시에 시사하고 있다고 하겠다. 임나의 개념 및 강역에 대하여도 여러 가지 견해가 제기되고 있으나 임나와 가야의 관계 및 임나의 위치 등을 최종 검토한 후 그 의미를 도출하고자 한다.

---

102) 이희승, 앞의 『국어대사전』, 3725쪽.
103) 김경나, 「몽골제국의 카라코룸 유물로 본 초원길의 동서교역」, 『아시아리뷰』 8-2, 2019, 193~194쪽.
104) 양주동도 '검'은 곰과 호전되는 '신(神)의 고어'라고 해석한 바 있다(梁柱東, 『增訂 古歌研究』, 1965, 422쪽).

2. 가야와 임나의 관계
가. 영역의 동일성 여부

가야와 임나가 동일한 영역인지 여부는 임나의 위치 비정과 관련되어 있다. 가야와 임나를 동일한 영역개념으로 파악하는 견해는 그 위치를 한반도로 비정하고 있는 반면 서로 구별하는 견해는 가야를 한반도 남부, 임나를 일본열도로 분리하여 비정하고 있다. 전자는 대체로 임나를 협의와 광의로 구분하는데, 협의의 임나에는 지역적인 구분뿐만 아니라 임나 여러 나라의 중심국가라는 의미도 포함되어 있다고 하겠다.

임나를 협의와 광의로 나누어 정리한 체계는 칸 마사토모(管政友)[105]에 의해 제기되었다. 칸 마사토모는 1893년 발표한 『임나고』에서 임나의 명칭에는 협의와 광의의 두 가지가 있다고 전제한 후 협의의 임나는 『일본서기』 수인기의 의부가라(意富加羅)를 대가라로 해석하여 한반도 고령이며, 광의의 임나는 신공 49년에 정벌한 여러 나라와 흠명기에 기록된 여러 나라를 지칭한다고 주장함으로써 낙동강 서쪽 경상도 및 전라도 지역을 포함한 한반도 남부를 광의의 임나라고 하였다.[106]

이마니시 류(今西龍)는 협의의 임나는 진경대사비문을 근거로 김해이며 광의의 임나는 낙동강 서부지역에 위치한 가야지역이라고 하였으며,[107] 아유카이 후사노신(鮎貝房之進)도 진경대사비문에 의거하여 협의의 임나를 김해라고 하였으나 광의의 임나는 범위를 확장하여 낙동강 서부지역 외에도 북쪽으로는 조령, 동쪽으로는 낙동강 유역을 넘어 경상우도 서부의 절반, 서쪽은 충청남도 금강유역의 일부 및 전라북도 산지의 여러 나라를 포함한다고 하였다.[108]

---

105) 칸 마사토모는 1873년 이소노카미신궁의 관리책임자인 '宮司'가 되었으며 이때 신궁의 '寶庫'에서 칠지도를 찾아내 최초로 판독하였다.
106) 管政友, 「任那考」 上, 『菅政友全集』, 國書刊行會, 1907, 375쪽.
107) 今西龍, 앞의 『百濟史研究』, 近澤書店, 138~161쪽.

이처럼 제국주의 시기 일본 연구자들은 대개 협의의 임나에 대하여는 김해설과 고령설이 나뉘어 있고 광의의 임나에 대하여는 연구자마다 그 범위를 달리하고 있으나, 임나와 가야를 동일시하고 있으며 고대 왜의 가야 지배기관인 임나일본부의 실재(實在)를 주장하였다.

이러한 인식에는 임나를 한반도에 있는 일본의 지배지역으로 보는 관념이 깊이 뿌리내리고 있다. 종전 후에는 임나일본부를 "외교관적 성격을 가진 교섭기관"이라고 하는109) 등 다양한 견해가 제시되고 있지만 고대 일본의 한반도 지배에 대한 근본적인 인식은 완전히 버리지 못하고 있다.

우리나라 학계는 일본에 의한 지배기관으로서의 임나일본부설을 일체 부정하고 있다. 그리고 대다수의 견해가 임나와 가야를 동일시하고 있으며, 일반적으로 광의의 임나는 낙동강 서부지역의 경상도로 비정하고 협의의 임나에 대하여는 김해설과 고령설로 나뉘어 있다. 이병도는 광의의 임나는 『삼국유사』 6가야의 명칭과 같이 "가라의 확대된 이름"이라고 하였으며110) 협의의 임나는 "고령"을 지칭하는 것으로 보았다.111)

천관우는 광의의 임나는 『일본서기』를 인용하여 "가야 전체"를 가리킨다고 하였으나 협의로는 미오야마국이 임나의 일본 발음 미마나와 비슷하다는 이유로 "고령"에 비정하였으며,112) 김태식은 숭신기의 임나는 김해라고 하였으나 계체기, 흠명기 및 효덕기의 임나는 "5~6세기 당시의 한반도 남부에서 신라나 백제에 복속되지 않은 제 소국(諸小國)의 총칭"이라고 하였다.113)

---

108) 鮎貝房之進, 『雜考7』上, 朝鮮印刷, 1937, 39~55쪽.
109) 請田正幸, 「六世紀前期の日朝關係」, 『古代朝鮮と日本』, 龍溪書舍, 1974, 193~197쪽.
110) 李丙燾, 앞의 『韓國古代史硏究』, 304쪽.
111) 李丙燾, 위의 책, 403쪽.
112) 千寬宇, 앞의 『加耶史硏究』, 27쪽.

우리 학계는 협의의 임나에 대해서는 견해가 갈리지만 광의의 임나는 대다수의 연구자가 가야와 동일한 영역개념으로 보고 있다.

이에 반하여 임나와 가야는 별개이며 임나가 한반도가 아닌 일본에 있었다고 하는 견해도 있다. 김석형은 고대 한반도 사람들이 새로운 문물을 가지고 일본열도로 이주하여 분국을 건국하였으며 5세기 말까지 일본열도는 수십 개의 소국으로 이루어져 있었고 그 소국 중에는 임나를 비롯한 한반도 삼한, 삼국의 분국이 상당수 존재했다고 주장하였으며,[114] 조희승은 이를 더욱 체계화하였다.[115] 특히, 문정창과 이병선은 『일본서기』에 언급된 임나 여러 나라를 대마도에 비정함으로써 임나가 대마도에 있었다고 한다.[116]

고대 한반도 사람들이 일본열도로 진출한 것은 역사적 사실이지만 그렇다고 하여 임나가 일본열도에 있었다는 견해는 타당하다고 할 수 없다. 왜냐하면 임나라는 용어가 가장 많이 기록된 『일본서기』에서도 명백히 임나는 한반도의 남부지역을 가리키고 있으며 그 외 임나가 한반도 남부에 있었다는 것은 국내 사료인 광개토왕비문 및 진경대사비문에서도 확인된다.

임나가 한반도 남부에 있었다는 것은 중국 사서를 살펴봐도 알 수 있다. 8세기경 편찬된 『통전(通典)』 신라조에는 신라가 가라·임나를 멸망시키고 백제와 고구려를 복속하였으며 가라·임나는 삼한의 땅이라고 기술되어 임나가 한반도 남부에 있었음을 분명히 하고 있다.[117] 7세기경 편

---

113) 金泰植, 앞의 『加耶聯盟史』, 22~25쪽.
114) 金錫亨, 『古代朝日關係史』, 勁草書房, 1969, 112~122쪽.
115) 조희승, 『가야사연구』, 민속원, 1997, 662~670쪽.
116) 文定昌, 『日本上古史』, 柏文堂, 1970, 587쪽.
    李炳善, 『任那國과 對馬島』, 亞細亞文化社, 1987, 235~259쪽.
117) 『通典』 卷185, 邊防1 東夷 新羅條, "其先附屬於百濟 後因百濟征高麗 人不堪戎役 相率歸之 遂致强盛 因襲加羅任那諸國 滅之 並三韓之地".

찬된 『한원(翰苑)』 신라조에도 임나는 신라에 의해 멸망하였으며 신라의 남쪽에 위치한 신라의 땅이라고 명백히 기록되어 있고,118) 그 외 적지 않은 사서에서 임나가 한반도에 존재하였음을 밝히고 있다. 그러므로 임나가 일본열도에 있었다는 주장은 타당하지 않다.

더구나 임나가 대마도에 있었다는 견해는 대마도의 면적이 696.29제곱킬로미터로 제주도의 3분의 1 정도이며 89%가 산지로 되어 있고 경작할 수 있는 땅이 2%에 불과하므로,119) 임나가 한국이나 일본에 있었느냐를 따지기에 앞서 대마도의 이러한 자연환경을 고려한다면 이곳에서 임나 여러 나라가 각축을 벌였다는 주장 자체가 설득력이 없다.

결국 광의의 임나는 한반도 남부지역에 있었던 가야 여러 나라를 지칭하는 용어로 그 영역은 한백겸 이래 통설과 같이 낙동강 서부 경상지역에 한정된 것이 아니라, '삼한의 멸망 시기에 대한 검토' 편에서 이미 살펴본 바와 같이 전남 동부 해안 및 전라 동부까지 아우르는 지역이었을 것이다.

왜가 한반도 남부지역에 있었다고 주장하기도 하는데120) 이는 정치체로서의 왜가 한반도 남부까지 영향을 미쳤고, 일본열도에 살던 본토 왜인들이 오래전부터 가야지역에 다수 거주하였다는 전제를 내포하고 있다.

그러나 위서 왜조에는 한반도 남부지역을 지나 대마도 등을 거쳐 왜의 야마대국에 이르는 노정을 자세히 제시함으로써 왜가 일본열도에 있었다는 사실이 분명히 기록되어 있고, 또한 『송서(宋書)』 왜국전,121) 『남

---

118) 『翰苑』 券30, 蕃夷部 新羅條, "加羅任那昔爲新羅所滅 其故今並在國南七八百里 此新羅有辰韓卞辰卄四國 及任那加羅慕韓之地也".
119) 鄭孝雲, 「고대한일관계사와 대마도」, 『日語日文學』46, 2010, 434~435쪽.
120) 太田亮, 『日本古代史新硏究』, 磯部甲陽堂, 1928.
　　井上秀雄, 『任那日本府と倭』, 寧樂社, 1978.
121) 『宋書』 卷97, 列傳57 東夷傳 倭國條, "倭國 在高驪東南大海中".

제서(南齊書)』 왜국전122) 등에서도 왜가 일본열도에 존재하였음이 확실히 기록되어 있다. 일본 본토의 왜세력이 한반도 가야 등지에 진출하여 정치체를 구성하였거나 일정한 영역을 차지하고 있었다는 기사는 한국은 물론 중국의 사서에 단 한 줄도 보이지 않는다.

『삼국사기』는 초기부터 가야가 한반도 남부에 있었으며 왜는 바다 건너 일본열도에 있었다는 사실을 분명하게 밝히고 있다.123) 신라본기를 살펴보면 왜가 토함산 너머에 있는 동해에 상륙하여 침략하는 경로를 제시함으로써 왜가 바다 건너에 존재하였음을 나타내고 있으며, 실성이 사금 7년 왜에 대한 선제공격을 논의하면서 정예 병사를 훈련시켜 왜인이 신라를 공격하기 위해 병영을 설치한 대마도를 격파하자는 기사가 있고,124) 삼국을 통일한 문무왕은 동해안에 수중릉까지 만들어 왜의 침략을 방지하고자 하였다. 『삼국사기』는 문언적으로 왜가 일본열도에 있었음을 선언하고 있다.

이처럼 고대 사료를 기준으로 보면 가야와 왜는 지리적으로 엄연히 분리되어 있었다. 다른 사료는 차치하더라도 『삼국사기』만 제대로 검토하면 왜가 한반도에 있었다는 논리는 성립할 수 없다.

임나는 일본 측에서 한반도 남부에 존재하던 가야를 지칭한 용어이지 일본인들이 한반도 남부에 실제 거주하면서 지배하던 통치영역으로서의 정치체를 의미하는 것은 아니다.

---

122) 『南齊書』 卷58, 列傳39 東夷傳 倭國條, "倭國 在帶方東南大海島中".
123) 신라본기 파사이사금 8년(87) 가야가 신라의 남쪽에 접해 있다는 기사, 17년(96) 가야인이 남쪽 변경을 습격하였다는 기사 등은 가야가 신라의 남쪽에서 국경을 접하고 있었다는 사실을 알려 준다. 그리고 남해차차웅 11년(14) 왜가 병선 100여척을 동원하여 바닷가의 민가를 노략질하였다는 기사, 지마이사금 10년(121) 왜인이 동쪽 변경을 침입하였다는 기사, 내물이사금 9년(564) 왜를 격파한 장소가 토함산 아래 들판인 점 등을 종합하여 검토하면 당시 왜가 바다 건너 일본열도에 있었다는 사실을 충분히 알게 해준다.
124) 『三國史記』 卷3, 新羅本紀3 實聖尼師今 7年 2月條.

'고대 한반도와 일본열도의 관계' 및 '일본국가 기원으로서의 가야' 편에서도 충분히 검토한 것처럼 가야지역에 왜인들이 다수 거주한 것이 아니라 일본열도에 한반도에서 건너간 가야인들로 가득 차 있었다. 굳이 '사람을 중심으로 한 정치적 함의(含意)로서의 국가'를 상정한다면 당시 '가야지역이 왜'가 아니라 오히려 '일본열도가 가야'라 하겠다.

나. 협의의 임나 위치 비정 및 임나의 의미

가야 여러 나라의 중심국을 의미하는 협의의 임나 위치에 관하여 대개 고령이나 김해에 비정하고 있다. 협의의 임나를 고령으로 보는 견해는 『일본서기』 흠명기 기사 및 『삼국지』 한조에 기록된 '변진미오야마국'의 국명에서 그 근거를 들고 있으며 김해로 보는 견해는 진경대사비문을 제시한다.

조선 후기 실학자 한진서는 협의의 임나를 고령으로 파악하였.

한진서는 『해동역사속』 삼한 변진조에서 『일본서기』 흠명기 23년(562)에 신라가 임나를 멸망시켰다는 기사와[125] 『삼국사기』 진흥왕 23년(562)에 신라가 대가야를 정벌하여 항복하게 하였다는 기사에서[126] 두 기사 모두 멸망 연도가 562년으로 일치할 뿐만 아니라, 일본 사서에서 임나를 미마나국으로 부르기도 하는데 미마나는 변진 미오야마국이 음전(音轉)한 것으로 볼 수 있다는 의견도 제시하면서 임나는 고령 대가야라고 하였다.[127]

그러나 흠명기 23년(562)조에서 당시 멸망한 임나는 가라를 포함하여 임나 10국이라고 총칭되어 있으므로 이를 근거로 임나가 고령이라고 하

---

125) 『日本書紀』 卷19, 欽明天皇 23年 1月條.
126) 『三國史記』 卷4, 新羅本紀4 眞興王 23年條.
127) 『海東繹史續』 券3, 弁辰.

는 것은 부당하며, 미마나와 미오야마는 음운상 비슷하기는 하지만 일치한다고 볼 수 없다. 더구나 고령은 정확히 경주의 서쪽에 위치하는 만큼 『일본서기』 수인기에서 임나가 계림의 서남쪽에 있다는 기사와도 배치된다.

한편, 협의의 임나를 김해로 보는 견해는 진경대사비문을 들고 있다.

진경대사비문은 신라 말 고승인 진경대사 심희(審希)의 일생을 간략히 기록한 것으로, 대사의 속성이 신김씨로 그 선조가 임나 왕족이며 김유신을 먼 조상이라고 하고 더구나 신라에 투항했다는 내용은 비문의 임나가 김해임을 알려주고 있다.[128] 그러나 진경대사비문의 임나가 김해 금관국을 가리킨다고 하여 협의의 임나가 김해의 전유물일 수는 없으며, 다른 사료에서 보이는 임나 전체가 김해를 가리키는 협의의 의미라고 볼 수도 없다.

앞서 살펴본 것처럼 임나는 광의의 의미와 협의의 의미를 내포하고 있으므로 협의와 광의 여부는 각각 사료마다 전후 사정을 고려하여 구체적으로 살펴보아야 하며, 무엇보다 협의의 임나를 가야 여러 나라의 중심 국가로서의 위상으로 파악한다면 문헌과 고고자료 등에 의한 역사 발전 단계 측면에서 보더라도 김해 금관국이 시종일관 가야의 중심 국가였다고 보기 어렵다.

협의의 의미를 가리키는 임나라는 명칭은 진경대사비문이 세워진 통일신라 경명왕 8년(924)보다 200여 년 앞서 편찬된 『일본서기』 숭신기에도 등장한다. 『일본서기』는 임나국 소나갈질지(蘇那曷叱知)가 조공하였다고 하면서 그의 출신지인 임나의 위치에 관하여 다음과 같이 정확히 제시하고 있다.

---

[128] 金廷鶴, 『韓國上古史研究』, 汎友社, 1990, 183쪽.
白承玉, 『加耶各國史研究』, 혜안, 2003, 91쪽.

임나는 축자국(筑紫國)으로부터 2000여 리 떨어져 있고 (축자국의) 북쪽에서 바다로 막혀 있으며, 계림(鷄林)의 서남쪽에 있다.129)

『일본서기』 숭신기 65년조에 등장하는 소나갈질지는 수인기에 기록된 도노아라사등(都怒我阿羅斯等)과 동일한 인물이다.130) 수인기 2년조의 기사를 보면 임나는 숭신천황의 이름인 '미마키(御間城)'를 따서 아라사등의 출신국에 대하여 '미마나(彌摩那)'라는 국호를 지어 주었다고 기록되어 있다. 수인기의 기사에 따라 임나는 숭신천황이 하사함으로써 처음 유래한 것으로 보는 견해도 있다.131) 그러나 『일본서기』 기사를 제대로 해석하면 임나는 숭신이 부여하여 처음 생긴 것이 아니라 원래 한반도 남부에 있던 나라에서 숭신의 이름인 '미마키'가 유래하였다는 사실을 알 수 있다.132)

수인기의 앞뒤 문맥을 자세히 살펴보면 숭신천황의 이름인 미마키, 즉 임나는 그의 출신 국가를 높여 부르게 된 명칭임을 알 수 있으며 숭신은 '구주 야마대의 탄생' 편에서 살피듯이 금관국 왕자이므로 이때의 임나는 김해를 가리킨다. 따라서 『일본서기』에서 최초의 국명이라고 볼 수 있는 협의의 임나는 김해를 지칭한다고 할 수 있으나 수인천황이 귀국하는 아라사등에게 임나라는 국호를 주었다고 함으로써 또다시 협의의 임나가 나타나고 있다.

수인기에서 기술한 아라사등의 본국인 임나가 김해라면 협의의 임나는 김해가 유일하다고 할 수도 있다.

---

129) 『日本書紀』 卷5, 崇神天皇 65年 7月條, "任那者去筑紫國 二千餘里 北阻海以在鷄林之西南".
130) 李丙燾, 앞의 『韓國古代史硏究』, 340쪽.
131) 菅政友, 앞의 『菅政友全集』, 357쪽.
132) 石田英一郞, 『日本國家の 起源』, 角川書店, 1967, 44쪽.
　　坂本太郞 等 校注, 『日本書紀』上, 岩波書店, 1976, 259쪽 頭注 18·19.

임나의 위치를 가리키는 숭신기의 기사를 보면 임나가 '계림(鷄林)의 서남쪽'에 있다고 하면서 그 방향을 정확하게 가리키고 있다. 그런데 『삼국사기』 신라본기 파사이사금 8년 7월조 기사에 의하면 금관국은 신라의 남쪽에 있어[133] 숭신기에 나오는 계림의 서남쪽과 방향이 맞지 않으므로 임나를 김해로 볼 수 없다.

아라사등의 출신지인 협의의 임나가 고령이나 김해가 아니라면 어디일까? 『일본서기』 흠명기에는 임나일본부를 안라일본부라고도 한다.[134]

또한 임나일본부의 구성원인 왜신들이 안라에 거주하고 있었다고 기록되어 있는데,[135] 안라는 고대 함안지역을 중심으로 한 국가의 일본식 명칭이다. 지리적으로 보아도 함안지역은 수인기에 기술된 바와 같이 계림의 서남쪽에 있다.[136]

그러므로 수인기에 새로이 나타나는 또 다른 협의의 임나는 함안 아라국을 의미한다고 하겠다. 협의의 임나가 아라국이라는 사실은 아라사등의 출신 국가인 의부가라국(意富加羅國)의 의미 및 아라사등의 출자를 살펴보아도 알 수 있다. 의부가라국에서의 '의부'는 일본어로 '대(大)'로 표현되므로 '대가라국'이나 '대가락국'으로 해석되어 고령이나 김해를 지칭한다고 하는 견해도 있으나, 여기서 의부가라국의 의미는 특정 국가를 가리키는 명칭이 아닌 '큰 가라'라는 의미를 내포하는 일반적인 용어로 아라사등의 모국인 아라국을 지칭한다고 하겠다.

안라(安羅)가 가라(加羅)로 표기된 적도 있고,[137] 당시 아라국이 이미 유력한 나라로 "대가야국이라 불러도 손색이 없었던 역사"였으므로 아

---

133) 『三國史記』 卷1, 新羅本紀1 婆娑尼師今 8年 7月條.
134) 『日本書紀』 卷19, 欽明天皇 2年 7月條.
135) 『日本書紀』 卷19, 欽明天皇 15年 12月條.
136) 유우창, 「『일본서기』 신공기의 가야인식과 임나일본부」, 『지역과 역사』 35, 2014, 17쪽.
137) 田中俊明, 『大加耶聯盟體の興亡と 任那』, 吉川弘文館, 1992, 30쪽.

라국을 "대가야의 반열에 올려도 문제가 없다."138) 또한 아라사등은 아라시토로 발음되고, "아라=아라, 시토=히토=사람"으로 읽혀 아라인들의 이주와 관련이 있으므로139) 의부가라국은 아라국을 일반화한 명칭이며 따라서 수인기에서 새로이 나타나는 임나는 아라국일 수밖에 없다.

가야 중심 국가로서의 협의의 임나는 초기에는 숭신천황으로 대표되는 김해 금관국이었다가 그 뒤 함안 아라국으로 옮겨갔으며, 그 시기는 아라가야 전쟁 후 아라사등으로 대표되는 아라국 사람들이 일본열도로 대거 진출하기 시작한 3세기경이었을 것이다. 그 후 응신이 일본열도로 진출하여 근기지역에서 대화정권을 세운 4세기경에 아라국은 가야 여러 나라의 확고한 중심 국가로 자리 잡았을 것이다.

협의의 임나가 금관국에 이어서 아라국인 결정적인 이유는 아막성 전투에 있다. 아막성 전투는 왜가 신라에 의해 멸망한 아라국을 회복하려는 과정에서 발생한 것이다. 당시 왜가 백제 및 고구려와 연합하여 복구하려고 한 땅이 아라국이라는 사실은 협의의 임나가 아라국임을 알려주는 결정적인 단서 중 하나이다. 협의의 임나가 금관국과 아라국일 수밖에 없는 이유는 이들 국가에서 사실상 일본 천황의 시조인 숭신이 나왔고, 근기지역에서 대화정권을 개창하여 일본열도를 아우르는 최초의 고대 일본국가를 만든 응신을 배출하였기 때문이기도 하다. 그러므로 "임나라는 말은 임금나라이며, 모국(母國), 조국(祖國)"140)이라는 의미도 포함되어 있다.

이를 협의와 광의로 분리하여 정의한다면 김해 금관국과 함안 아라국은 숭신, 신공, 응신을 배출한 본향(本鄕)이므로 협의의 임나는 '임금의

---

138) 백승옥, 「加耶史 연구의 흐름과 安羅國史」, 『안라(아라가야)의 위상과 국제관계』, 학연문화사, 2018, 28쪽.
139) 李永植, 「安羅國과 倭國의 交流史 硏究」, 『史學硏究』74, 2004, 46쪽.
140) 丁仲煥, 앞의 『加羅史硏究』, 288쪽.

나라'이며, 광의의 임나는 『일본서기』 흠명기 23년조에서 보는 것처럼 한반도 남부지역의 여러 나라에서 일본열도로 건너간 사람들의 나라라는 의미로 확대되었으므로 '조상(祖上)의 나라'라고 하겠다.

제3장 금관국과 구주 야마대의 기원

Ⅰ. 개관

Ⅱ. 금관국의 초기 발전과 구주 야마대의 탄생

Ⅲ. 수로왕계의 일시 단절 및 신공에 의한 회복

Ⅳ. 「연오랑세오녀」 설화의 원형

Ⅰ. 개관

1. 금관국의 국명 유래

　김해지역에 있었던 가야의 국명에 대하여 『삼국사기』 본기 및 열전에는 금관국(金官國)·가야(加耶)·남가야(南加耶), 『삼국사기』 지리지에는 금관국(金官國)·가락국(伽洛國)·가야(伽倻), 『삼국유사』에서는 가락국(駕洛國)·대가락(大駕洛)·가야국(伽耶國), 『고려사』 지리지 및 『신증동국여지승람』에는 금관국(金官國)·가락(駕洛)·가야(伽倻)로 불리고 『일본서기』에서는 남가라(南加羅)로 지칭된다.

　가야는 『삼국사기』에 빈번하게 나타나는데, 이를 분석하면 김해지역의 가야를 지칭하는 경우가 많지만 고령지역의 가야를 가리키기도 하여[1] 특정 국가를 가리키는 고유 국명으로 삼기는 어렵다.

　남가야라는 국명은 『삼국사기』 열전 김유신전에서 수로왕을 '남가야의 시조'라고 지칭하고[2] 『일본서기』에서 김해지역의 가야를 '남가라'라고 부르는 데에서 나타난다.

　남가야 또는 남가라라는 국명은 단순히 남쪽에 위치하여 그렇게 불렀다고 볼 여지도 있으나 초기에 김해지역 가야가 강국으로 발전한 것으

---

1) 『삼국사기』 신라본기 초기기록에 자주 등장하는 가야는 대개 김해를 지칭하지만 신라본기 진흥왕 12년 3월조 및 열전 사다함전에 기록된 가야는 고령을 가리키기도 한다.
2) 『三國史記』 卷41, 列傳1 金庾信傳.

로 보아 남가야는 국명으로 부르기에는 부적절하다.

가락국은 『삼국유사』에서 '가락국기'로 편제되어 있어 김해지역 가야를 지칭하는 용어로 사용되고 있으나, 가락국기에는 나라 이름을 '대가락' 또는 '가야국'이라고 하고 나머지 다섯 사람도 다섯 가야의 임금이 되었다고 하므로,3) 나라 이름이 '가락', '대가락' 또는 '가야국'으로 혼용되고 있고 가락 또한 가라에서 유래한 일반적인 용례로 보여져 가락국을 나라 이름을 나타내는 고유명사로 볼 수는 없다.

금관국은 『삼국사기』 신라본기를 보면 석탈해가 아진포(阿珍浦)에 이르기 전에 도착한 곳을 금관국이라고 하는 기사에서4) 이른 시기에 드러나고, 파사이사금 23년(102) 8월 음즙벌국과 실직국의 국경분쟁 관련 기사에서 금관국이 국명으로 기록되어 있으며,5) 법흥왕 19년(532)에 금관국이 항복하였다는 기사가 있으므로6) 금관국이라는 국명은 초기부터 오랜 기간 두루 사용되었다.

『삼국사기』 지리지에서도 '김해소경'을 '옛 금관국'이라고 하였으며, 문무왕 20년(680)에 금관소경을 설치하였고 그 뒤 경덕왕 때 김해경으로 개칭한 것으로 보아7) 김해라는 오늘날의 지명도 금관국과 직접적인 관련이 있다고 볼 수 있다.

또한 『삼국유사』 탑상편 금관성파사석탑조를 보면 "옛날에 이 읍이 금관국이었을 때"라는 기사가 있고8) 파사석탑이 있던 곳을 '금관'이라고 표기함으로써 김해지역을 오래전부터 금관국으로 불렀다는 사실을 알려주고 있다. 그 외에 『고려사』 지리지, 『신증동국여지승람』에서도 금

---

3) 『三國遺事』 卷2, 紀異2 駕洛國記.
4) 『三國史記』 卷1, 新羅本紀1 脫解尼師今 元年條.
5) 『三國史記』 卷1, 新羅本紀1 婆娑尼師今 23年 8月條.
6) 『三國史記』 卷4, 新羅本紀4 法興王 19年條.
7) 『三國史記』 卷34, 雜志3 地理 金海小京.
8) 『三國遺事』 卷3, 塔像4 金官城婆娑石塔.

관국으로 기록되어 있는 등 우리나라 사서에 가장 오랫동안 광범위하게 나타나는 것으로 미루어 김해지역의 가야는 금관국으로 부르는 것이 타당하다.

2. 금관국의 형성 및 인구 규모

『삼국유사』 가락국기에 의하면 금관국이 성립되기 전 김해지역에는 구간세력이 산과 들에서 생활하며 근거지를 형성하고 있었다고 한다. 가락국기에는 구간의 실체에 대한 구체적 기술이 없으나 이들은 앞서 설명한 바와 같이 변한이 망하기 전부터 김해지역에 살고 있던 마한의 지배세력이라 하겠다.

가락국기에는 구간사회의 인구가 "100호로서 7만 5천인"이라고 적혀있다.[9] 금관국의 인구 규모와 관련하여 위서 변진조에 대국은 사오천 가(四五千家)라고 하므로 한 집을 5인으로 기준을 삼을 때[10] 20,000~25,000명

---

9) 『三國遺事』 卷2, 紀異2 駕洛國記, "酋長 領總百姓 凡一百户 七万五千人".
10) 고대인구 산정에 있어 1호당 5인으로 보는 견해는 『漢書』 地理誌의 현도군과 낙랑군 기사를 근거로 제시한다(金貞培, 「三韓社會의 "國"의 解釋問題」, 『韓國史研究』26, 1979, 5쪽). 즉, '漢書' 地理誌'에 현도군이 45,006호이고 인구가 221,845명이며 낙랑군이 62,812호이고 인구는 406,748명으로 기록되어 있는데 이를 1호당 인구수로 나누면 되며 5명 정도가 된다. 이와 다른 자료로 『後漢書』 卷23 郡國誌를 보면 현도군은 1,594호에 43,163명(1호당 약 27명)이며 낙랑군은 61,492호에 257,050명(1호당 약 4명)으로 기록되어 있으나 현도군의 경우 호수에 비해 인구가 지나치게 커 오기의 가능성이 농후하다(李丙燾, 앞의 『韓國古代史研究』, 178쪽). 그 외 호수와 인구수를 기록한 사료는 '大唐平百濟國碑銘'에 각자된 백제멸망 당시 인구 관련 기사인 "24만 호 620만 명(戶卄四萬口六百卄萬)"을 들 수 있으나(韓國古代社會研究所, 『譯註 韓國古代金石文Ⅰ』(고구려·백제·낙랑 편)』, 駕洛國史蹟開發研究院, 1992, 459쪽), 비문의 사료적 가치는 차치하더라도 1호당 인구수가 25명에 육박하여 『삼국유사』에 기록된 백제 전성기의 호수 152,300호(『三國遺事』 卷1, 卞韓百濟條)보다 훨씬 차이가 나 믿을 수 없다(金起燮, 「4세기경 百濟의 人口와 住民構成」, 『京畿史論』1, 1997, 12쪽). 『삼국사기』 신라본기 문무왕 6년조를 보면 연정토가 12성 763호 3,543명을 거느리고 투항하였다는 기사가 있는데(『三國史記』 卷6, 新羅本紀6 文武王 6年 12月條), 이 기사의 호수 763호와 인구 3,543명을 감안하면 당시 고구려의 1호당 인구가

이나 된다는 견해가 있으며,11) 이에 의하면 금관국은 대국에 속하므로 인구는 20,000~25,000명 정도가 된다. 이러한 논지는 『삼국지』 위서 한조의 기록을 근거로 하고 있으나 앞서 설명하였듯이 위서가 3세기경 한반도 상황을 정확히 반영하였다고 볼 수 없어 위서 한조의 기사를 표준으로 가야 여러 나라의 인구수를 일률적으로 산정하는 것은 설득력이 없다.

구간사회는 수로왕이 서기 42년에 금관국을 건국함에 따라 이에 흡수되었으며, 수로왕이 금관국을 건국한 초기부터 철산지 확보를 위해 신라와 충돌을 벌여 일찌감치 양산 물금지역을 확보한 것으로 추정되므로, 초기 금관국의 영역에는 오늘날의 김해지역, 부산 강서구 가락동 및 녹산동지역,12) 낙동강 연안 물금지역 등이 포함되었을 것이며 그에 따라 인구수 역시 『삼국지』의 기록과는 다른 것으로 보인다.

『삼국지』를 신봉하는 견해에 의하면, 가락국기의 '7만 5천 명'은 명백한 오기일 수밖에 없다. 그러나 가락국기 기사를 언뜻 보더라도 '7만 5천 명'을 단순한 오기로 단정할 수는 없다. 가락국기 기사의 호수가 만 단위로 7만 명으로만 적혀 있다면 7천 명을 7만 명으로 잘못 기록하였다고 할 수도 있으나 천 단위까지 상세히 숫자로 표기한 것을 보면 오기가 발생할 수 없는 수치이다.

오히려 '1백 호(百戶)' 앞 문장에서 추장이 백성(百姓)을 영도한다는 문장에서의 '백(百)'이 연결되어 뒤 문장에서 '1만 호'로 기록하려다가 '1백 호'로 잘못 쓴 것으로 추정된다.13)

약 5명임을 알 수 있다. 또한 통일신라시대에도 호당 인구수가 약 5명으로 추정되므로(尹鍾周, 「우리나라 古代人口에 관한 小考」, 『한국인구학』 8-2, 1985, 10쪽), 이러한 제반 사정을 고려할 때 우리나라 고대 인구 산정에 있어 1호당 인구수는 특별한 사정이 없는 한 5명이라 할 것이다.

11) 이영식, 「구간사회와 가락국의 성립」, 『가야문화』7, 가야문화연구원, 1994, 37~40쪽.
12) 부산 강서구 가락동, 녹산동 등 지역은 조선시대 말까지 김해의 행정구역이었다.

『삼국사기』신라본기 지마이사금 5년(116)조를 보면 가야를 공략할 때 이사금이 정예 군사 1만 명을 동원하였다고 한다.[14] 삼국시대의 군사 차출과 관련하여, 신라장적에 기재된 4개 촌의 인구 462명[15] 중 군역으로 징발된 장정의 수는 11~15명으로 추산되어,[16] "인구 30명당 1명꼴로 차출된 셈이지만 통일신라의 병력 차출에 비해 삼국시대는 더욱 심했을 것이므로 20여 명당 1명 선"으로 추정된다.[17] 이처럼 삼국시대 병사 차출이 인구 20명당 1명이었음을 감안하면 정예 병사만 1만 명을 동원한 신라의 초기 인구수는 대략 20만 명에 달하였을 것이다.

진한, 변한의 인구와 관련한 『삼국유사』의 기록에 의하면 삼한 78개국 각 나라의 호수가 1만 호에 이른다고 하는데,[18] 이에 의하면 진한, 변한 모두 총 호수는 각 12만 호가 되고 이를 인구로 환산하면 각 60여만 명으로 추정되므로, 신라의 초기 인구수를 20만 명 정도로 보는 것은 결코 무리라고 할 수 없다. 그렇다면 당시 신라에 필적하는 국력을 가진 전쟁 상대국인 금관국의 인구수도 적지 않았을 것으로 보는 것이 타당하다.

---

13) 三品彰英, 『三國遺事考証』中, 塙書房, 1979, 317쪽.
14) 『三國史記』卷1, 新羅本紀1 祗摩尼師今 5年 8月條.
15) 李仁哲, 「新羅의 村과 村民支配에 관한 硏究-正倉院 所藏 新羅帳籍을 中心으로」, 韓國學大學院博士學位論文, 1993, 129쪽.
16) 李仁哲, 위의 글, 237쪽.
17) 金起燮, 앞의 「4세기경 百濟의 人口와 住民構成」, 17쪽 각주. 『신당서』 백제조와 부여 정림사지5층석탑 하단부에 각자된 '대당평백제비명'을 비교하면 백제 역시 인구 20명당 병사 1명을 차출하였음을 알 수 있다. 즉, 『신당서』 백제조에 백제의 병사 수가 6만 명으로 기록되어 있는데(『新唐書』卷220, 東夷列傳145, 百濟條), '대당평백제비명'의 1호당 인구는 약 25명으로 지나치게 높아 믿기 어려우므로 비명의 인구수는 1호당 5명을 적용하여 120만 명으로 보는 것이 타당하며, 비명의 실제 인구 120만 명과 『신당서』 백제조의 군사 수 6만 명을 대비하면 백제에서도 20명당 병사 1명을 차출하였을 것이다(金起燮, 위의 글 13~17쪽).
18) 『三國遺事』卷1, 紀異1 七十二國.

청동기의 대표 유적인 고인돌은 김해시 내동, 회현동, 구산동, 북부동은 물론 장유면 율하리·무계리, 주촌면 양동리, 대동면 감내리 등지에 널리 분포되어 있다. 고고학적으로 보아도 금관국 성립 전에 형성된 고인돌이 청동기시대 지배자의 무덤이며, 이를 축조하기 위해서는 많은 노동력이 필요한 점을 고려해 볼 때 가락국기의 기사 중 1백 호의 '백'은 '만'의 착오이므로 구간 시기 김해지역의 인구는 1만 호 75,000명이라 하겠다.

결국 금관국의 인구 규모는 『삼국지』 위서를 근간으로 판단한 인구수 2만~2만 5천 명만으로는 제대로 설명할 수 없으며, 구간 시기의 인구에 수로왕계의 집단까지 추가하면 75,000명을 상회하였을 것이다.

3. 금관국의 입지 및 유적

김해지역에는 신석기시대에서부터 철기시대 유적에 이르기까지 유적이 고루 분포되어 있다. 신석기시대 대표 유적인 조개더미는 김해패총으로 널리 알려진 회현리 패총을 비롯하여[19] 김해시 부원동,[20] 유하동,[21] 장유면 수가리[22] 등지에 산재되어 있으며, 청동기의 대표 유적인 고인돌은 김해 전역에 널리 퍼져 있다.

1세기 말~3세기 초의 유적으로 비정되는 김해 양동리 고분에서는 잡이단지, 와질항아리, 화로형토기 등의 와질토기 및 낫, 도끼, 손칼 등 다량의 철기류가 출토되었으며 둥근옥, 대추옥, 대롱옥 등의 장신구를 비롯한 다양한 유물이 발굴되었다.[23]

---

19) 國立金海博物館, 『金海會峴里貝塚』, 2014.
    朝鮮總督府, 『大正九年度古蹟調査報告 第1冊. 金海貝塚發掘調査報告』, 1923.
20) 東亞大學校博物館, 『金海府院洞遺蹟』, 1998.
21) 國立金海博物館, 『金海柳下貝塚發掘調査報告書』, 2017.
22) 慶尙南道, 『金海水佳里貝塚發掘調査報告書』, 1981.
23) 文化財硏究所, 『金海良洞里古墳群發掘調査書』, 1989.

봉황동지역에서는 봉황토성지와 함께 회현리 패총과 같은 생활시설 등 다양한 유물이 발굴되고, 봉황토성 부근에 자리한 대성동 고분군은 1990년부터 2014년까지 9차례 유적조사를 진행한 결과 3~5세기경 지배집단의 무덤으로 추정되며, 수많은 토기류 및 철기류가 출토될 뿐만 아니라 다양한 외래계 유물도 발굴되어 금관국 문화의 국제성을 보여주고 있다.24)

특히, 종래 "왜인만의 특수한 주술적·종교적인 문물로 생각되어 온 파형동기, 방추차형석제품, 족형석제품, 옥장과 광형동모, 방제경 등이 발견"되어25) 금관국이 당시 왜와 교류하고 있었음을 알려준다.

김해지역에서 3세기 말부터 '평저단경호' 등의 도질토기를 생산하였고 4세기 초에는 '파수부노형토기' 등 다양한 기종의 도질토기를 생산하였는데,26) 금관국의 토기는 아라국의 토기와 함께 가야 토기의 전형을 이루고 있다.

김해는 지정학적으로 교역에 유리한 조건을 갖추고 있다. 봉황토성 부근에 위치한 해반천(海畔川)은 "바다를 끼고 있는 내"라는 의미로 이곳을 통하여 쉽게 해양으로 접근할 수 있다.27)『삼국지』왜조를 보면 김해지역은 중국에서 한반도를 거쳐 왜로 가는 데 있어 중요한 교역로의 역할을 담당하였다. 또한 한·예·왜인들이 와서 철을 매매하였다는『삼국지』위서 변진조의 기사로 미루어 금관국은 왜와 중국과의 교역에서 철을 주요 교역품으로 이용하였으며, 건국 초기부터 수로왕이 양산 물금지역을 확보함으로써 철을 생산하고 교역에 참여하였을 것이다.

---

24) 국립가야문화재연구소,『김해봉황동유적발굴조사보고서Ⅰ』, 2019.
   慶星大學校博物館,『金海大成洞古墳群 Ⅰ-Ⅱ』, 2000.
25) 朴天秀, 앞의「考古資料를 통해 본 古代 韓半島와 日本列島의 相互作用」, 54쪽.
26) 홍보식,「전기가야의 고고학적 연구 쟁점과 전망」,『한국고대사연구』85, 2017, 80쪽.
27) 이영식, 앞의『이야기로 떠나는 가야 역사여행』, 41~42쪽.

하지만 가야의 여러 나라에서도 철을 생산하였으므로 금관국이 철로 인한 교역이익을 독점할 수 있는 구조는 아니었다. 이보다 건국 초기부터 중국과 왜를 중개하는 최종 무역항으로서의 이점뿐만 아니라 밀양, 합천, 창녕 일대 소국들의 "대외 접촉을 위한 게이트어웨이 커뮤니티(Gateaway Community))와 같은 기능을 발휘하면서 물자의 집산과 보급을 통해 일정한 영향력을 행사"하였을 것이며,28) 이러한 지정학적 조건을 바탕으로 금관국은 일찍이 일본 규슈지역으로 진출하였다.

---

28) 李賢惠, 앞의 「4세기 加耶社會의 交易體系의 변천」, 166쪽.

II. 금관국의 초기 발전과 구주 야마대의 탄생

1. 수로왕의 왕권 강화
가. 수로왕의 수명과 재위 기간

『삼국유사』 가락국기에는 금관국을 비롯한 아라국 등 6개국이 같은 시기에 나라를 세운 것으로 기록되어 있다. 가야 여러 나라의 왕력(王歷) 중에서 유일하게 수로왕의 재위 연대가 가락국기에 기술되어 있으므로, 이를 근거로 한 수로왕의 정확한 생몰연대 산정은 가야 여러 나라의 건국시기 및 발전과정을 살피는 데 있어 매우 중요한 단서가 된다.

수로왕은 서기 42년에 즉위하여 157년간 재위한 후 199년에 사망하였고 그의 아들 거등왕이 즉위한 것으로 가락국기에 기록되어 있다.

수로왕의 즉위 시 나이를 기록한 문헌을 살펴보면, 『고려사』 지리지와 『세종실록지리지』에는 수로가 왕위에 올랐을 때 나이가 15세 정도였다고 하고,[29] 조선 고종 21년(1884)에 허전(許傳)이 찬술한 '가락국태조릉숭선전비문(駕洛國太祖陵崇善殿碑文)'에 의하면 수로왕이 32년에 태어나 10세 때 왕위에 올랐다고 한다. 『삼국사기』 신라본기에서 박혁거세가 13세에 즉위하였다는 기사를 고려한다면 '가락국태조릉숭선전비문'보다 편찬 연도가 앞선 사료인 『고려사』 지리지와 『세종실록지리지』의 기사에 근

---

29) 『高麗史』 卷57, 志 卷11 地理2 慶尙道 金州.
 『世宗實錄地理志』, 慶尙道 晉州牧 金海都護府.

거하여 수로왕이 15세에 즉위하였다고 보는 것이 타당하다.30) 『삼국사기』 열전 김유신전 및 신라본기 파사이사금 때의 기사를 살펴보더라도 수로왕이 가락국기의 기록처럼 42년에 즉위하였다는 것은 틀림없으며 상당히 장수하였을 것이다. 그러나 아무리 장수하였더라도 사람이 200여 세 가까이 살 수는 없다. 수로왕의 즉위 시 나이를 15세로 보고 재위 기간(42~199)이 무려 157년임을 감안하면 수로왕의 수명은 172세에 달한다. 신라본기 파사이사금 때의 기사처럼 수로왕이 오래 살았다고 하더라도 의술이 발달한 현대 인간의 평균수명조차 100세를 넘기기 힘든데 수로왕이 172세를 살았다는 것은 확실히 상식에 어긋난다.

인간의 수명이 100세를 훨씬 넘겼다는 이야기가 전혀 없는 것은 아니지만 이를 인정할만한 증거는 없다. 중국 사천성 출신 이청운(李淸雲)이 256세를 살았다는 주장도 있으나 객관적으로 검증된 적이 없어 그의 생존 기간은 신뢰할 수 없다.

그루지아공화국의 코카서스산, 에콰도르의 발카밤바, 카슈미르의 훈자 등지에도 장수인들이 많이 살았다는 이야기가 전해지고 있는데, "어느 과학자가 발카밤바 마을을 방문하고 돌아온 지 4년 후에 다시 가서 그 마을의 최고령자에게 나이를 물었더니 4년 전에 인터뷰한 때보다 열한 살이나 많게 말한 사례"를 보더라도31) 이들 장수인의 이야기를 사실 그대로 받아들일 수 없다.

예외적으로 122세까지 살아서 가장 장수한 사람으로 과학적으로 증명된 프랑스인 잔 칼망(Jeanne Calment;1875~1997)조차 그녀의 가계가

---

30) 가락국기에 의하면 수로왕이 즉위 초에 도읍지를 정하고 탈해의 침략을 물리쳤을 뿐만 아니라, 구간을 압도하면서까지 스스로 허황옥을 배필로 맞이하는 등 강력한 왕권을 행사하였으므로 즉위 시 나이를 15세로 보는 것이 자연스럽다.
31) 스튜어트 J. 올샨스키·브루스 A. 칸스 지음;전영택 옮김, 『인간은 얼마나 오래 살 수 있는가 : 노화와 장수, 그 과학적 비밀을 찾아서』, 궁리출판, 2002, 249쪽.

대대로 장수 집안이고 조상 중에는 심지어 그녀보다 장수한 사람이 있었다고 하지만,32) 수로왕계인 제2대 거등왕부터 제10대 구형왕까지 각 왕의 재위 기간으로 미루어 100세 이상 생존했던 왕이 없었던 것으로 추정되므로 수로왕이 뛰어난 장수 유전자를 가졌다고 볼 수도 없다.

물론 인간이 200년 가까이 또는 200년 넘게 살았다는 이야기는 믿을 수 없으나 100세를 넘겨 살았다는 사례는 종종 발견되며, 이들 장수인의 공통점은 대부분 천혜의 자연환경 속에서 건강의 적인 스트레스 없이 장수에 필수적인 영양 섭취, 운동 등을 꾸준히 실천한 결과임을 잘 알 수 있다. 이러한 사례에 비추어 『삼국사기』 신라본기에서 보는 것처럼 수로왕이 왕위에 오른 다음 신라와의 긴장 상태를 항상 유지하고 있던 상황을 비추어 본다면 수로왕의 스트레스가 적지 않았다는 것은 충분히 미루어 짐작할 수 있다. 더구나 신라본기 파사이사금 때의 기사에서 보는 바와 같이 그가 음즙벌국과 실직국간의 국경분쟁을 일거에 해결할 만큼 고도의 판단력을 갖추면서도 한기부의 족장을 일시에 제거할 정도로 불같은 성정을 가진 인물임을 고려한다면 172년 동안 장수하였다는 것은 사리에 맞지 않다.

수로왕의 생존 시기를 다룬 연구자들의 견해를 살펴보면, 이병도는 『삼국유사』에 기록된 수로왕의 즉위년인 42년은 믿을 수 없다고 하면서, 수로왕이 '구형의 9대조이며 김유신의 12대조'라고 하는 『삼국사기』 열전 김유신전의 기사와 가락국이 신라에 항복한 532년을 기준으로 수로왕으로부터 구형왕까지의 세수가 10세임을 감안하여 1세를 평균 30년으로 보고 이를 역산하면 수로왕은 3세기경의 인물이며, 3세기는 중국의 삼국시대에 해당하므로 『삼국지』 위서에 나타나는 '구야진지렴(拘邪秦

---

32) 스튜어트 J. 올샨스키·브루스 A. 칸스 지음;전영택 옮김, 앞의 『인간은 얼마나 오래 살 수 있는가 : 노화와 장수, 그 과학적 비밀을 찾아서』, 250~251쪽.

支廟'이 수로왕을 가리키는 것으로 보았고 구체적인 생몰년에 대하여는 규명하지 않았다.33)

김철준은 가락국 6대 좌지왕의 즉위년을 가락국기에서의 즉위년보다 5년 앞당겨 임인년(402)으로 수정한 후 1대 평균 30년을 적용하여 이를 역산하면 "402-(30×5)= 252년"이 된다고 하면서 이 해에 수로왕이 가락국을 건국한 것으로 추정하였으며, 구체적인 나이는 거론하지 않았다.34)

이병도와 김철준 이래로 우리나라 학계는 대체로 수로왕을 3세기경의 인물로 설정하고 있으며, 이러한 주장의 밑바탕에는 『삼국지』 위서의 기사는 신뢰하면서 『삼국사기』 초기기록은 불신하는 논지가 깔려있다.

『삼국유사』에 의하면 거등왕 이후 왕계의 수명은 정상적으로 보이므로, 이들의 재위 기간 등을 참고하여 수명을 산출해야 함에도 전혀 무시하고 전체 왕계를 '1세 평균 30년'으로 정하는 방식의 일률적인 계산법을 적용하였다는 점에서도 부당하다. 또한 '구야진지렴'을 수로왕으로 볼 수 있는 근거는 어디에도 없다.

이영식은 전기 가야(1~3세기)와 후기 가야(5~6세기)의 시간 인식은 서로 달랐던 것으로 전제하고 『삼국지』 위서에 기록된 바와 같이 3세기경 삼한 사회에서 거행되었다고 하는 5월과 10월의 제사의례를 근거로 수로왕의 나이를 약 78세로 추론하였다. 이에 의하면 삼한의 제사의식은 봄의 파종과 가을의 수확을 기준으로 1년 동안 2회의 제사의례를 거행한 것으로 보아 사람의 나이 역시 1년에 두 살씩 더해진 것이라고 하였으며, 따라서 수로왕의 실제 나이는 『삼국유사』에 기록된 재위 기간의 절반인 78세 정도라고 하였다.35) 그러나 삼한지역에서 인간 수명을 다른 지역과 달리 1년을 2년으로 간주하였다는 사료는 없다. 무엇보다 전기 가야 시대

---

33) 李丙燾, 앞의 『韓國古代史研究』, 321쪽.
34) 金哲埈, 앞의 『韓國古代社會研究』, 103~104쪽.
35) 李永植, 「가야인의 시간의식과 가야금 12곡」, 『釜大史學』30, 2006, 302~305쪽.

에 1년을 2년으로 계산하였다면 수로왕 후의 세계인 제2대 거등왕, 제3대 마품왕, 제4대 거질미왕 때에도 비정상적인 나이 또는 재위 기간이 드러나야 하는데, 가락국기를 보면 거등왕의 재위 기간이 54년(199~253), 마품왕은 38년(253~291), 거질미왕은 55년(291~346)으로 기록되어 재위 기간을 고려한 수명은 모두 정상적으로 보이는 점에서 납득하기 어렵다.

이현혜는 가락국기에 수로왕의 재위 기간이 지나치게 길게 설정되어 있는 것은 수로왕이 "특정의 1인이라기보다 기원 후 1~3세기 사이에 김해지역에서 활동하던 수로 집단"이기 때문이라고 하였으나,36) 수로 집단의 한계가 불명확하며 이를 직계로 한정할 경우 수로왕 후의 왕계가 거등왕부터 정상적으로 이어지고 있으므로 설득력이 없다.

『삼국사기』초기기록을 비교적 신뢰하는 입장에서 가락국기에 기록된 수로왕의 몰년을 근거로 수로왕의 수명을 분석한 연구자는 천관우이다.

이에 의하면 아달라이사금 때(154~184)의 어느 시기에 수로왕이 김해에 도래했다고 하면서, 『삼국유사』의 수로왕 즉위년(42)인 임인년을 기준으로 이주갑 후인 아달라이사금 9년(162)이 같은 임인년이므로 수로왕의 즉위년을 서기 162년으로 보고 몰년은 199년으로 본다는 것이다.37) 가락국기의 수로왕 몰년은 사실로 인정하면서 즉위년은 인간의 수명을 고려하여 부정한 것이다.

이와 같은 수로왕의 재위 기간 설정은 『일본서기』에서나 적용되어야 할 이주갑인상설을 『삼국유사』에 무비판적으로 수용하고 있으며, 언뜻 보면 수로왕의 즉위시기를 아달라이사금 때라고 함으로써 『삼국사기』 초기기록의 신빙성을 인정하는 듯 하나 자세히 살펴보면 수로왕의 즉위년이 42년이라는 사실은 부정함으로써 여전히 초기기록 불신론의 그늘

---

36) 이현혜, 앞의 「4세기 加耶社會의 交易體系의 변천」, 162~163쪽.
37) 千寬宇, 앞의 『加耶史研究』, 16~17쪽.

에서 완전히 벗어나지 못하고 있다. 『삼국사기』 열전 김유신전에는 금관국의 건국 연도를 42년으로 명기되어 있으며 『삼국유사』 가락국기에서 초기에 금관국을 두고 수로왕과 싸운 석탈해는 『삼국사기』 신라본기에도 수로왕과 동시대의 인물로 기록되어 있다.

가락국기에 의하면 수로왕 재위 3년(44)에 탈해가 가락국으로 와서 수로왕과 다투다가 계림으로 달아났다는 기사가 있는데[38] 신라본기를 살펴보면 탈해가 그로부터 13년 후인 서기 57년에 신라 이사금으로 즉위하였으며,[39] 탈해이사금 21년(77) 8월에 가야(加耶) 군사와 황산진(黃山津)에서 전투를 벌이는 등의 기사로 보아[40] 수로왕은 탈해와 동시대의 인물임을 확인할 수 있다.

수로왕이 장수하였으며 2세기 초에도 건재하였다는 사실은 『삼국사기』 파사이사금 때의 기사를 검토하면 확실히 알 수 있다. 신라본기 파사이사금 23년(102)에 "수로왕이 나이가 많고 지식도 많다."라는 기사가 있는 것으로 보아[41] 수로왕이 상당히 장수하였음을 짐작할 수 있으며, 결국 『삼국사기』 및 『삼국유사』의 기록을 교차 검토하더라도 수로왕이 서기 42년에 즉위한 것은 역사적 사실임이 분명하다.

수로왕의 즉위 시 나이를 15세로 간주한다면 파사이사금 23년에는 75세 정도로 노년에 접어들었을 것이다. 그러나 가락국기의 기록대로 199년경 사망하고 아들인 거등왕이 재위를 물려받았다고 하는 것은 상식에 어긋나며 믿을 수 없다. 수로왕은 42년 15세에 금관국의 왕으로 즉위하였고 '수로왕계의 일시 단절' 편에서 살피듯이 121년까지 79년간 재위한 후 94세에 사망하였을 것이다.

---

38) 『三國遺事』 卷2, 紀異2 駕洛國記.
39) 『三國史記』 卷1, 新羅本紀1 脫解尼師今 元年 12月條.
40) 『三國史記』 卷1, 新羅本紀1 脫解尼師今 21年 8月條.
41) 『三國史記』 卷1, 新羅本紀1 婆娑尼師今 23年 8月條.

나. 수로왕의 왕권 강화

가락국기 수로왕 7년(48) 7월조에 구간 등이 조회에서 수로왕에게 그들의 딸 중에서 왕비를 삼으라고 하는 기사가 있다.[42]

개국 초기에 지배자는 통상 왕권의 강화를 위해 기존 세력가 집안의 딸과 혼인을 맺었다. 고려를 건국한 태조 왕건은 정비 6명을 포함하여 수많은 부인을 맞이하였는데, 고려 건국 초기 각 지역에서 세력을 형성하고 있던 유력한 호족들을 왕권에 통합하기 위해 그들의 딸을 왕비로 맞이하는 등 혼인을 왕권 강화를 위한 명분으로 활용하였다. 수로왕이 입지가 미약했을 경우 조회 때 구간 등으로부터 이와 같은 말을 들었다면 그들의 딸을 왕비로 맞이하는 것이 왕권을 확립하는데 적지 않은 도움이 되었을 것이다.

그러나 수로왕은 따로 하늘의 명이 있을 것이라는 이유를 들어 구간 등의 청을 받아들이지 않았다.[43] 수로왕이 구간 등의 딸 중에서 왕비를 고르라는 진언을 물리쳤다는 것은 건국 초기부터 강력한 왕권을 수립하였다는 것을 의미한다고 하겠다.

가락국기를 보면 수로왕 2년(43)에 도읍지를 '신답평(新畓坪)'으로 정하고 그곳에 성, 궁궐, 전당 등 여러 관청의 청사와 무기고, 곡식 창고를 지어 왕도(王都)의 면모를 갖춘 후 모든 정사를 다스렸으며 다음과 같이 관제도 정비하였다고 한다.

> 어느 날 수로왕이 신하들에게 말하였다. "구간들은 모두 여러 관료의 수장인데, 그 지위와 명칭이 모두 무지렁이의 칭호이고 벼슬 높은 사람에게는 어울리지 않는다. 만일 외국 사람들이 듣는다면 비웃을 것이다." 그에 따라 아도

---

[42] 『三國遺事』 卷2, 紀異2 駕洛國記, "九干等朝謁之次 獻言曰 大王降靈已來 好仇未得 請臣等所有處女絶好者 選入宮闈 俾爲伉儷".
[43] 『三國遺事』 卷2, 紀異2 駕洛國記, "朕降于玆 天命也配朕而作后 亦天之命 卿等無慮".

를 고쳐 아궁이라 하고 여도를 고쳐 여해라고 하였으며, 피도를 피장으로 고치고, 오방을 오상으로 고쳤으며 유수와 유천은 위 글자는 그대로 둔 채 아래 글자만 고쳐 유공, 유덕이라 하고 신천을 고쳐 신도, 오천을 고쳐 오능이라 했으며, 신귀(神鬼)는 음은 그대로 둔 채 뜻만 고쳐서 신귀(臣貴)로 하였다. 또한 계림의 직제에 따라 각간, 아질간, 급간의 품계를 두고 그 아래의 관리는 주나라 법과 한나라 제도로써 나누어 정하였다. 이것은 옛 제도를 고쳐 혁신함으로써 관청을 새로이 설치하고 직제를 나누는 방식이다. 이에 나라를 다스리고 가정을 가지런하게 하여 백성을 자식처럼 사랑하니 엄하게 하지 않아도 가르침은 위엄이 섰고 정치는 이치에 맞았다.44)

지금까지 우리 학계가 『삼국사기』 초기기록을 무시하고 『삼국유사』의 가야 관련 기사도 부정하는 입장이 주류를 이루면서 가야 여러 나라를 약소국으로 인식하였으나, 『삼국유사』와 『삼국사기』에서 보는 바와 같이 금관국은 초기부터 국가의 체계를 갖추면서 강국으로 성장하였다.

2. 영역 확장을 통한 금관국의 성장

수로왕은 즉위 3년(44)에 석탈해와 전투를 벌이는데 이는 『삼국유사』 가락국기에 자세히 기록되어 있다. 가락국기에는 수로왕이 독수리와 매로 변하면서 매와 참새로 변한 석탈해를 제압하는 모습으로 그려져 있다. 즉, 수로와 탈해를 "새로 변신함으로써 생명을 부릴 수 있는 초자연적인 능력을 가진 존재"로 부각시킨 후 이러한 능력자들의 경쟁을 통하여 수로왕이 최종 승리한 것으로 묘사함으로써 탁월한 능력을 갖춘 지도자라는 사실을 알려주고 있다.45)

이 전투에서 탈해는 수로왕에게 항복하고 물러났으며 탈해의 반란을

---

44) 『三國遺事』 卷2, 紀異2 駕洛國記.
45) 조성숙, 「『가락국기』 신화의 전승에 나타난 생태적 관점과 의미」, 『민족문화』 47, 2016, 13쪽.

염려하여 수군을 보내 쫓게 하였으나 탈해가 계림으로 도망하는 바람에 돌아왔다고 기록되어 있다. 이 기사로 보아 수로왕은 바닷길을 쫓아 금관국에 쳐들어온 탈해를 물리침으로써 초기부터 해상교역 주도권을 장악하였을 것이다.

『삼국사기』 신라본기를 보면 석탈해는 신라 박혁거세 39년(서기전 19) 아진포에 도착하였고 아진의선(阿珍義先)에 의해 양육되었으며, 남해이사금 5년(8)에 이르러 이사금의 사위가 되었고 이사금 7년(10)에 대보의 벼슬에 올랐다고 기록되어 있다.46) 신라본기의 기사로 보아 탈해는 수로왕보다 먼저 동남 해안가에 선주한 세력으로 보인다. 탈해의 모 아진의선은 아진포와 연관이 있으며 한기부의 토착세력으로 추정된다.47)

아진포의 위치에 대하여 경북 영일지역으로 비정하거나48) 감포로 비정하는 견해가 있다.49) 그러나 영일지역은 경주에서 동북쪽으로 치우쳐 있으며 '수로왕계의 일시 단절' 편에서 살피듯이 실직국의 관할지역이므로 탈해의 근거지가 될 수 없고, 감포지역은 신라본기를 보면 왜군의 주요한 침투로에 위치하고 있어 이곳을 탈해가 근거지로 삼기는 어려웠을 것이다.

따라서 아진포는 현재 석탈해의 탄강 유적지(誕降遺跡地)로 지정되어 있는 경주시 양남면 나아리 일대로 보는 것이 타당하다.50) 탈해의 근거지가 된 아진포가 동남해안의 요충지에 위치한 것으로 보아 왜로 통하는 교역항의 역할뿐만 아니라 동해안과 남해안을 잇는 중개항구의 기능도 수행하였을 것이다.

---

46) 『三國史記』 卷1, 新羅本紀1 脫解尼師今 元年條.
47) 金杜珍, 『韓國古代의 建國神話와 祭儀』, 一潮閣, 1999, 302~303쪽.
48) 李丙燾 譯註, 앞의 『三國史記』上, 26쪽.
49) 丁仲煥, 앞의 『加羅史研究』, 68쪽.
50) 尹撤重, 「脫解王의 渡來地·'阿珍浦'의 位置辨證」, 『白山學報』45, 1995, 56쪽.

위서 변진조를 보면 다음과 같은 기사가 있다.

> 나라에서 철이 생산되고 한·예·왜인들이 와서 사 간다. 모든 매매는 철을 이용하는데 중국에서 돈을 쓰는 것과 같다.[51]

『삼국사기』 지리지에서 명주는 "예의 옛 국가"라고 기록[52]되어 있으며 명주는 오늘날의 강릉지역이다. 예국 사람들이 변한으로 가서 교역하였으므로 교역로는 강원지역 및 경북지역이 험준한 산맥으로 이루어져 육로를 이용할 수 없는 자연환경인 것으로 보아 동해안 연안 바닷길을 통하여 형성된 것으로 추정된다.

이러한 교역환경에서 아진포는 예와 변한지역의 중간 해안에 위치하여 중개항구의 기능을 담당하였을 것이며, 석탈해가 박혁거세 39년(서기전 19)에 "아진포에 도착하였다."라고 하는 신라본기의 기사로 보아[53] 탈해는 수로왕이 금관국을 세우기 전부터 동해와 남해를 잇는 해상교역에서 주도권을 행사하고 있었을 것이다. 그 뒤 수로왕이 나타나 금관국이 왜 및 예에 대한 해상교역에 참여하는 과정에서 이를 통제하려던 석탈해세력이 금관국을 공략하려고 하였다.

하지만 수로왕은 가락국기에서 보는 것처럼 석탈해세력과의 전투에서 승리함으로써 해상교역의 주도권을 장악하는데 성공하고 금관국은 초기부터 강국으로 성장할 토대를 마련하였다. 수로왕은 초기부터 해상교역을 장악함으로써 다른 국가와의 교역을 확대하였을 것이며, 그에 따라 당시 주요 교역품인 철을 생산하기 위한 철산지 확보가 국가정책의 초점

---

51) 『三國志』 卷30, 魏書30 烏丸鮮卑東夷 弁辰, "國出鐵 韓濊倭從取之 諸買皆用鐵 如中國用錢".
52) 『三國史記』 卷35, 雜志4 溟洲.
53) 『三國史記』 卷1, 新羅本紀1 脫解尼師今 元年 11月條.

이 되었을 것이다.

　신라본기에 기록된 바와 같이 금관국이 초기에 신라와 여러 차례 전쟁을 벌인 이유도 철산지 확보에 있었다. 건국 초기 금관국이 신라와 교전한 황산진은 낙동강 하류에 있는 양산 물금읍 일대로 비정된다.54)

　물금은 철산지로 유명했던 곳이며 『신증동국여지승람』에는 화자포(火渚浦)에서 철이 생산된다고 기록되어 있는데,55) 화자포는 지금의 물금읍과 원동면 화제리 일원을 가리킨다. 현대에 들어서는 1960년대에 본격적인 생산시설이 갖추어져 철광을 대량 생산하기도 했던 만큼 물금지역은 예로부터 근래에 이르기까지 이름난 철 생산지였다.

　수로왕은 철산지인 물금지역을 지키기 위해 신라와 수차 전투를 치렀다. 탈해이사금 21년(77) 기사에서 가야군이 황산진에서 신라군과 대치한 것으로 보아56) 당시 물금지역은 금관국의 영역이었다고 하겠다. 금관국이 초기부터 물금지역을 차지하고 있었다는 것은 금관국의 마두성 공략에서도 알 수 있다. 신라본기에는 파사이사금 15년(94)에 수로왕의 군대가 마두성을 공격했다고 기록되어 있는데57) 마두성은 오늘날 경북 청도로 비정되므로,58) 금관국이 물금지역을 계속 차지하지 않고는 그보다 훨씬 북쪽에 있는 마두성을 공략할 수 없기 때문이다.59)

---

54) 『疆域考』 卷2, 弁辰別考.
　　金廷鶴, 「加耶史의 研究」, 『史學研究』37, 1983, 12쪽.
　　白承忠, 「1~3세기가야세력의 성격과 그 추이-수로집단의 등장과 浦上八國의 포상팔국의난을 중심으로-」, 『釜大史學』13, 1989, 10쪽.
　　丁仲煥, 앞의 『加羅史研究』, 152쪽.
55) 『新增東國興地勝覽』 卷22, 梁山郡.
56) 『三國史記』 卷1, 新羅本紀1 脫解尼師今 21年 8月條.
57) 『三國史記』 卷1, 新羅本紀1 婆娑尼師今 15年 2月條.
58) 『疆域考』 卷2, 弁辰別考.
　　李永植, 「加耶諸國의 國家形成問題」, 『白山學報』32, 1985, 72쪽.
59) 『삼국사기』 신라본기의 초기 가야공략 기사를 분석하면 양산 물금지역은 가야 세력권 내에 속했던 것으로 추정된다(白承忠, 위의 글, 같은 쪽).

파사이사금 27년(106)에도 마두성주에게 명하여 가야를 치게 하였으나[60] 성공하지 못한 것으로 보아 이때까지도 여전히 물금지역은 금관국의 영토였을 것이다. 이처럼 신라는 초기부터 철산지인 물금지역을 차지하기 위해 총력전을 펼쳤으나 그때마다 수로왕에게 막혀 실패하였고, 수로왕은 강력한 왕권과 군사력을 바탕으로 철산지인 물금지역을 안정적으로 확보함으로써 금관국의 통치영역을 확장하고 남해안을 통한 교역의 중심 역할을 충실히 수행하였다.

3. 허왕후와 가야불교
가. 허왕후의 출자

『삼국유사』 가락국기에 의하면, 수로왕은 구간 등의 딸 중에서 배필을 맞이하라는 간청을 물리치고 허황옥과 혼인하였다. 허황옥은 붉은 돛을 단 배에 시종 신보와 조광 등 20여 명을 태우고 망산도에 도착한 후 미리 와 있던 수로왕에게 다음과 같이 말하였다.

> "저는 아유타국(阿踰陀國)의 공주인데, 성은 허(許)씨이고 이름은 황옥(黃玉)이라고 하며 나이는 열여섯 살입니다. 본국에 있을 때인 올해 오월에 부왕과 모후께서 말씀하시기를, '아비와 어미가 어젯밤 꿈에 하늘의 상제(上帝)를 뵈었는데, 상제께서 하늘이 가락국의 왕 수로를 내려보내 왕위에 오르게 하였으니 신령스럽고 성스러운 사람은 오직 그 사람뿐이라고 하셨다. 나라를 새로 다스리고 있으나 아직 배필을 정하지 못하였으니 너를 보내서 배필을 삼게 하라 하셨고, 말씀을 마친 후 하늘로 올라가셨다. 눈을 뜬 뒤에도 상제의 말씀이 귓가에 남아 있으니, 너는 지금 부모와 작별하고 그곳으로 떠나라.'라고 하셨습니다. 그리하여 저는 바다를 떠다니며 증조(蒸棗)를 찾고 하늘로 나아가서 반도(蟠桃)를 구하다가 이제야 매무새를 가다듬고 감히 용안을 가까이하게 되었습니다."[61]

---

[60] 『三國史記』 卷1, 新羅本紀1 婆娑尼師今 27年 8月條.

가락국기는 허왕후가 인도 아유타국에서 배를 이용하여 김해로 온 것으로 기록하고 있으나 중국 도교와 관련된 '증조'와 '반도'를 기술함으로써 고대 중국과의 연관성도 암시하고 있다.

먼저, 학계에서는 허왕후 기사에 대하여 어떻게 이해하는지 살펴보기로 한다. 미시나 아카히데(三品彰英)는 수로왕의 실체를 『삼국유사』 어산불영조가 보여주는 것처럼 불교적 윤색의 경향을 띤 전설이라고 규정하고,[62] 수로왕과 허왕후의 혼인에 대하여도 하늘에서 하강한 신인(神人)과 해변 여자와의 신혼(神婚)을 떠올린다고 하면서 "신령과 교통하는 무녀(巫女)의 제의(祭儀)적 실수(実修)"가 추측된다고 하였을 뿐 그 역사적 실체를 인정하지 않음으로써,[63] 수로왕과 허왕후를 실제의 역사가 아닌 허구로 간주하였다. 그러나 수로왕은 『삼국유사』 가락국기와 『삼국사기』에도 기록되어 있고 허황후는 가락국기뿐만 아니라 유적 및 전승 등을 통하여 그 실체를 드러내고 있으므로 이에 대한 세밀한 검토 없이 수로왕과 허왕후를 가공의 인물이라고 하는 것은 부당하다.

김철준은 수로왕을 철기문화를 가지고 북방으로부터 온 유이민으로 보고 토착족과 연맹하여 그 영도세력을 쥐면서 토착족의 대표인 허황옥과 혼인한 것으로 추정하였다.[64] 하지만 허왕후를 이동세력이 아닌 토착족이라고 볼 수 있는 근거가 없으며, 허왕후가 인도 출신이며 배를 타고 왔다고 기록하여 이동세력임을 직접적으로 암시하는 가락국기의 내용과도 배치된다.

김태식은 "한족(韓族) 사회가 발전하던 중 서기 2세기 후반에 후한(後漢)의 지방통제력이 약화되면서 낙랑지역으로부터 2차 유이민 파급"이

---

61) 『三國遺事』 卷2, 紀異2 駕洛國記.
62) 三品彰英, 『日鮮神話傳說の研究』, 柳原書店, 1943, 133~134쪽.
63) 三品彰英, 위의 책, 128쪽.
64) 金哲埈, 앞의 『韓國古代社會研究』, 72쪽.

있었고, 이때 수로는 유이민세력의 선두주자로서 기존 9간세력의 추대를 받았으며, 허왕후로 표상되는 김해 가락국의 왕비족도 "낙랑지역에서 도래한 2차 유이민 집단이거나 낙랑지역에서 이곳을 수시로 왕래하는 상인집단의 일족"이라고 추정하였다. 즉, 허왕후의 배가 도착할 때 수로왕이 맞이하는 모습이 외국 상선 사람들을 배려하면서 물건을 잘 간수하는 광경을 연상하게 하고 그들이 가지고 온 물건을 '한사잡물(漢肆雜物)', 즉 중국 가게의 여러 가지 물건이라고 표현한 점, 신보·조광과 같은 이름도 중국식이라는 점을 근거로 들면서 이들을 낙랑지역에 거주하던 "위만조선의 후예"라고 하였다.[65] 그러나 수로왕과 허왕후를 2세기 후반의 인물로 보는 것은 『삼국사기』 및 『삼국유사』의 기사와도 어긋날 뿐만 아니라 그들이 위만조선의 후예라는 것도 지나친 비약이다.

위만조선이 멸망한 후 약 3~4세기가 지난 무렵에 가야가 성립되었다는 추정은 가야 건국에 이르기까지의 시간적 공백이 너무 크다는 점에서 납득할 수 없으며, 위만의 후예들이 가야를 건국하였다면 이를 입증할만한 보완 사료가 있어야 하는데 그러한 근거가 없이 위만조선의 후예라고 추정하는 것은 타당하다고 할 수 없다.[66]

이희근은 아유타국의 실체를 부정하면서 "쌍어문은 정조 이후에 조성"되었으며 허왕후의 기록은 후대인들이 허왕후 시조 전승을 신성화하면서 불교의 권위를 이용하기 위해 윤색한 것으로 보았고, 나아가 『후한서』 동이열전 한조를 인용하여 허왕후는 "한반도 남부 가야와 국경을 맞대고 있던 외국 출신"으로 추정하였다.[67]

---

65) 金泰植, 「駕洛國記 所載 許王后 說話의 性格」, 『韓國史硏究』 102, 1998, 39~41쪽.
66) 가야가 위만조선에서 기원하였다고 보는 견해는 공통적으로 가야지역으로의 철기 전파를 들고 있으나 당시 한반도 남부의 철기유입은 포괄적이고 일반적인 현상으로 위만조선만이 가지고 있던 특유의 문명은 아니다.
67) 이희근, 「古代史 최초 異國여성 許黃玉은 누구인가? : 가락국의 허왕후는 인도 아닌 '한반도倭' 출신」, 『월간중앙』 6, 2000, 307~313쪽.

쌍어문이 정조 이후에 조성되었다고 하지만 그것을 입증할 합리적인 근거는 없다. 더구나 『후한서』 동이열전 한조를 근거로 허왕후의 출자를 한반도 남부와 왜국이 육지로 붙어 있었다고 보는 것은 문헌을 달리 해석한 결과에 불과할 뿐 설득력이 없다.

한반도 남부에 왜가 있었다는 주장은 일본 연구자들에 의해서도 제기되었는데 이들이 제시하는 근거도 『삼국지』와 『후한서』이다. 『삼국지』 위서 한조의 변진 중 하나인 "독로국이 왜와 경계가 접해 있다."라는 기사68)와 『후한서』 동이열전 한조에서 변진 12국의 "남쪽은 왜와 접해 있다."라는 기사69)에서 '접해 있다.'라는 의미를 육지로 붙어 있다는 것으로 해석한 결과이다. 그러나 여기서 '접해 있다.'는 것은 육지로 붙어 있다는 뜻이 아니라 지리적으로 서로 이웃하여 가까운 곳에 있다는 일반적인 의미일 뿐이다.

반면에 아유타국의 실체를 인정하는 견해도 있다. 김석형은 가락국기에서 허황옥이 타고 오던 배가 바다의 서남쪽에서 북쪽으로 향해 오고 있었다는 기사를 근거로 아유타국을 일본 "규슈 북쪽 지역에 있던 나라"로 비정하였다.70)

하지만 허왕후가 타고 온 배의 가시적인 방향만 가지고 그 출자를 규슈 북쪽 지역이라고 할 수는 없으며, 허왕후가 가져온 물건들이 주로 중국계통의 한사잡물이라고 기술되어 있는 점을 고려하면 일본 쪽에서 왔을 가능성은 없다고 하겠다.

이종기는 허왕후를 인도 아요디아 왕국이 태국 메남강 유역에 건설한 식민국 아유티야 출신의 왕녀로 추정하였다.71) 허왕후가 태국에서 김해

---

68) 『三國志』 卷30, 魏書30 烏丸鮮卑東夷傳 韓條, "瀆盧國與倭接界".
69) 『後漢書』 卷85, 東夷列傳75 韓條, "其南亦與倭接".
70) 金錫亨, 『古代朝日關係史』, 勁草書房, 1972, 366쪽.
71) 이종기, 『춤추는 神女』, 동아일보사, 1997, 71~77쪽.

로 건너왔다는 것이다. 허왕후가 인도 또는 태국에서 왔다는 견해에 대하여 고대의 해양기술로는 도저히 원거리 항해를 할 수 없었다는 취지로 이를 부정하는 견해 또한 적지 않다. 그러나 지금부터 2000년 전의 원시적인 해운 기술을 가지고 어떻게 인도 또는 태국에서 우리나라에 올 수 있느냐는 취지의 논지는 자연환경 및 문명사적 발전과정을 제대로 이해하지 못하는 의견으로 비칠 수 있다.

> 우리가 오해하고 있었던 것 중의 하나가 고대인들이 특정한 공간에 갇혀서 살았을 것이라는 생각이다. 인류 문명사를 공부하다 보면 그것이 얼마나 잘못된 편견인가를 알 수 있다.[72]

오늘날과 같은 기계화된 대형 선박과 첨단 기술이 없다고 하여 고대 사회의 인류를 마치 과학에 전혀 무지한 미개인이며 외부와의 교류가 없는 폐쇄적인 집단으로 취급해서는 안 될 것이다. 메소포타미아지역의 고도화된 문명, 이집트의 피라미드, 잉카의 마추픽추 등 수학·기하학적으로도 획기적인 유적은 오랜 옛날에 살던 고대 인류도 오늘날과 같은 뛰어난 사람들이었다는 사실을 증명해 주고 있다.

더구나 자연환경인 해류를 이용한 항해는 옛날에도 있었으므로 고대 사회라고 하여 장기 항해와 원거리 이동이 불가능한 일은 아니었다.

인도의 남부지방에서 뱃길로 한반도 남부로 왕래하는 것은 말레이시아 반도와 말라카해협을 통과하고 보르네오섬 북쪽 바다에서 남서풍을 이용하여 루손섬 부근의 쿠로시오 난류에 편승하면 얼마든지 가능하다.[73] 실제로 이러한 자연환경을 이용한 동서 간 교섭은 오래전부터 행해지고 있었다.

---

72) 정형진, 『바람타고 흐른 고대문화의 비밀』, 소나무, 2011, 166쪽.
73) 윤명철, 『한국해양사』, 학연문화사, 2003, 159~160쪽.

고대 로마에서 아라비아해와 인도양을 거쳐 중국 동남해안을 잇는 남해로의 이용은 중국 진(秦) 때부터 이루어졌고, 『사기』 화식열전(貨殖列傳)에 따르면 진시황이 중국 천하를 통일한 다음 판도를 남해까지 확장하여 해상무역을 하였으며, 반고(班固, 32~92)의 『한서(漢書)』를 보면 중국 광저우에서 태국과 미얀마를 거쳐 인도에 이르는 항로가 자세히 기록되어 있고 서기전 2세기부터 뱃길을 통하여 중국과 인도를 왕래하였다는 사실을 알 수 있다.74)

이처럼 해류를 이용한 자연환경 및 동서 간 교역상황 등을 살펴보더라도 당시 항로를 이용한 한반도와 태국·인도 간의 교통은 충분히 가능하였으며, 이종기의 주장대로 태국에서 허왕후가 직접 한반도로 올 수 있는 여건은 확보되었다고 볼 수 있다. 하지만 인도나 태국에서 중국을 경유하지 않고 직접 김해로 왔다는 견해는 『삼국유사』에서 표현하는 것처럼 허황옥과 그 일행이 중국의 영향을 받았다는 사실을 제대로 설명할 수 없는 난점이 있다.

그렇다면, 허왕후는 어디를 거쳐 한반도로 출자하였을까?

허명철은 대월씨(大月氏)가 중국으로부터 인도로 가서 쿠산국을 세우고 다른 부족을 통합하는 과정에서 아유타국이 멸망한 후 허황옥 일족이 중국 내륙의 보주(普州)로 이동하였고 그곳에서 가락국으로 건너왔다고 하였으며,75) 가락국기의 기사를 근거로 허왕후릉 부근에 있는 파사석탑 조각에 대한 닭벼슬 실험을 통해 파사석탑이 우리나라에 없는 암석이며 허황옥이 인도에서 가져온 것이라고 하였다.76) 조홍국도 허황옥이 인도에서 출자하였다는 취지의 논지를 전개하였다.77)

---

74) 무함마드 깐수, 「韓國佛敎南來說試考」, 『史學志』 22, 1989, 25쪽.
75) 허명철, 『가야불교의 고찰』, 종교문화사, 1987, 92~97쪽.
76) 許明徹, 「三國遺事에 기록된 加耶佛敎」, 『金海文化』 11, 1993, 33~41쪽.
77) 조홍국, 「고대 한반도와 동남아시아 및 인도의 해양교류에관한 고찰」, 『해항도시

김병모는 허명철의 주장을 구체화하여 아요디아는 서기전 186년에 인도 슝가왕조가 수도를 정하였던 곳으로 스키타이족인 대월씨(大月氏)가 침입하자 아요디아가 혼란에 빠졌고, 그때 허황옥 일족은 동쪽으로 이주하여 중국 보주(普州)지역인 사천의 희릉강 유역에 정착한 것으로 추정하였다. 그 뒤 서기 47년에 한(漢)의 학정을 견디지 못한 허성(許聖)이 난을 일으켰으나 실패하고 허황옥이 포함된 허씨 일파가 양자강을 따라 동쪽으로 나와 서해를 건너 48년 김해에 도착하여 수로왕과 혼인한 것으로 보았다.[78] 또한 김해에 있는 허왕후의 능비에 '가락국수로왕비 보주태후허씨릉(駕洛國金首王妃普州太后許氏陵)'이라고 적혀 있는데 비문의 보주는 허황옥의 출신지인 사천성 안악현에 있는 지명인 보주를 의미한다고 하였다.[79]

허왕후의 기사는 전설로 사실이 아니라는 논지는 비문에 기재된 보주는 인조 24년(1646)에 관찰사 허적이 허왕후릉을 보수할 당시 비석을 세우면서 그때 의미를 부여하며 각자한 것으로, 특정 지명을 나타내는 보주가 될 수 없으며 단지 '넓은 땅'이라는 일반적인 의미일 뿐이라고 주장한다. 그러나 보주를 '넓은 땅'이라는 보통명사로 표현할 만큼 김해 금관국의 면적이 매우 넓지는 않다.

서왕모(西王母)가 표현된 석관이 사천성 민강지역에서 집중적으로 발굴되고 서왕모 설화는 도교와 관련되어 있으며,[80] 이러한 사실로 보아 사천지역에는 오래전부터 도교가 성행하였음을 알게 해준다. 서왕모는 『산해경』에 등장하는 여신으로, 서왕모가 살았다고 하는 곤륜산 요지(瑤池)에

문화교섭학』3, 2010, 99쪽.
78) 金秉模「駕洛國 許黃玉의 出自-阿踰陀國考(1)-」,『三佛金元龍敎授停年退任紀念論叢』, 一志社, 1987, 675-678쪽.
79) 金秉模, 위의 글, 674쪽.
80) 柳江夏,「漢代 西王母 畵像石 研究」, 延世大學校大學院博士學位論文, 2007, 179~180쪽.

서 3천 년 만에 한번 열매를 맺는다는 복숭아인 '반도(蟠桃)'는 삼국유사 가락국기 허왕후의 기사에서도 보인다. 도교적 요소가 깃들어 있는 '증조(蒸棗)'와 함께 '반도'가 가락국기에 기술되어 있는 사실은 허왕후가 사천성 보주지역과 깊은 관련이 있다는 은유적 표현과 다름없다.

수로왕릉 및 허왕후릉은 선조 13년(1580)에 경상도 관찰사 허엽이 보수하였으며, 임진왜란 때 수로왕릉이 도굴되는[81] 등으로 능이 훼손되자 허적이 다시 보수하였고 그때 비석을 세웠다고 전한다.

결국 보주태후라는 시호는 비석을 세울 당시 갑자기 명명한 것으로는 볼 수 없고 "그전부터 기록으로 전해 내려오던 것을 그때 새로이 각자" 하였음이 틀림없다.[82]

앞서 간단히 언급한 바와 같이 납릉 문설주 및 왕릉 내 안향각에 새겨진 쌍어문은 그전부터 있었던 것이 아니며, 조선 말기에 수로왕릉을 대대적으로 보수하면서 그때 동원된 승려들이 새겨 넣은 것으로 허왕후와 관련이 없다고 주장하기도 한다. 이에 의하면 납릉의 쌍어문은 정조 17년(1793)의 신축 때나 헌종 8년(1842)의 이건(移建) 때에 새겨졌고 안향각의 쌍어문은 순조 24년(1824)에 신축할 당시 새겨졌으며, 쌍어문이 새겨진 납릉이나 안향각 등 건축물이 정조 이전에는 없었고 조선 후기에 신축한 것이라고 한다.

그러나 수로왕릉을 비롯한 사당 및 주변의 주요 건축물이 수로왕릉 조성 당시나 조선시대 전부터 있었다는 것은 가락국기를 통하여 추정할 수 있다.

가락국기에는 수로왕이 죽자 대궐 동북쪽 평지에 둘레가 300보 되는 빈궁을 세워 장사를 지내고 매년 정월 3일과 7일, 5월 5일, 8월 5일과

---

81) 李睟光, 『芝峯類說』 卷19 宮室部 陵墓, "壬辰年後 倭賊 發金海首露王墓".
82) 金秉模, 앞의 「駕洛國 許黃玉의 出自-阿踰陀國考(1)-」, 674쪽.

15일에 제사를 지냈으며, 수로왕계의 외손인 신라 제30대 문무왕 때에 이르러서는 최고등급의 토지 30결을 왕위전(王位田)으로 내려 해마다 끊이지 않고 제사를 지내도록 했다고 기록되어 있다.

신라 말 혼란기에는 영규아간이 당시 김해를 점령한 충지잡간의 위세를 빌어 왕릉에서 음사를 벌이다가 사망하자 충지잡간이 수로왕의 친자손 규림을 불러 그전에 하던 대로 제사를 받들도록 하게 하였으며,[83] 도둑의 무리가 사당 안에 금은이 많다는 것을 알고 침입하려고 하자 왕릉을 지키는 무장한 용사가 도둑을 쫓아버렸다는 기사도 있다.[84] 이러한 사실로 보아 수로왕릉은 신라 말까지 잘 보존되었으며 제사 역시 계속되었다는 것을 알 수 있다.

수로왕이 사망한 후 둘레가 300보인 빈궁을 세우고 장사 지낸 곳을 수릉왕묘(首陵王廟)라고 불렀다고 하는데, 여기서 '묘(廟)'는 묘지만을 지칭하는 '묘(墓)'와 달리 일반적으로 조상의 신주를 모시는 사당을 의미한다. 가락국기에는 제사를 모시는 일반적인 사당만 표기하고 구체적인 건축물은 언급되어 있지 않으나, 매년 5회에 걸쳐 제사를 지내고 왕위전이란 위토까지 내린 것으로 보아 왕릉 주변에 사당 외에도 다른 건축물이 있었던 것으로 추정된다.

또한 수로왕의 친손 규림과 무장한 무사가 등장하는 것으로 미루어 김해지역에 토착 김씨세력이 꾸준히 거주하고 있었음을 파악할 수 있다.

가락국기를 지은 금관지주사가 고려 문종 재위 31년째인 대강(大康) 2년(1076)에 이르기까지 봉분 및 제단, 옥 조각 등 부장품들이 파손되지

---

[83] 영규와 규림은 모두 수로의 후손으로 김해 토착세력이었으나 세력의 형성배경에는 차이가 있었는데, 규림계는 김해지역에 계속 거주하였던 기존의 토착세력이었던 반면 영규계는 낙향한 중앙귀족 출신의 계보를 이은 집단이었다(金相敦, 「新羅末 舊加耶圈의 金海 豪族勢力」, 『眞檀學報』82, 1996, 81쪽).
[84] 『三國遺事』卷2, 紀異2 駕洛國記.

않고 그대로 남아 있었다고 한 것으로 보아, 수로왕릉을 비롯한 주변 건축물은 그때까지 원형 그대로 보존되었을 것이다. 이처럼 가락국기를 검토하면 신라시대부터 고려 말까지 수로왕릉은 물론 주변에 사당 등 건물이 잘 보존되었다는 것을 알 수 있고, 김해에는 수로왕의 직계 후손을 포함한 토착인들이 살고 있었다는 사실을 확인할 수 있다.

그 후 조선 세종 21년(1439) 10월에 경상도관찰사 이선이 올린 장계를 보면 다음과 같은 기사가 있다.

> "가락국 시조 수로왕릉이 논 가운데에 파묻혀 있는데, 길을 만들어 사람들이 밟고 다니기도 하고 소와 말을 방목하기도 합니다. 그 마음가짐이 매우 무례하며 법률로도 이를 금지하고 있습니다."[85]

이선의 장계를 보면 고려 문종 때에 이르는 동안 잘 관리되던 수로왕릉이 고려 말 몽고 및 왜구의 침략 등으로 불타거나 훼손되어 원형을 상실한 채 세종 때까지 방치되었음을 알 수 있다. 그 뒤 임진왜란 때에는 수로왕릉 자체가 도굴당하는 등의 수난마저 겪었다. 그러다가 정조 이후에 수로왕릉을 대대적으로 보수하면서 훼손된 시설은 개축하였을 것이며 불타 없어진 건물은 신축하였을 것이다.

그 과정에서 왕릉 주변 건축물에 남아 있던 쌍어문양을 토대로 복원하였거나 김해지역에 살고 있던 수로왕 후손의 기록이나 토착인들의 구전을 참고로 쌍어문을 새겼을 것이다. 그러므로 단지 조선 후기에 안향각 등 구체적인 명칭이 보인다고 하여 그전에는 없었던 건축물이나 구조물이 그때 전부 신축되었고 쌍어문양 역시 그전에는 없었다고 하는 것은 타당하지 않다.

---

85) 『朝鮮王朝實錄』 世宗實錄 87卷, 世宗 21年 10月 4日條, "駕洛始祖首露王陵寢 湮沒水田 或開道踐履 或牛馬放牧 非惟簡慢無禮 而律有禁制".

승려들이 안향각 등을 신축하거나 개축할 당시 그전에는 없던 쌍어문양을 새로이 새겼다면 쌍어문양은 김해지역의 특이한 문장이 아니고 당시 일반화된 불교 문양이므로 김해지역이 아닌 다른 곳에서도 다수 발견되어야 한다. 하지만 "쌍어문양은 유독 김해를 중심으로 한 경상남도 지역의 사찰에서 집중적으로 발견되는 점"[86]을 어떻게 설명할 것인가?

당시 승려들은 허왕후가 인도지역과 관련이 있고 그러한 사실이 김해지역에 광범위하게 알려져 있음을 인지하였을 것이며, 김해지역은 물론 인근에 건축된 거의 모든 사찰에서 쌍어문이 있어 새긴 것이지 그전에 없었던 쌍어문을 새로이 새겨 넣었다고 볼 수 없다.

허왕후가 인도출신이었다면 피부색이 달랐을 것인데 그러한 기록이 없다는 이유로 배척하는 견해도 있으나[87] 이 또한 전혀 설득력이 없다. 우리나라 옛 기록에 왕후의 외모를 자세히 기술한 적은 없다. 왕후의 외모를 상세히 언급하는 자체가 불충(不忠)이기 때문이다. 『삼국사기』 신라본기에 태종무열왕의 비 문명왕후를 가리켜 "밝고 고운 모습이 사람들을 환하게 했다(光艶炤人)."라고 기술되어 있고,[88] 『조선왕조실록』에도 숙종의 비인 희빈 장씨가 처음 나인으로 궁에 들어왔을 때 "용모가 아름다웠다(頗有容色)."라는 정도의 기사는 있으나,[89] 예외적으로 왕후의 미모가 뛰어났을 경우 전체적인 외관에 대하여 대강 언급하였을 뿐 피부색 등 구체적인 모습을 기록하지는 않았다.

언어학적으로 보아도, 금관국은 인도와 직접적인 관련이 있다. 미국인 학자 클리핑거(M.clippinger)는 한국어의 벼, 씨, 풀은 드라비다어로 biya,

---

86) 金秉模 「한·일(韓·日) 쌍어문(雙魚紋) 비교연구-邪馬臺國 卑彌呼의 鬼道를 중심으로-」, 『民族學硏究』1, 1995, 92쪽.
87) 文定昌, 앞의 『加耶史』, 61쪽.
88) 『三國史記』 卷6, 新羅本紀6 文武王 1年條.
89) 『朝鮮王朝實錄』 肅宗實錄 17卷, 肅宗 12年 12月 10日條

bici, pattipul에 대응되며 그런 어휘가 400여 개에 이른다고 한다.90) 이러한 드라비다어의 도입은 허왕후가 인도 출신이라는 사실을 더욱 심화시켜 준다.91)

김해 예안리 고분의 왕족 유골에 대한 첨단 과학적 분석은 때로는 연구자의 편견을 뛰어넘어 문헌사료가 얼마나 정확한가를 증명하는 기준이 되기도 한다. 2004년 한국유진체학회에서 발표된 예안리 고분의 왕족 유골에 대한 전문 연구팀의 DNA 분석 결과 인도인의 염기서열과 가깝다고 추론한 바 있는데,92) 이는 허왕후가 인도 출신이라는 『삼국유사』의 기사가 사실에 근거하고 있다는 과학적 증거이기도 하다.

이능화가 1918년에 쓴 『조선불교통사』를 보면 김해 백월산(白月山)에 죽로차가 있는데 수로왕비 허씨가 인도에서 가져온 차 씨앗에서 유래되었다고 한다.93) "허왕후가 타고 온 배의 돛과 매단 깃발의 색깔이 붉은 색과 주황색인 것은 인도의 종파들이 자기 집단을 알리기 위해 많은 깃발을 내거는데" 이것이 자신들의 정체성을 알리는 것이라는 측면에서도 허왕후가 인도 출신임을 알려준다.94) 결국 문헌 및 유적 등을 종합하면 허왕후의 출신지는 인도 아요디아로 그곳에서 바로 오지는 않고 중국 사천성 보주를 거쳐 김해로 건너왔다고 하겠다.

---

90) 尹錫曉, 「伽倻의 佛敎受容에 관한 研究」, 『漢城大學校論文集』 15, 1991, 212쪽.
91) 강길운은 가야어와 드라비다어 875개가 언어적으로 연관이 있다고 하면서 가야어의 지배층은 드라비다어를 공용어로 사용하였으며, 수로왕이 아유타국에서 왕비를 맞은 점으로 볼 때 이미 인도의 아유타국이나 그들의 식민지였던 태국의 메남강 유역의 아유타국과 교류가 있었다고 한다(姜吉云, 「伽倻語와 드라비다語와의 比較(Ⅱ)」, 『水原大學校論文集』 1, 1983).
92) 『중앙일보』, 2004. 8. 19. 자 보도 '김수로왕 부인 인도서 왔다는 기록 후손 유골 DNA보니 진짜 같네' 기사.
93) 李能和, 『朝鮮佛敎通史』下, 新文館, 1918, 461쪽, "金海白月山 有竹露茶 世傳首露王妃許氏 自印度持來之茶種云".
94) 이이화, 『역사는 스스로 말하지 않는다』, 산처럼, 2004, 54~55쪽.

나. 가야불교의 전래 시기

우리나라에 불교가 처음 전래된 시기에 대한 정설은 고구려 소수림왕 2년(372)이다. 『삼국사기』 고구려본기를 보면 372년에 전진왕 부견이 사신과 함께 승려 순도를 파견하여 소수림왕에게 불상과 경문을 보냈으며,[95] 4년(374)에 승려 아도가 왔고[96] 5년(375)에 성문사와 아불란사가 건립되었다고 한다.[97]

또한 『삼국사기』에 근거하여 백제에는 그보다 뒤인 침류왕 원년(384)에 동진의 승려 마라난타가 들어와 불교를 전하면서 전파되었고[98] 2년(385)에 절이 창건되었으며,[99] 신라에는 법흥왕 15년(528)에 이차돈이 순교한 것[100]을 계기로 불교가 전래되었다는 것이다.

우리나라 불교 전래에 대한 시기는 『삼국사기』 기록을 그 전거(典據)로 삼고 있다. 하지만 『삼국사기』는 삼국에 대한 기록이기 때문에 여기에 기사가 없다는 이유로 가야불교의 초기 전파 가능성을 가벼이 하는 것은 옳지 않다. 적지 않은 연구자들이 가야에 절이 지어진 때를 계기로 불교가 전파된 것으로 보기도 하지만 『삼국사기』를 분석해보면 불교 도입이 사찰의 건립과 관계는 있으나 절대적인 요건은 아니다.

사찰을 건립하였을 때를 기준으로 불교가 도입되었다고 한다면 고구려는 소수림왕 5년(375), 백제는 침류왕 2년(385), 신라는 눌지마립간 때[101]

---

95) 『三國史記』 卷18, 高句麗本紀6 小獸林王 2年 6月條.
96) 『三國史記』 卷18, 高句麗本紀6 小獸林王 4年條.
97) 『三國史記』 卷18, 高句麗本紀6 小獸林王 5年 2月條.
98) 『三國史記』 卷24, 百濟本紀2 枕流王 元年 9月條.
99) 『三國史記』 卷24, 百濟本紀2 枕流王 2年 2月條.
100) 『三國史記』 卷4, 新羅本紀4 法興王 15年條.
101) 신라 최초사찰에 대한 기록은 『삼국사기』와 『삼국유사』에는 없으나, 경주 사정동에 있었던 흥륜사가 신라 최초의 사찰로 정확한 연도는 알 수 없으나 눌지왕 때 고구려 승려 아도가 창건한 것으로 추정된다(『한국민족문화대백과사전』25, 한국정신문화연구원, 1991, 752쪽).

로 수정되어야 할 것이다. 그러나 통설은 불교 전래시기를 사찰이 건립된 때가 아니라 불교가 지배자인 왕에게 인지되었을 때를 기준으로 하고 있으므로 이러한 기준은 금관국 및 가야 여러 나라의 불교 도입 시기를 정하는 지점에도 공평하게 적용되어야 한다. 가야불교의 도입 시기와 관련하여 우선『삼국유사』파사석탑(婆娑石塔) 편을 살펴보기로 한다.

> 금관 호계사(虎溪寺)의 파사석탑은 옛날 이 읍이 금관국일 때 세조 수로왕의 비 허황후 황옥이 동한 건무 24년(48) 서역 아유타국에서 배에 싣고 온 것이다. 처음에 공주가 부모의 명에 따라 바다에 배를 띄워 동쪽으로 가려다가 파도신의 노여움으로 바닷길이 막혀 이내 돌아왔다. 부왕에게 그 사실을 아뢰자 부왕이 이 탑을 싣고 가라고 하였다. 그러자 바다를 편하게 건너 남쪽 해안에 정박하였는데, 배에 비단 돛, 붉은 깃발과 주옥이 있어 아름다웠으므로 지금 이곳은 주포(主浦)라고 전한다. 처음 비단 바지를 풀어 놓은 산등성이는 능현(綾峴)이라고 하며 붉은 깃발이 처음 들어온 해안은 기출변(旗出邊)이라고 부른다. 수로왕이 황후를 맞아들여 함께 150여 년 동안 나라를 다스렸다. 이때까지 해동에는 절을 짓고 불법을 받드는 일이 없었다. 대개 상교(像敎)가 아직 들어오지 않아서 이 지역의 사람들이 믿지 않았다. 그러므로 본기에는 절을 지었다는 글이 실려 있지 않다. 제8대 질지왕 2년 임진(452)에 이르러 그 땅에 절을 지었다. 또 왕후사(王后寺)를 지었는데[이것은 아도와 눌지왕의 시대에 해당하고 법흥왕 대 전의 일이다.], 지금까지 복을 빌고 있다. (후략)102)

『삼국유사』파사석탑 편에는 허왕후가 아유타국에서 처음 동쪽으로 가던 도중에 파도신의 노여움으로 다시 돌아온 후 부왕이 그 노여움을 가라앉히기 위해 파사석탑을 배에 싣고 가라고 하여 석탑을 싣고 왔다고 설명하면서, "이때까지 해동에는 절을 짓고 불법을 받드는 일이 없었다. 대개 상교가 아직 들어오지 않아서 그 지역의 사람들이 믿지 않았

---

102)『三國遺事』卷3, 塔像4 金官城婆娑石塔.

다(于時海東 未有創寺奉法之事 蓋像敎未至 而土人不信伏)."라고 되어 있으며, 질지왕 2년(452)에 절을 세웠다고 기록되어 있다.

이 구절을 근거로 "48년에 허왕후에 의해 파사석탑이 전래되기 전부터 5세기 중엽의 질지왕에 이르기까지" 금관국 사람들은 불교를 몰랐다고 해석하는 견해가 있고,103) 다수의 연구자들이 같은 논지를 피력하고 있다. 이러한 견해는 질지왕 때 처음 절을 지어 사람들이 믿었다는 전제하에 '우시(于時)'를 질지왕 때까지로 해석하여, 질지왕 이전에는 절을 지어 불법을 받드는 일이 없었고 그때까지 불교를 믿지 않았다는 의미로 보고 있다. 질지왕 때에 이르러 비로소 가야에 불교가 전래되었다는 것이다.

가락국기를 보면 질지왕 즉위 다음 해(452)에 시조 수로왕과 허왕후의 명복을 빌기 위해 두 사람이 처음 만났던 자리에 절을 지어 왕후사라고 하였다고 기록되어 있는데, 이를 근거로 실제 왕후사 이전에는 절이 없었다고 주장하고 있다.

그러나 가락국기에 기록되지 않았다고 하여 왕후사 이전에 사찰이 존재하지 않았다고 하는 것은 『삼국사기』에 광개토왕의 남정 기록이 없다는 이유만으로 고구려의 남정을 부정하는 것과 같이 비논리적인 해석이다. 위 문장의 '해동(海東)'은 금관국을 비롯한 가야지역만을 지칭하는 것이 아니라 "옛날 우리나라"104)를 가리키므로, '우시(于時)'를 허왕후가 금관국으로 온 때가 아니라 질지왕 때로 본다면 질지왕 때까지 우리나라 전체에 절을 짓지 않았고 불교를 믿는 사람이 없었다는 뜻으로 잘못 해석될 수 있다.

그러므로 『삼국유사』 파사석탑 편에 기록된 '우시'는 문장의 흐름으로

---

103) 이영식, 「가야불교의 전래와 문제점」, 『가야문화』10, 1988, 84~85쪽.
104) 이희승, 앞의 『국어대사전』, 4144쪽.

보아 질지왕 때가 아닌 "허왕후가 도래한 당시"로 특정하여야 하며, 이 문장은 허왕후가 도래한 당시에 금관국을 비롯한 우리나라에는 절을 짓지 않았고 그때까지 불교를 믿는 사람이 없었다는 취지로 해석하여야 할 것이다.105) 즉, 허왕후가 오기 전까지는 우리나라에 불교가 전해지지 않았고 사찰도 없었다고 보아야 할 것이며, 이를 뒤집어 보면 허왕후가 도래함으로써 비로소 불교가 도입되었다고 하겠다.

불교 초전(初傳)에 관한 중국 측 자료를 검토하면 서기전 1세기 전반부터 서기 3세기에 걸쳐 불교가 중국에 점차적으로 정착한 것으로 추정된다.106)

그렇다면, 허왕후 일족이 인도에서 중국으로 이주할 무렵 인도불교가 중국에 도입되었으며 허왕후가 보주에서 김해로 도래할 때 석탑과 함께 불교도 전래된 것으로 보아도 무방하다.

석탑은 곧 불교를 상징하므로 가야불교의 전래 시기는 허왕후가 파사석탑을 가지고 김해로 건너온 때로 보아야 할 것이다. 가야 초기 불교 전래를 부정하는 통설의 견해만 고집한다면 가야불교는 획기적인 고고학적 발굴이 없는 한 영원히 미궁에 빠지고 만다. 『삼국사기』나 『삼국유사』를 신뢰하지 않은 학계에서 오히려 『삼국사기』나 『삼국유사』에 가야의 이른 시기에 불교가 도입되었다는 기사가 없다는 이유를 들어 가야불교의 초기 도입을 인정하시 않는 것은 자기부정의 모순된 논리에 불과하다.

『삼국사기』 초기기록 불신론이라는 평소 논리에 충실하다면 가야시대 초기에 불교가 도입되었다는 『삼국사기』나 『삼국유사』의 기사가 있다고 한들 이를 믿을 수 있을 것인가? 도대체 신뢰할 수 있는 기준이라는 것

---

105) 김용덕, 「가야불교설화의연구」, 『한국학논총』21·22, 1992, 215쪽.
106) 에릭 쥐르허 저;최연식 역, 『불교의 중국정복-중국에서의 불교의 수용과 변용』, 씨-아이-알, 2010, 48~65쪽.

이 무엇이며 김해 인근의 수많은 사찰과 그 기원을 전하는 이야기는 역사적으로 전혀 가치가 없는 것인지 안타깝기만 하다. 수많은 외침(外侵) 등으로 적지 않은 유물이 만신창이가 된 우리 역사의 현실을 고려할 때 눈에 보이는 고고학적 자료에만 의존해서는 과거의 진실을 제대로 밝힐 수 없다.

언제까지 우리 학계가 건설 현장의 포클레인에만 의존할 것인가?

이런 측면에서 표면에 드러난 문헌 및 고고자료에 의거하여 어떤 사실을 규명하는 것 못지않게 민간에 널리 퍼져 있는 민속이나 설화에 대한 연구도 중요하다. "역사가 기록의 활동이라면 민속은 기억의 역사이며, 기록의 목적과 기억의 목적이 같다는 점에서 기록과 기억은 역사적 활동이다."[107] 기록으로서의 역사가 권력관계에 따라 왜곡될 위험성이 있는 데 반해, 현장에서 살아있는 민속은 원래의 이야기가 날것 그대로 전달되어 오히려 어떤 면에서는 더 사실적일 수 있다. 민간에서 전승되는 설화도 마찬가지이다. 설화는 역사적으로 발생한 사건을 밑바탕에 깔고 이야기를 전개한다.

따라서 설화도 문헌 못지않게 역사적 사실을 증명하는 데 사용될 수 있는 좋은 재료이다. 물론 설화가 역사적 사실을 모두 담고 있다는 것은 아니며, 설화의 전체 얼개에는 역사적 사실이 내포되어 있다고 하더라도 민간에서 전승되면서 과장되기도 하며 허구가 보태지기도 한다.

그러나 일부 과장과 허구가 있다고 하여 다른 합리적인 자료 등으로 보완하여 그 실체적 진실 여부를 파악하려는 치열한 노력 없이 단순히 허구와 과장의 문구만을 문제 삼아 이를 방기(放棄)하는 것은 결코 옳지 않다.

---

107) 장장식, 「민속학과 역사학의 통섭을 위한 비판적 성찰」, 『민속학연구』30, 2012, 126~127쪽.

가야 관련 역사서가 극히 부족한 상황에서 민속과 설화는 연구되어야 마땅하며, 가야불교의 초기 전래에 관한 연구에도 적극적으로 도입되어야 한다. 가야지역에 남겨진 수많은 불교 유적, 기록 및 설화는 가야 초기에 이미 불교가 전래되었음을 알려주고 있다. 부산 녹산동 명월산에 있는 흥국사(興國寺;옛 명월사) 경내에는 조선 숙종 32년(1706)에 승려 증원이 찬한 '명월산흥국사사적비문(明月山興國寺事蹟碑文)'이 있는데, 비문에는 명월사(明月寺)를 중수할 당시 '건강 원년 갑신삼월 남색(健康元年甲申三月藍色)'의 명문이 있는 기와가 출토되었다는 기록이 있고 이러한 내용은 『김해읍지』에도 실려 있다.108)

명월사의 유래는 수로왕이 48년에 허왕후를 맞이한 후 궁으로 돌아올 때 허왕후가 입었던 비단치마를 벗어 산신에게 예물로 바쳤으며, 수로왕이 그 산을 명월산으로 이름 짓고 그곳에 절을 세운 데서 비롯되었다고 한다. 기와 명문은 현재 전해지지 않으나 건강(健康)은 후한 순제의 연호이며 그 원년(元年)은 서기 144년에 해당하므로, 이 명문에 의하면 금관국 초기에 불교가 도입된 것으로 볼 수 있다.

『김해읍지』에 실린 장유사에 관한 기록에는 장유화상사리탑과 함께 '가락국사장유화상기적비'가 소개되어 있는데, 장유화상이 금관국으로 온 후 세상사에 초월하여 불모산(佛母山)에 들어가 오래 은거하며 나오지 않아 그렇게 불렸으며 질시왕 때에 장유화상이 수도한 곳에 장유암을 세웠다고 전한다.109)

장유화상은 만년에 수로왕 소생의 7왕자들을 데리고 지리산에 들어가 수도하였으며 그곳을 오늘날의 칠불사라고 한다. 칠불사의 영지, 범왕사, 범왕리, 대비동 등 허왕후 및 7왕자들과 관련한 수많은 지명과 설화는 역

---

108) 『金海邑誌』, 碑板 明月寺事蹟碑文.
109) 『金海邑誌』, 碑板 駕洛國師長遊和尙紀蹟碑.

사적 사실에 근거하지 않고는 성립하기 어려울 정도로 구체적이다.

통설은 가락국기를 근거로 장유사가 고려 때 창건된 것이라고 하지만, 고려 때 지은 사찰의 명칭이 장유사이고 최초에는 장유암이라는 형태로 건립된 것으로 본다면 『김해읍지』에 기록된 대로 질지왕 때 지어졌을 것이며 그 시원(始原)은 금관국 초기로 소급될 수 있다. 그 외에도 현재 김해 인근 수많은 사찰이 금관국 수로왕과 관련이 있을 뿐만 아니라 지명 또한 불교와 관련성이 깊다. 가야지역에서 전하는 수많은 가야불교 관련 유적 및 기록은 가야 초기에 이미 불교가 전래되었음을 알게 해준다.

결국 『삼국유사』 및 가야불교 유적 등에서 보는 것처럼 가야지역에는 금관국 수로왕과 허왕후 때에 불교가 들어왔다고 보는 것이 타당하다.

가야라는 국명 자체가 "불교수용으로 연유되었음"[110]은 부정할 수 없는 사실이다. 최근 중국에서는 사천지역을 기점으로 양자강지역에 이르기까지 불교 유물이 새롭게 발굴되고 있으며, 이러한 고고학적 사실을 바탕으로 인도와 동남아시아를 통한 불교 전파시기를 앞당기고 있다.

사천성-양자강 루트가 중국에서 김해로의 통로 역할을 수행하였고, 당시 금관국이 중국과 일본을 연결하는 해상교역에 주도적인 역할을 담당한 측면을 고려하면 불교 또한 금관국 초기에 전래되었다고 하겠다.

---

110) 金煐泰, 앞의 「伽倻의 國名과 佛敎와의 관계」, 64쪽.

4. 구주 야마대의 탄생
가. 천손강림신화의 실체

 금관국의 일본 진출을 증명하는 결정적인 근거는 『일본서기』와 『고사기』에 있다. 『일본서기』 신대기 천손강림신화에는 '타카미무스비노미코토(高皇産靈尊)'가 이불로 황손인 '니니기노미코토(瓊瓊杵尊)'를 덮어서 휴가소(日向襲) 다카치호노미네(高千穗峯)의 '구시히(穗日)'로 내려보냈다고 기록되어 있다.111) 한편 『고사기』에 의하면 천신의 명을 받은 '니니기노미코토(邇邇藝命)'가 쯔쿠시 휴우가(日向) 타카치호(高千穗)의 '구시후루타케(久土布流多気)'로 하강하였고, 니니기는 그곳이 '가라쿠니(韓國)'를 바라보고 있어 좋은 땅이라고 하면서 궁궐을 짓고 살았다고 한다.112) 일본에서는 니니기가 하강한 곳을 '일본 천황의 발상지'라고 하면서 신성시하고 있다.

 우에다 마사키(上田正昭)는 일찍부터 규슈지역에는 가야세력이 진출하였으며, 일본의 천손강림신화가 한국의 신화와 유사한 것은 한반도와 규슈와의 밀접한 정치적 관계를 시사하며 야요이 문화(彌生文化)와 한반도 문화도 서로 공통성이 있다고 해석하였다.113)

 『일본서기』에는 천손이 이불에 씌워져 내려오는데 『삼국유사』에서 가락국 수로왕은 홍포에 씌워져 내려왔다고 하며, 강림한 곳에 대하여 『일본서기』에는 '구시히'라고 칭하고 있고 『고사기』에서는 '쿠시후루'라고 하였는데, '구시히'나 '쿠시후루'는 수로왕이 하강한 구지봉의 '구지'와 같은 말이다.114) 또한 가락국기에서는 "여기에 사람이 있느냐?"라고

---

111) 『日本書紀』, 神代 下.
112) 『古事記』上.
113) 上田正昭, 「神話における日本と朝鮮」, 『日本と朝鮮の二千年(1) 神話時代 - 近世』, 太平出版社, 1969, 34~35쪽.
114) 坂本太郎 等 校注, 앞의 『日本書紀』上, 569쪽 補註 2-13.
　　李鍾恒, 「加耶族이 세운 古代九州王國에 대한 硏究」, 『韓國學論叢』2, 1980, 37쪽.
　　김향수, 『일본은 한국이더라』, 문학수첩, 1995, 175쪽.

묻자 구간이 "우리들이 있습니다."라고 답하는 기사가 있고, 『일본서기』에서는 천손이 "여기에 나라가 있는가 없는가?"라고 묻자 그 나라에 살던 사람이 "여기에 나라가 있습니다."라고 답하는데 주고받은 문답 내용 또한 가락국기와 일치한다.

 이렇듯, 『일본서기』 및 『고사기』의 천손강림신화는 구조, 지명 및 그 내용에 있어서 『삼국유사』 가락국기에 기록된 금관국 수로왕의 탄강신화와 그대로 연결된다. 일본 건국신화가 가락국기의 수로왕 탄강신화와 연결되고 그 지명 및 내용조차 일치한다는 것은 구주 왜의 지배계층이 금관국과 혈연적으로 직접 연관을 맺고 있었다는 사실을 시사한다.

 결국 일본의 천손강림신화에서 후대에 덧붙여진 요소를 제거한다면 남는 것은 한국세력, 그 가운데 김해 가락세력의 일본열도 진출에 관한 사실뿐임을 알 수 있다.115)

 규슈 남쪽 가고시마(鹿兒島)현 가세다(加世田)시에는 수로왕 소생 왕자의 화신인 니니기가 일본에 도래하여 고천수봉(高千穗峯)에 강림한 후 궁궐을 지어 나라를 다스렸다는 전설과 『고사기』, 『일본서기』의 기록을 토대로 '일본발상(日本發祥)의 땅'이라고 새겨 놓은 표지석이 있으며, 표지석이 위치한 오른쪽 산언저리에는 니니기가 살았다는 궁궐터인 가사사궁지(笠狹宮趾)와 니니기를 제신으로 모시는 가사사신사가 있고, 가고시마현 고구부 시치구마노사토(七隈理)에는 7왕자들이 도래하여 쌓은 토성의 흔적이 아직도 남아 있다.116)

 1915년에 조선총독부는 치안을 이유로 수로왕을 시조로 하는 김해김씨 족보의 발간을 금지시킨 사실도 있는데,117) 이러한 사실은 역설적으로 일본 천황의 출자가 김해김씨와 관련이 있다는 것을 인정하는 것과

---

115) 金錫亨, 앞의 『古代朝日關係史』, 125쪽.
116) 김향수, 앞의 『일본은 한국이더라』, 199~202쪽.
117) 千寬宇, 앞의 『加耶史研究』, 18쪽.

다를 바 없다.

에가미 나미오(江上波夫)는 『고사기』 및 『일본서기』의 천손강림신화와 『삼국유사』 가락국기의 수로왕 강림신화가 일치한다는 사실을 일찍이 간파한 후, 그가 저술한 『기마민족국가』에서 서기 4세기 전반에 김해에서 일본으로 건너가 한왜연합왕국을 건설한 기마민족의 수장이 숭신천황이라고 주장하였으며,118) 1991년 6월 『월간 아사히』에 실은 기고문에서 한반도 김해가 니니기노미코토의 조국이었음을 암시함으로써 숭신이 바로 니니기임을 알려주고 있다.119)

에가미는 기마민족이 김해에 오기 훨씬 전부터 본토 왜인들이 김해지역에 진출하여 점거하고 있었다고 하며, 숭신이 일본열도로 건너간 때를 서기 4세기 전반으로 추정하였다. 하지만 숭신이 일본으로 건너간 때가 4세기 전반이며 그때 한왜연합왕국을 세웠다는 견해에는 수긍할 수 없으며,120) 그 전부터 김해지역을 왜가 점거하고 있었다는 주장은 고대 왜가 김해를 지배하였다는 가설을 뒷받침할 만한 문헌도 없고 뚜렷한 고고자료도 존재하지 않아 설득력이 전혀 없다. 오히려 김해지역보다는 일본 구주지역에서 가야 관련 유적과 가야 관련 지명이 많이 발견된다. 결국 『일본서기』 및 『고사기』의 천손강림신화, 구주지역에서 보이는 가야 관련 유적과 지명 등을 살펴보면 사실상 일본 최초의 천황인 숭신은 수로왕과 직접적인 연관이 있다.

---

118) 江上波夫, 앞의 『騎馬民族國家』, 181~184쪽.
119) 김향수, 앞의 『일본은 한국이더라』, 177쪽.
120) 에가미 나미오(江上波夫)에 의하면, 서기 4세기 전반에 마한과 진한세력이 백제와 신라로 통합되어 고구려와 더불어 그때 비로소 삼국이 정립하는 새로운 정세변동이 발생하였고 이때 김해지역에 본거지를 두고 있던 숭신의 진왕정권이 세력을 만회하기 위해 왜인의 본거지인 북구주로 건너갔다고 하였으나, 4세기 전반의 한반도 정세변동을 증명할 문헌은 고사하고 뚜렷한 고고자료도 없다. 에가미의 이러한 주장은 『삼국사기』 초기기록을 불신하고 삼한에서 삼국으로의 변동을 4세기경으로 보는 『삼국지』 위서 중심의 사관에 치우쳐 있으므로 부당하다.

나. 구주 야마대의 탄생

『가락삼왕사적고』에는 수로왕과 허왕후 사이에 10왕자들이 태어났는데 그중 첫째는 왕위를 이어 거등왕이 되고 2왕자들은 어머니 성을 따라 허씨가 되었으며, 나머지 7왕자들은 장유화상을 따라 도를 공부하여 승선(乘仙)했다고 기록되어 있다.[121]

『김해읍지』에 실려 있는 '장유화상기적비'를 보면 장유화상은 불모산에 들어갔다가 그 뒤 7왕자들과 함께 지리산으로 들어가 부처가 되었고 그 터가 지금의 하동군 칠불암이라고 한다.[122]

"지리산 칠불사(七佛寺)는 장유화상이 수로왕의 일곱 아들을 데리고 수도했음을 나타내는 대표적인 절이다."[123] 1920년 산청군 금서면에서 발간된 『왕산지(王山誌)』에 따르면 수로왕의 일곱 왕자가 장유화상을 따라 가야산에서 배우다가 지리산으로 들어가 수도한 끝에 칠불이 되었다고 한다.[124] 『김해김씨선원대동보(金海金氏璿源大同譜)』에도 수로왕이 허황옥과 혼인하여 슬하에 아들 열 명을 두었는데 그 중 한 명은 태자로 책봉하고 두 명은 허왕후의 성을 따르게 했으며, 나머지 일곱 명은 장유화상을 따라 지리산으로 들어가서 운상원을 짓고 다년간 좌선하다가 103년 성불하여 그 자리에 칠불암을 창건하니 하동 쌍계사 북쪽 20리 되는 곳이라고 기록되어 있다.[125]

현재 칠불사 앞에는 '영지(影池)'라고 불리는 연못이 있는데, 허왕후가 성불하여 칠불암을 떠난 7왕자들을 그리워하자 그들의 그림자가 연못에 비쳐 그런 이름이 붙여졌다고 전한다.

---

121) 『駕洛三王事蹟考』 券2, 首露王.
122) 『金海邑誌』, 碑板 駕洛國師長遊和尙紀蹟碑.
123) 김용덕, 앞의 「가야불교 설화의 연구」, 210쪽.
124) 『王山誌』, 駕洛國首露王.
125) 김종수, 『김해김씨선원대동보』, 호서출판사, 1977 ; 김수인, 「七佛寺 緣起說話의 成立史的 檢討」, 『원불교사상과 종교문화』60, 2014, 360쪽(再引用).

수로왕과 허왕후가 칠불암에서 수도하는 일곱 아들이 보고 싶어 칠불사 아래 마을에 머물렀던 곳의 지명이 아직 남아 있다.

칠불사가 있는 범왕리(凡王里)의 원래 명칭은 범왕리(梵王里)였는데 범토(梵土) 인도 출신 장유화상이 아들을 만나려고 온 왕과 왕후를 맞이하기 위해 머문 곳에서 유래하였으며 이곳에는 옛날에 범왕사(梵王寺)가 있었다고 하며 지금도 폐사지가 있고, 현재까지 남아 있는 하동 정금리 대비동(大妃洞)이라는 지명도 허왕후가 아들을 만나기 위해 머물렀다 간 곳에서 비롯되었으며 이곳에도 대비암을 세웠다고 전한다.126)

학계에서는 이와 같은 수많은 기록, 지명 및 전승을 불교적인 설화로 간주할 뿐 그 실체를 인정하지 않고 있다. 그러나 광범위하게 퍼져 있는 7왕자들의 기록 등을 불교적인 설화이며 가공의 허구라고 간단하게 무시할 수 없다. 여러 차례 전란으로 인하여 역사 서적이나 문화재가 약탈되고 소실되어 버린 우리 역사의 현실을 고려한다면 민간전승, 지명유래 등도 깊이 고찰하여 그 신빙성이 인정되면 역사적 사실로 받아들여야 할 것이다.

칠불사라는 명칭이 7왕자들과 겹친다는 사실을 전혀 무시할 수 없고, 대비동, 범왕리라는 지명은 그런 역사적 사실이 없이는 성립하기 불가능한 구체적인 언어이다. 설화 등의 형태로 전해지는 수많은 기록과 지명은 수로왕의 일곱 왕자가 칠불암에서 일정 기간 기거한 여정을 역사적 사실로 가리키고 있다.

7왕자들은 성불하여 칠불암을 떠난 것으로 되어 있으나 그 후 행적은 기록되어 있지 않다. 그런데 한국의 기록에서 사라진 7왕자들은 규슈 가고시마 다카치호노미네에서 일본 개국의 신으로 강림한 '니니기노미코토'로 화려하게 부활한다.

---

126) 허명철, 앞의 『가야불교의 고찰』, 111~112쪽.

7왕자들이 일본으로 건너간 것은 바로 그곳에서 새로운 나라를 건설하겠다는 열망에 기인하였을 것이다. 『가락왕삼왕사적고』를 비롯한 우리나라 기록에는 7왕자들이 불도를 닦기 위해 칠불사로 갔다고 되어 있지만, 그것은 7왕자들의 자발적 선택이 아닌 수로왕의 결정 때문이었을 것이다. 수로왕은 슬하에 둔 많은 아들로 인해 차후 왕위 세습에서 오는 부작용이나 형제간 다툼을 미리 방지하기 위해 혈기 왕성한 자식들을 불교에 귀의시켰으나, 7왕자들은 현실세계에 대한 열망으로 끝내 불교에 귀의하지 못하고 새로운 세계를 찾아 일본으로 떠났을 것이다.
　구야국이 『삼국지』 한조에도 기록된 바와 같이 중국과 왜의 교역 중개지였으므로, 수로왕 당시에도 적지 않은 가야인들이 규슈지역에 진출하였을 것이며 7왕자들도 왜에 대한 상당한 지식을 가지고 있었던 것으로 추정된다.
　7왕자들이 일본으로 건너간 때는 언제쯤일까? 42년에 15세의 나이로 수로가 왕이 되었고, 허왕후와 혼인한 48년부터 10명의 아이가 태어날 때까지의 기간을 약 30년 정도로 추정한다면 78년에 막내가 탄생하였을 것이다. 그 후 막내 왕자의 나이가 10대쯤 7왕자들을 출가시켰을 것이며, 이때가 88년으로[127] 당시 왕자들의 나이는 연장자가 넷째 왕자임을 감안하면 10대에서 30대까지였을 것이다.
　『김해김씨선원대동보』에 의하면 7왕자들이 103년에 모두 성불하였다고 하므로 이때쯤 칠불사를 떠나 일본으로 향하였을 것이다. 103년에 규슈지역으로 건너간 7왕자들은 남규슈에서 먼저 세력권을 형성한 후, 그 영역을 북규슈까지 확장한 후 야마대정권을 수립하여 수로왕의 넷째 왕자가 107년에 일본의 사실상 초대천황으로 즉위한 것으로 추정되는데

---

127) 『김해김씨선원대동보』에는 7왕자들이 103년 모두 성불하였다고 기록되어 있으므로, 일곱 왕자가 칠불사에 오기 전에 다른 사찰에서도 수도하였다고 본다면 불교에 입문한 해는 88년경이 되었을 것이다.

그가 바로 숭신천황이라 하겠다.

숭신천황이 즉위한 해가 107년이라는 사실은 『후한서』에 의해서도 뒷받침된다. 『후한서』 왜조를 보면 안제 영초 원년(107)에 왜국왕 수승(帥升)이 고대 중국과 교통하는 기사가 있는데128) 수승이 바로 숭신천황일 것이다.129)

숭신이 왜에 건너가서 천황이 된 해가 107년이며 그가 『후한서』의 수승이라는 사실은 『삼국지』, 『후한서』, 『양서』, 『북사』 및 『일본서기』를 교차 분석하여 봄으로써 확인할 수 있다. 『일본서기』 기년으로 보면 숭신은 120여 년을 생존하였으며 재위기간도 서기전 97년부터 서기전 29년까지인 것으로 기록되어 있으나, 초대 신무천황의 즉위연대가 서기전 660년이라는 『일본서기』 기년은 역사적 사실로 인정될 수 없고 신무 이래 중애까지의 수명 또한 비정상적으로 길어 그 기년을 그대로 받아들일 수 없다.

반면에 『일본서기』 신공기의 기년은 신공 55년조부터 65년조까지 나열된 백제왕력만 제거하고 그 실상을 분석하면 한중 기년과 어긋나지 않으므로 이를 참고하여 숭신의 즉위 연도를 파악할 수 있을 것이다.

『삼국지』 위서 왜조를 보면 "왜국은 본래 남자가 왕이었는데 70~80년 동안 이어오다 여러 해에 걸쳐 난이 일어나 서로 전쟁을 벌인 후 비미호라는 여자를 왕으로 세웠다."라고 기록되어 있으며,130) 『후한서』에

---

128) 『後漢書』 卷85, 東夷列傳75 倭條, "安帝永初元年 倭國王帥升等獻生口百六十人 願請見".
129) 중국 사서를 보면 '왜국왕'은 일반적으로 왜를 대표하는 지배자에게 부여하는 칭호이므로, 이러한 사정으로 미루어 당시 수승(帥升)은 구주지역을 장악하여 야마대정권을 수립했다고 하겠다. 103년경에 일본열도로 진출한 숭신이 김해의 선진 철기문화를 바탕으로 4년 만에 구주 일대를 장악한 것으로 보이므로 숭신과 수승은 동일 인물일 것이다. '숭신'과 '수승'은 동일한 사람으로 보아도 무방할 정도로 음상사(音相似)하다.
130) 『三國志』 卷30, 魏書30 烏丸鮮卑東夷傳 倭條.

도 왜국에 대란이 일어나 오랫동안 서로 싸우다가 비미호를 세워 왕으로 삼았다고 기록되어 있다.[131]

『일본서기』에는 신사년(201)에 비미호가 천황의 지위를 대신하여 섭정의 지위에 올라 조정의 실권을 장악하였다고 기록되어 있으므로 『삼국지』와 『후한서』에서 왕이 되었다고 하는 시기는 서기 201년으로 볼 수 있다. 결국 왜국에서 난이 종결된 것은 201년이며 그 전에는 혼란에 휩싸였을 것이다. 위서에는 여러 해에 걸쳐 난이 일어난 것으로 간략히 표현되어 있으나 『후한서』에는 환령지간(146~189)의 치세에 왜국에서 대란이 일어났다고 기록되어 있다.

『후한서』를 보면 왜국은 후한 환제와 영제 시기 사이에 내란으로 휩싸여 있었으며, 이 기간에 왕이 없었다고 한다. 『후한서』 왜조에 표기된 '주(主)'는 '왜국왕'과 같이 왜 열도를 통할하는 지배자를 지칭하는 일반적인 의미로 추정되므로, 숭신으로부터 시작된 천황계가 이때쯤에 이르러 통할적 지배자로서의 지위를 상실하였다는 것이지 황통이 단절되었음을 의미하는 것은 아닐 것이다.

이 시기에 천황계가 단절되지 않았다는 것은 성무천황 이전의 시호가 '타라시(足)계'인 것처럼 성무를 이은 중애천황 역시 같은 '타라시계'로 동일한 계통을 이어가고 있고, 신공황후 역시 같은 타라시 계열의 시호를 사용하고 있는 사실에서도 확인할 수 있다.[132]

『후한서』에는 대란의 시기를 환제와 영제의 치세라고 폭넓고 애매하

---

131) 『後漢書』 卷85, 東夷列傳75 倭條, "桓靈間 倭國大亂 更相攻伐 歷年無主".
132) 『일본서기』에 의하면, 제12대 경행천황은 '오호타라시히코오시로와케(大足彦人代別)', 제13대 성무(成武)천황은 '와카타라시히코(稚足彦)', 제14대 중애천황은 '타라시나가츠히코(足仲彦)'라는 시호를 썼다. 경행에서 중애에 이르기까지 타라시(足)라는 동일한 호칭을 사용하였으며 중애를 이은 신공황후 역시 같은 타라시 계열인 '오키나가타라시히메(氣長足姬尊)'라는 시호를 사용한 것으로 보아 그 출자가 동일하다는 사실을 알게 해준다.

게 기록되어 있으나, 『양서』 왜조에는 후한의 영제 광화연간(178~183)에 왜국난이 발생하여 비미호가 왕이 될 때까지 계속되었다고 기록되어 있다.133)

『북사』 왜조에도 한의 영제 광화연간에 왜국난이 발생하였다고 기록되어 있는데,134) 왜국 난의 기간을 포괄적으로 기록한 『삼국지』나 『후한서』보다 『양서』와 『북사』에서 기술한 왜국 난의 시기가 더 정확하다고 하겠다. 그러므로 『양서』, 『북사』 및 『일본서기』를 종합하여 검토하면 왜국의 난은 서기 178~183년경 발생하여 201년에 이르기까지 20여 년 동안 계속되었을 것이다.

『삼국지』 위서 왜조를 보면 왜국의 난이 발생하기 전에 남자가 왕으로 70~80년 동안 이어져 왔다고 하므로, 이를 역산하면 일본 초대 천황은 왜국난이 발생한 178~183년을 기준으로 70~80년 전에 집권한 것이 되어 『삼국지』가 가리키는 초대 천황의 집권은 서기 98~113년 사이에 있었다는 사실을 알 수 있다. 결국 위서에 근거한 일본 초대 천황의 집권 시기가 수로왕의 넷째 왕자가 일본에서 숭신천황으로 즉위하는 시기(107)와 겹치므로, 수로왕의 넷째 왕자인 숭신천황이 고대 일본 천황조의 시조이며 구주 야마대 탄생의 주역이라고 할 수 있다.

숭신, 즉 수승은 103년 일본열도에 진출하여 그로부터 4년 뒤인 107년에 구주지역을 장악하고 천황조를 개창하였다는 사실을 대외적으로 알리기 위해 김해를 거쳐 중국과 교통하였을 것이다. 『일본서기』에서도 숭신천황에게 나라를 열었다는 의미를 가진 어조국천황(御肇國天皇)이라는 호칭을 부여함으로써135) 숭신이 실재한 "일본 최초의 천황"136)이라

---

133) 『梁書』 卷54, 列傳48 諸夷 倭條, "漢靈帝光和中 倭國亂 相攻伐歷年".
134) 『北史』 卷94, 列傳82 倭條, "靈帝光和中 其國亂 遞相攻伐 歷年無主".
135) 『日本書紀』 卷5, 崇神天皇 12年 9月條.
136) 水野祐, 앞의 『日本古代の國家形成』, 152쪽.

는 사실을 공표하고 있다. 앞서 살펴본 바와 같이 숭신천황은 『일본서기』 신대기에 등장하는 니니기노미코토의 실체이다. 그러므로 숭신의 화신인 니니기노미코토를 이불에 싸서 내려보낸 고황산령존(高皇産靈尊)은 수로왕일 수밖에 없다.137)

---

137) 가락국기 수로왕 하강신화에서는 천신이 알을 매개체로 하여 수로를 탄생하게 하지만, 『일본서기』 천손강림신화에서는 수로왕 하강신화와 그 기본구조를 같이 하고 있으나 하강대상에 있어서는 천신 고황산령존이 매개체를 이용하지 않고 직접 니니기를 내려 보내며 황손이라고 표현함으로써 천신과 니니기를 혈연적으로 직접 연결시키고 있다. 이러한 사실은 니니기의 직계존속이 수로왕이며 수로왕이 곧 고황산령존임을 천명한 것이라 하겠다.

III. 수로왕계의 일시 단절 및 신공에 의한 회복

1. 수로왕계의 일시 단절

『삼국유사』 가락국기에는 수로왕이 서기 199년에 사망하였다고 기록되어 있다. 이에 따라 천관우는 수로왕의 즉위년을 162년으로 보고 사망 시기를 가락국기에 따라 199년이라고 하면서 수로왕 사후 수로 집단이 일본으로 건너갔기 때문에 금관국이 약화되었다고 하였다.[138]

금관국이 약화된 것은 그 주력이 일본으로 건너갔기 때문이라는 천관우의 주장은 일견 타당할 수도 있겠지만, 수로왕이 162년에 즉위하여 199년에 사망하였다는 견해는 『삼국사기』 초기기록을 자세히 살펴보면 전혀 설득력이 없다. 『삼국사기』와 『삼국유사』의 기사를 종합해볼 때 수로왕이 42년에 즉위한 것은 역사적 사실이므로 수로왕이 199년보다 훨씬 전에 사망한 것으로 보는 것이 합리적이다.

수로왕의 사망 시기를 정확히 규명하기 위해서는 『삼국사기』를 면밀히 분석해야 할 것이다. 신라본기에 의하면 신라와 금관국은 서기 77년부터 116년까지 9회에 걸쳐 짧게는 1년 간격으로 전쟁을 벌이는 등 빈번한 접촉이 있었다. 그런데 지마이사금 5년(116) 8월의 가야공략 기사[139]를 끝으로 약 100년간 접촉이 없다가 내해이사금 6년(201)에 가

---

138) 千寬宇, 앞의 『加耶史硏究』, 16~19쪽.
139) 『三國史記』 卷1, 新羅本紀1 祗摩尼師今 5年 8月條.

야가 화를 청하였다고 기록되어 있는데140) 이 기사에서 가야는 금관국으로 파악된다. 도대체 그전에 치열하게 전쟁을 벌이던 신라와 약 100여 년 동안 아무런 접촉이 없다가 내해이사금 6년(201)에 금관국이 뜬금없이 화해를 청한 내막은 무엇일까?

국경을 가까이하면서 치열하게 분쟁을 벌이다가 100여 년간 아무런 접촉이 없는 이유는 전쟁 직후 외교관계가 성립되어 전쟁이 소강상태로 돌아섰거나, 그렇지 않다면 나라가 멸망한 경우이거나 그것에 버금가는 국가적 변란이 발생한 경우를 들 수 있다.『삼국사기』신라본기 등을 살펴보면 신라와 금관국이 116년까지 치열하게 싸우다가 그 직후 화해하였다는 기사가 없는 것으로 보아 첫 번째 전제는 성립하기 어렵다.

두 번째 전제로 나라가 멸망한 경우를 생각할 수 있는데 신라가 935년 이전에 멸망했을 가능성은 전혀 없다. 금관국 역시 532년 이전에 멸망하지 않았다. 신라본기에 의하면 201년 신라에 화해를 청하면서 금관국을 지칭하는 가야라는 국명이 계속 사용되고, 532년 신라에 항복한 구해의 국적이 파사이사금 때에 불렸던 금관국이라고 기록되어 있으며, 더구나『삼국유사』가락국기의 왕계 역시 제1대 수로왕부터 제10대 구형왕까지 영속성을 보이고 있으므로 수로왕계의 금관국이 망하였다고 볼 가능성도 전혀 없다.

그렇다면, 신라 또는 금관국이 일시적으로 멸망에 버금가는 국가적 변란이 발생하였을 가능성이 가장 크다. 신라본기에 의하면 지마이사금 10년(121)에 동쪽 변경을 침입한 왜를 격퇴하였고,141) 이사금 14년(125)에 북쪽 변경을 침범한 말갈을 물리쳤으며,142) 일성이사금 4년(137) 및 6년(139)에 말갈이 노략질하였고143) 아달라이사금 14년(167) 및 17년

---

140)『三國史記』卷2, 新羅本紀2 奈解尼師今 6年 2月條.
141)『三國史記』卷1, 新羅本紀1 祇摩尼師今 10年 4月條.
142)『三國史記』卷1, 新羅本紀1 祇摩尼師今 14年 7月條.

(170)에 백제와 교전을 벌였으며,144) 벌휴이사금 5년(188) 및 6년(189)에도 백제와 충돌하였는데,145) 말갈과 백제와의 전쟁에서 승리하거나 격퇴함으로써 국가체계를 이어갔으며 이러한 전쟁이나 분쟁은 그전의 대외관계에서도 있었던 일반적인 상황이므로 신라에서 국가적 변란이 있었다고 할 수 없다.

결국 금관국 내부에 국가적 변란이 발생하여 수로왕계가 일시적으로 끊어졌다고 볼 수밖에 없다.

금관국 내부 변란을 초래한 원인으로 신라본기 파사이사금 23년(102) 조의 기사를 주목할 필요가 있다. 파사이사금은 역대 신라왕 중에서 금관국과 가장 많이 전투를 벌였다. 신라가 초기에 금관국과 치열한 전투를 벌인 이유는 철산지인 양산 물금지역 확보에 있었다. 수로왕이 물금을 차지한 후 파사이사금 15년(94)에 금관국이 신라의 턱밑에 있는 마두성까지 공격하여 아찬 길원을 보내 격퇴하였으며,146) 이사금 17년(96)에 금관국 군사가 신라 남쪽 변경을 급습하였고 이를 방어하는 과정에서 가소성주 장세가 전사하기도 하였다.147) 파사이사금 18년(97)에는 이에 대응하여 군사를 일으켜 금관국을 치려고 하였으나 수로왕이 사신을 보내어 전쟁이 중지되었다.148)

그러다가 파사이사금 23년에 신라는 건국 초기부터 계속된 금관국과의 적대적인 관계를 풀고 수로왕에게 유화적인 손짓을 하였다. 파사이사금의 유화적인 외교는 두 나라의 관계를 더 파국으로 몰고 가는 원인을 제공하였다.

---

143) 『三國史記』 卷1, 新羅本紀1 逸聖尼師今 4年 2月條, 6年 8月條.
144) 『三國史記』 卷2, 新羅本紀2 阿達羅尼師今 14年 8月條, 17年 10月條.
145) 『三國史記』 卷2, 新羅本紀2 伐休尼師今 5年 2月條, 6年 7月條.
146) 『三國史記』 卷1, 新羅本紀1 婆娑尼師今 15年 2月條.
147) 『三國史記』 卷1, 新羅本紀1 婆娑尼師今 17年 9月條.
148) 『三國史記』 卷1, 新羅本紀1 婆娑尼師今 18年 1月條.

파사이사금 23년(102) 8월, 음즙벌국(音汁伐國)과 실직곡국(悉直谷國)이 국경을 다투다가 왕에게 해결해 주기를 청하였다. 왕이 난처하게 여기면서 "금관국 수로왕이 연로하고 지식도 많다."라고 말하여, 그를 불러 물었더니 수로가 해결하여 다투던 땅을 음즙벌국에 귀속하게 하였다. 이에 왕이 6부에 명하여 함께 모여 수로를 위한 연회를 열도록 하였는데, 5부는 모두 이찬이 접대를 주관하였으나 오직 한기부(漢祇部)만은 지위가 낮은 사람이 접대를 주관하였다. 수로가 분노하여 종(奴) 탐하리(耽下里)에게 명하여 한기부의 우두머리 보제(保齊)를 죽이게 하고 돌아갔다. 그 종은 도망하여 음즙벌국의 우두머리 타추간의 집에 숨어 있었다. 왕이 사람을 시켜 그 종을 찾았으나 타추가 보내주지 않았다. 왕이 격노하여 음즙벌국을 정벌하자 그 우두머리와 무리가 스스로 항복하였다. 실직과 압독의 왕도 와서 항복하였다.149)

이 기사를 겉으로만 보면 수로왕을 위한 잔치에 한기부만 지위가 낮은 사람을 보내 분노한 수로왕이 한기부의 우두머리를 죽인 것처럼 기록되어 있다. 이로 인하여 단순한 의전상의 결례를 문제 삼아 자존감이 높은 수로왕이 한기부의 수장을 죽인 것으로 오해할 수도 있다.

그러나 수로왕이 파사이사금에 의해 지식이 많다고 공개적으로 칭송된 것으로 보아 그가 자존심뿐만 아니라 경륜과 지혜로움을 갖춘 강한 군주로 추정되며, 그런 성품으로 보아 단순히 의전만을 문제 삼아 신라 6부의 우두머리를 죽일 만큼 단순하고 어리석은 인물은 아니었다.

수로왕이 신라 6부의 우두머리를 죽일 만큼 금관국이 강성했다는 점을 들어 당시 신라가 금관국에 비해 국력이 약했으며 심지어 금관국의 속국이 되었다는 견해도 있으나,150) 이 역시 타당하지 않다. 당시 신라가 국력이 약했거나 파사이사금이 단순히 국경 문제를 해결하지 못해 금관국의 왕을 불러들일 만큼 나약하고 용렬한 군주는 아니었다.

---

149) 『三國史記』 卷1, 新羅本紀1 婆娑尼師今 23年 8月條.
150) 김종성, 『철의 제국 가야』, 위즈덤하우스, 2010, 238쪽.

이런 사실은 신라본기에서 살피는 바와 같이 재위하는 동안 백제와 가야를 상대로 수차에 걸쳐 대등하게 전쟁을 벌인 것에서도 알 수 있으며, 수로왕이 부하인 탐하리를 시켜 한기부의 수장을 죽이자 파사이사금이 탐하리를 숨긴 음즙벌국을 공격하여 항복하게 하고 실직국과 압독국도 신라에 항복한 것을 보아도 알 수 있다.

파사이사금이 직접 두 나라 간의 국경 문제를 스스로 해결하기 난처하여 수로왕을 부른 이유는 우선 음즙벌국, 실직국과 신라 간의 외교관계에서 찾아야 할 것이다. 두 나라가 국경에 관한 결정을 신라왕에게 의뢰한 것으로 보아 신라를 상국으로 여기는 조공 관계를 맺은 것으로 추정된다. 그러므로 둘 다 신라와 우호적인 관계에 있어 신라로서는 어느 한쪽 편을 들 수 없는 곤란한 처지였으며 이 때문에 양측을 만족시킬만한 외부의 중재자가 필요하였을 것이다.

그 외 수로왕의 자존감을 세워줌으로써[151] 신라와 가야와의 오랜 구원(舊怨)을 외교적으로 해결하고 백제와의 분쟁에 집중하고자 하려는 의도 또한 있었을 것이다. 파사이사금은 재위 6년(85)에 백제가 국경을 침략하고 가야와는 15년(94), 17년(96) 2회에 걸쳐 전투를 벌이는 등 재위 기간 동안 백제 및 가야와 줄곧 충돌하였다. 이사금 8년(87)에 스스로 백제, 가야와 국경을 접하고 있어 백성이 편안하지 못하다고 토로할 만큼 고심이 깊었다.[152] 결국 백제와의 분쟁에 집중하고 금관국과는 우호

---

151) 음즙벌국과 실직곡국의 국경분쟁이 발생한 지역이 동해안 연안에 위치하여 가야와도 교역이 활발하였을 것이다. 『삼국지』 한조에서 살피듯이 금관국은 중국과 왜를 오가는 중요한 교역로에 위치하였으며 수로왕 초기부터 가야 여러 나라의 교역 중심지 역할을 담당하였고, 가락국기에서 기술한 바와 같이 탈해 세력까지 물리쳐 동남해안까지 진출하였으며 이러한 과정에서 수로왕이 습득한 해양 지식이 상당하였을 것이다. 파사이사금은 해양교역에 지식이 많은 수로왕을 활용하여 국내의 어려운 문제를 해결하려는 의도로 수로왕이 지식이 많다고 자존감을 세워주면서 초빙하였을 것이다.
152) 『三國史記』 卷1, 新羅本紀1 婆娑尼師今 8年 7月條.

관계를 도모하려는 전략적인 차원에서 수로왕을 초빙하였을 것이며, 그 이면에는 수로왕의 해양지식을 칭송하며 자존감을 높여주어 화해함으로써 백제와의 전쟁에 집중하고자 하는 파사이사금의 고뇌도 엿보인다. 이런 사정을 모를 리 없는 수로왕이 단순한 의전상 결례를 이유로 한기부의 우두머리를 죽일 이유는 없었을 것이다.

수로왕은 어떤 경위로 음즙벌국의 편을 들고 종래에는 한기부 수장을 죽인 것일까? 음즙벌국의 위치는 『삼국사기』 지리지와 『신증동국여지승람』에 기록되어 있듯이153) 오늘날의 경주 북쪽에 있는 안강읍 일대가 분명하며, 그 중심지는 토성의 흔적이 남아 있는 양월리로 추정된다.154) 다음으로 실직국의155) 위치를 살펴보기로 한다.

> 삼척군은 원래 실직국(悉直國)으로 파사왕 때 항복하였다. 지증왕 6년에 주를 만들고 이사부를 군주로 삼았으며 경덕왕 때 개칭하였다.156)

『삼국사기』에 의하면, 실직국은 지금의 강원도 삼척지역이다. 강원도 삼척지역에 있는 실직국이 경북 안강지역에 있는 음즙벌국과는 국경을 마주할 수 없는 원거리에 있으므로 두 나라가 강역을 다투었다는 사실이 언뜻 이해가 안 될 수도 있다. 이런 이유로 실직국의 위치를 경주 부근으로 보는 견해,157) 안강 인근의 소국으로 한정하는 견해가 있

---

153) 『三國史記』 卷34, 雜志3 地理 義昌郡.
『新增東國輿地勝覽』 卷21, 慶州府 古跡.
154) 李炯佑, 「音汁伐國考」, 『人文研究』17-1, 1995, 12쪽.
155) 실직국과 실직곡국은 같은 국가로 동일한 세력이며(徐榮一, 「斯盧國의 悉直國 倂合과 東海 海上權의 掌握」, 『新羅文化』21, 2003, 327쪽 ; 김창겸, 「신라의 悉直國 복속과 지방통치의 추이」, 『新羅史學報』32, 2014, 233쪽), 지리지에도 실직국으로 되어 있으므로(『三國史記』 卷35, 雜志4 地理 三陟郡) 실직국으로 통일하여 부르기로 한다.
156) 『三國史記』 卷35, 雜志4 地理2 新羅 三陟郡.
157) 이병도는 실질국과 음즙벌국의 위치를 특정하지 않고 경주 주변의 소국 사이에

다.158) 그러나 『삼국사기』 지리지의 기록은 신라본기 파사이사금 23년조의 실직국 내항(來降)이나 지증왕 6년의 실직주 설치 기사159)와 정확히 일치하므로 실직국이 오늘날의 삼척임은 명확하다. 또한 '창녕진흥왕척경비'에 새겨진 인물의 관직명 중 "우추실직하서아군사대등(于抽悉直河西阿郡使大等)"이라는 직책이 있는데 이는 우추군·실직군·하서아군을 관할하는 지방관의 직명으로, 우추는 울진, 하서아는 강릉으로 비정되어 그 가운데 있는 실직은 오늘날의 삼척이라는 사실이 확인된다.160)

실직국의 본거지가 삼척임에도 불구하고 음즙벌국이 위치한 경주 인근에서 국경분쟁을 벌인 이유는 무엇일까? 고고자료를 살펴보면 실직국은 동예의 일원으로 강릉의 예국과 공통적인 문화를 유지하였으며, 삼척을 중심으로 남으로는 경북 동해안 지역 일대를 아우르는 독자적인 세력을 형성하고 있었음을 알게 해준다.161)

실직국과 예의 공통적인 문화 형태로 보아, 위서 한전 변진조 기사에서와 같이 강릉지역에 위치한 예국(濊國)이 철을 매개로 하여 가야지역과 교역을 할 때 교역로에 위치한 실직국 역시 예와 동일한 경제적 교류관계를 유지하였으며, 예가 가야세력과 철을 매개로 교역할 때 실직국도 참여하였을 것이다.

실직국의 교역 통로는 강원도 및 경상도 북부지역의 험준한 산맥을 이용한 육로라고 하기보다는 안전하고 빠른 바닷길이었을 것이며, 이와 같은 지리적인 조건뿐만 아니라 "교역의 주 대상물인 철이 갖는 무게의 속성상" 육로보다는 배를 이용하는 해로가 훨씬 유리하였을 것으로 판

　　서 벌어진 영토분쟁으로 추정하였다(李丙燾 譯註, 앞의 『三國史記』上, 31쪽).
158) 方龍安, 「悉直國에 대한 고찰」, 『江原史學』3, 1987, 56쪽.
159) 『三國史記』 卷4, 新羅本紀4 智證麻立干 6年條.
160) 韓國古代社會硏究所, 앞의 『譯註 韓國古代金石文Ⅱ (신라1·가야 편)』, 65~66쪽.
　　김창겸, 앞의 「신라의 悉直國 복속과 지방통치의 추이」, 254쪽.
161) 이상수, 「考古資料를 통해 본 悉直國」, 『이사부와 동해』8, 2014, 104쪽.

단된다.162) 실직국은 교역의 중간기착지로 음즙벌국이 위치한 안강지역에서 멀지 않은 해안에 실직국의 통치력이 미치는 독자적인 세력권을 형성하였다. 따라서 『삼국사기』 신라본기 파사이사금 때 언급된 실직국의 실체는 안강지역 인근 영일만에 위치하면서 "삼척의 실직국과 계통을 같이 하는 집단"163)이며 "실직국이 소유하고 운영하던 무역중계지"164)로써, 당시 실직국의 실제 강역에는 오늘날의 삼척을 중심으로 하여 영일만까지 포함되었다.

결국 『삼국사기』 지리지의 기록, 『삼국지』 위서의 기사 및 교역 상황 등을 종합하면 신라본기 파사이사금 23년조의 실직국은 삼척의 실직국과 동일체라 하겠다.

실직국이 해상교역을 하면서 포항 영일만지역에 먼저 세력권을 형성하고 중간기착지인 포항지역을 지나 가야지역으로 가기 전에 탈해가 세력을 형성하고 있는 아진포를 이용한 것으로 보이며, 이러한 해안교역의 특성상 탈해의 아진포세력은 실직국과 상호 이익을 공유한 우호적인 관계를 유지하고 있었을 것이다. 그 뒤 음즙벌국이 해안으로 세력을 뻗어나가는 과정에서 탈해세력과 우호관계에 있던 실직국과 국경 충돌이 발생한 것이다.

수로왕이 즉위 2년(43)에 석탈해와 전투를 벌였는데, 이 전투는 탈해보다 뒤늦게 등장한 수로왕의 금관국이 동남 해안지역을 서서히 장악하면서 해상교역의 강자로 발전하자 이에 위협을 느낀 탈해세력이 금관국을 먼저 공격함으로써 시작되었으나, 수로왕에게 패한 후 바닷길을 따라 아진포로 후퇴하였으며 그 후 탈해는 수로왕과 적대적인 관계를 유지하였을 것이다.

---

162) 김창겸, 앞의 「신라의 悉直國 복속과 지방통치의 추이」, 235~236쪽.
163) 李炳佑, 「斯盧國의 동해안 진출」, 『건대사학』8, 1993, 43쪽.
164) 김창겸, 위의 글, 233쪽.

수로왕의 결정은 이러한 교역의 역학관계와 직접 관련이 있었을 것이다. 즉, 수로왕은 음즙벌국의 편을 들어 포항지역에 세력권을 형성한 실직국의 힘을 약화시킴으로써 실직국과 해양이익을 같이 하는 탈해집단을 견제하고자 하였을 것이며, 탈해집단이 토착세력으로 있던 한기부는 당연히 수로왕의 결정에 반발하여 이에 대한 항의 표시로 연회에 지위가 낮은 자를 파견한 것으로 추정된다.

연회에 지위가 낮은 자를 보냈다는 것은 한기부가 수로왕의 결정에 반기를 든다는 것을 대내외적으로 천명한 것이었다. 만약 수로왕이 한기부의 행동을 그대로 두면 탈해세력을 제압하지 못함으로써 종래에는 동남해안의 교역 주도권을 상실할 수도 있었을 것이며, 가야 내에서도 강력한 군주로서의 위상도 흔들렸을 것이다. 결국 수로왕은 탈해세력 견제를 통해 동남 해안지역의 교역 우위권과 가야 중심 국가로서의 금관국 위상을 유지하기 위하여 한기부 수장을 제거한 것으로 추정된다. 이러한 수로왕의 처사에 가장 분노한 사람은 당연히 파사이사금이었다.

파사이사금은 우호를 위해 수로왕을 불렀으나 오히려 수로왕이 한기부 수장을 죽임으로써 씻을 수 없는 수모를 당하였다. 더구나 한기부는 파사의 아들인 지마이사금의 비 애례부인의 출신지로 추정되므로 파사의 분노는 극에 달한 것으로 보이며, 나아가 수로왕의 행위는 왕권을 위협하는 처사로 여겨졌을 것이다.[165]

파사이사금은 격노하여 수로왕의 노를 내어주지 않은 음즙벌국을 정벌하였고, 이에 두려움을 느낀 실직국과 압독국은 스스로 항복하였다.

---

[165] 『삼국사기』 신라본기 지마이사금조를 보면, 파사이사금이 당시 태자인 지마와 사냥을 갔다가 한기부에 들렀을 때 이찬 허루가 잔치를 베풀면서 허루의 아내가 딸을 데리고 나와서 춤을 추었고, 뒤이어 이찬 마제의 아내가 딸을 데리고 나왔는데 그 모습을 보고 태자가 기뻐하여 마제의 딸을 태자의 짝으로 삼았다고 기록되어 있다(『三國史記』 卷1, 新羅本紀1 祗摩尼師今 元年條). 이러한 사실로 보아 파사이사금은 한기부에서 며느리를 맞이한 것으로 보인다.

그러나 파사이사금의 분노가 기껏 소국의 항복을 받아 내는데 그쳤다면 그가 향후 신라왕으로서의 권위를 제대로 행사할 수 없었을 것이다.

당시 신라왕은 6부 체제의 수장이기도 한 만큼 6부의 장을 죽인 것은 신라왕인 자신에게 칼을 겨누는 행위와 마찬가지이며, 파사이사금의 왕권을 지탱하는 주요한 축으로 보이는 6부의 지원 없이는 국가를 제대로 운영할 수 없었을 것이다.

결국 신라에서는 금관국을 멸망시키는 쪽으로 자연스럽게 의견이 모였을 것으로 추정된다. 이에 파사이사금 26년(105) 수년간 전투를 벌이던 백제와 화해까지 하면서[166] 금관국을 병합하기 위해 전력을 집중하였다. 이사금 27년(106)에는 마두성주에게 명하여 금관국을 공략하게 하였고,[167] 이사금 29년(108)에는 비지국 등을 병합하면서까지 총력을 기울였으나[168] 파사이사금은 금관국을 병합하지 못한 채 사망하였고, 금관국 멸망의 유지(遺旨)는 아들인 지마이사금에게 전해졌을 것이다.

지마이사금은 부왕의 유지를 받들고 또한 왕비족의 근거지였던 한기부의 원수를 갚기 위해 금관국 공략에 전력을 다하였다.

지마이사금 4년(115) 2월에 금관국이 남쪽 국경을 침범하므로[169] 그 해 7월에 이사금은 직접 군사를 거느리고 금관국을 공격하였으나 오히려 금관국의 군사에게 포위되는 지경에 놓인 후 가까스로 퇴각하였다.[170] 이사금 5년(116) 8월에도 정병(精兵) 1만을 거느리고 금관국을 쳤으나 금관국이 성문을 닫고 수비만 하는 상태에서 마침 비가 계속 내리자 돌아왔다.[171] 파사 때에도 금관국을 여러 차례 공격하였으나 실패하

---

166) 『三國史記』 卷1, 新羅本紀1 婆娑尼師今 26年 1月條.
167) 『三國史記』 卷1, 新羅本紀1 婆娑尼師今 27年 8月條.
168) 『三國史記』 卷1, 新羅本紀1 婆娑尼師今 29年 5月條.
169) 『三國史記』 卷1, 新羅本紀1 祗摩尼師今 4年 2月條.
170) 『三國史記』 卷1, 新羅本紀1 祗摩尼師今 4年 7月條.
171) 『三國史記』 卷1, 新羅本紀1 祗摩尼師今 5年 8月條.

였으며, 지마이사금도 2회에 걸쳐 금관국를 공략하였으나 성공하지 못하였다. 신라의 공격에도 금관국은 이에 대항하여 싸웠으며 오히려 신라를 먼저 공격까지 하였다. 결국 지마이사금은 금관국을 정면 공격하여 멸망시키는 것이 어렵다는 사실을 깨달았을 것이다. 금관국을 정면으로 공격하면 승산이 없다는 사실을 안 지마이사금이 선택할 방법은 단 한 가지였을 것으로 추정된다. 즉, 전쟁을 통하여 금관국을 병합하기보다는 내부적인 정권교체를 통한 수로왕계의 축출을 시도하였을 것이다.

　수로왕이 한기부의 수장까지 죽인 것으로 보아 금관국 내에서 강력한 전제적 왕권을 이미 구축하였으며 이러한 힘을 바탕으로 금관국은 가야 여러 나라의 중심국가가 되었을 것이다. 그러나 강력한 전제왕권은 내부의 불만을 잉태하기 마련이다. 수로왕의 전제적 왕권행사로 인한 독주는 구간의 불만을 초래하였을 것이다.

　구간세력 안에는 그전에 수로왕이 자신들의 건의를 무시하고 외부세력인 허황옥과 혼인한 때부터 내심 불만이 있었을 것이며, 수로왕이 재위 기간 여러 차례에 걸쳐 신라와 충돌함으로써 전쟁에서 오는 피로감도 퍼져 있었을 것으로 추정된다. 또한 가락국기에는 수로왕이 금관국을 건국한 후 기존 해양세력인 탈해가 금관국을 선제공격했다고 되어 있는데, 이 기사로 미루어 수로왕이 등장하기 전에 김해지역은 구간세력 중 일부가 탈해세력과 해상교역권을 공유하면서 이해관계를 같이 한 것으로 보인다. 그 뒤 수로가 금관국을 건국하면서 탈해를 물리치고 해상교역을 장악하자 구간 중 친탈해계 세력은 적지 않은 타격을 입은 것으로 추정된다. 이러한 여러 가지 이유로 구간세력은 불만이 있었으나, 수로왕이 비록 나이는 들었지만 제왕으로서의 출중한 능력을 발휘하고 있어 섣불리 나서지 못하였을 것이다. 수로왕이 후계자들 간 다툼을 미리 방지할 의도로 7왕자들을 승려로 내보낼 만큼 제반 국정을 철저히 관리하고 있었으므로 수로왕의 생전에 구간의 힘만으로는 수로왕계를 제압할 수 없었다. 신라 역시 수로왕을 정면 공격하여 금관국을 멸망시킬 수 없다는 사실을 여러 차례에 걸친 전투를 통하여 터득하였기에 일단의 구간세력과 모의하여 수로왕 사후에 내부적인 왕권 교체를 노렸으며, 이 과정에서 신라는 수로왕 사후에 구간세력으로 하여금 수로왕계를 단절시켜 왕권을 차지하도록 지원하고 그 대가로 철 생산지인 양산 물금지역을 확보하기로 밀약을 맺었을 것이다.

신라가 한기부에 대한 복수 못지않게 실제로 원했던 것은 물금지역이었을 것이다. 결국 신라는 노령인 수로왕이 자연사한 후 왕권 교체의 혼란기를 틈타 구간세력 중 유력한 집단과 손을 잡고 수로왕계를 교체하려 작정했다고 하겠다.

마침 수로왕은 116년에 신라의 대대적인 공격을 잘 막았으나 노령에 맞은 신라의 대공세에 대한 극심한 압박 등으로 병을 얻은 후 121년에 사망하였을 것이며, 그때 나이가 94세〔(121-42)+15=94〕였을 것이다. 구간 세력은 수로왕의 사망을 틈타 신라의 지원을 받아 태자세력을 축출하여 왕권을 장악하고, 신라는 구간세력을 지원한 대가로 물금지역을 자국의 영토로 확보한 것으로 추정된다. 수로왕이 121년에 사망하였다는 것은 신라본기 지마이사금 10년(121)의 대증산성 축성 기사로 확인된다.

신라는 수로왕이 사망한 해에 오늘날 "양산시 물금지역으로 비정되는 지역에 대증산성(大甑山城)"172)을 쌓음으로써173) 금관국 영토이자 철산지인 물금지역을 확보했다는 사실을 대외적으로 천명하였다.

양산 물금지역은 수로왕이 신라의 수차에 걸친 공략에도 지켜낸 금관국의 영토였으며, 금관국이 초기에 강국으로 성장하는 배경이 되기도 한

---

172) 丁仲煥, 앞의 『加羅史研究』, 165쪽.
173) 『三國史記』 卷1, 新羅本紀1 祇摩尼師今 10年 2月條.

전략적 요충지였다. 이러한 지역이 신라의 수중에 넘어갔다는 것은 수로왕의 죽음으로 인한 금관국의 약화 외에는 달리 설명할 수 없다. 그 뒤 미추이사금 3년(264)에 황산을 직접 순행하여 백성을 위로함으로써[174] 물금지역의 편입을 더욱 공고히 하였다.

고고학적으로도 양산 물금지역이 "삼한·삼국시대부터 제철 생산은 물론 원석 공급지 중의 하나로 이용되었을 가능성"[175]이 충분히 있으며, "중심 연대가 5세기경으로 비정되는 양산시 물금읍 가촌리 일대에 철광석, 송풍관, 철재 등이 출토된 것"[176]으로 보아 신라가 이 지역에 대규모 철광석 제련지를 운영한 것으로 추정된다.

> 물금지역에서 조사된 제련로는 조업이 끝난 직후 내부의 철괴를 꺼내기 위하여 곧 바로 노벽체를 파괴시켜 버리기 때문에, 잔존 유구를 통한 상부구조 확인은 어렵게 되어 있다.[177]

이에 따라 오래전부터 적지 않은 유물이 파손된 점을 감안하면 5세기 전부터 신라가 물금지역에서 제련지를 운영한 것으로 추정되고, 그 시원은 2~3세기대로 거슬러 올라가도 무리가 없을 것이다. 결국 고고자료를 살펴보아도 신라본기에 기록된 대로 2세기경 신라가 물금지역을 확보했다고 하겠다.

---

174) 『三國史記』 卷2, 新羅本紀2 味鄒尼師今 3년 3月條.
175) 沈奉謹·李東注, 『梁山勿禁遺蹟』, 東亞大學校博物館, 2000, 259쪽.
176) 한국문화재조사연구기관협회, 『한반도의 제철유적』, 2012, 409쪽.
177) 沈奉謹·李東注, 위의 글, 258쪽.

2. 신공에 의한 수로왕계 회복
가. 신공의 실재성과 이주갑인상론

『일본서기』 신공기의 삼한정벌 기사는 일본이 한반도를 침략할 때마다 예외 없이 등장하였다. 신공황후가 신병(神兵)으로 삼한을 굴복시켰다는 신국(神國)사상은 임진왜란 때에는 도요토미 히데요시(豊臣秀吉)는 물론 일본 군사에 이르기까지 광범위하게 퍼져 조선 침략을 정당화하는 이데올로기로 활용되었다.178) 그 후 신공기를 기반으로 한 조선 정복에 대한 염원은 메이지 초기에 정한론(征韓論)으로 분출되어 마침내 한반도를 강제 병합하기에 이르렀으며, 근래에 들어서는 일본열도가 신공황후의 원형인 "히미코(卑彌呼) 열풍"179)에 휩싸인 적이 있을 정도로 신공황후에 대한 열기는 현재진행형으로 살아 있다.

이처럼 신공기의 삼한정벌 기사는 일본 역사에서 오랜 기간 한반도 침략의 구심점 역할을 충실히 수행하였으며 오늘날에 이르기까지 적지 않은 일본 사람들의 정신세계를 지배하고 있다. 『일본서기』 신공기에 대한 왜곡과 맹종이 지속되는 한 일본에서 한반도 침략의 헛된 욕망을 제거하는 것은 불가능하다.

역사 왜곡에 의한 불행한 과거의 되풀이는 없어져야 한다. 이것이 우리나라 사람들은 물론 일본 사람들도 신공기의 실상을 제대로 알아야 할 이유이기도 하다. 신공기는 그 허구성 여부와 관련하여 한일 역사학계에서 적지 않은 논란을 일으켰다. 신공기를 자세히 검토하면 신공기는 특정 시기의 기사에 『일본서기』 기년과 맞지 않는 고대 한국 관련

---

178) 연민수, 「神功皇后 전설과 日本人의 對韓觀」, 『韓日關係史研究』 24, 2006, 17~19쪽. 이기용, 「일본침략사상의 원형인 '神功皇后說話'」, 『日本思想』 13, 2007, 82~85쪽.
179) 일본에서 히미코병 환자라고까지 불리는 사람의 숫자는 바야흐로 50만을 넘는다고 하는데 이쯤 되면 히미코 붐이라기보다는 차라리 히미코 신드롬이다 (이영희, 『노래하는 역사』, 조선일보사, 1994, 97쪽).

기사가 뒤섞여 있으며, 한반도 남부를 신력(神力)으로 정벌하였다는 등 비현실적인 기사가 많고 한중 기년과도 일치하지 않아 이주갑인상론의 원인을 제공하기도 하였다.

이러한 이유로 미즈노 유(水野祐)는 신공황후는 역사적으로 존재하지 않은 "가공(架空)의 인물"이라고 하였으며,180) 아오키 고지로(直木孝次郞)는 "신공 전설에는 4세기 말 내지 5세기 초의 역사적 사실과 합치하지 않은 부분이 많고, 6세기 이후, 특히 추고천황(推古天皇) 이후의 사실과 관계가 깊어 전설의 주요 부분은 이때 성립"된 것으로 보면서 신공은 실재하지 않은 허구의 인물이라고 하였다.181)

반면 이노우에 마쓰사다(井上光貞)는 신공기의 신라정벌 기사는 6세기 이후에 만들어진 것이지만 "관념의 소산으로 만들어진 것이 아니라 실제 있었던 조선 출병의 사실이 어떤 경로를 통해 후세에 기억된 결과"라고 주장함으로써, 신공의 한반도 출병을 역사적 사실이라고 하였다.182)

오카모토 겐지(岡本堅次)도 신공황후의 신라 친정은 역사적 사실이며183) 신공황후는 "대화조정이 백제·신라의 발흥 전에 반도 남단을 공략하여 근거지를 세울 때 활약한 인물"이라고 하면서 신공황후의 존재를 인정하였다.184)

김석형은 "신공황후 설화는 순전히 조작되었으며, 설화의 뿌리는 7세기 후반 백제 멸망 당시 제명여제(齊明女帝)가 신라·당 연합군에 대응하여 군사를 이끌고 북규슈까지 진출하였던 역사적 사실에서 나온 것"이라고 하면서, 이것이 과장·왜곡되어 신공황후 설화가 만들어졌다고 주장

---

180) 水野祐, 『日本古代國家』, 紀伊國屋書店, 1966, 12쪽.
181) 直木孝次郞, 『日本古代の氏族と天皇』, 塙書房, 1962, 169쪽.
182) 井上光貞, 앞의 『日本國家の起源』, 108쪽.
183) 岡本堅次, 『神功皇后』, 吉川弘文館, 1963, 59쪽.
184) 岡本堅次, 위의 책, 170쪽.

하여 그 역사적 실체를 부정하였다.185)

김정학도 3세기경의 일본열도는 "고고학적으로 미생시대"로 아직 통일국가를 형성하지 못하였으므로 신공황후의 신라정벌은 허구에 불과하고,186) 신공황후의 신라정벌이라는 가공의 설화는 백제의 멸망 당시 백강구(白江口)에서의 해상 전투에서 참패한 일본인들과 백제인들의 "신라에 대한 숙원과 정복의 꿈을 전설화한 것"이라고 하였으며,187) 그 외 대다수의 연구자들이 신공황후를 허구적인 인물로 간주하고 있다.188)

신공기는 고대 일본의 민족적 자긍심을 고취하기 위한 목적이 겉으로 보아도 드러날 만큼 신공을 신화적이며 전지전능한 인물로 그리고 있어 그 실체에 대한 회의(懷疑)를 품기에 충분하다. 또한 편제상으로 보아도 신공 49년조를 기점으로 전반부는 신라 및 한반도 공략 사실이 기록되어 있으나 여러 가지 일설을 제시하면서 『일본서기』 기년과 다른 한반도 관련 역사적 사실들이 나열되어 있고, 후반부는 일본 역사와는 전혀 무관한 백제 왕력으로 채워져 있어 역사로서의 사실 평가에도 확실히 의문을 일으키게 한다.

그러나 역사적 실체를 평가할 수 있는 구체적인 근거도 없이 신공의 신라정벌을 사실로 보는 견해가 부당하듯이, 신공기에 과장이나 허구가 있다고 하여 그 전체를 허위로 몰아붙이는 것 또한 온전히 타당하다고 볼 수 없다. 『일본서기』의 허구와 과장 속에는 우리 역사의 원석(原石)들이 군데군데 숨어 있다. 특히, 신공기는 우리 고대사와 깊은 연관을

---

185) 金錫亨, 앞의 『古代朝日關係史』, 391쪽.
186) 金廷鶴, 「神功皇后 新羅征伐說의 虛構」, 『신라문화제학술발표논문집』3, 1982, 124쪽.
187) 金廷鶴, 위의 글, 130~131쪽.
188) 김태식, 「4世紀의 韓日關係史-廣開土王陵碑文의 倭軍問題를 中心으로」, 『한일역사공동연구보고서』1, 2005.
연민수, 앞의 「神功皇后 전설과 日本人의 對韓觀」.
이기용, 앞의 「일본침략사상의 원형인 '神功皇后說話'」.

내포하고 있는 만큼 겉으로 포장되어 있는 신화와 과장을 걷어내고 그 속에 숨어 있는 사실로서의 역사를 밝히거나 그것에 도달할 수 있는 한 터럭의 실마리라도 찾아야 할 것이다.

신공은 과연 어떤 인물이며 신공기의 역사적 실체는 무엇일까?

신공기 39년조 및 43년조에는 위서를 인용하여 경초 3년(239) 및 정시 4년(243) 6월 왜 여왕이 위에 사신을 보냈다고 기록되어 있는데 위서에는 당시 왜국에서 사신을 보낸 여왕은 비미호(卑彌呼)라고 표기되어 있어, 『일본서기』는 "신공을 비미호로 간주"[189]하고 있다는 사실을 알게 해준다. 또한 『일본서기』에는 기록되어 있지 않으나 『삼국사기』 신라본기 아달라이사금 20년(173)에는 "왜의 여왕 비미호가 사신을 보냈다."라는 기사가 보인다.[190]

이렇듯, 『삼국사기』에도 등장할 뿐만 아니라 『일본서기』 기년과 같은 시기에 중국 사서에도 기록된 비미호가 실재하는 인물이므로 이와 등치되는 신공을 전혀 허구의 인물로 볼 수 없다. 그런데 신공이 비미호와 동일한 실체를 가진 같은 인물이 아니라는 사실은 신공기 66년(266)조와 대비되는 위서를 보면 바로 드러난다.

신공기 66년조에서는 『진기거주(晉起居注)』 기사를 인용하여 무제 태초 2년(266) 10월에 왜 여왕이 공헌(貢獻)하였다고 기록되어 있는데,[191] 『삼국지』 위서 왜조를 보면 비미호 사망(247) 후 종녀인 일여(壹與)를 왕으로 세웠다고 하므로 신공기 66년조의 실제 인물은 비미호가 아니라 일여일 수밖에 없다. 결국 『일본서기』 신공기에서 단독 인격체로 표현된 신공황후에는 비미호와 일여라는 두 인물이 포함되어 있다.

---

189) 井上光貞, 앞의 『日本國家の起源』, 99쪽.
190) 『三國史記』 卷2, 新羅本紀2 阿達羅尼師今 20年 5月條.
191) 『日本書紀』 卷9, 神功皇后 66年條, "晉武帝泰初二年 晉起居注云 武帝泰初二年 十月 倭女王遣重譯貢獻".

그렇다면 신공기를 비미호와 일여라는 두 인물로 나누어 보면 『일본서기』의 기록은 정상적일까? 단연코 그렇지 않다. 신공 47년(247)을 기점으로 그전에 신공에 투사(透寫)된 실제 인물인 비미호와 관련된 기사 역시 『일본서기』를 살펴보면 결코 정상적인 기록이라고 볼 수 없다.

신공기 전반부에 해당하는 중애 9년(200) 신공에 의해 단행되었다고 하는 신라정벌 기사를 검토하면 402년에 있었던 미사흔의 인질기사가 앞당겨 기록되어 있고 약 100여 년 전의 신라왕인 파사이사금이 당대의 역사로 소환되어 있다. 더구나 신공기 후반부에는 왜의 역사와 전혀 관계없는 백제 왕력만 가득 차 있어 마치 백제의 역사인 것처럼 착각을 들게 한다. 편찬자들이 한반도의 역사를 제대로 모르고 『일본서기』를 편찬하였을 가능성은 전혀 없다. 응신 이후 가야, 백제, 신라 등 한반도 사람들이 일본열도로 물밀듯이 들어갔으며, 신라의 삼국통일을 전후하여 또다시 적지 않은 한반도 사람들이 일본으로 건너가 관련 정보가 넘치고 남았다는 것은 주지의 사실이기 때문이다.

원명천황 7년(714) 2월에 『일본서기』 편찬의 명을 받은 기조신청인(紀朝臣淸人)은[192] 백제계 인물이며,[193] 720년에 『일본서기』가 완성될 때까지 적지 않은 백제계 사관들이 편찬에 관여하였고 『일본서기』의 많은 부분을 이들 백제계 사관들의 역사서술에 의존하였다.[194]

---

192) 『續日本紀』 卷6, 和銅 7年 2月 戊戌條, "詔從六位上紀朝臣淸人 正八位下 三宅臣藤麻呂 令選國史".
193) '木氏'는 6세기 백제의 대성 8족 중 하나로(『隋書』 卷81, 列傳 46 百濟傳, "國中大姓有八族 沙氏燕氏刕氏解氏貞氏國氏木氏苩氏"), 『일본서기』에는 '紀氏'로 나타난다(千寬宇, 앞의 『加耶史研究』, 35쪽). '木'은 '紀'와 동일하고 음상사하며(坂本太郎 等 校注, 『日本書紀』下, 岩波書店, 1976, 309쪽 頭注 23), 일본어 키(き)로도 발음된다. 『만엽집』에 작가로 기록된 '紀朝臣'은 백제계 인물이다(李姸淑, 「萬葉集의 韓人系 作家攷」, 『韓國文學論叢』22, 1988, 103~104쪽). 따라서, 기조신청인 역시 백제계 인물이라 하겠다.
194) 박재용, 「『日本書紀』 편찬과 百濟系 史官」, 『百濟學報』6, 2011, 221쪽.

이처럼 『일본서기』 편찬에 백제인들이 참여하였고 그 외 신라 및 가야 출신 사람들도 어떤 형태로든 영향을 끼쳐 한반도 관련 정보가 넘쳐났을 것이며, 『일본서기』가 신라가 삼국을 통일한 후 불과 50여 년 뒤에 편찬된 역사서라는 점까지 고려한다면 이들이 한반도 관련 역사적 사실을 몰랐거나 "기억의 수단이 애매"195)하여 이와 같은 기록을 남겼을 리는 없다. 결국 편찬자들의 서술 방식은 고의(故意)가 개입된 작위(作爲)로 볼 수밖에 없다. 편찬자들이 역사적 사실이 아님을 알면서도 이처럼 신공기를 일부러 과장하여 서술한 목적은 무엇인가?

『일본서기』에는 비미호의 사망이 269년으로 기록되어 있으나 『삼국지』 왜조에는 비미호 사망(247) 후 비미호의 종녀인 일여가 왕이 되었다고 기록되어 있으므로, 『일본서기』에 기록된 신공의 사망은 곧 일여의 사망임을 알 수 있다. 즉, 비미호는 247년에 죽었고 그 후에는 일여가 269년까지 야마대를 통치하였다. 그러나 269년 일여 사망 후부터 응신 즉위 전해인 389년에 이르기까지 정확히 120년 동안 구주 야마대에 관한 기사는 일본의 문헌에는 물론 한국 및 중국의 사료에서도 완전히 사라졌다.196) 이러한 사실은 『삼국지』 왜조에 기록된 바와 같이 비미호 사망 직후 혼란에 빠진 것처럼 일여 사망 후에 야마대 정권은 종말을 고하고 구주 일대는 혼란에 휩싸였으며, 동시에 다른 세력이 일본열도에 본격적으로 진출하였음을 알려주고 있다.

비미호, 즉 신공황후는197) 금관국 출신이고 응신천황은 아라국 출신이

---

195) 井上光貞, 앞의 『日本國家の起源』, 108쪽.
196) 중국의 기록에는 『晉起居注』 기사에 기록된 무제 태초 2년(266) 10월 왜 여왕이 공헌하였다는 기사를 끝으로 야마대연합의 역사는 막을 내렸으며(井上光貞, 앞의 『日本國家の起源』, 40쪽), 그때부터 『송서』에 기록된 왜오왕 기사가 출현하기까지 야마대는 완전히 사라졌다. 『삼국사기』 등 우리나라의 사서에 이 기간 출현한 왜는 대체로 북구주 해안지역 등지에 근거지를 둔 소국이거나 해적집단으로 야마대와는 관련이 없다고 하겠다.
197) 『삼국지』 왜조와 『일본서기』 신공기 등을 종합하여 검토하면, 일여의 통치기

며, 아라국으로 대표되는 한반도 세력이 신공의 구주 야마대가 종말을 고한 269년부터 389년까지 120년 동안 일본열도에 진출하여 그 영역을 확장하고 뒤이어 390년 응신이 기내에서 대화정권을 수립하였다.

이러한 일련의 과정을 그대로 기록하면 고유성과 영속성에 근거한 일본 천황의 만세일계가 성립하지 못할뿐더러, 비미호와 응신의 출자가 한반도라는 사실이 밝혀지고 일본열도가 120년 동안 한반도 세력의 영역이 되었다는 사실이 드러날 수밖에 없었다. 그러므로 고대 한국에 의한 일본열도 경영 사실을 역사에서 제거하고 비미호와 응신의 출자를 숨겨 황통의 단절을 은폐함으로써 일본천황가의 만세일계를 이어가기 위해, 실존인물인 금관국 출신 비미호에 지극히 허구적인 요소를 덧붙여 신대기에 기록된 아마테라스오미카미(天照大神)와 등치되는 신공을 만들었다. 거기에 더하여 신공 후반부에는 비미호와 아무런 관계가 없는 백제의 역사를 차용(借用)하여 수명을 늘림으로써, 일여 사망 후인 269년부터 응신 즉위 전해인 389년까지 120년간 지속된 천황계의 공백을 메웠다.

즉, 『일본서기』 편찬자들은 실존한 두 명의 인물을 하나의 인격체로 묶고 허구와 과장을 더하여 고대 왜가 한반도보다 압도적으로 우세한 나라임을 내세우기 위해, 역사상 실재하지 않는 왜의 가라 7국 평정 기사 등 한반도 남부 정벌 기사를 창작하였다. 또한 비미호의 출자 및 아라국으로 대표되는 한반도 세력의 일본 본토 경영 사실을 은폐함과 동시에 구주 야마대의 소멸 후 기내 대화정권 탄생에 이르기까지 120년간 지속된 황통의 단절을 메꾸어 천황조에 만세일계의 신성(神聖)을 불어넣기 위해, 당대의 사실과 무관한 백제의 왕력을 추가함으로써 신공황후라는 실재와 허구가 섞인 인물을 내세웠던 것이다.

간이 비미호에 비해 단기간이고 신공기가 전부 비미호의 활동으로 채워져 있으므로 비미호를 신공으로 보아도 무방할 것이다.

이러한 왜곡의 깊숙한 곳에는 『일본서기』 편찬 당시 가야와 백제를 멸망시킨 신라에 대한 복합적인 감정과 함께, 일본 고유의 독자적인 역사를 만들기 위한 이중적인 염원도 강하게 작용하고 있었을 것이다.

> 신공황후의 신라정벌이라는 가공의 설화는 일본인의 신라에 대한 숙원과 정복의 꿈이 전설화된 것이며, 그러한 전설의 형성과 윤색에는 백제계 귀화인의 신라에 대한 감정도 또한 더해졌을 것이다.[198]

이에 신공기 전반부에 한일 역사학계에서 첨예하게 대립하는 한반도 남부 정벌에 관한 기사가 창작되었으며, 후반부에 한반도 세력의 일본 경영 사실을 숨기고 천황계의 단절로 인한 공백을 메꾸기 위해 일본 역사와 관련이 없는 백제의 왕력이 삽입되었던 것이다.

『일본서기』에서 신공은 2회에 걸쳐 신라를 정벌하였다고 기록되어 있으며, 특히 광개토왕비문과 함께 임나일본부설의 문헌학적 근거자료로 제시되는 것이 신공 49년조 기사이다. 신공기 49년조는 한일 역사학계에서 수많은 논쟁을 촉발시킨 뇌관이기도 하며 기년 논쟁의 핵심적 관심사이기도 하다.

일본 및 한국 학계의 통설은 신공 49년조를 369년으로 보고 있는데, 이는 이주갑인상설을 신공기 전체로 확대 적용하여 신공 49년의 『일본서기』 기년 249년을 120년 인하하여 369년으로 인정한 결과이다. 본격적으로 신공기의 신라정벌 기사를 다루기 전에 기년의 흐름을 세밀히 분석함으로써 이주갑인상설을 신공기 전체로 확장하여 적용한 통설의 태도가 타당한지 좀 더 자세히 살펴보기로 한다.

"『일본서기』는 신공황후의 재위 연대를 신사년(201)에서 기축년(269)

---

198) 金廷鶴, 앞의 「神功皇后 新羅征伐說의 虛構」, 131쪽.

으로 정하였는데, 이것은 신공황후를 위서 왜조에 기록된 왜 여왕 비미호로 간주하여 그 연대에 견주어 추정한 까닭이다."199) 그러나 신공, 즉 비미호의 사망으로 인하여 재위가 끝난 시기는 『일본서기』에 의한 269년이 아니라 247년이다. 비미호의 사망 시기와 관련한 위서 왜조를 살펴보면, 정시 8년(247)에 왜 여왕 비미호가 사신 재사오월을 위(魏)에 보낼 때는 살아 있었으나 위에서 장정을 왜에 파견하였을 때는 비미호는 이미 죽었다고 하는데,200) 이 기사를 보면 "비미호는 247년에 사망"201)하였음이 분명하다.

『삼국사기』 신라본기에도 비미호가 사신을 보낸 기사가 있는 것으로 보아202) 한중 기년에 의하는 한 비미호는 247년까지 생존하였으며, 여기에 비미호가 100세에 사망하였다는 『일본서기』 및 『고사기』의 기사를 덧붙이면 비미호는 서기 147년에 태어나 247년에 사망하였다고 하겠다.

『삼국지』 위서 왜조에 기록된 비미호 사망 후의 기사는 다음과 같다.

> 새롭게 남자 왕을 세웠으나 나라 안에서 승복하지 않아 서로 죽였는데, 이때 피살된 사람이 1천 명이나 되었다. 다시 13세가 된 비미호의 종녀 일여를 왕으로 세우자 나라 안이 비로소 안정되었다.203)

이에 대하여 『일본서기』는 아무런 언급 없이 침묵하고 있다. 『일본서기』가 비미호의 사망 시기를 원래보다 늘려 269년이라고 하는 것으로 보아 일여가 이때쯤 사망했다고 하겠다.

---

199) 金廷鶴, 앞의 「神功皇后 新羅征伐說의 虛構」, 123쪽.
200) 『三國志』 券30, 魏書30 烏丸鮮卑東夷傳 倭條.
201) 水野祐, 앞의 『日本古代國家』, 127쪽.
  文定昌, 『韓國史의 延長 古代日本史』, 인간사, 1989, 32쪽.
202) 『三國史記』 卷2, 新羅本紀2 阿達羅尼師今 20年 5月條.
203) 『三國志』 券30, 魏書30 烏丸鮮卑東夷傳 倭條.

『일본서기』는 신공 원년이 태세 신사(201)라고 하며204) 신공 39년조에서 명제의 경초 3년(239) 6월에 왜의 여왕이 사신을 보내 조공하였다는 위서 왜조의 기사를 인용하고,205) 뒤이어 신공 40년조에서 정시 원년(240)에 비미호를 왜국왕으로 임명하였다고 한다.206) 또한 신공 43년조에는 정시 4년(243) 사신 8명을 보내 헌상하였다는 기사가 있는데207) 동일한 내용이 『삼국지』 위서 왜조에도 있고, 69년조에는 신공 사망 연도가 태세 기축(269)이라고 하는 기사가 있으므로 『일본서기』 신공기의 기년은 중국 기년과 일치하며, 비미호가 언급된 『삼국사기』의 기사로 추정해볼 때 한국 기년과도 어긋나지 않는다.

그 후 응신기에 이르러 응신 즉위년을 태세 경인(270)이라고 하면서도 3년(392)조에 진사왕 사망, 8년(397)조에 백제 왕자 전지의 볼모 기사 및 16년(405)조에 백제 아신왕의 사망 기사를 싣고 있다. 응신기의 기사를 분석하면, 응신 3년에 기록된 아신왕의 즉위는 392년 임진년이므로 『일본서기』 응신기의 기년을 120년 인하하면 『삼국사기』와 일치하고,208) 응신기 8년조 백제 왕자 전지의 볼모 기사 및 16년조 백제 아신왕의 사망 기사도 『삼국사기』와 정확히 120년 차이가 발생한다. 신공기 후반기에 삽입된 백제 관련 기사는 단순히 백제 왕력만 나열하고 있는데 비해 응신기의 백제 관련 기사는 당시 일본열도에서 일어난 사건과 관련하여 구체적으로 기술하고 있다. 단순히 백제 왕력만 삽입된 신공기와 달리 응신기는 역사적 사실 여부는 차치하고라도 백제관련 기사

---

204) 『日本書紀』 卷9, 神功皇后 1年條, "太歲辛巳 即爲攝政元年".
205) 『日本書紀』 卷9, 神功皇后 39年條, "魏志云 明帝景初三年六月 倭女王遣大夫難斗米等 詣郡 求詣天子朝獻 太守鄧夏遣使將送詣京都也".
206) 『日本書紀』 卷9, 神功皇后 40年條, "魏志云 正始元年 遣建忠校尉梯携等奉詔書印綬 詣倭國也".
207) 『日本書紀』 卷9, 神功皇后 43年條, "魏志云 正始四年 倭王復遣使大夫伊聲者掖耶約等八人上獻".
208) 坂本太郎 等 校注, 앞의 『日本書紀』上, 364쪽 頭註 31.

와 병행하여 구체적 사건을 나열함으로써 한국 기년과 정확히 120년의 차이가 있음을 『일본서기』 스스로 고백하고 있다. 그러므로 엄밀히 말하면 이주갑인상설은 응신기 이후에 적용되어야 마땅하다.

그런데 통설은 신공기 전체에 대한 철저한 분석 없이 신공 후반부인 55년조부터 65년조까지의 신공기 기년이 한중기년과 120년 차이가 난다는 이유로 이주갑인상설을 응신기를 넘어 신공기 전체로 확대하였다.

신공기 55년조부터 65년조까지의 기년을 살펴보면 신공의 활동에 대한 기사는 전혀 없고 백제의 왕력으로 채워져 있는데 이 부분이 한중기년과 정확히 120년 차이가 나기는 한다. 대다수 연구자들의 주장처럼 신공기 전체에 이주갑인상설이 적용되기 위해서는 응신기와 같이 백제 등과 관련한 기사가 실제 일본열도에서 일어난 사건과 연결되어 구체적으로 드러나 있어야 하고 이 기사의 각 기년이 120년 인상되어 있어야 할 것이다. 『일본서기』를 살펴보면 신공기 전반부는 그 사실 여부는 차치하더라도 일본에서의 기사를 중심으로 『일본서기』 기년에 따라 기록하고 있는데, 신공 55년조부터 65년조까지는 일본열도에서 벌어진 사건 기사는 전혀 없이 이보다 120년 뒤에 일어난 백제의 왕력만 나열하고 있다.

【『일본서기』 신공기 기사와 『삼국사기』 백제본기의 기년 비교】

『일본서기』 신공기	기사 내용	『삼국사기』 백제본기	기년 차이
신공55년(255)	백제 근초고왕이 죽었다.	근초고왕30년 (375)	120년
신공56년(256)	백제왕자 근구수가 왕이 되었다.	근구수왕1년 (375)[209]	120년
신공 64년(264)	백제국 근구수왕이 죽었다.	근구수왕10년 (384)	120년
신공65년(265)	백제 침류왕이 죽었다.	침류왕2년 (385)	120년

그러다가 신공 69년 4월에 황태후가 죽었으며,210) 10월에는 장례를 치르고 기장족희존(氣長足姬尊)으로 추존하였고 이때가 태세 기축(269)이라고 선언하였으므로,211) 다시 『일본서기』 기년에 따라 왜에서 실제 일어난 사건을 명기하고 있음을 알게 해준다.

이러한 신공기의 서술 방식과 기사 내용을 살펴보면, 편찬자들은 신공 후반부에 한반도 세력의 일본열도 진출을 은폐하고 황통 단절로 인한 천황계의 공백을 메우기 위한 불가피한 수단으로 백제 왕력을 일부 차용하였을 뿐 신공기 전체를 『일본서기』 기년에 따라 기록하였음을 알 수 있으며, 이러한 체계로 보아 백제 왕력을 제외한 신공기 전체는 『일본서기』 기년을 그대로 적용하여야 한다.

결국 신공기 전체에 이주갑인상설을 적용하는 것이 부당하다는 것은 『삼국지』 위서 왜조 및 『삼국사기』를 대조하면 넉넉히 파악할 수 있으며 신공기 그 자체만으로도 충분히 알 수 있다.

그런데도 응신기부터 적용되어야 마땅할 이주갑인상설을 신공기 전체로 확대 적용하는 근본 이유는 바로 신공 49년조 때문이다. 이처럼 역사적 사실에도 맞지 않는 신공기에 대한 이주갑인상설 확대 적용을 두고, 한일 양국의 역사학계가 통설을 넘어 정설로까지 받아들이는 이면에는 역사적 대척점을 통하여 각자 견지하여야 할 도그마가 숨어 있을지도 모를 일이다.212)

---

209) 『三國史記』는 『日本書紀』와 달리 전왕이 죽고 왕이 즉위한 당해년을 원년으로 보는 '卽位年稱元法'을 채택하고 있으므로 신공 56년과 대비하면 119년의 차이가 있지만 이는 칭원법을 달리 채택한 결과에 불과하므로 실제 기년 차이는 120년으로 보아야 한다.
210) 『日本書紀』 卷9, 神功皇后 69年 4月條, "皇太后崩於稚櫻宮".
211) 『日本書紀』 卷9, 神功皇后 69年 10月條, "葬狹城盾列陵 是日 追尊皇太后曰氣長足姬尊 是年也太歲己丑".
212) 한일학계는 신공49년을 서기 369년으로 정설화한 다음 한국학계에서는 신공 49년조를 근초고왕 때의 기사로 보고 백제가 마한을 정벌하고 일본에 그 영

나. 비미호의 한반도 관련성

비미호의 실체를 인정한 이노우에 마쓰사다(井上光貞)는 "비미호는 조선(朝鮮)과 관계가 있는 여성이고 신공 또한 그러하다."라고 하였으며,213) 박시인도 신공은 무당이며 그 조상은 한반도에서 왜로 건너갔다고 추정하였다.214)

『삼국지』 위서 왜조에는 비미호가 남편이 없으며 남동생의 보좌를 받아 나라를 다스렸다고 기록되어 있다.215)

이종기는 『편년 가락국기(編年駕洛國記)』에 선견(先見)왕자가 신녀(神女)와 함께 구름을 타고 떠났고, 그 후 거등왕이 부근 돌섬의 바위에 올라가 선견왕자를 부르는 그림을 새겼으며 그곳이 초선대(招仙臺)라고 전한다는 기록이 있는데, 여기의 신녀가 수로왕의 딸로 바로 비미호이며 선견이 『삼국지』 위서에서 말하는 비미호의 남동생이라고 주장하였다.216)

이 견해에 의하면 허왕후는 수로왕과의 사이에서 열 명의 아들과 두 딸을 두었으며, 딸 한 명은 탈해이사금 아들의 비가 되게 하였으나 나머지 딸에 대한 행방이 묘연한데 그 딸이 바로 신녀이며 비미호라는 것이다. 신녀가 선견왕자와 동행하는 모습은 비미호가 남동생의 보좌를 받으면서 나라를 다스렸다는 『삼국지』 위서 왜조의 기사와 묘하게 닮았다.

구주지역에는 가야계 지명이 널리 분포되어 있으며, 특히 구마모토의

향력을 행사하였다는 견해를 줄기차게 전개하고 있으며, 일본학계에서는 왜가 한반도에 진출하여 그 세력을 행사하였다는 견해를 줄곧 펼치고 있다.
213) 井上光貞, 앞의 『日本國家の起源』, 127쪽.
214) 박시인, 『알타이신화』, 청노루, 1994, 322쪽.
215) 『三國志』 券30, 魏書30 烏丸鮮卑東夷傳 倭條, "卑彌呼 事鬼道 能惑衆 年已長大 無夫壻 有男弟佐治國". 『삼국지』에서 비미호가 중애와 혼인하였음에도 불구하고 남편이 없다고 한 것은 혼인 기간이 짧았던 중애보다 중애 사후 비미호의 활동에 중점을 두고 기록하였다는 것을 보여주며 동시에 그 기간에 남동생이 중요한 역할을 하였음을 알려주는 단서이기도 하다.
216) 이종기, 앞의 『춤추는 신녀』, 164~168쪽.

야쓰시로에서 김해 금관국의 상징과도 같은 쌍어문이 발견되기도 하므로,217) 이러한 지명과 유적 분포를 살펴보더라도 비미호가 수로왕 및 허왕후와 혈연적으로 연결된다고 하겠다. 그러나 이종기의 주장처럼 비미호가 수로왕의 딸이라고 볼 수 없다. 비미호가 수로왕의 딸이라고 간주한다면 121년에 94세로 사망한 수로왕이 78년에 마지막 자녀를 둔 것으로 추산하더라도 거등왕 즉위년인 199년에는 비미호의 나이가 120여세에 이르고 위지에 의한 사망연도인 247년에는 무려 170여세에 이르러 비현실적일 뿐만 아니라, 비미호의 수명이 100세라는 『일본서기』 및 『고사기』의 기록과도 전혀 맞지 않다.218)

가락국기와 비교하면 "비미호의 활동 기간은 가야의 왕권이 1대에서 2대 왕으로 승계되는 시기와 일치"한다.219) 가락국기에 거등왕은 수로왕을 이어서 금관국 제2대 왕으로 서기 199년에 즉위하여 253년까지 재위하였다고 기록되어 있어 위서 및 『삼국사기』에서 보이는 비미호의 생존 기간과 겹친다. 따라서 비미호는 수로왕과 허황옥의 후손이면서 가락국 2대 왕인 거등왕과도 혈연적으로 관련된다고 하겠다.

수로왕과 비미호는 구체적으로 어떤 관계였을까? 『삼국유사』 가락국기에서 허왕후가 수로왕과 혼인했다고 하는 서기 48년을 기준으로 수로왕이 121년까지 재위한 기간을 미루어 추정하면, 수로왕 사망 당시 태자의 나이는 70여세에 이르렀을 것이며 그 무렵 태지 및 왕자의 자녀들 또한 40~50대가 많았을 것이지만 더 어린 자녀도 있었을 것이다. 그로부터 30여 년 뒤인 147년경에 출생한 비미호는 수로왕의 증손(曾孫)으로

---

217) 김병모, 앞의 「한·일(韓·日) 쌍어문(雙魚紋) 비교연구-邪馬臺國 卑彌呼의 鬼道를 중심으로-」, 104쪽.
218) 수로왕이 121년경 94세 정도에 사망하였을 것이며, 비미호는 147년경 출생하였으므로 물리적으로도 비미호는 수로왕의 딸이 될 수 없다.
219) 김병모, 위의 글, 105쪽.

보는 것이 타당하다.

비미호가 수로왕의 증손임은 『일본서기』에서도 드러난다. 『일본서기』를 보면 숭신천황은 개화천황의 아들이라고 하면서220) 신공, 즉 비미호는 개화천황의 증손이라고 기록하여221) 두 사람이 개화천황의 후손임을 선언하고 있다. 『신당서』 왜국전 역시 중애가 죽고 개화의 증손녀인 신공(神功)이 왕이 되었다고 기술함으로써222) 신공이 '개화천황의 증손녀'라는 사실을 명백히 밝히고 있다.

『일본서기』에서 개화천황을 매개로 숭신과 신공의 혈연적 동일성을 세대를 넘어 기록한 만큼, 개화천황을 포함하여 그 전의 천황은 가공의 허구라는 쓰다 소키치나 미즈노 유의 주장이 더 이상 유효할 수 없다.

쓰다 소키치는 신무천황부터 개화천황까지는 실재하지 않은 가공의 천황이라고 주장하였으며,223) 삼왕조교체설을 주장한 미즈노 유도 숭신천황이 실재하는 최초의 천황이며 그 전의 천황은 가상 인물에 지나지 않는다고 하였다.224)

이런 주장을 하게 된 근거는 『일본서기』를 보면 제1대 신무천황을 제외하고는 제2대부터 제9대 천황까지는 단순히 생몰연대만 기록되어 있을 뿐만 아니라 신무를 포함한 일부 천황들의 수명 또한 비정상적으로 길다는 데 있다. 그러나 천황들의 수명이 비정상적으로 긴 이유는 『일본서기』 편찬자들이 신무천황의 일본 건국을 서기전 660년으로 정하다 보니 그 뒤 천황들의 수명이 실제보다 늘어난 것으로 볼 수 있다는 측면에서 납득할 수 있고, 천황의 업적이 없을 수도 있으며 허위로 업적

---

220) 『日本書紀』 卷5, 崇神天皇 元年條, "御間城入彦五十瓊殖天皇 稚日本根子彦大日日天皇第二子也".
221) 『日本書紀』 卷9, 神功皇后 元年條, "氣長足姬尊 稚日本根子彦太日日天皇之曾孫".
222) 『新唐書』 卷220, 列傳145 倭傳, "仲哀死 以開化曾孫女神功爲王".
223) 津田左右吉, 『古事記及 日本書記の硏究』, 岩波書店, 1938, 472~474쪽.
224) 水野祐, 앞의 『日本古代の國家形成』, 152~156쪽.

을 과장하여 기록하지 않았다는 점에서 사실적일 수도 있다.

　결국 제10대 숭신천황은 제9대 개화천황의 아들이며 신공은 개화의 증손이라는 문헌사료에 근거하여 한반도에서 구주로 파급된 가야계 지명 및 고고자료 등을 종합하여 검토하면, 개화천황은 수로왕이고 신공은 곧 수로왕의 증손이며 숭신과 신공은 혈연적으로 연결되어 있다는 사실이 파악된다.[225]

　숭신과 신공의 혈연적 연결은 시호를 통해서도 확인된다. 『일본서기』를 보면 숭신천황의 후손으로 기록된 제12대 경행천황부터 제14대 중애천황까지 모두 '타라시(足)'라는 호칭을 시호로 사용하고 있어 이들이 모두 같은 혈족임을 암시하고 있는데, 신공황후의 시호 '오키나가타라시히메노미코토(氣長足姬尊)'에서도 같은 '타라시(足)'라는 동일한 호칭을 사용하고 있으므로 숭신과 신공은 출자가 동일하며 혈연적으로 연결되어 있음을 알게 해준다.

다. 비미호의 일본 이거 과정

　수로왕이 121년에 사망한 것을 계기로 구간세력은 신라의 도움으로 금관국의 왕위를 찬탈하였을 것이다. 이로 인하여 태자는 즉위하지도 못한 채 축출되었고 태자의 자녀를 비롯한 수로왕의 후손들은 오늘날 기장지역인 비미국으로 탈출하였으며, 비미호는 147년경 기장지역에서 태어나 어린 시절을 보낸 것으로 추정된다.

　비미호가 기장지역과 관련이 있다는 사실은 사후 추존명이 '기장족희존'이라는 점에서도 잘 알 수 있다.[226] 우리나라에서는 혼인한 여성을

---

[225] 개화천황이 수로왕과 동일한 실존 인물이므로 개화천황 이전의 일본천황들도 허구의 가공인물이 아니라 실존인물일 것이다. 다만, 실제로 일본열도에서 활동한 초대천황은 숭신이므로 개화 이전의 천황은 한반도에서 활동한 인물로 보아야 할 것이다.

호칭하는 택호(宅號)에 친정이 있는 출신지역을 붙여 부르는 관습이 오래전부터 존재하였다. 일본에서도 택호와 유사한 '야고(屋號)'가 있는데 야고는 택호와 같이 "지명을 차용하여 개인명화"한 것으로,[227] 이러한 한국과 일본의 오랜 관습에 따르면 '기장족희존'에서의 '기장' 역시 비미호가 태어나서 자란 출신지역일 것이다.

기장은 김해 부근 동해안 남단에 있는 지역이다. 기장은 김해 인근 해안가에 위치하며 기장읍 청강리[228], 장안읍 임랑·반룡리[229], 정관읍 가동·방곡리[230] 등지에서 청동기 및 삼국시대의 수혈건물터, 돌덧널무덤 등의 고분군이 확인되었고 청동기 및 삼한시대부터 삼국시대에 이르기까지 다양한 유물이 출토되었다. 이와 같은 고고학적 현황으로 보아 기장지역에서 국가 성립의 가능성이 농후하므로 이 지역의 고대 국가를 '비미국(卑彌國)'으로 보고자 한다.

비미국은 "마한의 일국"[231]으로 백제 온조왕의 공격을 받기 전에는 한반도 남서부 지역에 있었으나, 마한이 멸망한 후 동쪽으로 이동하여 금관국에서 그리 멀지 않은 기장지역에 세력을 형성하였으며, 같은 마한 족속이라는 연대감으로 인접한 금관국과는 우호적인 관계를 유지하

---

226) 金聖昊, 『沸流百濟와 日本의 國家起源』, 知文社, 1982, 185~186쪽.
227) 장용걸, 「宅號의 考察-계층성과 여성의 兩義性을 중심으로-」, 『비교민속학』3, 1988, 101쪽.
228) 福泉博物館, 『機張 淸江里遺蹟』, 2009.
229) 中央文化財研究院, 『機張 孝岩移住團地 造成事業 區域內 機張 林浪里 遺蹟』, 2001.
東亞細亞文化財研究院, 『機張 盤龍里 遺蹟』1, 2009.
230) 울산대학교 박물관, 『부산 정관신도시 개발지구내 유적 기장 가동유적』1-2, 2008-2009.
울산대학교박물관, 『부산 정관신도시 개발지구내 유적 機長 芳谷里遺蹟』, 2007.
231) 문정창은 비미호가 마한54개국 중 하나인 비미국을 자신의 이름으로 하였으므로 마한에서 출자하였다고 한다(문정창, 『韓民族이 세운 日本古代史』, 관동출판사, 1981, 22쪽).

였을 것이다.

이런 배경으로 수로왕 사후에 살아남은 수로계 일족이 기장지역으로 이거(移去)하였고 그곳에서 탄생한 비미호가 비미국 사람들의 도움으로 성장하였으며,232) 기장에서 태어나고 자란 비미호가 비미국의 비호 아래 금관국 수로왕계로의 왕권 회복을 위한 중심세력으로 등장하였고 이를 알아챈 구간세력이 압박을 가하였을 것이다.

때마침 신라 아달라이사금 4년(157) 2월에 감물현과 마산현을 설치하는 데 그치지 않고233) 3월에 장령진을 순행하는234) 등 의욕적인 정복활동을 벌이면서 동남 해안지역으로 세력을 뻗치려고 하자 이에 신변에 위협을 느낀 비미호세력은 기장지역에서 일본열도로 건너갔다고 하겠다.

비미호라는 이름은 일본열도에 진출할 당시 나이가 어렸던 수로왕의 증손에게 붙여진 것으로 그 뜻은 '비미국에서 건너온 아이'일 것이다.

라. 수로왕계 회복

야마대의 위치 비미호가 왜로 건너갔을 당시의 야마대(邪馬台)는 구주지역에 있었다. 야마대가 기내(畿內)에 있었다는 견해도 있으나 『삼국지』 왜조의 기사, 중국에서 왜로 가는 노정 및 유물의 밀집도를 살펴보면 야마대가 구주(九州)에 있었던 것이 명백하다. 기내설이 타당하기 위해서는 『삼국지』 왜조의 기사 중 '남지투마국(南至投馬國)', 또는 '남지야마대

---

232) 나가다(中田薰)도 卑弥呼는 비미국 출자의 여인일 것이라고 한다. 여기의 호는 한어 '兒·아이'라는 약음으로 보이므로 卑弥呼는 '卑弥族의 兒'라는 의미가 된다. 일찍이 에도시대의 저명한 국학자 아라히 하쿠세기(新井白石)는 『古史通或問』에서 이것은 어느 사람의 생각이라고 전제하면서 "우리나라의 전신은 마한이 아닌가 하고 생각한다."는 말을 소개한 바도 있다(蘇鎭轍, 「일본의 고대국가 大倭의 뿌리는 韓」, 『白山學報』90, 2011, 74쪽).
233) 『三國史記』 卷2, 新羅本紀2 阿達羅尼師今 4年 2月條.
234) 『신증동국여지승람』 권21, 경주부 역원 편을 보면 '장령원'이 경주 동쪽 25리에 있다고 하는 것으로 보아 '장령진'은 동해안 인근지역에 있었던 것으로 추정된다.

국(南至邪馬壹國)'에서 '남지(南至)'가 아니라 '동지(東至)'로 기록되어 있어야 가능하다.

그러나 기내설을 주장하는 연구자들은 '남지'가 '동지'의 잘못이라고 하면서 '동지'로 바꾸어 해석하고 있다. 원문의 해석이 아닌 원문 자체를 변경하기 위해서는 그것을 능가하는 다른 문헌이 있거나 원문을 대체할 수 있는 객관적인 근거를 충분히 제시하여야 한다.

기내론을 주장하는 견해는 근기지역의 대화(大和)정권을 지칭하는 '야마토'와 구주지역의 야마대(邪馬台)정권을 지칭하는 '야마타이'가 음운적인 측면에서 유사하다는 점, 『삼국지』왜조에 기록된 중국에서 일본에 이르는 행로가 야마토까지의 거리와 비슷하다는 점, 구주지역에서 발굴되는 동경(銅鏡)이 기내지역에서도 출토된다는 고고학적 자료를 근거로 제시한다.235)

그러나 야마토는 근기지역의 대화정권이 구주지역의 야마대정권으로부터 만세일계로 이어진 천황조라는 사실을 강조하기 위해 창조된 조어(造語)에 불과할 뿐 역사적 연속성을 부여할 수 없으며, 이러한 불연속성의 근거는 『일본서기』 응신기의 이주갑인상에서 이미 증명되었다. 또한 야마대의 위치가 기내가 되어야만 『삼국지』 왜조에 기록된 중국에서 일본에 이르는 거리가 비슷하다고 하였으나, 이는 기내까지 이르는 여정에 대하여 직선거리를 기준으로 산정한 것이며 실제 바다의 항로 및 육지의 지형을 감안하여 직선거리와 곡선거리를 종합하여 적용하면 중국에서 구주까지의 거리가 비슷하다고 할 수 있다.

그 외 기내설이 주장하는 것처럼 구주의 동경이 기내에서도 출토되는 것은 구주지역과 기내지역 간의 단순한 교역으로 인한 결과일 수도 있

---

235) 야마대의 성격과 위치를 다룬 관련 서적으로는 '石井良助·井上光貞, 『邪馬臺国』, 創文社, 1966', '松本淸張, 『邪馬臺国の常識』, 每日新聞社, 1974', '朝日新聞學藝部, 『邪馬臺国』, 朝日新聞社, 1976' 등이 있다.

으므로, 이러한 주장만으로는 사료의 원문을 바꿀만한 결정적인 근거가 되지 못한다.

오히려 고고학적 측면에서 보더라도 야마대가 구주에 있었음이 분명하다. 규슈 후쿠오카(福岡)현의 후쿠오카시에 위치한 요시타다카키(吉武高木)유적지 및 사가(佐賀)현의 긴자키군(新岐郡)에 있는 요시노가리(吉野ヶ里)유적지는 고대인들의 생활유적지로 밝혀졌으며, 발굴에 참여한 일본 연구자들은 서기전 300년~서기 300년에 걸쳐 한반도에서 건너온 사람들이 생활했던 공간으로 이해하고 있다.

구주지역에는 요시타다카키·요시노가리유적지 외에도 3세기 이전으로 비정되는 한반도 유물이 기내지역에 비해 훨씬 많이 출토된다.

기내론을 주장하는 연구자들은 일본 최초의 국가가 문명이 가장 발달한 기내에서 탄생하였기를 바라는 조급함이 있는 듯하다. 하지만 고대 역사에서 보는 것처럼 한반도의 선진문물이나 서양의 선진문물이 대부분 구주지역에 상륙하여 일본열도로 전파된 것은 부인할 수 없는 사실이다.

결국 야마대국의 위치는 야요이시대(彌生時代)의 유적인 한경(漢鏡)과 동검(銅劍)이 다수 출토되고, 위서 왜조에 기록된 대방군에서 왜에 이르는 경로를 감안해 볼 때 구주지역일 수밖에 없다.[236]

중애와의 혼인 비미호는 숭신이 그러했던 것처럼 처음에는 기장지역에

---

236) 松本淸張, 앞의 『邪馬臺国の常識』, 322~327쪽. 야마대를 구주로 보는 견해에서도 그 구체적인 위치에 관하여 후쿠오카현 야마토군(福岡縣 山門郡), 쿠마모토현 키쿠치군(熊本縣 菊池郡), 가고시마현 소가군(鹿兒縣 曾於郡) 등으로 견해가 나뉘어 있다.(朝日新聞學藝部, 앞의 『邪馬臺国』, 30쪽). 『일본서기』 신대기에 의하는 한 초기 야마대의 위치는 가고시마현으로 보이지만 중애기에 기록된 아나도(穴門;山口縣 關門海峽 부근), 쓰누가(角鹿;福井縣 敦賀灣), 아하지노(淡路;현재 兵庫縣에 속한 섬) 등의 위치만 살펴보더라도 그때까지 야마대가 구주 남쪽에 치우쳐 있었다고 볼 수 없다. 신공 당시의 야마대는 문헌 및 고대 유적의 분포 등을 따져보면 현 후쿠오카현 야마토군지역에 위치했다고 하겠다(牧健二, 「前漢書の事例に拠って解釋きれた邪馬臺國·女王國·倭·倭國」, 『邪馬臺国』, 創文社, 1966, 77쪽).

서 같이 건너간 세력을 중심으로 구주지역에서 소국(小國)을 건국하였다.237) 그러나 자신만의 세력으로는 수로왕계 회복이 요원하다는 사실을 깨달은 비미호는 중애세력과 연합하였다.

비미호, 즉 신공은 중애 2년에 제3비로 들어가면서 중애천황과 혼인하였는데,238) 두 사람의 혼인은 서로 간의 필요에 의한 정략혼이었을 것이다. 『일본서기』에 의하면 신공은 왕비가 2명이나 있었음에도 중애의 세 번째 비가 되었고, 비가 되자마자 중애에게 신라정벌을 요구하였다고 하는데 이러한 기사의 근저(根底)에는 당시 신공이 수로왕계를 단절시킨 신라에 대한 원망이 얼마나 깊었는가를 암시하고 있으며, 이런 정황으로 미루어 보아도 신공은 오로지 수로왕계 회복을 위해 중애와 혼인한 것으로 파악된다.

중애 역시 비미호와 혼인함으로써 비미호의 세력을 이용하여 구주의 완전 정벌을 꿈꾸었을 것이지만 서로 지향하는 목적이 달랐던 정략혼인이 순탄할 수 없었을 것이다.

『일본서기』를 보면 신공이 중애와 혼인한 후 신라 정벌을 계속 요구하였으나 신라에는 관심이 없고 구주의 완전한 정복이 우선이었던 중애는 신라정벌을 반대하였으며 그 후 석연찮게 사망하였다고 한다. 중애천황 8년(199) 9월 기사에 의하면 신공은 신탁의 힘을 빌려 신라정벌을 요구하였으나 중애는 신공의 뜻을 물리치고 웅습을 정복하러 갔다가 성공하지 못하고 돌아왔으며,239) 다음 해(200) 2월에 사망하였다.240) 『일본서기』

---

237) 비미호가 구주지역에서 처음 세운 소국이 바로 『삼국사기』 아달라이사금 20년 5월조(173)에 사신을 보낸 왜의 실체이다. 당시 비미호가 야마대의 황후 신분이었다면 신라본기에서 여왕이라고 칭하지 않았을 것이며, 『일본서기』를 살펴보더라도 173년경을 전후하여 비미호는 야마대와 아무런 관련도 없었다. 그러므로 아달라이사금 때 사신을 보낸 비미호는 구주지역 소국의 여왕이었음이 분명하다.
238) 『日本書紀』 卷8, 仲哀天皇 2年 1月條.
239) 『日本書紀』 卷8, 仲哀天皇 8年 9月條.

에는 중애가 갑자기 몸이 아프더니 다음날 사망하였다고 간단히 언급되어 있으나 『고사기』를 보면 섬뜩하다.

『고사기』에는 웅습정벌에서 실패하고 돌아온 중애가 대어금을 타다가 갑자기 소리가 들리지 않아 불을 밝혀 확인해보니 이미 송장이 되어 있었다고 한다.241)

이노우에는 『고사기』의 이 기사를 들어 신공이 신라정벌을 거부한 중애를 고의로 살해한 것이라고 하였다.242)

『삼국사기』 및 『일본서기』 분석 『일본서기』에는 신공이 중애가 사망한 사실조차 숨기면서 신라정벌을 감행하였다고 기록되어 있다. 중애 2년에 제3비로 들어간 신공이 중애가 사망한 그해에 신라정벌에 나섰다고 하는 것은 그녀가 자신의 세력이 없었다면 위서 왜조의 기록대로 아무리 귀신을 부리는 신묘한 재주가 있었다고 한들 불가능하였을 것이다. 이러한 정황으로 미루어 볼 때 비미호는 한반도에서 일본열도로 건너갈 당시 이미 상당한 세력을 거느리고 있었음이 틀림없다. 『일본서기』 중애 9년조 신공에 의한 신라정벌 기사는 한반도와 고대 일본의 관계와 관련하여 중요한 사료이므로 그 전문을 살펴보기로 한다.

(1)화이진(和珥津)에서 출발하였다. 이때 바람의 신은 바람을 불게 하고 물의 신은 파도를 일으켰나. 큰 고기들이 바다 속에서 남김없이 떠올라 배를 떠받쳤다. 순풍이 불어 범선은 파도에 따라가니 노를 젓지 않고도 곧 신라에 도착하였다. 배를 몰고 온 파도가 멀리 나라 안에까지 이르렀다. 이것으로 천신지기(天神地祇)가 모두 도와준다는 사실을 알았다. 신라왕은 전전긍긍하며 몸 둘 곳조차 몰랐다. 즉시 여러 사람을 모은 후, "신라를 건국한 이후로 바닷물이 나라 안까

---

240) 『日本書紀』 卷5, 仲哀天皇 9年 2月條.
241) 『古事記』 中卷, 仲哀天皇條.
242) 井上光貞, 앞의 『日本國家の起源』, 180쪽.

지 넘쳐 들어왔다는 말은 일찍이 듣지 못하였다. 천운이 다하여 나라가 바다로 변하면 어찌하느냐?"라고 말하였다. 그 말이 채 끝나기도 전에 수군이 바다를 메우고, 깃발들이 햇빛을 받아 빛나고, 북과 피리 소리가 산천에 울려 퍼졌다. 신라왕은 멀리서 바라보며 비범한 군사들이 자기 나라를 멸망시키려 한다고 생각하며 두려워 싸울 의지를 잃었다. 비로소 정신을 차리고 "내가 들으니 동쪽에 신국이 있어 일본(日本)이라고 한다. 또한 성왕이 있어 천황이라고 한다. 그 나라의 신병(神兵)인데 어찌 군사로 막을 수 있겠는가."라고 말하고 백기를 들어 투항하면서 스스로 흰 줄을 목에 감고 포박하였다. 지도와 호적을 바치고, 왕의 배 앞에서 항복하며 "앞으로 영원히 엎드려 말을 기르는 일을 하겠습니다. 배의 키가 마르지 않도록 해마다 말빗(馬梳)과 말채찍(馬鞭)을 바치겠습니다. 또한 바다가 아무리 멀어도 기꺼이 매년 남녀가 만든 공물을 바치겠습니다."라고 말하였다. 거듭 맹세하여 "동에서 나오는 해가 서에서 나오지 않는 한, 아리나례하(阿利那禮河)가 역류하고 냇가의 돌이 하늘에 올라가 별이 되는 때를 제외하고 해마다 바치는 조공을 게을리하거나 말빗과 말채찍을 바치지 않는다면 천벌을 내려 주십시오."라고 말하였다. 그때 누군가 "신라왕을 죽이십시오"라고 말하였다. 이에 황후가 "처음에 신의 가르침을 따라 금은의 나라를 얻고자 하였다. 또 3군에 호령하여 '스스로 항복하는 자는 죽이지 말라.'고 한 바 있다. 지금 이미 재보의 나라를 얻었고, 사람들은 스스로 항복하였다. 왕을 죽이는 것은 상서롭지 못하다."라고 말하고, 결박을 풀어 말을 기르는 일을 맡겼다. 마침내 그 나라 안에 들어가서 보물이 가득 찬 곳간을 봉인하고 지도와 호적을 거두었다. 황후의 창을 신라왕의 문에 세우고 후세의 징표로 삼았다. 그 창은 지금도 신라왕의 문에 서 있다. 신라왕 파사매금(波沙寐錦)은 미질기지파진간기(微叱己知波珍干岐)를 인질로 삼아 금은 채색, 능, 라, 겸견을 80척의 배에 싣고 관군을 따라가도록 하였다. 이러한 까닭에 신라왕은 항상 배 80척의 조공을 일본국에 한다. 고구려와 백제 두 나라의 왕은 신라가 지도와 호적을 거두어 일본국에 항복하였다는 말을 듣고 몰래 그 군세를 염탐하였다. 도저히 승리할 수 없다는 것을 알고는 스스로 찾아와서 머리를 조아리며 "지금 이후부터 영원히 서번(西蕃)이라 칭하고 그치지 않고 계속 조공하겠습니다."라고 말하였다. 이로써 내관가둔창(內官家屯倉)으로 정하였다. 이것을 가리켜 삼한(三韓)

이라고 한다. 황후는 신라에서 돌아왔다.

(2)황후가 남장한 채 신라를 쳤다. 그때 신이 이끌었다. 배를 몰고 온 큰 파도가 멀리 신라 안까지 다다랐다. 이에 신라왕 우류조부리지간(宇流助富利智干)이 나와 무릎을 꿇어 왕의 배를 잡고 머리를 조아리며 "앞으로 일본국 신의 아들에게 내관가로서 영원히 조공하겠습니다."라고 말하였다.

(3)신라왕을 산 채로 사로잡아 해변으로 가서 무릎뼈를 뽑고 돌 위에서 기어가도록 한 후 베어서 모래에 묻었다. 그리고 한 사람을 신라에 재(宰)로 삼아 머무르게 하고 돌아왔다. 그 후 신라왕의 처는 남편의 시신이 묻혀있는 곳을 몰랐으므로 혼자 재를 유혹하려고 마음먹었다. 처는 재에게 "그대가 왕의 시신이 묻힌 곳을 알려주면 반드시 후하게 보답하고 그대의 처가 되겠습니다."라고 꾀였다. 이에 재는 그 말을 믿고 몰래 시신이 묻힌 곳을 알려주었다. 왕의 처와 국인(國人)이 함께 의논하여 재를 죽였다. 왕의 시신을 찾아 꺼내어 다른 곳에 묻었다. 그때 재의 시신을 왕의 묘 밑에 묻고 왕의 관을 그 위에 올려 두면서 "존비(尊卑)의 순서는 마땅히 이와 같아야 할 것이다."고 말하였다. 천황이 듣고 격노하여 신라를 멸망시키려고 군사를 크게 일으켰다. 많은 군선이 신라에 이르렀다. 신라 사람들이 모두 두려워하여 어찌할 바를 몰랐다. 서로 모여 상의한 후 왕의 처를 죽여 사죄하였다.243)

『일본서기』에는 신공이 신라를 정벌하려는 목적이 영토를 확장하고 금은의 나라를 확보하여 일본을 부강하게 하는 데 있는 것으로 기록되어 있다. 그런데 신공기 신라성벌 기사를 언뜻 보더라도 허구와 과장이 그대로 드러날 뿐만 아니라 여러 가지 다른 사실이 덧붙여져 있으며, 더구나 생존 연도조차 다른 여러 인물이 동시대의 역사로 기록되어 혼란스럽기 그지없다.

먼저, (1)번 기사를 분석해보면 왜선이 한반도로 출격할 때 바람의 신과 물의 신의 도움을 받아 고기들이 떠올라 배를 떠받들고 순풍이 불어

---

243) 『日本書紀』 卷9, 仲哀天皇 9年 10月條, 12月條.

노를 젓지 않고도 순식간에 신라에 도달하였고, 파도가 나라 안까지 몰아쳤으며 신라왕은 그 기세에 눌려 싸움 한번 제대로 하지 못하고 스스로 항복하였다고 되어 있다. 『일본서기』 스스로 허구와 과장이 가득 찬 기사를 창조함으로써 신공의 신라정벌을 역사적 사실이 아닌 신화적인 것으로 만들었다.

또한 당시 신라왕 '파사매금'은 즉시 '미질기지파진간기'를 인질로 삼아 금은채색 및 능라겸견을 80척의 배에 실어 관군을 따라가게 하였다고 한다. 신공기에 언급된 '파사매금'은 신라 제5대 파사이사금(재위 80~112)이며 수로왕과 동시대에 활동하였으므로 신공황후와는 다른 세대의 인물이다.

파사이사금은 금관국을 상대로 수차에 걸쳐 전쟁을 벌인 후 화해를 시도하다 실패함으로써 수로왕을 죽음으로 몰고 가게 한 원인을 제공하였고, 파사계(婆娑系)인 그의 아들 지마이사금은 수로왕계가 단절되게 하였다. '미질기지파진간기'는 『삼국사기』에 의하면 신라 제17대 내물이사금의 아들 '미사흔'244)으로 신공보다 200여 년 뒤에 활동하였으며 일본에 볼모로 갔다가 그 뒤 박제상에 의해 구출되어 신라로 돌아왔다.

『일본서기』 편찬자들은 신라 왕자를 볼모로 삼았다는 사실을 신공기에 앞당겨 기사화하여 신공을 신적인 존재로 부각함으로써 신라에 의해 망한 백제와 가야 사람들의 감정을 해소할 수 있는 좋은 예로 삼았을 것이다.

7세기 이후 율령국가로 나아가면서 국호를 일본으로 하였음은 공지의 사실이며 신공이 생존할 당시의 국호는 일본이 아니기 때문에 신공기에

---

244) 미사흔은 『삼국유사』 기이편에 '미해(美海)' 혹은 '미토희(未吐喜)'로 나오고, 왕력편에서는 '미흔(未欣)'이나 '미질희(未叱希)'로 나타나며, 파진간기는 신라17관등 중 제4위에 해당하는 파진찬에 해당한다. 미사흔이 내물이사금 때 일본에 볼모로 갔으며 박제상에 의해 다시 신라로 돌아왔다는 기사가 『삼국사기』 열전 박제상전에 자세히 기록되어 있다.

일본이라는 국호가 사용될 수 없다. 또한, 문헌학적으로 비미호 시기에 이르기까지 일본에는 말이 없었고[245] 고고학적으로도 일본의 기마 풍습은 응신 이후에 나타나므로[246] 사부(飼部), 말빗(馬梳), 말채찍(馬鞭) 등 말과 관련한 일이나 마구(馬具)는 신공 당시 일본열도에서 출현할 수 없는 용어이다.

더구나 고구려와 백제 두 나라 왕이 신공 군대의 위력을 보고 도저히 이길 수 없음을 알고 머리를 조아려 스스로 항복하며 조공하겠다고 하고 이로써 신공이 신라, 백제, 고구려를 내관가로 정하였다는 기사는 전혀 신뢰할 수 없다. 당시 고구려는 왜와 접촉이 없었던 북방의 강국인데 싸움도 한번 하지 않고 신공에게 머리를 조아렸다는 것은 신공기가 얼마나 과장이 심한 허구의 기록인지 알게 해준다.

이 기사에 보이는 '내관가둔창(內官家屯倉)'은 원래 왜왕권이 일본열도 안에 존재했던 여러 소국(小國)을 정치·경제·군사적으로 지배하기 위해 설치한 기관을 뜻하는데, 신공기에서는 신라와 백제는 물론 고구려까지 그 관할을 확대하였다. 임나일본부를 주장하는 근거가 신공기 49년조와 더불어 이 기사에서 비롯되었으니 제국주의 시기 일본 연구자들이 주장한 임나일본부설이 얼마나 허황된 것인지 충분히 짐작할 수 있다.

다음으로 (2), (3)의 기사를 검토하면 (1)에서 신공의 침공을 받은 것으로 기록된 파사이사금은 (2)에서는 갑자기 '우류조부리지간(宇流助富利智干)'으로 바뀌었으나 죽이지 않았는데, (3)에서는 신라왕이 누구인지 밝히지도 않은 채 신라왕을 죽였다고 한다.

우류조부리지간은 신라본기에 나오는 석우로이며, (3)에서의 신라왕은 그 실체를 밝히지 않았으나 기사 내용이 『삼국사기』 열전 석우로전에 나

---

245) 『三國志』卷30, 魏書30, 烏丸鮮卑東夷傳 倭條 ; 『後漢書』卷85, 東夷列傳75, 倭條
246) 三品彰英, 『(增補)日鮮神話傳說の硏究』, 平凡社, 1972, 17쪽.

오는 내용과 거의 일치하는 것으로 보아 석우로가 명백하다.247) 석우로 사건을 자세히 기록한 열전 석우로전의 왜국 관련 기사는 다음과 같다.

7년 계유248)에 왜국 사신 갈나고가 객사에 머물렀을 때 우로가 접대를 주관하였다. 우로는 왜국 사신에게 농담 삼아 "조만간 너희 국왕을 염전의 노비로 삼고 왕비는 부엌데기로 만들겠다."라고 말하였다. 왜왕이 이 말을 전해 듣고 노하여 장군 우도주군을 보내 신라를 쳤다. 대왕은 우유촌(于柚村)으로 나갔다. 석우로가 "지금 환란은 내가 말을 조심하지 못하여 벌어졌으니 혼자 책임을 지겠다."라고 말한 후 왜군 진영으로 가서 "전에 한 말은 농담이었을 뿐이다. 어찌 군사를 일으키는 일까지 이를 줄 알았겠는가."라고 말하였다. 왜군은 대답하지 않고 그를 붙잡아 장작더미 위에 앉히고 불태워 죽인 후 돌아갔다. 우로의 아들이 유약하여 걷지 못하므로 다른 사람이 안아서 말에 태우고 돌아왔는데 그가 후에 흘해이사금이 되었다. 미추왕 때 왜국 사신이 예물을 가지고 왔는데, 우로의 처가 국왕에게 청하여 사신을 사사로이 접대하게 되었다. 그때 왜국 사신이 술에 취하자 장사로 하여금 뜰에 끌어내린 후 그를 불태워 원한

---

247) 『삼국사기』에서 우로는 서불한으로 기록되어 있고 『일본서기』에서는 우로를 신라왕으로 칭하고 있어 서로 다른 사람이라고 오해할 수도 있다. 그러나 신라의 경우 첨해왕이 즉위하자 그 아버지 골정을 세신갈문왕으로 봉한 기사(『三國史記』 卷2, 新羅本紀2 沾解尼師今 1年 7月條)에서 보듯이 아들이 왕이 되면 그 아버지를 높혀 갈문왕으로 추존하였는데, 우로 역시 그 아들인 흘해이사금이 제16대 신라왕이 되어 갈문왕의 반열에 올랐을 것이며 이로 인해 『일본서기』에서 우로를 신라왕으로 칭하였을 것이다. 즉, 위 신공기 (2), (3)의 우로와 신라왕은 동일 인물이라 하겠다.

248) '7년 계유'는 첨해이사금 7년(253)으로 신라본기에서 석우로가 이사금 3년(249) 왜인에 의해 죽임을 당했다는 기사와는 4년의 차이가 난다. 당시 왜왕은 열전 석우로전에서 왕과 왕비를 적시한 것으로 보아 남왕(男王)이며 『삼국지』 위서 왜조에서도 이 시기 왜왕을 '남왕(男王)'으로 표기하고 있다. 위서에 의하면 왜왕은 비미호 사망(247) 후에 즉위하였으나, 혼란기를 거쳐 다시 비미호의 종녀 일녀로 교체된 사실을 고려하면 재위 기간이 이례적으로 짧았을 것이므로 253년경까지 재위하였다고 보기 어렵고, 석우로 사건이 『일본서기』 중애 9년조(200)에 위치하고 있으나 신라 침략 등의 사실이 기록되어 있는 신공 49년조(249)의 기년과도 깊은 연관이 있는 것으로 추정되므로 신라본기의 기사와 같이 249년에 발생한 것으로 보는 것이 타당하다.

을 갚았다. 왜인들이 분하여 금성으로 쳐들어왔으나 이기지 못하고 돌아갔다.[249]

　석우로의 기사 역시 『일본서기』 편찬자들의 입장에서 볼 때 신라에 대한 감정을 충분히 자극하는 소재임에 틀림없다. 이처럼 시기가 다른 인물에 대한 사건을 같은 시기의 것으로 모아서 기록한 편찬자들의 의도는 신라에 대한 복합적인 태도에 기인하였다고 볼 수 있다.

　『일본서기』를 편찬할 당시 조정에는 삼국을 통일한 신라가 일본열도로 쳐들어올지도 모른다는 불안감이 존재하였을 것이며, 동시에 가야와 백제를 멸망시킨 신라에 대한 감정과 함께 신라를 극복하고 새로운 나라인 일본을 건설하려는 의도가 복잡하게 얽혀 있었을 것이다. 이러한 복잡한 마음이 『일본서기』에 스며듦으로써 신공기를 허구와 과장이 가득 찬 신라정벌의 역사로 만든 것이다.

중애 9년 신라정벌의 진실 『일본서기』 편찬 당시 일본열도에서는 신라를 극복하고 새로운 국가체제를 확립하려는 열망이 있었고 이러한 열망은 신공기를 왜곡과 허구로 가득 차게 하였다.

　하지만 왜곡의 이면에는 신라를 극복하고자 하는 의도 외에도 다른 역사적 진실이 숨어 있다. 『일본서기』 기사 (2), (3)에 기록된 석우로 사건은 신라본기에 의하는 한 249년의 역사적 사실로 신공기 49년조(249)와 같은 시기의 사건이다. 그러므로 마땅히 신공기 49년조에는 석우로 사건이 기사화되어야 하는데도 전혀 다른 신라정벌을 비롯한 가라 7국 등 평정기사가 기록되어 있다.

　편찬자들이 신라 극복을 위해 신공기를 단순히 과장하고자 하였다면 굳이 249년에 발생한 석우로 사건의 기사 내용을 중애 9년인 200년에

---

249) 『三國史記』 卷45, 列傳5 昔于老傳.

기록할 이유가 없었을 것이며, 신공기 249년조에는 석우로 사건과는 전혀 무관한 가라 7국 등 평정기사를 기록할 이유 또한 없었을 것이다.

『일본서기』 편찬자들이 중애 9년조에 석우로 사건을 기록한 것으로 보아 사건의 진상을 확실히 알고 있었고, 또한 석우로 사건이 실제 일어난 해인 신공 49년(249)에 신라정벌 기사를 삽입한 것으로 보아 이 사건이 249년에 일어났다는 사실도 알고 있었음이 분명하다.

당시 왜는 신라와 다투면서도 교섭하였고 한편으로는 가야 등과 교통하여 한반도 상황을 잘 알고 있었을 것이므로 기년을 착각하여 기록했을 가능성은 전혀 없다. 더구나 석우로 사건은 석우로가 왜왕을 모욕하였다는 이유로 왜군이 직접 신라로 출동하여 불태워 죽인 것으로 왜로서는 그 기년을 모를 리가 없는 사건이었다. 나아가 『일본서기』 편찬과정에서 미사흔 볼모사건이 중애 9년에 일어났다고 본 편찬자도 없었을 것이고, 파사이사금이 중애 9년과 동시대의 신라왕이라고 간주하는 것은 아예 불가능하다고 하겠다.

『삼국사기』 신라본기에 의하면 신공의 실제 인물인 비미호가 신라왕에게 사신을 보냈는데 그때 신라왕이 아달라이사금이었고, 당시 신라와의 교류가 단절되지도 않았으므로 편찬자들이 신라왕계를 몰랐을 가능성은 없다. 더구나 『일본서기』를 편찬하는 과정에서 백제인을 비롯하여 적지 않은 한반도 출신 사람들이 관여하였을 것이므로 착오에 의한 오기로도 볼 수 없다. 그들이 숨기려고 작정한 역사적 진실은 도대체 무엇이었을까?

『일본서기』에는 석우로 사건이 중애 9년(200)조에 일설로 기술되어 있으므로 중애 9년 본문 기사의 역사적 사실도 석우로와 같은 시기로 일체화되고 사건 또한 연관되어 있어야 상식에 맞고 논리적이라고 할 수 있다. 그런데 중애 9년 본문을 보면 당시 신공에 의해 굴복당한 신라의 왕이 파사이사금이라고 기록되어 있다.

중애 9년에 대응하는 신라왕은 내해이사금이며 석우로 사건 당시의 신라왕은 첨해이사금이었음에도 불구하고 『일본서기』 편찬자들이 파사이사금이라고 기록한 이유는 명확하다. 편찬자들이 한반도와 관련한 여러 사건을 뒤섞어 기록한 중애 9년조의 역사적 진실은 바로 신라 파사이사금과 직접 관련되어 있다.

파사이사금이나 그 왕계(王系)에게 가장 큰 피해를 입은 나라는 수로왕계의 금관국이다. 파사에서 지마로 이어지는 파사이사금계는 신공을 비롯한 수로왕계의 입장에서는 왕권이 단절되게 하는 결정적인 원인을 제공하였다. 이것이 바로 신공기에 신라왕을 파사이사금으로 기록한 명백한 이유이다. 『일본서기』 편찬자들은 파사이사금을 과거에서 소환한 후 비미호 앞에 무릎을 꿇게 함으로써 수로왕계의 원혼을 달래고 일시적으로 끊어졌던 왕조의 부활을 은유적으로 표현하고자 하였을 것이다.

『일본서기』에는 신공 섭정 원년이 태세 신사(201)이며 그보다 1년 전인 신라정벌은 200년이라고 기록되어 있는데,[250] 『일본서기』의 기년 불완전성으로 인하여 신공의 최초 신라정벌 기사의 실제 연도는 그보다 1년 앞선 199년일 가능성도 배제할 수 없다.

그렇다면, 199년을 전후하여 한반도에는 어떤 일이 있었는지 살펴보아야 할 것이다. 우선 신라본기를 보면 내해이사금 4년(199) 백제가 변경을 침입하였다는 기사만 있고,[251] 6년(201)에는 가야, 즉 금관국이 화를 청하였다고 기록되어 있다.[252] 금관국이 116년 신라 지마이사금과의 전투를 끝으로 약 100여 년 동안 신라와 관계가 끊어졌다가 갑자기 화를 청한 것이다. 『삼국유사』 가락국기를 보면, 199년에 수로왕이 거등왕에게 왕위를 물려주었다고 한다.

---

250) 『삼국사기』 및 『삼국유사』에서 서기 200년에 해당하는 기사는 전혀 없다.
251) 『三國史記』 卷2, 新羅本紀2 奈解尼師今 4年 7月條.
252) 『三國史記』 卷2, 新羅本紀2 奈解尼師今 6年 2月條.

수로왕이 121년에 사망하면서 구간세력의 왕위 찬탈로 인하여 수로왕계가 일시 단절되었다. 그로부터 80여 년 뒤에 수로왕계인 거등왕이 왕위를 이어 갈 수 있었던 상황은 바로 중애 9년조의 신라정벌 기사에서 찾을 수 있다. 중애 9년 신공에 의해 단행되었다는 신라정벌 기사의 실체는 야마대의 실질적 통치자가 된 금관국의 후예 비미호가 왕위를 찬탈한 구간세력을 몰아내고 일시적으로 단절된 수로왕계를 회복한 사건이라 하겠다.

비미호는 199년 구간세력을 몰아내고 수로왕의 후손인 거등을 금관국의 왕으로 옹립한 후 왜로 되돌아갔다. 거등왕과 비미호가 이별하는 모습은 앞서 검토한 것처럼 『편년 가락국기』에서의 장면에서 연상된다.

비미호가 한반도 남부로 군사를 이끌고 간 목적은 일시적으로 끊어진 수로왕계를 회복하려 한 것이므로, 금관국의 내부 왕권교체 문제라는 대의명분을 내세워 신라와 교섭한 결과 직접 교전을 벌이지는 않고 협상을 하였을 것이다.253) 비미호가 제시한 협상의 주 내용은 신라가 금관국 왕위 회복 문제에 개입하지 않은 대신 구간을 지원하는 조건으로 차지했던 황산(물금)에 대한 소유권을 그대로 인정하는 것이었으며 신라 역시 이를 받아들였을 것이다.

이러한 양국 간의 협상은 『삼국사기』 신라본기 내해이사금 6년조에 기록된 바와 같이 201년에 금관국이 화해를 청하는 형식으로 최종 타결되었다고 하겠다.254)

결국 중애 9년 신공에 의해 단행된 신라정벌 기사는 석우로사건의 외피(外皮)로 각색되어 있으나, 그 역사적 실체는 금관국의 후예인 비미호

---

253) 신공이 수로왕계를 회복하려는 노력은 그전에도 보인다. 『삼국사기』 신라본기를 보면 아달라이사금 20년(173) 5월에 비미호가 신라에 사신을 보내는데, 이는 본심과는 다르게 신라에 대한 적의가 없음을 공표함으로써 향후 단절된 수로왕계를 회복하려 할 때 발생할 신라의 군사적 개입을 원천 차단하려는 외교 전략의 일환으로 추정된다.
254) 『三國史記』 卷2, 新羅本紀2 奈解尼師今 6年 2月條.

가 군사를 이끌고 바다를 건너 김해로 들어가 왕위를 찬탈한 구간세력을 몰아내고 일시 단절되었던 금관국 수로왕계를 회복한 사건으로 파악된다.[255]

---

[255] 신공의 신라 정벌기사를 '母鄕回歸志向'이며 '친정 나들이'의 성격을 띈 것으로 정벌과는 거리가 멀다는 견해도 있다(黃浿江, 「日本神話속의 韓國」, 『韓國學報』 6-3, 1980, 21쪽). 그러나 신공에 의해 단행되었다는 신라 정벌의 실체는 비미호에 의한 '수로왕계의 회복'이며 '친정의 복원'이라 하겠다.

IV. 「연오랑세오녀」 설화의 원형

1. 기존 견해 검토

「연오랑세오녀(延烏郎細烏女)」 설화는 『삼국유사』 권1 기이편에 실려 있다. 우리나라 고대 역사서를 통틀어 이 설화만큼 신비로운 기록도 드물며, 설화의 신비성과 더불어 연오랑이 왜국으로 가서 왕이 되었고 세오녀가 왕비가 되었다는 이야기는 수많은 연구자에게 관심을 불러일으켰다. 『삼국유사』에 기록된 「연오랑세오녀」 설화는 다음과 같다.

> 제8대 아달라왕 즉위 4년 정유(157)에 동해 바닷가에 연오랑(延烏郎)과 세오녀(細烏女) 부부가 살고 있었다. 어느 날 연오가 바다에 나가 해초를 따고 있었는데, 갑자기 바위 하나(물고기 한 마리라고도 한다.)가 나타나 연오를 태우고 일본으로 갔다. 그 나라 사람들이 연오를 보고 "이는 보통 사람이 아니다."라고 말하고는 왕으로 삼았다(『일본제기(日本帝記)』를 살펴보면 전후에 신라 사람으로 왕이 된 적은 없다. 그러므로 변방 고을의 작은 왕이고 진정한 왕은 아닐 것이다.). 세오는 연오가 돌아오지 않은 것이 괴이하여 찾아 나섰다가 남편이 벗어놓은 신발을 발견하고 바위에 올라갔다. 바위는 또한 그 전처럼 세오를 태우고 일본으로 갔다. 그 나라 사람들이 이를 보고 놀라서 왕에게 아뢰었다. 부부가 다시 만나게 되었으며 그녀는 귀비(貴妃)가 되었다. 이때 신라에서는 해와 달이 빛을 잃었다. 일자(日子)가 아뢰기를, "해와 달의 정기가 우리나라에 내려와 있었는데, 이제 일본으로 가

버렸으므로 이런 변고가 생긴 것이옵니다."라고 말하였다. 왕은 사신을 일본에 보내어 두 사람에게 돌아오라고 하니 연오가 "내가 이 나라로 온 것은 하늘이 시킨 일인데 어찌 돌아갈 수 있겠소 그렇지만 나의 비(妃)가 짠 고운 비단이 있으니, 이것으로 하늘에 제사를 지내면 뜻대로 될 것이오."라고 말하였다. 그리고 비단을 주니 사신은 돌아와서 왕에게 아뢰었고 연오의 말대로 하늘에 제사를 지내자 해와 달이 예전처럼 빛이 났다. 이에 그 비단을 왕의 창고에 보관하고 국보로 삼으니 그 창고의 이름을 귀비고(貴妃庫)라고 하고 하늘에 제사 지낸 곳을 영일현(迎日縣), 또는 도기야(都祈野)라고 하였다.[256]

연구자들의 설화에 관한 견해는 다양하게 전개되고 있다. 「연오랑세오녀」 설화를 스사노오미코토(素戔嗚尊)와 관련지어 연구한 견해가 있으나[257] 주로 천일창과 연관되어 있다고 한다.

즉, 연오랑과 세오녀가 일본으로 건너간 후에 신라의 일월이 빛을 잃었다는 기사와 천일창이란 이름과의 사이에 어떤 관련성이 있음을 암시한다고 하며,[258] 천일창과 연오랑·세오녀는 그 근원에서 서로 공통점을 가졌다고 하기도 한다.[259]

천일창과 연오랑·세오녀가 그 이름에서 연상되듯이 일월 사상과 연관될 수는 있겠으나, 연오랑과 세오녀는 『삼국유사』에 신라 아달라이사금 때에 생존한 인물로 기록되어 있는데 반해 천일창은 『일본서기』에는 숭신기, 『고사기』에는 응신기에 활동한 인물로 기록되어 있어 단순히 문헌적으로 비교해도 동시대의 같은 인물로 볼 수 없다.

---

256) 『三國遺事』 卷1, 紀異1 延烏郞細烏女.
257) 이홍직, 「여명기의 한일관계와 전설의 검토」, 『국사상의 제 문제』2, 국사편찬위원회, 1959, 34쪽.
258) 李丙燾, 앞의 『韓國史 : 古代篇』, 323쪽.
259) 丁仲煥, 앞의 『加羅史硏究』, 132쪽.

연오랑과 세오녀를 포항 영일만 일대의 소국이라고 하는 근기국(勤耆國) 출신 인물로 보면서, 2세기 중엽을 전후하여 신라의 팽창과 함께 근기국의 유력자였던 두 사람이 일본 땅인 출운 근처나 북구주지역에 진출하였다고 주장하는 견해도 있다.260)

연오랑과 세오녀가 영일만 일대의 근기국 출신이라고 하는 또 다른 견해는 『일본서기』 수인기 3년의 기년을 71년으로 보고 여기에 이주갑인상설을 적용하여, 천일창이 일본으로 건너간 해를 서기 191년으로 간주함으로써 연오랑과 천일창을 동시대의 같은 인물로 추정하기도 한다.261) 근기국이 영일만 일대에 있었다는 주장은 이병도에 의해 제기되었다. 이에 의하면, '근기'와 '근오지'는 비슷한 음을 가졌으며 영일만 일대가 신라시대에 근오지현으로 불렸다는 이유로 근기국이 이 지역에 있었다고 한다.262) 그러나 객관적으로 인정할 수 있는 다른 근거 없이 근기와 근오지가 비슷한 음을 가졌다는 이유로 동일성을 주장하는 것은 타당하지 않다. 영일만 일대는 2세기 중엽 아달라이사금 때 멸망한 것이 아니라 파사이사금 23년(102)에 음즙벌국과 실직국이 신라에 항복함으로써 그때 이미 신라에 복속되었으며, 파사이사금에 의해 멸망하기 전에 실직국의 교역중계지였다는 사실은 '수로왕계의 일시 단절' 편에서 자세히 살펴본 바와 같다.

그러므로 근기국이라는 정치체가 포항지역에 2세기 중엽까지 존재하였을 가능성은 없다. 또한 『삼국유사』와 『일본서기』를 비교하더라도 연오랑과 천일창이 동일 인물일 수 없으며, 수인기 3년의 기년에 이주갑

---

260) 裵勇一, 『延烏郎 細烏女 日月神話 硏究』, 浦項精神文化發展硏究會, 2007, 39쪽.
261) 이봉일, 「『삼국유사(三國遺事)』 연오랑·세오녀(延烏郎·細烏女)와 『古事記』 신라왕자 아메노히보코(天之日矛) 이야기의 비교분석 연구」, 『국제한인문학연구』 9, 2012, 126~127쪽.
262) 李丙燾, 앞의 『韓國史 : 古代篇』, 294쪽.

인상설을 적용하여 천일창이 일본으로 건너간 해를 서기 191년으로 간주하는 것은 응신기 이후에나 적용되어야 마땅한 이주갑인상설을 특별한 논거 없이 수인기까지 확대 적용한 결과에 불과하므로, 이를 연오랑과의 동시대성을 입증하는 근거로 활용할 수는 없다.

연구자들은 대개 연오랑과 세오녀의 근거지 및 일본으로 건너간 출발지를 포항 영일만지역으로 비정하고 일본열도에 도착한 지역을 이즈모(出雲)로 보고 있다.263) 그러나 이즈모지역에 한반도에서 건너온 사람이 왕이나 왕비가 되었다는 사실을 증명할 수 있는 문헌사료나 유적은 없다. 「연오랑세오녀」 설화에서의 핵심은 그들이 일본으로 건너가 왕과 왕비가 되었다는 것인데, 지금까지의 견해에는 연오랑과 세오녀가 구체적으로 일본의 왕과 왕비가 된 사실 및 이를 설명할 수 있는 자세한 논증이 없다.

연오랑과 세오녀가 "왕이 되고 귀비가 되었다는 사실은 설화적 발상법"264)에 불과한 것이어서 이를 증명하는 문헌이나 유적을 찾는 것이 무의미하다면, 일본에서 왕과 왕비가 된 연오랑과 세오녀가 비단을 보냈고 그 비단으로 영일만에서 제사를 지냈다는 내용조차 전부 허구로 치부되어 설화의 역사적 사실성은 모두 상실된다.

마찬가지로 「연오랑세오녀」 설화가 실제로 우리나라 사람이 일본으로 건너가 왕과 왕비기 되었다는 사실을 전제로 전승된 것이라면, 연오랑과 세오녀가 포항지역에서 살다가 일본으로 가서 왕과 왕비가 되었다는 근거가 없다는 것은 연오랑과 세오녀의 출자를 포항지역으로 보는 견해가 근본적으로 성립할 수 없다는 사실을 말하는 것이나 다름없다.

---

263) 蘇在英, 「延烏細烏說話攷」, 『국어국문학』36, 1967, 29~33쪽.
金錫亨, 앞의 『古代朝日關係史』, 361쪽.
李寬逸, 「延烏郎·細烏女 說話의 한 硏究」, 『국어국문학』55-57, 1976, 381~382쪽.
金顯吉, 「說話를 통해서 본 古代의 韓日關係」, 『湖西史學』11, 1983, 15쪽.
264) 李寬逸, 위의 글, 384쪽.

연오랑과 세오녀의 출신지를 포항 영일만지역으로 보는 견해는 문헌학적 근거로 「연오랑세오녀」 설화와 1929년 김용제가 편찬한 『영일읍지』를 제시한다.265) 하지만 「연오랑세오녀」 설화에서는 두 사람이 동해안 바닷가에 살았다고만 하였을 뿐 포항 영일만이라고 특정하지 않았으며, 설화를 전하는 『삼국유사』 어디에도 그 출신지를 포항지역으로 기록하지 않았다.

또한 조선시대 문헌인 『신증동국여지승람』 영일현조에서도 연오랑과 세오녀의 출신지를 "동해 바닷가"266)라고 하였을 뿐 '영일현이나 포항 당평' 등으로 기록하지 않았다.

일연이 『삼국유사』에 채록한 또 다른 설화인 '도화녀와 비형랑'에서 도화녀의 출신지를 "사량부의 민가"267)라고 특정한 것에서 보더라도, 연오랑세오녀의 이야기를 채록할 당시 그들의 출신지나 생활근거지를 알았다면 동해 바닷가라고 애매하게 기록하지 않고 분명히 출신지역까지 명기하였을 것이다. 이러한 사실로 보아, 일연이 설화를 채록할 당시까지도 연오랑과 세오녀의 출신지나 생활근거지가 제대로 알려지지 않은 채 민간에서 전해져 내려왔을 것이다.

그러다가 「연오랑세오녀」 설화가 후대에 민간으로 전승되면서 『삼국유사』에서 보는 것처럼 신라가 세오녀로부터 받은 비단으로 제사를 지낸 곳이 영일현이라는 역사적 사실이 그 출신지나 생활근거지마저 영일현으로 확장되어 전해졌을 가능성도 배제할 수 없으며, 구한말 영일출신 선비인 김용제가 지역의 역사·문화를 채록하는 과정에서 민간에 떠

---

265) 『영일군읍지』, 잡저 세계동'편을 보면 신라 아달라왕 때 영오랑세오녀가 당평(塘坪)에 살았다고 기록되어 있다(金鎔濟, 『迎日郡邑誌』 卷1, 雜著 世界洞, "新羅阿達羅王時 迎烏郞細烏女於洞之塘坪上 建堂爲棲息之所 今爲丘墟焉").
266) 『新增東國輿地勝覽』 卷23, 迎日縣 古跡條, "新羅阿達羅王時 東海濱有人 夫曰迎烏郞妻曰細烏女".
267) 『三國遺事』 卷1, 紀異1, 桃花女鼻荊郞, "沙梁部之庶女 姿容艷美時 號桃花娘".

돌던 「연오랑세오녀」 설화의 확장된 이야기에 따라 그들이 살던 곳을 당평이라고 기록하였을 수도 있다.

포항 당평지역에는 설화와 관련한 민간전승이 이어지고 있다. 당평마을로 진입하는 입구 언덕에는 "당집을 지어 매년 정월 10일에 동제를 올렸다."라는 이야기가 지금까지도 전해지고 있으며, 이곳을 신라가 "세오녀가 짠 비단으로 제사를 올렸던 천제당"이라고 불렀다고도 한다.[268]

지금까지 전해지는 이러한 민간전승은 애초에는 포항 당평지역이 신라가 비단으로 제사를 지낸 곳이었으나 그 뒤 세월이 지나면서 이야기가 확장되어 연오랑과 세오녀가 살았다고 전승되었을 가능성을 시사하기도 한다. 하지만 이러한 민간에서의 전승이 실제로 연오랑과 세오녀의 생활근거지 및 일본으로 건너간 출발지가 당평지역이라는 사실마저 확정하는 근거가 될 수는 없다.

설화는 전체 얼개에서 사실성을 어느 정도 내포하고 있으나 설화가 전하는 기록 모두가 그 자체만으로 역사적 진실을 담보하는 것은 결코 아니다. 설화는 시간이 지나면서 허구가 포장되거나 어느 정도 과장되기도 하므로, 고고자료 등으로 그 사실성이 보완되어야 역사적 가치를 담보할 수 있다는 명제는 결코 간과될 수 없다. 『삼국유사』를 비롯한 문헌사료와 민간전승이 일치하는 지점은 영일만지역에서 제사를 지냈다는 것뿐이다. 그러므로 다른 신빙성 있는 자료 없이 제사를 지낸 곳이 영일만지역이라고 하여 그곳이 연오랑과 세오녀의 출신지나 생활근거지라고 단정하는 것은 설득력이 없다.

영일만지역에 제사를 지낸 이유는 평소 해가 가장 빨리 돋아 태양의 정기가 왕성하기 때문이었을 것으로 추정된다. 세오녀로부터 받은 비단으로 해와 달의 정기를 살리기 위해서는 그 정기가 가장 왕성한 영일만

---

268) 裵勇一, 앞의 『延烏郎 細烏女 日月神話 硏究』, 17쪽.

이 제사의 최적지였을 것이며, 이런 이유로 영일만지역에서 제사를 지냈을 것이다. 결국 연오랑과 세오녀의 근거지 및 왜를 향한 출발지가 포항지역이었다고 하는 타당하고도 합리적인 근거는 없다.

2. 연오랑·세오녀와 숭신·신공의 동일성 검토

『삼국유사』에서 설화의 주요한 구성은 연오랑과 세오녀가 일본으로 건너간 시기를 아달라이사금 4년이라고 하는 점, 일본으로 건너가 왕과 왕비가 되었다고 하는 점, 왜로 건너간 다음 해와 달이 빛을 잃었다고 하는 점, 왜국에서 왕과 왕비가 된 연오랑과 세오녀가 비단을 보내주었다는 점에 있으므로, 설화의 실체를 검증하기 위해서는 무엇보다 먼저 설화의 생성 시점인 신라 아달라이사금 시기에 일어난 사실에 대한 세밀한 분석이 선행되어야 마땅하다. 『삼국사기』 아달라이사금조를 보면 「연오랑세오녀」 설화와 겹치는 기사가 있다.

> 아달라이사금 13년(166) 정월, 초하루에 일식이 있었다.[269]
> 20년(173) 5월, 왜(倭) 여왕 비미호(卑彌乎)가 사신을 파견하여 예물을 보내왔다.[270]

비미호가 누구인가? 비미호는 금관국의 후예로 수로왕의 증손녀이자 일본으로 건너가 야마대의 실제 주인이 된 신공황후이다. 『삼국사기』, 『삼국유사』, 『삼국지』 및 『일본서기』를 종합하여 검토하면 세오녀는 결국 비미호이며 일본에 먼저 가 왕이 된 사람, 즉 연오랑은 수로왕의 아들인 숭신천황일 수밖에 없다.

---

269) 『三國史記』 卷2, 新羅本紀2 阿達羅尼師今 13年 1月條.
270) 『三國史記』 卷2, 新羅本紀2 阿達羅尼師今 20年 5月條.

설화에서는 연오랑이 일본으로 가서 바로 왕이 되었다고 하고 있으나 실제로는 연오랑이 왜로 가서 왕이 된 기간은 상당하였을 것이다. 또한 「연오랑세오녀」 설화의 내용만으로 설화의 실제 인물이 부부사이였다고 단정할 수도 없고, 그렇다고 하여 두 사람이 혼인관계였다는 설화 내용이 암시하는 의미를 완전히 배척하기도 어렵다.

설화는 사실 그대로를 전하기가 어렵거나 설명하기가 장황할 때 부부사이라고 간단히 버무려 이야기를 전개하기도 한다. '구주 야마대의 탄생' 편에서 살핀 바와 같이, 수로왕의 아들 숭신이 일본으로 가서 야마대의 첫째 천황으로 등극하여 사실상 일본 천황조를 처음 열었다. 또한 금관국 왕계의 일시 단절로 인하여 수로왕의 증손인 비미호는 147년경 기장에 있던 비미국에서 태어나 자라다가, 157년경 일본열도로 건너가 구주지역에서 소국을 건국하였으나 수로왕계 회복을 실현하기 위해 숭신의 후손인 중애와 정략혼인을 하였다는 것은 '신공에 의한 수로왕계의 회복' 편에서 이미 검토한 바와 같다.

그러므로 세오녀는 비미호이며 신공황후[271]이고 연오랑은 숭신천황이며, 숭신의 후손 중애와 비미호는 혈연관계로 얽혀 있는 부부인 것이다. 그 후 설화가 후대로 전승되면서 비미호와 혼인한 중애는 수로왕계의 구주지역 진출과 연결되어 비미호보다 먼저 일본으로 건너가 천황조를 개창한 숭신으로 일체화되고 확장되었을 것이다.

결국 숭신과 신공이 일본으로 건너가 왕과 왕비가 되었다는 사실을 근거로 「연오랑세오녀」 설화가 탄생한 것이다.

---

[271] 이영희, 앞의 『노래하는 역사』, 104~116쪽. 이에 의하면, 세오녀를 고령 대가야로 비정되는 이오야마국 제철집단의 리더로 『일본서기』에 등장하는 히미코와 동일 인물로 보았으며 신공황후의 더블이미지로 추정하고 있다.

3. 『삼국사기』 분석을 통한 설화의 실재성 확인

아달라이사금 13년에 일식이 있었다는 기사는 「연오랑세오녀」 설화에서 해와 달이 빛을 잃었다는 내용과 일치한다. 해와 달이 빛을 잃었다는 것은 바로 이 시기에 일식이 있었다는 사실을 알려주는 것이며 『삼국사기』 신라본기를 보면 실제로 아달라이사금 13년에 일식이 있었음이 확인된다.

> 고대인들은 각종 천재지변이 국왕을 비롯한 지배세력들의 정치활동에 대한 경고로 생각했고 그들에게 발생할 큰 변화나 불운을 예고하는 것으로 받아들였다.[272]

천재지변이 연속되는 것은 왕권의 존망과 직결되는 것이므로 "치제(致祭)를 통해 사시의 절후(節候)를 고르게 해달라는 것"[273]은 고대 통치에 있어 그 무엇보다 중요한 행사였다. 아달라이사금은 즉위 초기인 4년(157)에 감물과 마산의 두 현을 설치하고 장령진을 순행하는[274] 등 의욕적인 정복활동을 펼치기도 하였지만 7년(160)에는 알천의 물이 넘쳤으며,[275] 8년(161)에는 메뚜기떼가 곡식을 해쳤고,[276] 13년(166)의 일식에 이어 17년(170)에 지진이 일어나고 서리와 우박이 내렸으며,[277] 19년(172)에는 전염병이 크게 도는[278] 등 수많은 자연재해를 겪었고 이로 인해 신라는 오랜 기간 극심한 곤궁에 처해 있었다.

---

272) 李文基, 「2~3세기 韓半島와 日本列島의 情勢와 交流에서 본 延烏郞 細烏女 說話의 歷史的 背景」, 『東方漢文學』57, 2013, 22쪽.
273) 李熙德, 「新羅時代의 天災地變」, 『東方學志』82, 1993, 29쪽.
274) 『三國史記』 卷2, 新羅本紀2 阿達羅尼師今 4年 2月, 3月條.
275) 『三國史記』 卷2, 新羅本紀2 阿達羅尼師今 7年 4月條.
276) 『三國史記』 卷2, 新羅本紀2 阿達羅尼師今 8年 7月條.
277) 『三國史記』 卷2, 新羅本紀2 阿達羅尼師今 13年 1月, 17年 7月條.
278) 『三國史記』 卷2, 新羅本紀2 阿達羅尼師今 19年 2月條.

「연오랑세오녀」 설화에서 해와 달이 광채를 잃었다는 것은 신라에서 실제로 일어난 일식과 뒤이어 계속된 지진 등 자연재해를 말하는 것으로, "제철 기술자집단이 일본으로 떠나버린 탓으로 고로에 불이 꺼졌다."[279]라는 취지의 은유적이고 상징적인 언어가 아니라 있는 그대로의 사실적인 표현이며, 신라가 오랜 기간 자연재해를 겪었고 이로 인해 백성들의 삶이 피폐해져 있었음을 알게 해준다.

이러한 계속된 자연재해는 국왕을 비롯한 지배계층에 대한 민중들의 불안과 동요가 밖으로 표출되기도 하고 왕권이 약화되면서 나라 안에 온갖 유언비어가 난무하는 계기가 되었을 것이다. 공교롭게도 지진, 일식 등 자연재해가 세오녀가 일본으로 떠난 157년 후에 집중적으로 발생하였다. 「연오랑세오녀」 설화를 미루어 짐작하면 신라 사회에는 세오녀, 즉 비미호가 일본으로 가서 여왕이 되었다는 사실이 널리 퍼져 있었던 것으로 추정된다.

『삼국지』 위서에 비미호가 귀도를 행하고 여러 사람들을 미혹하였다고 기록된 것으로 보아[280] 그녀가 귀신을 부릴 만큼 뛰어난 신기(神氣)를 가졌음을 암시하고 있다. 그렇다면, 신라 사람들 사이에서 신라에 대한 원한을 가진 비미호가 일본으로 건너가 주술로 신라를 향해 저주를 퍼부어 자연재해가 계속된다는 유언비어가 퍼졌을 것이다. 신라가 이러한 어려움을 겪고 있던 때인 아달라이사금 20년에 비미호기 사신을 파견하여 예물을 보냈으며, 그 예물은 비단이었을 것이다.

비미호는 중애와 혼인하기 전에 일본 구주지역에서 김해 및 기장지역

---

279) 이영희, 앞의 『노래하는 역사』, 109쪽. 이에 의하면, 세오녀를 미오야마국 제철기술자집단의 여성리더로 보고 세오녀가 일본으로 떠나자 제철소의 고로가 꺼졌고 이에 아달라왕이 세오녀로부터 제철 만들기의 노하우가 적힌 비단을 받아 다시 고로에 불이 타올랐다고 설명하고 있다.
280) 『三國志』 卷30, 魏書30 烏丸鮮卑東夷傳 倭條, "卑彌呼 事鬼道 能惑衆".

출신 세력을 중심으로 소국을 건국하였는데, 이 소국이 바로 아달라이사금 20년(173) 5월에 사신을 보낸 왜의 실체이다.

당시 비미호는 수로왕계 회복을 위해 속마음은 숨기고 신라와는 적의가 없음을 알리는 의미에서 사신을 파견하였으며 선물로「연오랑세오녀」설화에서 보이는 것처럼 비단을 보냈을 것이다.

세오녀가 신라에 보낸 비단은 신라 민중의 불만을 잠재우는데 적지 않은 효과를 발휘한 것으로 추정된다.

하나의 상징물이 형국을 바꾼 사례는 선덕여왕 16년(647)에 일어난 비담(毗曇)과 염종(廉宗)의 난을 진압할 때 김유신이 사용한 연에서도 잘 나타난다.[281] 신라는 그 비단을 해가 가장 먼저 떠오르는 상징성을 가진 포항 영일만 앞바다에서 제사를 지내 민심을 다독거린 다음 귀비고를 지어 비단을 보관하였다. 결국「연오랑세오녀」설화는 역사적으로 실재한 금관국의 후예인 숭신과 비미호가 일본으로 건너가 천황과 황후가 되었다는 사실을 바탕으로 탄생한 것이다.

연오랑과 세오녀가 숭신과 비미호의 아바타(avatar)가 아닌 실제 부부 사이로 실존한 인물이라면 이들이 일본으로 건너가 왕이 되었든 변읍의 세력가가 되었든 특이한 이력을 가졌으므로 출신지는 당연히 어느 정도라도 특정되어 후세에 전해졌을 것이다.

그런데도 일연이 그들의 출신지를 동해안 연안으로 애매하게 기록한 이유는 일연 자신도 연오랑과 세오녀의 실체 및 출신지를 몰랐을 뿐만 아니라 설화 채록 당시에 이미 숭신과 비미호는 철저히 부부사이로 묶여「연오랑세오녀」설화로 변신하여 전승되어왔고, 그에 따라 시공간을 달리했던 숭신과 비미호의 실제 출신지도 불가피하고도 자연스럽게 사

---

281)『三國史記』卷41, 列傳1 金庾信傳.

라지고 동해안 어느 해변으로 뭉뚱그려 전해졌기 때문이라고 볼 수밖에 없다. 숭신과 비미호의 도왜 이후 탄생한 「연오랑세오녀」 설화는 고대사회에 전란을 피하거나 이러저러한 이유로 한반도에서 일본으로 건너간 수많은 남녀의 소망과 환상으로 승화되었을 것이다.

제4장 아라국과 일본국가의 기원

I. 개관

II. 아라가야 전쟁

III. 아라국의 교역 확대 및 영토 확장

IV. 일본국가 수립과 고대 한일관계

V. 아라국의 멸망과 아막성 전투

Ⅰ. 개관

1. 아라국의 국명 유래

함안지역에 있는 가야 정치체의 국명에 대하여 『삼국사기』 열전에는 아라국(阿羅國), 『삼국사기』 지리지에는 아시량국(阿尸良國)·아나가야(阿那加耶), 『삼국유사』에는 아라가야(阿羅伽耶)·아야가야(阿耶伽耶), 『고려사』 지리지와 『신증동국여지승람』에는 아시량국(阿尸良國)·아나가야(阿那伽倻)로 불리고, 『일본서기』에는 안라(安羅)로 지칭된다.

함안의 고대 국명에 대하여 '안라'라고 표기하는 견해가 적지 않은데 대개 『삼국지』 위서에서 '안야(安邪)'[1]라고 부르고 『일본서기』 등에서 '안라(安羅)'라고 불렀다는 이유를 든다.

그러나 우리나라 사서에서 살펴본 것처럼 함안의 고대 국명이 '안라'라고 표기된 경우는 없다.[2] 그에 비하여 건국 초기부터 함안지역의 고대 국명이 '아라'로 명기되었다는 것은 『삼국사기』 열전 물계자전을 보아도 알 수 있다. 『삼국사기』 지리지를 보면 '아(阿)'로 시작되는 국명이나 지명이 여러 군데 있으며, 『고려사』 지리지를 비롯한 여러 사서에도

---

[1] '安邪'에서 '邪(사)'는 '耶(야)'로 발음되었다(金廷鶴, 앞의 「伽倻史의 硏究」, 26~27쪽).
[2] 광개토왕비문에 '안라'라는 명칭이 보이기는 하는데, 이는 비문 작성자가 위서에서 함안지역 고대 국명을 '안야'라고 부른 데에서 영향을 받아 '안라'라고 비문에 새긴 것으로 추정되며, 서기 1세기경 함안지역에서 건국된 국가의 고유 명칭이 '안라'이기 때문에 그런 것은 아니라 하겠다.

모두 함안지역의 고대 국명의 앞 글자가 '아(阿)'로 표기되었지 '안(安)'으로 표기된 적은 없다. '아(阿)'는 문헌사료 뿐만 아니라 비명에서도 보이는데, 진평왕 13년(591)에 건립된 경주 남산신성비(南山新城碑)에는 '아랑(阿良)', '아랑촌(阿良村)'이라는 지명이 새겨져 있다.3)

그런데 외국의 사서에서는 함안지역의 국가 명칭의 앞 글자가 '안(安)'으로 기록되어 있다. 안야는 『삼국지』 위서에서 기록된 함안지역의 고대 국명이며, 안라는 『일본서기』 신공기, 계체기 및 흠명기에서 아라국을 지칭하는 국명으로 나타난다.

『일본서기』에서 '아라'가 '안라'로 기록된 것은 위서의 영향을 받은 것으로 보인다. 일본에서는 '안라' 외에도 '아라'라는 명칭이 두루 사용되고 있으며, 특정 장소를 지칭할 때는 '안라'보다는 '아라'가 더 많이 사용되기도 한다.

> 교토 동쪽 비파호(琵琶湖) 남단 동쪽에 있는 시가현 구사츠역 부근 반경 5킬로미터 안에는 '아라신사(阿羅神祠)'라는 이름을 가진 신사가 무려 3개나 있으며, 신사의 대문격인 '도리이'에는 '안라신샤'라고 새겨져 있지만, 신관은 일본어로 '아라진쟈'라고 말하고 유래를 알려주는 안내판에도 함안과의 관계를 설명하면서 '아라'라고 표기하고 있다.4)

또한 『일본서기』에도 "아라파사산(阿羅波斯山)"5)과 "아라라(阿羅羅)"6)라는 지명이 보이고, 『일본서기』에 표기된 안라와 아라의 음은 모두 '아라

---

3) 南山新城碑, "郡上村主 阿良村今知撰干...城使上 阿良沒奈生上"(韓國古代社會研究所, 앞의 『譯註 韓國古代金石文Ⅱ (신라·가야 편)』, 104쪽).
4) 이영식, 앞의 『가야 이야기로 떠나는 역사여행』, 261쪽.
5) 『日本書紀』 卷19, 欽明天皇 22년조, "新羅築城於阿羅波斯山".
6) 『日本書紀』 卷22, 推古天皇 8년 2월조, "割多多羅素奈羅弗知鬼委陀南加羅阿羅羅六城 以請服".

(あら)'로 동일하게 발음된다.7) "일본어로 아라를 안라로 읽을 수는 없으나 안라를 아라로 발음했던 증거는 얼마든지 있으며, 아라와 안라를 모두 통할 수 있는 발음은 아라밖에 없다."8) 이러한 발음상의 동일성은 함안의 고대 국명이 일본으로 처음 전해질 당시 아라로 단일하게 불렸음을 증명하며, 이와 같은 이유로 함안의 고대 국명은 아라로 통일되어야 한다.

한국에서 부르는 원래의 이름 '길동'이 중국에서 '지통'이라고 불린다고 하여 모든 사람에게 '지통'이라고 소개해서야 되겠는가? 자기의 이름 '아라'가 일본에서 '안라'라고 적혀 있다고 하여 모든 사람에게 자신의 이름을 '안라'라고 적고 말해도 되겠는가? 고대 함안의 국가 명칭은 마땅히 '아라'라고 단일하게 불려야 한다.9)

아라의 뜻에 대하여 고대 함안의 국가 명칭인 아야, 아라가 '아리'에서 기원한 것으로 보고 아리가 '큰'으로 해석되므로 아라는 '큰 나라'라고 보는 견해가 있고,10) 우륵의 가야금 12곡 중 상가라(上加羅)가 '윗가야'라는 의미로 고령을 지칭하고 하가라(下加羅)가 함안의 고대국명인 아라와 통한다는 의미에서 아라를 '아래 나라'로 해석하는 견해도 있다.11)

아라의 원뜻은 함안의 고대국명 중 하나인 '아시량(阿尸良)'에서 찾아

---

7) 정효운, 「阿羅國의 멸망과 日本列島로 건너간 아라국의 후예들」, 『한국민족문화』 51, 2014, 96쪽.
8) 이영식, 앞의 『가야 이야기로 떠나는 역사여행』, 262쪽.
9) 고대 함안지역의 국가를 안라라고 불러야 한다는 견해는 아라가야가 애초부터 아라가야라고 쓰인 용례는 없고 가야지역 고대국명 뒤에 가야가 붙은 것은 가야연맹 존재 당시의 이름이 아니라 신라 경덕왕의 지명개정 이후에 생겨났다고 하면서 초기 국명은 안라국이라는 논지를 펴고 있으나(金泰植, 「咸安 安羅國의 成長과 變遷」, 『韓國史研究會』86, 1994, 33, 38쪽), 이 견해에 의하더라도 경덕왕 이후에 붙여진 가야라는 호칭을 떼어내면 아라가 되어야지 안라가 되어야 할 이유는 없다.
10) 今西龍, 「加羅疆域考」, 『朝鮮古史의 研究』, 近澤書店, 1937, 341쪽.
11) 梁柱東, 『增訂古歌研究』, 一潮閣, 1965, 597~598쪽.

야 할 것이다. "아시는 애벌, 애초"로 뜻풀이되어 그 의미는 '첫 번째' 또는 '처음'으로 통하고,12) 이를 의역하면 '으뜸', '머리'로 볼 수 있다.

'랑(良)'은 『삼국사기』 열전 강수전에서 '임나가랑(任那加良)'13)이 '임나가라(任那加羅)'와 같은 어휘이고 『삼국사기』 지리지에서 강릉의 옛 명칭인 '하서랑(河西良)'이 '하슬라(何瑟羅)14)'와 동의어이므로 '라(羅)'와 통하며, '라'는 일반적으로 '땅'이나 '나라'를 의미한다고 하겠다. 그러므로 아시랑(阿尸良)은 아시라(阿尸羅)와 같은 어휘로 '첫 번째 나라', '처음 나라'와 같은 뜻이며 '머리 나라'로 의역된다.

또한 아시랑은 고조선의 도읍지 '아사달(阿斯達)'과도 통한다. 아사달의 '아사'는 '아침'을 뜻하고 달은 원래 '산악(山岳)'의 뜻이지만 우리말 양달, 음달이 양지(陽地)와 음지(陰地)로 통하는 것처럼 땅의 뜻으로도 쓰이므로,15) 아사는 '첫 번째' 또는 '처음'으로 의역될 수 있고 달은 나라를 뜻하는 랑(良), 라(羅)와도 연결된다. 그러므로 아사달 역시 '첫 번째 나라', '처음 나라'를 의미한다고 볼 수 있으며 이를 의역하면 '머리 나라'로 되므로 아시랑과 같은 뜻을 가진다고 하겠다. 결국 아시랑, 아시라, 아사달은 동의어(同義語)이며, 아시라(阿尸羅)에서 '시(尸)'가 탈락되면서 아라(阿羅)로 변하였다고 할 것이므로 아라의 의미는 '머리 나라'이며 아라가야 고분이 밀집한 말이산 고분의 명칭(말이=마리=머리)과도 그 뜻이 통한다.

아라의 고대 국명이 고조선의 명칭과 연관되는 것은 바로 아라국 지

---

12) 이희승, 앞의 『국어대사전』, 2295쪽. 애벌은 "한 가지 물건에 같은 일을 여러 차례 하여야 될 때에 맨 첫 번 대강하여 만들어 낸 그 한 차례"로 '첫 번째'와 같은 뜻이며(이희승, 위의 책 2374쪽), 애초는 "처음"으로 뜻풀이된다(이희승, 위의 책 2377쪽).
13) 『三國史記』卷46, 列傳6 强首, "臣本任那加良人".
14) 『三國史記』卷37, 雜志6 地理4 高句麗, "何瑟羅州一云河西良".
15) 李丙燾, 앞의 『韓國古代史研究』, 41쪽.

배계층이 고조선과 같은 계통인 진국(辰國)을 이은 마한의 최상층이라는 사실을 가리킨다. 마한의 왕성은 진씨였으며, 마한은 백제에 의해 망한 후 그 최상층에 해당하는 집단이 함안지역으로 이동하여 기존 마한 지배세력과 연합하여 아라국을 건국하였다. 그러므로 아라국의 왕성 또한 진씨라 하겠다.

2. 지형 및 유적

함안은 경상남도의 중앙부에 위치한 남고북저(南高北低)의 분지로 북쪽으로는 낙동강과 남강을 끼고 의령군, 창녕군과 경계를 이루고 남쪽으로는 여항산(艅航山), 방어산(防禦山) 등이 솟아 있다.

하천은 남쪽의 여러 산에서 발원하여 가야읍에 있는 '신음천'[16], 함안천 및 군북·법수면에 걸쳐 있는 석교천 등지를 경유한 후 북쪽으로 흘러 대산면 서촌 등 지역에서 남강과 만나 합류하고, 다시 대산면 장암을 지나 창녕 남지읍의 용산과 의령 지정면의 성산 사이에서 낙동강을 만나 섞인 후 함안 칠서면을 경유하여 김해로 이어져 남해안으로 흐른다. 또한 함안지역은 가야읍에서 함안·여항면을 지나 대티고개를 넘어 진동만에 이르는 길을 통하여 해양으로도 직접 진출할 수 있는 편리한 여건을 갖추고 있다. 이러한 지형은 아라국 초기에는 낙동강을 거쳐 김해로 물류를 운송하는 길이 되기도 하였고, 그 뒤 진동만을 거쳐 해양으로 직접 왜와 통할 수 있는 교역의 최적 조건을 제공하였다.

즉, 가야 초기에는 『삼국지』 한조에서 보는 것처럼 김해 금관국이 낙

---

[16] 현재 수로는 신음천이 남문외고분군이 있는 구릉에 접한 후 서에서 동으로 흘러 함주교(=조일교)를 지나 당산을 거쳐 함안천과 섞인 후 남강과 합류하고 있으나 이는 일본 제국주의시기에 물길을 인위적으로 바꾸면서 형성된 것으로, 원래는 신음천이 남문외고분군 끝자락에서 북쪽으로 흘러 남강으로 연결되어 있었다(『近世韓國五萬分之一地形圖』 上卷, 朝鮮總督府, 1918 ; 『近世韓國五萬分之一地形圖』, 景仁文化社, 1982, 95쪽).

동강과 남해안이 만나는 종착지에 위치하여 내륙 국가들이 대외 접촉을 위한 창구역할을 수행하고 있었으므로, 아라국 역시 낙동강 물길을 통하여 물자를 김해로 보내는 방법으로 간접교역에 참여하였을 것이다.

그 뒤 진동만을 끼고 있는 지리적 조건은 함안이 법수면 일대에서 생산한 우수한 토기 등 물자를 해양을 통하여 일본열도와 교역하고 종래에는 아라국 사람들이 일본으로 진출하는 발판을 제공하였으며, 전남 동부해안까지 그 세력이 뻗어나가 중국과도 접촉할 수 있는 환경을 마련하기도 하였다. 반면에 함안의 지형은 농경에 불리한 여건으로 작용하였다. 함안 북쪽 남강 및 낙동강 연안 일대가 "유로(流路)의 경사가 완만하며 심한 곡류(曲流)의 사행천(蛇行川)"[17]의 특성이 있으므로, 홍수 때 남강의 잦은 범람으로 지금의 법수면, 대산면, 칠서면 일대 및 가야읍의 저지대가 물에 잠기는 상습 저습지가 되어 농작물 경작에 불리하였다.[18] 현재 함안지역의 제방 공사는 삼국시대에 시작되어 조선시대에도 진행되었으나, 본격적인 제방 시설은 1925년 대홍수[19] 후인 1927년에 '조선하천령'이 시행된 때부터 조성되었다.

함안지역에는 구석기·신석기 유적이 출토됨으로써 선사시대부터 사람들이 거주하였다는 사실을 확인할 수 있다. 그뿐만 아니라 청동기 대표 유물인 고인돌은 파괴된 것까지 포함하면 모두 25개군 167기로 파악되고 있다.[20] 함안지역에서 구석기·신석기 유적이 출토되고 청동기 유물

---

17) 金亨坤, 「阿羅伽耶의 形成過程 硏究-考古學的 資料를 중심으로」, 『가라문화』12, 1996, 20쪽.
18) 조선 선조 20년(1587) 함안군수 정구에 의해 편찬된 사찬읍지인 『함주지』에도 함안은 동남이 높고 서북이 낮아 물이 북쪽으로 흐르며 서북은 고산준령이 없고 광활한 평야를 이루어 홍수 때마다 강이 범람하여 물바다가 된다고 하였는데, 이러한 사실로 보아 함안지역은 조선시대에도 홍수에 시달린 것을 알 수 있다.
19) 1926년 조선총독부에서 펴낸 「대정14년 조선의 홍수」를 보면 현재 대산면, 법수면, 가야읍 등 함안지역 대부분이 침수된 사실을 파악할 수 있다.

까지 발굴된 사실은 함안의 역사가 그만큼 유구하였음을 웅변하고 있다.

함안군은 중앙의 "함안분지와 군북권, 칠원권의 3지역"으로 나눌 수 있는데,[21] 그중 함안분지에 가야읍, 함안면, 여항면, 대산면, 산인면 및 법수면의 대부분이 포함되어 있어 그 면적이 가장 크고 지석묘도 가장 많이 분포되어 있다. 특히 가야읍에는 "직경 2km 내에 4군 23기"의 지석묘가 있는데 "도항리 도동에 10여 기의 지석묘가 군집하고 있어 가장 밀집성을 보인다."[22]

고분군도 함안분지권에 모여 있는데, 대표고분군인 도항리·말산리고분군에는 약 120여 기 이상의 고분이 자리하고 있으며,[23] 그 외에도 도항리·말산리 고분군을 중심으로 주변 지역에는 남문외 고분군, 필동 고분군, 신음리 고분군을 비롯한 수많은 고분군이 위치하고 있다.

함안지역은 "철정이 150여 점이나 출토"[24]될 정도로 철기문화가 발달하였고 여항면과 군북면 일대에서 철을 비롯한 광물도 생산하였으나, 무엇보다 아라국은 당대 최대의 토기 생산국이자 유통국이기도 하였다. 함안지역이 국내 최대의 도자기 생산지였음은 법수면 우거리 및 가야읍 묘사리 등지의 가마 유적에서 충분히 알 수 있으며,[25] 이러한 환경을 토

---

20) 이주헌, 「한국고인돌문화의 변천과 함안고인돌」, 『함안고인돌』, 아라가야향토사연구회, 1997, 25쪽.
21) 金亨坤, 앞의 「阿羅伽耶의 形成過程 硏究-考古學的 資料를 중심으로」, 22쪽.
22) 이동희, 「고고학을 통해 본 안라국의 형성과정과 영역변화」, 『지역과역사』42, 2018, 41쪽.
23) 도항리·말산리고분군은 1917년 일제시기 이마니시 류의 주도로 진행된 '조선고적조사위원회'의 최초 조사에서 51기의 고분 분포가 확인되었으며, 그 후 도굴, 경작 등으로 황폐화되었다가 1987년 창원대학교 박물관의 발굴조사를 시작으로 1991년 및 1992년의 정밀 측량 및 지표조사 결과 약 120여 기의 고분 분포가 파악되었으나 정확한 숫자는 아니다(李盛周 外, 「阿羅伽耶中心古墳群의 編年과 性格」, 『韓國上古史學報』10, 1992, 298쪽).
24) 성정용, 「가야지역의 철 생산과 유통 양상」, 『역사와 담론』85, 2018, 224쪽.
25) 咸安郡·慶南文化財硏究院, 『咸安苗沙里윗長命土器가마遺蹟』, 2002.
    國立金海博物館, 『咸安于巨里土器生産遺蹟』, 2007.

【함안지역 고인돌 분포】

읍면별	유적명	고인돌 수			주변 하천
		현존	매몰·파괴	계	
가야읍	광정리고인돌	5	·	5	함안천
	도항리구락실고인돌	5	·	5	광정천
	도항리도동고인돌	10	·	10	광정천
	도항리삼기고인돌	1	2	3	광정천
함안면	봉성동고인돌	2	2	4	함안천
	북촌리고인돌	1	·	1	함안천
	괴산리고인돌	1	6	7	함안천
군북면	동촌리고인돌	26	1	27	석교천
	덕대리고인돌	5	1	6	석교천
	명관리고인돌	7	·	7	모로천
	중암리고인돌		1	1	석교천
대산면	서촌리고인돌	3	·	3	
칠북면	이령리고인돌	1	8	9	봉촌천
칠서면	회산리고인돌	1	3	4	광려천
	구포리고인돌	1	·	1	검단천
칠원면	오곡리여시골고인돌	5	·	5	광려천
	오곡리가매실고인돌	2	·	2	광려천
	예곡리아촌고인돌	10	2	12	광려천
	용정리고인돌	10	·	10	광려천
	운서리고인돌	1	·	1	운서천
	세만이고인돌	3	7	10	칠원천
산인면	송정리고인돌	7	1	8	송정천
	내인리고인돌	2	3	5	송정천
여항면	외암리고인돌	1	12	13	함안천
	주서리고인돌	8	·	8	쌍계천
계	25	118	49	167	

26)

---

26) 이 표는 '이주헌, 앞의 「한국고인돌문화의 변천과 함안고인돌」, 25쪽'에서 인용하였다.

대로 함안산 토기는 영남지역은 물론 전남 동부 및 일본까지 확산되었다. 와질토기가 서기 1세기 전후에 등장하여 2세기경 함안지역에서 유행되었고[27] 고식도질토기에 해당하는 노형기대, 승석문타날호, 통형고배 등 아라가야 토기는 3세기부터 4세기까지 영남지역으로 전파되었다.[28]

여수, 광양 및 고흥을 비롯한 전남 해안지역에서도 4~5세기대로 비정되는 아라가야계토기가 출토되었으며,[29] 일본열도에서도 3세기대로 비정되는 아라가야계 승석문양이부타날호가 나가사키현 다이쇼군야마(大將軍山)고분에서 출토된 것을 비롯하여[30] 4~5세기대로 비정되는 아라가야계토기가 규슈 및 긴키(近畿)지역 등지에서 다량 발굴되었다.[31]

특히, 5세기대 함안의 대표 토기인 화염형투창토기는 함안지역에서 101점이 출토되었고 마산, 창원, 의령, 진주지역뿐만 아니라 부산, 김해, 울산, 경주 등 영남 전역에서 출토되었으며 일본에서도 근기지역을 중심으로 광범위하게 발굴되었다.[32]

아라가야 토기가 다른 지역을 주도하고 전남 지역은 물론 일본까지 확산될 정도로 대량 생산될 수 있었던 배경에는 함안 법수면 우거리 등지에 조성되었던 대규모의 생산시설이 있었다. 함안지역에는 우거리 가마터에서 출토된 토기 중에 확인된 도부호(陶符號)가 29가지나 되었을

---

27) 金臀,「咸安 道項里 木棺墓 瓦質土器에 대하여」,『道項理·末山理遺蹟』, 慶南考古學硏究所·咸安君, 2000, 132쪽.
28) 정주희,「咸安樣式 古式陶質土器의 分布定型과 意味」,『韓國考古學報』73, 2009, 25~37쪽.
29) 이동희,「아라가야와 마한·백제」,『고고학을 통해 본 아라가야와 주변제국』, 학연문화사, 2013, 95~96쪽.
30) 朴天秀, 앞의「考古資料를 통해 본 古代 韓半島와 日本列島의 相互作用」, 59쪽.
31) 李永植, 앞의「安羅國과 倭國의 交流史 硏究」, 34~35쪽.
하승철, 앞의「유물을 통해 본 아라가야와 왜의 교섭」, 11~23쪽 ;「가야와 일본 와카야마(和歌山)지역 호족과의 교류」,『東아시아古代學』53, 2019, 391~399쪽.
32) 曹秀鉉,「火炎形透窓土器硏究」,『韓國考古學報』59, 2006, 43~49쪽.

정도로 토기 생산이 활발하였고, 우거리 가마터를 중심으로 인근에 토기 생산지 12개소가 모여 있었다.33) 이러한 생산 규모는 "다른 지역에서 찾아볼 수 없을 정도로 월등"34)하며 동시대 우리나라 어느 지역에도 없는 최대 생산시설이라고 할 수 있다.

3. 아라국의 인구규모 및 영역

아라국의 인구 규모 또한 금관국에 못지않았을 것이다. 아라국의 인구는 『삼국지』 한조를 근거로 한 통설을 기준으로 따지면 대국으로 보아도 4~5천여 호에 불과하여 20,000~25,000명 정도라고 할 수밖에 없다. 이노우에는 아라국의 최전성기를 5~6세기로 보고 이때 호수를 『경상도지리지』를 근거로 4~5천 호라고 추정하였다.35)

이러한 추정은 5~6세기 아라국의 영역을 현재 함안, 의령, 사천, 진주 지역으로 추정하고 『경상도지리지』에 기록된 함안 732호, 의령 1,059호, 사천 370호, 진주 2,220호를 합쳐 4,381호로 산정한 데에 근거한 것이며, 1호당 인구수를 5인으로 볼 때 이노우에의 추론에 의한 아라국의 인구는 20,000~25,000명으로 산정되므로 『삼국지』 한조를 근거로 한 인구 규모와 별반 차이가 없다.

그러나 『삼국지』의 기사가 3세기의 한반도 상황을 정확히 설명하는 것으로 볼 수 없어 이를 근거로 한 인구추론은 설득력이 없다.

이노우에가 근거로 삼은 『경상도지리지』에 기록된 호구 역시 정확성이 결여되었다는 사실은 『조선왕조실록』 스스로 인정하고 있다. 조선이

---

33) 이정근, 「아라가야의 토기 생산체계와 생산공간」, 『아라가야의 역사와 공간』, 선인, 2018, 119쪽.
34) 하승철, 「아라가야의 고분문화」, 『안라(아라가야)의 위상과 국제관계』, 학연문화사, 2018, 135쪽.
35) 井上秀雄, 앞의 『任那日本府と倭』, 196~197쪽.

건국한 당시 전국의 실제 인구는 "550만에서 750만 정도"였는데,[36] 『경상도지리지』 등을 합쳐서 발간된 『세종실록지리지』에 의하면 조선의 총 호수는 226,310호에 총 인구수는 '702,570명'[37]이라고 하면서도 나라에서 조사한 호수는 실제 호수의 1할 또는 2할에 불과하다고 스스로 그 부정확성을 기술하고 있는 만큼 『경상도지리지』의 호수 추정은 당시의 인구수를 정확히 반영한 수치로 볼 수 없다.[38]

호적자료를 수록하고 있는 『세종실록지리지』에 의하면 1445년 황해도의 호구(戶口)는 23,511호와 71,897구로 되어 있으나, 2년 뒤인 1447년 환상미(還上米) 반출과 관련하여 조사된 경차관에 의한 보고에 따르면 황해도의 인구는 62,637호에 462,664명으로 늘어나며, 강원도의 경우 『세종실록지리지』에 의하면 1432년 인구가 29,009명으로 보고되었으나, 구황미(救荒米) 방출과 관련하여 관찰사가 보고한 1446년의 인구는 121,499명으로 되어 있다.[39] 이러한 상황은 『세종실록지리지』의 인구산정이 부정확하였음을 보여준다.

---

36) 정치영, 「조선후기 인구의 지역별 특성」, 『민족문화연구』40, 2004, 28쪽.
37) 『세종실록지리지』에 의하면 한성부의 경우 호수는 18,794호라고 할 뿐 인구수에 대한 기록은 전혀 없는데, 1호당 5명 계산법을 적용하여 한성부의 인구수 93,970명을 더하더라도 실록에 의한 조선의 총 인구는 796,540명에 불과하다.
38) 『세종실록지리지』 경기편을 보면, 당시 인구를 정확히 조사하는 규정이 없어 문서에 기록된 사람은 열의 한둘에 불과하고 나라에서 매번 바로잡으려고 하였으나 민심을 잃을까 염려되어 지금까지 그대로 두었으며, 다른 각 도, 각 고을의 인구수도 모두 그렇다고 토로하면서 통계의 부정확성을 스스로 고백하고 있다. 일반적으로 호구조사는 국가의 각종 세금징수와 연결되고, 당시 조정에서 정확한 호구조사 기법도 없었을 뿐만 아니라 실제 조사를 하면 백성들의 조세부담이 가혹해질 수 있기 때문에 민심을 잃을 수 있다고 표현한 것이라 하겠다. 『세종실록지리지』는 『경상도지리지』 등 조선 팔도의 지리지를 합쳐 모은 것으로, 『세종실록지리지』에 기록된 통계의 부정확성은 『경상도지리지』를 비롯한 각 도 지리지의 부정확성과 불가분의 관계에 있음을 알 수 있다. 결국 부정확한 근거를 이용한 이노우에의 아라국에 대한 인구산정은 설득력이 없다.
39) 權泰煥·愼鏞廈, 「朝鮮王朝時代 人口推定에 關한 一試論」, 『東亞文化』14, 1978, 305~306쪽.

『세종실록지리지』에 기록된 인구의 부정확성은 세조실록에서 바로 드러난다. 세조 12년 11월 2일 대사헌 양성지가 올린 시무 8조에 관한 상소문을 보면 조선의 민호가 '1백만 호'라고 기록되어 있어40) 『세종실록지리지』와 큰 차이를 보이는데, 조선 초의 실제 인구가 550만에서 750만 명 정도인 점을 감안하면 양성지의 상소문에 적힌 '1백만 호'가 정확하다고 하겠다. 『세종실록지리지』의 부정확성은 『경상도지리지』의 부정확성과 연결된다.

결국 『경상도지리지』를 근거로 한 아라국의 인구 추정은 정확하다고 할 수 없으며, 전성기 한반도에서의 아라국 영역은 진동만을 포함한 마산지역, 진주, 사천 및 하동 일부지역, 거제지역 및 전남 동부 해안지역까지 이르렀으므로 인구 규모는 이노우에의 추정을 훨씬 능가했다고 하겠다.

아라국의 인구 규모를 짐작하게 하는 근거는 『삼국사기』 아라가야 전쟁 기사에서 보인다. 신라본기에는 아라가야 전쟁에서 사로잡힌 포로 6,000명을 되돌려 주었다고 기록되어 있다.41) 이러한 포로의 규모에 대하여 의문을 표시하며 이를 "포상팔국에 의해 정복된 지역을 회복하여 주었다는 기사"로 해석하면서, 포로 6,000명 속에는 "포상팔국이 침략하였던 지역의 민(民)이 대다수 포함"되었을 것이라고 보는 견해도 있다.42) 그러나 전쟁 포로는 대부분 전쟁에 참여한 군사로 이루어지며 그 중에 민간인이 포함되어 있다고 하더라도 절반을 넘기지는 못하였을 것으로 본다면 포로로 잡힌 군인은 최소한 3,000명 이상 되었을 것이다.

따라서 삼국시대 군사 차출이 인구 20여 명당 1명인 점을 감안하면 당시 포로만 기준으로 삼아도 아라국의 인구수는 최소한 6만 명에 이르

---

40) 『朝鮮王朝實錄』, 世祖實錄 40卷, 世祖 12年 11月 2日條, "我國人民 無慮一百萬戶".
41) 『三國史記』 卷2, 新羅本紀2 奈解尼師今 14年 7月條, " 奪所虜六千人還之".
42) 南在祐, 『安羅國史』, 혜안, 2003, 95쪽.

므로, 실제 전쟁에 참여한 군사를 포함하면 7~8만 명을 상회하였을 것이다. 아라국이 전쟁 직전에 이미 진동만을 확보하고 거제지역까지 영역을 확장하였으며, 아라국을 침략하기 위해 포상에 위치한 8개국이나 연합하였을 정도였다면 아라국의 국력은 상당하였을 것이므로, 전쟁 당시 인구가 7~8만 명보다 웃돌았을 것이라는 추론이 결코 무리한 것이라고 볼 수 없다.43)

아라가야 전쟁이 일어나기 전에 아라국은 활발한 정복활동 등을 통하여 주변 진동만 및 거제도까지 영토를 넓혔으며, 이러한 사실은 아라가야 전쟁 전에 이미 강력한 왕권을 기초로 한 국가가 성립하였다는 것을 보여주는 증거이기도 하다. 아라국의 영역에 관하여 5~6세기경 화염형 투창토기 분포지역 등을 토대로 현재 함안지역 전체, 의령 남부지역, 진주 서부지역, 마산지역으로 한정하는 견해도 있으나 아라국의 영역은 아라가야 전쟁 전후로 나누어 보아야 한다.

아라가야 전쟁 전의 아라국은 현재 함안과 의령지역, 진주지역 및 진동지역, 거제도 일부지역을 확보하였으며, 전쟁 후에는 마산 및 거제 전 지역, 사천 및 하동 일부 지역을 넘어 임나 4현으로 불리는 전남 동부 해안지역 및 일본열도까지 영역을 확장하였다.

---

43) 『세종실록지리지』에 의하는 한 『경상도지리지』의 호수는 5~10배 정도 축소되었으므로 최소 5배를 기준으로 하여 이노우에의 인구추론에 적용하더라도 이노우에가 추정한 함안, 의령, 사천, 진주지역을 기준으로 하면 아라국의 인구 규모는 109,525(=4,381×5×5)명에 달한다.

II. 아라가야 전쟁

1. 개요

아라가야 전쟁은 『삼국사기』 내해이사금 14년(209) 7월조와 열전 물계자전, 『삼국유사』 물계자전 등에 기록되어 있다.44) 이 전쟁 기사는 전쟁의 시기, 전쟁의 대상, 포상팔국의 위치 등을 둘러싸고 연구자마다 치열한 논의가 전개되었다. 『삼국사기』 신라본기 및 열전 물계자전에 기록된 기사는 다음과 같다.

---

44) 학계에서는 이 분쟁을 '포상팔국의 난'으로 부르기도 하고 '포상팔국 전쟁'이라고 부르기도 한다. 그러나 『삼국사기』와 『삼국유사』에서 '포상팔국의 난'이나 '포상팔국 전쟁'이라고 명기한 사례는 전혀 발견되지 않는다. '포상팔국의 난'은 신라 중심의 사고에서 비롯하였고 '포상팔국 전쟁'은 정치집단 간의 분쟁으로 이해한 데서 출발한 것으로 보인다. 이 분쟁이 신라에 대한 저항적 성격을 띤 것도 아니고 소규모의 지엽적인 전투가 아니라 여러 국가 간에 벌어진 대규모의 무력 충돌인 만큼 '전쟁'으로 명명하는 것이 타당하다. 하지만 이 전쟁의 성격을 해상교역의 주도권을 둘러싸고 아라국과 포상팔국 간에 벌어진 무력 충돌로 이해할 때 '포상팔국 전쟁'이라는 용어에서는 전쟁의 발발 원인을 제공하고, 전쟁발생지였으며 그 영향력이 컸던 '아라가야'는 전혀 드러나지 않는다. 일반적으로 전쟁의 명칭을 부여할 때에는 전쟁발생지를 근거로 명명하고(펠로폰네소스 전쟁, 크림 전쟁, 포클랜드 전쟁, 걸프 전쟁 등), 전쟁발생지를 특정할 수 없는 두 나라 간의 전쟁은 국명의 앞 글자를 붙여 명명하며(여수 전쟁, 여당 전쟁, 보불 전쟁, 청일 전쟁, 러일 전쟁 등), 특정 국가와 다수 국가 간에 전쟁이 벌어진 경우 전쟁에 영향력이 컸던 특정 국명을 붙여 명명한다(페르시아 전쟁). 그러므로 이 전쟁이 '페르시아 전쟁'과 같이 특정 국가와 다수 국가 간에 벌어진 점을 기초로, 아라가야가 전쟁발생지라는 점, 전쟁 발발에 원인을 제공하고 그 영향력이 컸던 점 등을 종합하여 검토하면 '아라가야 전쟁'으로 부르는 것이 타당하며 세계사적 흐름에도 부합한다고 하겠다.

(가) 내해이사금 14년(209), 포상(浦上)의 8국이 공모하여 가라(加羅)를 침략하므로 가라 왕자가 와서 구원을 요청하였다. 이사금이 태자 우로(于老)와 이벌찬 이음(利音)에게 명하여 6부의 병사들을 이끌고 가서 구하도록 하였다. 여덟 나라의 장군들을 죽이고 포로 6천 명을 빼앗아 돌려보냈다.[45]

(나) 포상(浦上)의 8국이 함께 모의하여 아라국(阿羅國)을 침범하므로 아라국의 사신이 와서 구원을 요청하였다. 이사금이 왕손 내음(㮽音)[46]에게 영을 내려 인근의 군 및 6부의 군사를 거느리고 가서 구하도록 하였다. 드디어 여덟 나라의 병사들을 물리쳤다.[47]

신라본기 내해이사금 때의 전쟁기사는 『삼국유사』 물계자전에도 기술되어 있으며 정약용이 저술한 『강역고』에서도 언급되어 있다. 아라가야 전쟁은 물계자의 표현처럼 가히 위난이었으며 고대 한반도 남부를 뒤흔든 대전쟁이었다.

『삼국사기』 신라본기에는 포상의 여덟 나라가 가라(加羅)를 침략한 것으로 되어 있으나 열전 물계자전에는 포상팔국의 침략 대상이 '아라국(阿羅國)'으로 명기되어 있으며, 전쟁 참가국인 포상팔국에 대한 구체적

---

45) 『三國史記』 卷2, 新羅本紀2 奈解尼師今 14年 7月條, "浦上八國謀侵加羅 加羅王子來請救 王命太子于老與伊伐湌利音 將六部兵 往救之 擊殺八國將軍 奪所虜六千人還之".
46) 본기의 '이음(利音)'과 열전의 '내음(㮽音)'은 표기만 다를 뿐 동일 인물로 보인다(李丙燾 譯註, 『三國史記』 下, 乙酉文化社, 1983, 465쪽). 신라본기 내해이사금 12년 1월조를 보면 '이음(利音)'이 '내음(奈音)'으로도 되어 있다고 하고, 열전에는 왕손 '내음(㮽音)'으로 기록되어 있다. 신라의 골품제에서 이벌찬은 왕손만이 오를 수 있는 최고 관등이므로 본기 및 열전에 기록된 이음 또는 내음은 다른 한자 표기에도 불구하고 동일 인물이라 하겠다. 또한 신라본기를 살펴보면 우로가 참전한 것은 확실해 보이며, 그런데도 열전 물계자전에서 우로가 드러나지 않은 것은 물계자를 직접 지휘한 장군이 이음이기 때문이었을 것이다. 물계자전에 의하면, 아라가야 전쟁에서 왕손 이음의 미움을 받아 물계자의 공적이 무시되었고 뒤이어 갈화 전쟁에서도 제대로 평가받지 못하였으며 그뒤 물계자는 산으로 은거하여 돌아오지 않았다고 한다.
47) 『三國史記』 卷48, 列傳8 勿稽子傳. "八浦上國同謀伐阿羅國 阿羅使來 請救 尼師今使王孫㮽音 率近郡及六部軍往救 遂敗八國兵".

인 국명은 표기하지 않았으나 이어 벌어진 갈화 전쟁에서는 골포, 칠포, 고사포 등 3국의 국명이 명기되어 있다.

『삼국유사』에는 포상팔국 중 보라국, 고자국, 사물국 등 3국의 국명만 명기되어 있고 침략 대상도 특정되지 않은 채 막연히 신라의 변경을 침략한 것으로만 기술되어 있다. 이처럼 문헌에서조차 전쟁 참가국이 제대로 표기되지 않고 전쟁 상대국의 명칭에 대하여도 기록마다 다르게 기술되어 있어, 아라가야 전쟁 기사는 그 중요성만큼이나 각 연구자에 따라 발생원인 및 시기, 전쟁 대상국 및 포상팔국의 위치 등을 두고 다양하게 해석되어왔다.

2. 전쟁 시기·원인 및 대상국

아라가야 전쟁이 일어난 시기에 대해서는 6세기 이후라고 하거나, 4세기 전반, 3세기 후반~4세기 전반, 3세기 전반이라고 하는 등으로 견해가 갈리고 있다.

전쟁 발발 시기를 6세기 이후로 보는 견해는 모두 『삼국사기』 초기기록 불신론에 근거하고 있다. 미시나 쇼에(三品彰英)는 마산부터 사천지역에 걸쳐 있던 포상팔국이 신라와 교전하면서 함안 아라국을 공격한 것으로 보고 이러한 원거리 전쟁이 3세기 초엽과 같은 옛 시대에 일어날 수 없다고 하면서, 『일본서기』 추고기 8년조(600)의 신라와 임나의 전쟁 기사에서 보는 것처럼 진흥왕 때 가야 평정 후에 신라에 의해 망한 서남지구의 가야 여러 나라가 신라에 반격한 사건이라고 주장하였다.[48]

김정학은 금관가야가 망하고 대가야가 멸망하기 전인 6세기경 금관가야 서쪽에 있는 8국의 연합군이 신라에 반격을 가한 사실의 반영이라고 추정하였으며,[49] 선석열은 진흥왕 14년(553) 백제가 변한지역의 포상팔

---

48) 三品彰英, 『日本書紀朝鮮関係記事考證』上, 吉川弘文館, 1962, 174쪽.

국을 움직여 아라가야를 공격하였으나 신라가 아라가야를 지원함으로써 실패한 것이라고 하였다.50)

그러나 『삼국사기』 초기기록을 불신하는 통설조차 4세기 후반 내물이사금 이후 기록은 신뢰성이 높다고 인식하고 있는데 『삼국사기』를 아무리 살펴보아도 6세기 이후 아라가야 전쟁으로 추정할만한 기사가 없으며, 『삼국사기』 열전에서 보는 것처럼 아라가야 전쟁에서 활약한 우로와 물계자의 활동 시기를 미루어 짐작하면 6세기경이나 그 후라고 하는 것은 타당하지 않다.51)

전쟁의 개전 시기를 3세기 후반에서 4세기 전반까지로 보는 견해는 낙랑·대방군의 소멸로 인한 교역체계의 변화에 따라 세력이 약해진 김해 금관국을 포상팔국이 침공한 사건으로 보거나, 철제무기의 대량생산으로 자체적인 성장을 이룬 포상팔국이 농경지 확보를 위해 함안의 아라국을 공격한 사건이라고 보기도 한다.

김태식은 전쟁 발생 시기를 4세기 전반으로 추정하면서 313년 낙랑군의 멸망으로 교역주도권이 약해진 김해를 포상팔국이 침략하였고, 이로써 김해세력이 주도한 전기가야연맹이 해체과정을 겪으며 약화되었다고 하였다.52) 이 견해에 의하면, 포상팔국의 공격대상국이 아라국이 될 수 없다는 근거로 4세기 고식도질토기 단계에 들어서면서 그 전과 달리 김해권과 마산 서쪽의 포상팔국은 토기문화 측면에서 확연히 구분되었고,53) 포상팔국 중에 고증이 가능한 골포(마산), 고자국(고성), 사물국

---

49) 金廷鶴, 『任那と日本』, 小学館, 1977, 57~58쪽.
50) 宣石悅, 「《三國史記》〈新羅本紀〉 加耶關係記事의 檢討-初期記錄의 紀年 推定을 중심으로-」, 『釜山史學』24, 1993, 36~38쪽.
51) 『삼국사기』 열전 석우로전, 물계자전 뿐만 아니라 『삼국유사』 물계자전 및 『일본서기』를 검토해보면 우로와 물계자가 3세기경에 활동한 사실이 드러난다고 하겠다.
52) 金泰植, 앞의 『加耶聯盟史』, 80~85쪽.
53) 金泰植, 위의 책, 82~83쪽 ; 앞의 「咸安 安羅國의 成長과 變遷」, 52~54쪽.

(사천) 등은 토기 문화권의 측면에서 함안 아라국의 양식과 같은 형태를 보이고 있으므로, 포상팔국이 같은 문화권에 속하는 아라국을 쳤다기보다는 다른 문화권에 속하는 김해를 쳤다고 보는 것이 합리적이라고 한다.54)

하지만 동일 문화권 내에서의 전쟁이 없는 것도 아니며,55) 더구나 포상팔국에 퍼져 있는 아라가야계 유물이 아라국이 전쟁에서 최종적으로 승리한 후 포상팔국 일부 지역을 지배하거나 정치·경제적 영향력을 확대하는 과정에서 확산된 측면에서 보면 설득력이 없다.

남재우는 전쟁 시기를 3세기 후반으로 보고 이 전쟁을 영역 확대를 위한 변한 내부의 전쟁으로 이해하면서, 포상팔국이 2세기 전반까지 중국이나 낙랑 등 한 군현(漢郡縣)과의 교역을 통해 철제무기의 대량생산을 가져왔고 이에 따라 철제 농기구 발전에 따른 농경지 확보 및 영역 확장을 위해 아라국을 침략한 것이라고 하였으며,56) 백승옥은 3세기 후반에서 4세기 전반경 포상팔국이 아라국을 공격한 것으로 보고 전쟁 이유는 농경지 확보 및 영역 확장에 있다고 하였다.57)

전쟁 발발 시기가 3세기 전반이라고 하는 견해58)는 다수설을 차지하고 있으며, 전쟁의 시기를 3세기 후반 이후로 보는 제반 견해가 『삼국

---

54) 金泰植, 앞의 「咸安 安羅國의 成長과 變遷」, 57쪽.
55) 白承玉, 앞의 『加耶各國 硏究』, 113쪽.
56) 南在祐, 앞의 『安羅國史』, 105~107쪽.
57) 白承玉, 위의 책, 117~119쪽.
58) 千寬宇, 앞의 『加耶史硏究』, 16~19쪽.
李賢惠, 앞의 「4세기 加耶社會의 交易體系의 변천」, 165~167쪽.
權珠賢, 「阿羅加耶의 成立과 發展」, 『啓明史學』4, 1993, 23쪽.
白承忠, 앞의 「1~3세기 가야세력의 성격과 그 추이- 수로집단의 등장과 浦上八國의 亂을 중심으로」, 30쪽.
白振在, 「加耶諸國의 對倭交涉과 浦上八國戰爭」, 『지역과 역사』37, 2015, 19~20쪽.
연민수, 「변진시대 가락국의 성장과 외교-포상팔국의 침공과 관련하여」, 『한일관계사연구』51, 2015, 15~17쪽.

사기』 초기기록을 부정하거나 이를 수정하는 데 비해 모두 초기기록을 신뢰하는 것처럼 보인다. 그런데 세부적으로 들여다보면 모든 견해가 『삼국사기』 초기기록을 전적으로 신뢰한다고 볼 수 없으며, 이러한 경향은 수로왕의 재위 기간을 162~199년으로 추정하고 그의 사망 후 금관국의 약화를 전쟁 발발 이유라고 하는 견해에서 두드러지게 나타난다.

또한 3세기 전반이 개전 시기라고 하는 견해는 포상팔국이 김해 금관국을 침공한 사건으로 보고 있다. 『삼국사기』 기년을 신뢰하는 입장에서 전쟁 발발 시기를 209년이라고 하는 견해는 타당하다. 그렇다고 하여 수로왕의 재위 기간을 2세기 중·후엽으로 추정하고 포상팔국의 전쟁 상대국을 김해로 보는 주장까지 타당하다고 할 수 없다.

포상팔국의 전쟁 상대국을 김해로 보는 견해는 신라본기 포상팔국 기사의 가라(加羅)를 김해로 이해하고 있다. 즉, 다산이 『강역고』에서 물계자전의 아라가야 전쟁 기사를 요약하면서 포상팔국이 침략한 대상을 '가라(柯羅)라고 쓰고 있는데'[59] 정약용이 "독자적인 연구에 의해 『삼국사기』 물계자전의 아라(阿羅)를 가라(柯羅)의 오기(誤記)로 파악한 결과"라고 한다.[60] 그러나 "가(柯)와 아(阿)는 부수만이 다를 뿐이며 가(柯)는 가(加)나 가(迦)보다는 오히려 아(阿)에 가깝다."[61]

『강역고』를 살펴보면 정약용은 신라사에서 전한다고 전제한 후 내해왕 14년 7월 포상팔국이 가라(加羅)를 침략하였다고 기술함으로써 『삼국사기』 신라본기와 일치된 국명을 표기하였으나, 뒤이어 물계자전을 인용하면서 포상팔국의 침략 대상 국가를 『삼국사기』 물계자전의 아라(阿羅)와는 달리 가라(柯羅)라고 표기하였다. 『강역고』에 기록된 포상팔국 관련 기사의 형식과 그 내용으로 보아 『삼국사기』 신라본기 및 열전 물계자

---

59) 『疆域考』券2, 弁辰別考, "勿稽子傳云 浦上八國同謀伐柯羅國".
60) 金泰植, 앞의 「咸安 安羅國의 成長과 變遷」, 57쪽 각주.
61) 南在祐, 앞의 『安羅國史』, 109쪽.

전을 그대로 인용한 것으로 보인다. 따라서 가라(柯羅)는 독자적인 연구의 결과물이 아니라 정약용이 『강역고』에 『삼국사기』 열전 물계자전을 인용하면서 발생한 아라(阿羅)의 단순한 오기임을 알 수 있다. 결국 신라본기에서 오기가 발생한 것이 아니라 정약용이 아(阿)로 표기했어야 마땅한데도 가(柯)로 잘못 표기하였다고 볼 수밖에 없다.

안라(安羅)가 가라(加羅)로 기록된 사례도 있으며,[62] 가라 또는 가야라는 표현은 가야 전체에 대한 포괄적인 용어로 사용되기도 하지만 김해의 금관국이나 함안의 아라국, 고령의 대가야 등 특정 국가를 지칭하는 의미로도 사용된다는 사실은 『삼국사기』를 분석하더라도 잘 알 수 있다.[63] 그러므로 포상팔국의 전쟁 상대인 특정 국가는 열전 물계자전에서 명확히 기술된 바와 같이 아라(阿羅)로 보는 것이 타당하다.[64]

고고학적으로도 포상팔국의 침략 대상국이 아라국이며 이 전쟁이 3세기 초에 일어났음을 알 수 있다. 아라가야 토기는 3세기 중엽 이후에 이미 남해안을 넘어 일본열도까지 전파되었다.[65] 이와 같은 아라가야

---

[62] 田中俊明, 앞의 『大加耶聯盟體の興亡と 任那』, 30쪽.
[63] 『삼국사기』 신라본기를 보면 가야 여러 나라를 특정 국명으로 명기하지 않고 가라나 가야로 표기한 사례가 적지 않다. 그러므로 신라본기 아라가야 전쟁 기사에서의 가라는 아라의 오기가 아니며, 아라국을 가리켜 가라라고 표현한 것이다. 즉, 본기에서는 아라국을 지칭하는 용어를 달리 사용하여 가라라고 표현하였고 물계자열전에서는 특정 국명을 그대로 표기하였기에 본기와 열전 어느 한 곳에 오기가 있는 것이 아니며 모두 역사적 사실에 맞게 기록한 것이라 하겠다.
[64] 아라가야 전쟁의 상대국을 아라국으로 보는 견해는 다음과 같다.
三品彰英, 앞의 『日本書紀朝鮮関係記事考證.上卷』, 174쪽.
田中俊明, 앞의 『大加耶聯盟體の興亡と 任那』, 30쪽.
宣石悅, 앞의 「《三國史記》〈新羅本紀〉 加耶關係記事의 檢討-初期記錄의 紀年 推定을 中心으로-」, 36~38쪽.
白承玉, 앞의 『加耶各國史研究』, 117~119쪽.
南在祐, 앞의 『安羅國史』, 110쪽.
[65] 朴天秀, 앞의 「考古資料를 통해 본 古代 韓半島와 日本列島의 相互作用」, 59쪽
하승철, 「고고자료를 통해 본 아라가야의 대외관계」, 『지역과역사』42, 2018, 102~112쪽.

토기의 확장 현상을 살피더라도 아라가야 전쟁은 4세기 이후의 상황으로 보기는 어렵고 3세기 전반, 즉 209년에 발생하였으며 포상팔국의 전쟁 상대국이자 최종 승전국 또한 아라국이라는 사실도 알 수 있다.

앞에서 잠시 언급하였듯이 전쟁 상대국을 아라국으로 보는 견해는 그 주요한 원인을 포상팔국의 농경지 확보에서 찾고 있다.

농경지 확보가 포상팔국이 연합하여 전쟁을 치를 이유가 되기 위해서는 포상팔국이 농경지가 절대적으로 부족한 자연환경에 놓여 있거나, 전쟁 당시 포상팔국이 극심한 흉년을 겪고 있었고 아라국이 농업에 유리한 자연환경을 갖추고 있으며 아울러 농업 생산량이 풍부하다는 전제가 성립되어야 할 것이다.

그런데 포상팔국 중 학설이 일치하는 고성지역(古自國), 사천지역(史勿國) 등지에 위치한 일부 국가는 해안가를 끼고 있다고 하더라도 배후에 어느 정도의 농경지를 확보하고 있어 농업 생산량이 절대적으로 부족한 지역은 아니며, 당시 포상팔국만 따로 극심한 흉년이 들었을 가능성도 거의 없다. 포상팔국 중 적지 않은 나라가 아라국과 인접하여 있어 아라국을 비롯한 내륙지역이 풍년이 들었는데 해당 나라들만이 흉년이 들 만큼 서로 다른 기후조건을 가지고 있지 않기 때문이다.

자연환경적인 측면에서는 오히려 함안지역이 농업생산에 훨씬 불리하였다. 함안은 남쪽이 높고 북쪽이 낮은 지형 및 남강과 낙동강의 합류지역이라는 지리적 특성으로 인하여 다른 지역과 달리 물이 역류하여 홍수가 발생하기 쉬운 특이한 지역이다.

즉, 남쪽은 여항산, 방어산이 각각 솟아 있고 북쪽은 저습지가 형성되어 있으며 함안천 등이 남강과 합류하여 북쪽으로 흐르다가 낙동강과 합류하여 동쪽으로 흘러가는데, 이러한 남고북저의 지형과 북쪽 남강 및 낙동강 유로의 특성이 맞물려 홍수 때마다 강물이 넘쳐 지금의 법수면, 대산면, 칠서면 일대 및 가야읍의 저지대가 물에 잠겨 농작물 경작이 어려웠다. 함안분지의 지형을 고려한 자연환경으로 볼 때 농경과 주거생활이 가능한 지역은 "최소 해발 10미터 이상의 평야지대나 그 외 곡간평야 등의 낮은 구릉지대"66)였을 것이며, 해발 10미터 이하의 평야지대는 저습지로 되어 있어 상대적으로 논농사를 하기에는 경작 공간이 극히 제한적일 수밖에 없다. 이처럼 함안 일대가 농업에 뛰어난 입지조건을 갖춘 지역은 아니므로 농경지 확보를 위해 아라국을 선제공격하였다는 주장은 설득력이 없다.

무엇보다 포상팔국이 특정 목적을 위해 선제적으로 연합하였다는 것은 전쟁에서 연합군 결성의 일반적인 취지나 성격에도 어긋난다. 역사적으로 결성된 전쟁에서의 연합은 각국이 가지는 공통의 이념이나 이해관계가 상대국에 의해 먼저 침해당하거나 공격당했을 때 그에 대항하여 이루어지는 것이 상례이기 때문이다.

고대 페르시아전쟁에서 페르시아가 먼저 그리스의 도시국가를 압박하자 이에 대항하여 도시국가들이 연합군을 편성하여 페르시아와 전쟁을 벌였다. 중세 십자군 전쟁에서도 11세기경 팔레스타인을 점령한 셀주크 튀르크가 예루살렘을 점령하여 기독교를 박해하자 서유럽국가들이 연합하여 셀주크 튀르크를 상대로 무려 200여 년에 걸쳐 충돌하였다. 또한 독일군이 먼저 주변 여러 나라를 침략하자 이에 대항하여 인접한 유럽 국가들이 연합하여 독일과 전쟁한 것이 제2차 세계대전이다.

이처럼 세계사를 두루 살펴보더라도 공통의 이해관계를 추구하기 위해 각국이 먼저 연합하여 한 국가를 선제공격한 적은 없다.

그렇다면, 포상팔국을 둘러싼 공통의 이해관계는 무엇이었을까? 국명이 의미하는 그대로 포상팔국을 해상 포구에 위치한 나라들로 이해한다

---

66) 金亨坤, 앞의 「阿羅伽倻의 形成過程 硏究 -考古學的 資料를 中心으로-」, 21쪽.

면 이들의 공통의 이해는 바로 해상교역과 관련된 것이라 하겠다. 아라가야 전쟁의 원인이 해상교역의 이해관계를 둘러싼 주도권 충돌에 있었음은 전쟁에 참여한 것으로 보이는 포상 3국이 3년 뒤 갈화를 공격한 것에서도 잘 나타난다.

포상 3국이 갈화를 공격한 이유는 울산지역에서 생산한 철을 매개로 직접 확보한 교역로를 통하여 왜와 교역함으로써 독점적인 이익을 향유하였기 때문이라고 보는 것이 합리적이다. 마찬가지로, 아라국이 자체 생산한 교역품으로 남해안을 통한 독자적인 교역 루트를 개척하여 왜와 독점적으로 교역한 결과 공통의 이익을 침해당한 포상팔국이 연합하여 아라국을 침공하였을 것이다. 결국 아라가야 전쟁의 원인은 전쟁에 참여한 국가의 지정학적 특징 및 당시 교역환경에서 찾아야 할 것이며, 따라서 전쟁 발발 이유는 해상교역의 이해관계를 둘러싼 주도권 충돌로 보는 것이 타당하다.

3. 포상팔국의 위치 비정
가. 칠포국의 위치 비정

『삼국사기』 신라본기에는 포상팔국의 구체적인 국명이 열거되어 있지 않으나 열전 물계자전 및 『삼국유사』에 기록된 아라가야 전쟁 및 갈화 선생 관련 기사를 살펴보면 포상팔국 중 몇몇 나라의 국명을 파악할 수 있다.

『삼국사기』 물계자전에는 아라가야 전쟁에 참가한 나라가 8국이라고만 기록되어 있으나, 그로부터 3년 뒤에 일어난 갈화 전쟁에 참가한 국가는 골포(骨浦), 칠포(柒浦), 고사포(古史浦)라고 특정되어 있다.[67]

『삼국유사』 물계자전에는 보라국(保羅國), 고자국(古自國), 사물국(史勿國)

---

[67] 『三國史記』 卷48, 列傳8 勿稽子傳, "後三年 骨浦柒浦古史浦三國人 來攻竭火城".

등 8국이 연합하여 변경을 침략했으며,68) 그 뒤 갈화 전쟁에서는 골포국 등 3국의 왕이 갈화를 공략했다고 되어 있을 뿐 그 국명이 구체적으로 나열되어 있지 않다.

『삼국유사』 물계자전에서 고자국은 고성, 사물국은 사천, 골포는 마산 합포라고 기술되어 있다. 보라국은 아라국이라고 추정하는 견해69)도 있으나 포상팔국이 침략한 상대 국가는 『삼국사기』 물계자전에 기록된 것처럼 아라국이 명백하므로 『삼국유사』에 보이는 포상팔국의 일국인 보라국을 아라국으로 볼 수는 없다.

'칠포(漆浦)'는 표에서 보는 것처럼 대부분의 연구자들이 지금의 '칠원(漆原)'이라고 하며, 아라가야 전쟁 후에 칠원이 함안 아라국 권역에 포함되었다고 한다. 정약용이 『강역고』에서 특별한 논거 없이 칠포를 칠원으로 비정한 이래 거의 모든 연구자들이 칠포를 칠원으로 보고 있다.

그러나 아라가야 전쟁이 해상교역의 이해관계를 둘러싼 주도권 충돌에 그 원인이 있으며 포상은 일반적으로 해안 포구를 의미한다고 볼 때 칠원은 내륙지역에 위치하므로 전쟁 당시 포상팔국의 일원이 될 수 없다. 『신증동국여지승람』을 보면, 고려 공양왕 때 구산현이 칠원현의 속현이 된 것은 확실하므로 고려 말기에 이르러서야 비로소 칠원현은 바다로 직접 통할 수 있었다.

칠원현의 속현이 되기 전의 구산현은 본래 성법부곡인데 고려 때 현으로 승격하여 귀산현으로 명칭이 바뀌어 웅신현에 예속되었다가 다시 금주에 이속되었다고 『신증동국여지승람』에 기록되어 있으므로,70) 문헌사료에 의하여도 공양왕 이전에 구산현은 칠원현의 영역이 아니었다.

---

68) 『三國遺事』卷5, 避隱8 勿稽子傳, "保羅國古自國史勿國州等八國 併力來侵邊境".
69) 李永植, 앞의 「安羅國과 倭國의 交流史 硏究」, 37쪽 각주.
70) 『新增東國輿地勝覽』 券32, 慶尙道 漆原縣 屬縣.

【포상팔국 위치 비정에 대한 제 견해】

연구자	국 명					출처 저서·논문
	칠포	골포	고자국	사물국	그 외 지역	
정약용	칠원	창원	고성		웅천, 함안, 진해, 사천, 곤양	『강역고』
이병도	칠원	창원	고성	사천		『한국고대사연구』
정중환	칠천량	마산	고성	사천		『가라사초』
삼품창영	칠원	마산	고성	사천		『日本書紀朝鮮關係記事考證』上
김정학	칠원	창원	고성	사천		『任那と日本』
백승충	칠원	함안	고성	사천		「1~3세기 가야 세력의 성격과 그 추이」
연민수	칠원	마산	고성	사천		「변진시대 가락국의 성장과 외교」
남재우	칠원	창원	고성	사천	웅천, 거제, 삼천포, 진동만 일대	『안라국사』

『삼국사기』 지리지를 보면 칠원현은 칠제현으로 의안군에 속해 있다고 기록되어 있다.71) 한편, 의안군에 소속된 속현으로 칠제현 외에도 합포현과 웅신현이 있고 합포현은 본래 골포현이라고 불리며 골포현은 지금의 마산 합포이다.72) 오늘날 구산면은 창원 마산합포구 안에 있는 행정지명이므로 신라시대 골포현이나 『신증동국여지승람』의 구산현은 동일한 지역으로 겹친다.

결국 『삼국사기』 지리지에 구산현을 포함한 지역의 옛 명칭인 합포현이 칠원과 분리한 행정지명으로 따로 표기된 것으로 보아, 삼국시대 당시 칠원은 해양과 접하지 않은 내륙지역에 위치한 것이 명확해 보이고 이러한 영역 체계는 고려 말까지 계속되었다. 이것이 칠원을 포상팔국 중 칠포국으로 비정할 수 없는 확실한 이유이다.

칠원지역이 초기부터 아라국과는 별개의 독립국가라고 하는 경향은 이병도에 의해 제기되었다. 이병도는 칠원의 고대 국명을 『삼국지』 한전 변진조에 나오는 접도국으로 보고 아라국과는 별개의 정치체로 취급하였는데, 칠원은 신라의 칠토현으로 경덕왕 때 칠제라고 개칭되었다고 하면서 두 지명에 있어 음의 유사성에 근거하여 접도국으로 추정하였을 뿐 더 이상의 자료는 제시하지 않았다.73) 칠포국을 칠원으로 보는 통설은 칠원지역이 건국 초기의 아라국과는 별개의 국가라는 인식을 심화시켰다. 그러나 칠토 또는 칠제와 접도국은 음운상으로도 비슷해 보이지 않으며, 칠원지역이 칠포국이라고 하거나 이 지역이 처음부터 아라국과 별개의 국가였다는 근거는 어디에도 없다. 칠원지역에 있는 성산성, 칠원산성, 안곡산성이 낙동강에서 광려천을 거슬러 올라 "가야 쪽으로 진

---

71) 『三國史記』 卷34, 雜志3 地理 義安郡.
72) 『三國遺事』 卷5, 避隱8 勿稽子傳.
정구복 외, 『역주삼국사기』4 주석편(하), 한국정신문화연구원, 1997, 194쪽.
73) 李丙燾, 앞의 『韓國古代史研究』, 274쪽.

출하려는 적도를 방어하기 위해 축조"되었으므로, 칠원은 "지금의 가야읍 일대에 중심지를 둔 안라국의 외곽 방어진지적인 성격"을 가지고 있다.74) 이러한 상황을 기초로 아라가야 전쟁 당시 아라국의 국력 및 전쟁의 성격 등을 종합하여 판단하면 칠원은 전쟁 이전인 건국 초기에 이미 아라국의 영역에 포함되어 있었다고 보는 것이 타당하다.

그렇다면, 칠포국의 위치는 어디였을까?

『고려사』 세가 충렬왕 6년(1280)조를 보면 칠포에 관한 기사가 보인다. 『고려사』에는 "충렬왕 6년 5월에 왜적이 고성 칠포(漆浦)에 들어와 어부들을 붙잡아갔다."라고 하며75) 이에 대장군 한희유를 파견하여 방어하게 하였다고 기록되어 있다. 충렬왕 6년의 기사를 근거로 칠포를 "고성 부근"으로 비정한 견해도 있는데,76) 『고려사』에는 '고성 칠포'로 기록되어 있어 언뜻 보면 칠포가 고성에 있는 행정지명으로 착각할 수도 있다. 하지만 고성은 고자국으로 이미 아라가야 전쟁에 참여하고 있으므로 칠포를 고성으로 비정하는 것은 불합리하며 고성 어디에도 칠포로 비정할 만한 지명은 없다. 『고려사』에는 고성 칠포에 왜적이 들어왔다고 되어 있으나 『신증동국여지승람』 등을 검토하면 왜구의 침략으로 인한 피해가 극심한 곳은 거제지역이었다. 거제는 문무왕 17년(677)에 상군(裳郡)이 처음 설치되었고 경덕왕 16년(757)에 거제군으로 개칭되었으며77) 고려 현종 9년(1018)에 거제현이 되었으나, 고려말 왜구의 침입이 잦아 주민들의 피해가 극심하였으므로 원종 12년(1271)에 거제현 주민들을 거창군 가조현으로 피난시키기에 이르렀다.

---

74) 백승옥, 「4~6세기 安羅國의 領域과 國內大人-칠원지역 古代史復元의 一段-」, 『釜大史學』30, 2006, 280~281쪽.
75) 『高麗史』 券29, 世家 券29 忠烈王 6年 5月 3日條, "倭賊入固城漆浦 擄漁者而去".
76) 津田左右吉, 「任那疆域考」, 『朝鮮歷史地理』1, 南滿洲鐵道株式會社, 1913, 155~156쪽.
77) 『三國史記』 卷34, 雜志3 地理 新羅 巨濟郡.

이때부터 조선 세종 14년(1432) 옛 섬으로 환원되어 지현사를 두고 그 뒤 현령을 둘 때까지 수십 차례에 걸친 왜구 침범으로 섬은 사람이 살지 않은 폐허가 되었다.[78] 결국 거제는 조선 초기까지 행정지명에서 사라졌으며 오랜 기간 조정에서 관리가 파견되지 않아 행정공백 상태가 야기되었다. 그 결과『고려사』를 편찬할 즈음 고려시대 당시의 칠포지역을 거제라고 칭할 수 없어 행정적인 의미가 아닌 단지 지리적으로 고성 인근에 있다는 의미로 "고성 칠포"라고『고려사』에 기록하였을 것이다.

그러므로 칠포국은 거제에 있었으며 정확한 위치는 음운상으로도 칠포국(漆浦國)의 칠과 같은 한자음을 가진 칠천도(漆川島)로 비정하는 것이 타당하다. 칠천도는 신석기시대부터 청동기시대까지 유물이 두루 출토되며 그 위치로 보아 고대 중국과 왜를 잇는 국제적 교역항로에서 중요한 중간기착지의 기능을 수행하면서 중개 이익을 취득하였을 것이다. 신석기 유적과 청동기 유적이 칠천도에 위치한 하청면 연구리 연구초등학교 일대에서 다수 발견되므로,[79] 연구리 지역이 칠포국의 중심지였다고 하겠다. 칠천도가 있는 거제는『삼국지』위서에는 '독로국(瀆盧國)'으로도 불린다. 독로국이 동래와 음이 비슷하며 동래 복천동 고분군과 같은 고고학적인 이유를 들어 부산 동래로 보는 견해도 적지 않지만[80] 독로국이 거제도일 수밖에 없는 이유는 다음과 같다.

첫째, 동래와 독로의 음이 유사하다는 주장은『삼국사기』를 보면 동래가 통일신라시대인 경덕왕 때 처음 나타난 명칭으로 그전에는 거칠산국(居漆山國)으로 불렸고,[81]『삼국지』편찬 당시에는 동래라는 지명이 부

---

78)『新增東國輿地勝覽』卷32, 慶尙道 巨濟縣.
79) 李東注, 「巨濟島의 先史文化」,『石堂論叢』31, 2002, 8~14쪽.
80) 李丙燾, 앞의「三韓問題의 新考察(六)-辰國及三韓考-」, 141쪽.
　　丁仲煥,「瀆盧國考」,『白山學報』8, 1970, 64쪽 ; 앞의『加羅史硏究』, 302쪽.
　　千寬宇, 앞의「辰·弁韓諸國의 位置 試論」, 228~230쪽.
81)『三國史記』卷34, 雜志3 地理1 東萊郡.

산지역에 존재하지 않았다는 점에서 설득력이 없다.[82] 이에 비해 다산이 『강역고』에서 최초로 주장한 거제도설은 거제의 옛 명칭인 '두루기(斗婁技)'에 근거한 것으로,[83] 신라 문무왕 때 '상군(裳郡)'이 설치되었는데[84] "두루기에 대한 음차가 독로(두루, 도로)이고 훈차가 상군"이라고 하는 점을 고려하면 거제가 독로국이었다는 사실을 알 수 있다.[85]

둘째, 『삼국지』 위서에는 독로국이 왜와 인접해 있다고 기록되어 있는데 이 의미는 왜와 바다를 사이에 두고 가장 가까이 있다는 뜻으로 이해된다. 『신증동국여지승람』에 거제에는 가라산이 있고 대마도를 바라보기에 가장 가깝다고 기술되어 있으며[86] 실제로 거제는 대마도를 육안으로도 볼 수 있는 가장 가까운 거리에 있다. 일본 국립국회도서관에 소장되어 있는 『관수매일기』를 보면 조선 헌종 2년(1836) 음력 1월 16일 대마도를 출발한 어선 한 척이 부산 초량으로 향하다가 거제 지세포에 닿았고 1월 18일에도 바다를 건너다 지세포에 불시착하였다는 기사가 있다.[87]

즉, 애초 대마도에서 부산 초량으로 향하려던 배가 조류 때문에 거제도에 불시착하였다는 것으로, 이처럼 대마도에서 조류를 이용하면 가장 빠르고 쉽게 도착할 수 있는 곳이 거제도라는 사실도 알려준다. 지리적으로도 『삼국지』 변진조의 기사처럼 거제도가 왜와 가장 인접해 있다.[88]

---

82) 李永植, 「고대 한일교섭의 가교, 거제도-가야의 瀆盧國과 신라의 裳郡-」, 『東아시아 古代學』22, 2010, 112쪽.
83) 『疆域考』 券1, 三韓總考.
84) 『三國史記』 卷34, 雜志3 地理1 巨濟郡.
85) 李永植, 위의 글, 113쪽.
86) 『新增東國輿地勝覽』 卷32, 慶尙道 昌原都護府 巨濟縣, "加羅山 在縣南三十里 有牧場 望對馬島最近".
87) 정성일, 「朝鮮의 對日關係와 巨濟사람들-1830~80년대 巨濟府 舊助羅里(項里) 주민의 대마도 난파선 구조를 중심으로-」, 『韓日關係史研究』49, 2014, 182~183쪽.
88) 『三國志』 券30, 魏書30 烏丸鮮卑東夷傳 弁辰條, "瀆盧國與倭接界". 거제도와 대마도가 거리상으로도 가장 가깝기 때문에 『삼국지』 위서에서 거제의 독로국이 왜와 접해 있다고 기록한 것이다.

셋째, 동래설을 주장하는 견해는 복천동 고분군의 존재를 근거로 들고 있지만, "4~6세기의 복천동 고분군은 3세기 후반까지를 서술하고 있는 『삼국지』의 독로국과 시간적으로 겹치는 것이 없다."[89] 그러나 거제에는 칠전도 등 8개 지역에서 신석기시대 유적이 발굴될 뿐만 아니라 아주동 지역이 포함된 21개 지역에서 고인돌 등 청동기 유적이 발견된다.[90] 특히, 거제 아주동 고분군에서 청동기시대 유물에서 삼국시대 유물에 이르기까지 유구와 유물이 다량 발굴되는 것으로 보아 아주동 일대가 활발한 고대문화를 꽃피운 지역임을 알 수 있다.[91] 그러므로 문헌·고고학적인 면을 종합하여 검토하면 독로국은 거제도에 있었으며 그 중심지는 거제 옥포항을 포함한 아주동 지역으로 보아야 할 것이다.[92]

독로국의 중심지였던 아주동 지역은 아라가야 전쟁 전에 아라국이 초기 왜와의 교역 경로로 진동을 통하여 거제를 거쳐 대마도 루트를 개척한 2세기 중엽에서 3세기 초엽 사이에 아라국의 권역으로 편입되었을 것이다. 아라국이 아주동 일대를 장악하여 거제 옥포만을 왜로 통하는 항구로 이용하면서 독점적 이익을 추구하자, 이에 반발하여 거제 칠전도에 위치한 칠포국도 아라가야 전쟁에 참여했다고 하겠다.

결국 포상팔국 중 4국은 고성(고사포), 사천(사물국), 마산 합포(골포), 거제 칠천도(칠포)에 비정된다.

---

[89] 李永植, 앞의 「고대 한일교섭의 가교, 거제도-가야의 瀆盧國과 신라의 裳郡」, 110-111쪽.
[90] 李東柱, 앞의 「巨濟島의 先史文化」, 8-14쪽.
[91] 慶南文化財研究院, 『巨濟鵝洲洞아파트新築敷地內 巨濟鵝洲洞古墳群』, 2006. 東亞細亞文化財研究院, 『巨濟鵝洲洞共同住宅新築敷地內遺蹟 巨濟鵝洲洞古墳群』, 2007.
[92] 아라국이 왜로 통하는 교역 항구로 이용한 곳은 아라가야계 유적이 발굴된 아주동 일대를 포함한 옥포항이었을 것이다. 옥포항은 현재 대형조선소가 위치하며 인근 지세포항과 더불어 지리적으로 대마도에 가장 근접해 있는 항구이기도 하다.

나. 포상 4국과 임나 4현

교역환경 및 유적분석 포상팔국 중 위치를 비정한 4국 외 나머지 4국에 대하여는 일부 연구자를 제외하고 구체적인 의견을 제시하지 못하고 있다. 정약용은 『강역고』에서 아라국을 포상팔국에 포함시키면서 특별한 논거 없이 포상팔국이 동쪽 창원으로부터 서쪽 곤양에 이르는 8읍이라고 단정한 다음 창원, 칠원, 함안, 웅천, 진해, 고성, 사천, 곤양을 포상팔국으로 비정하였다.[93] 그러나 칠포를 칠원으로 비정하고 아라국을 포상팔국에 포함한 점, 포상 8국 중 고성, 사천 및 창원을 제외한 나머지 국가를 위 각 지역에 비정할 만한 근거가 없다는 점에서 받아들이기 힘들다.

남재우는 해당 지역의 유물·유적을 통하여 삼한 시기에 정치집단이 형성되었을 가능성이 있다는 이유로 웅천, 진동, 거제, 삼천포를 포상 4국으로 추가 비정하였다.[94] 하지만 국가를 특정할 수 있는 단서가 아닌 삼한시대의 일반적인 유물·유적은 해당 지역 외에도 존재하는 만큼 문헌 해석 등 다른 근거 없이 일반화된 유물·유적에 의거 포상팔국으로 연결하는 것은 설득력이 없다.

또한 아라국이 인접한 진동지역을 아라국의 영역으로 편입한 후 거제도를 경유하여 왜와의 해상교역을 독점함으로써 인근 칠포국, 고자국, 골포국 등을 자극하여 아라가야 전쟁을 야기하였으므로 진동지역은 전쟁 전부터 아라국의 영토일 수밖에 없다.[95]

---

93) 『疆域考』 券2, 弁辰別考.
94) 南在祐, 앞의 『安羅國史』, 117~118쪽.
95) 진동지역은 경남발전연구원에서 2004년 9월부터 2005년 5월까지 발굴조사를 진행한 결과, 청동기시대 유적이 다량 발굴되어 일찍부터 세력이 형성되어 있었다는 사실을 알 수 있다(慶南發展硏究院, 『馬山鎭東遺蹟1. 馬山鎭東地區 土地區劃整理地區內 文化財發掘調査』, 2008). 그러나 이 지역이 포상팔국의 일원이거나 동맹국임을 추정할 수 있는 문헌사료 등 근거가 전혀 없어 아라국이 진동지역을 공략하리라는 우려만으로 아라국을 공격하지는 않았을 것이다. 진동

그리고 두 견해 모두 웅천을 포상팔국에 포함시키고 있으나, 웅천이 포상팔국에 포함되었다면 3년 뒤에 갈화성을 공격할 때 골포국이 전쟁에 참여하였는데도 그보다 더 갈화성에 인접한 웅천이 참여하지 않은 이유를 설명할 수 없다는 점에서도 납득할 수 없다.

그렇다면, 나머지 포상 4국은 어디일까? 포상 4국의 위치를 파악하기에 앞서 아라가야 전쟁 및 3년 뒤에 발생한 갈화 전쟁 당시의 교역 상황을 검토해 보기로 한다.

사물국이 위치한 사천지역은 주변 늑도에서 일본 야요이계통의 토기가 출토되지만 반량전, 오수전과 같은 중국 화폐와 낙랑 토기도 발굴된 것으로 보아 대일 교역 못지않게 중국과의 교역도 활발하게 전개된 것으로 추정된다. 그 후 "사천 늑도지역은 2세기 전반을 기준으로 쇠퇴하기 시작하고 늑도 유적의 쇠퇴기와 동시에 고성 동외동, 창원 성산 유적이 성장세를 보이고 있으며",96) "3세기대에 들어서면 중국이나 한 군현으로부터 수입된 위세품은 분묘 유적에서 거의 부장되지 않고 있고"97) "화천·오수전·후한경·방제경·붓 등 낙랑계 유물은 3세기 초반을 하한으로 출토되지 않으며",98) 3세기 후반~5세기대에는 마산 현동 유적지, 진북 대평리 유적지, 함안 도항리고분군 등 남해안 동쪽 지역을 중

만이 아라국과 최근접 거리에 위치한 지정학적인 측면과 인근 지역에서 아라가야와 왜계 유물이 발굴되는 고고학적 측면을 종합적으로 검토하면, 아라국이 진동만을 영역으로 확보한 후 거제를 통하여 왜와 직접 교역함으로써 인근 칠포국, 고자국, 골포국 등을 격동시킨 결과 교역이익을 직접적으로 침해당한 이들 국가가 연합하여 아라국을 침공한 것으로 보는 것이 타당하다. 그러므로 진동지역은 아라가야 전쟁 전에 이미 아라국의 영역으로 편입되었다고 하겠다.

96) 寺井誠,「中繼地の形成 - 固城東外洞遺蹟の檢討を基に- 」,『九州と東アジアの考古學』, 九州大學校 考古學研究室 50周年 記念論文集, 2008, 238~247쪽 ; 白振在,「加耶의 對倭交涉과 浦上八國戰爭」,『지역과 역사』37, 2015, 10쪽 각주(再引用).
97) 李盛周,「1~3세기 가야정치체의 성장」,『韓國古代史論叢』5, 1993, 149쪽.
98) 白承忠,「弁韓의 成立과 發展-弁辰狗邪國의 성격과 관련하여」,『三韓의 社會와 文化』, 新書苑, 1995, 172쪽.

심으로 왜계 유적이 출토된다.99)

고고학적 상황을 살펴보면 2세기 전반을 기준으로 한반도 남부지역에서는 대중교역이 감소하고 대왜교역이 점차 증가하고 있다는 것을 알 수 있다. 이러한 상황은 2세기 전반에 사물국을 기점으로 동쪽지역은 주로 중국보다 왜와의 교역이 활발하였음을 보여주고, 사물국을 포함한 서쪽지역은 대중교역과 대왜교역이 그전에 비하여 대폭 줄어 교역이익이 서서히 감소하고 있었다는 사실도 알려준다.

그러다가 아라가야 전쟁이 일어난 3세기 전반에는 사물국 동쪽지역이 대중교역보다는 대왜교역에 대한 집중도가 크게 높아진 반면, 사물국 서쪽지역은 왜와는 물론 중국과의 교역마저 더욱 악화된 상태에 이른 것으로 추정된다. 이와 같은 교역환경의 영향으로『삼국사기』열전 물계자전에 기록된 것처럼 갈화 전쟁에는 아라가야 전쟁에서 위치가 확인된 4개국 중 대왜교역에 깊은 이해관계가 있는 골포, 칠포, 고사포가 참가하였을 것이다.100) 지정학적 위치를 살펴보아도 열전 물계자전에 기록된 골포, 칠포, 고사포가 갈화에서 본다면 가까운 곳에서 먼 곳 순으로 나열되어 있으며 동남 해안지역에 있는 국가들이다.

그러므로 사물국을 기점으로 동쪽지역에는 골포, 칠포, 고사포가 왜와의 교역에 있어서 직접적인 이해관계가 있었고 갈화 전쟁에 참가할 만큼 어느 정도 국력을 갖춘 나라들로 추정되므로, 아라가야 전쟁에서도 사물국 동쪽지역에서는 3국만이 전쟁에 참가하였다고 보는 것이 합리적이라

---

99) 홍보식, 「한반도 남부지역의 왜계 요소-기원후 3~6세기대를 중심으로-」, 『한국고대사연구』44, 2006, 27쪽.
하승철, 앞의 「유물을 통해 본 아라가야와 왜의 교섭」, 6~10쪽.
100) 갈화(울산)는 지정학적 위치를 볼 때 당시 대중교역에는 거의 연관이 없고 철을 교역상품으로 하여 오로지 대왜교역에 집중한 것으로 추정된다. 그러므로 당시 갈화가 기존 교역연합에서 이탈하여 아라국과 같은 방식으로 왜와 독자적으로 교역을 진행하자, 이에 왜와의 교역에 치중하던 동남 해안지역 소국인 골포, 칠포, 고사포 3국이 갈화를 공격하였을 것이다.

하겠다. 갈화 전쟁 때의 교역상황과는 달리 아라가야 전쟁 발발 직전에 아라국은 왜와의 교역은 물론 중국과의 교역에도 큰 영향을 미쳤다.

'아라국의 대왜교역 확대과정' 편에서 살피듯이 아라국은 새로이 개척한 교역로를 이용하고 그전에는 중국에서 수입하던 위세품(威勢品)마저 자체 생산하여 왜와 교역하면서 중국과의 교역 요인을 더욱 감소시켰을 것이다.

당시 남해안에 위치한 포상의 국가들은 철의 직접 교역뿐만 아니라 중국과 왜 사이의 중개교역에서 오는 이익이 국가 경제의 중심축을 형성하고 있었으나, 중국의 혼란[101]으로 교역이 줄어든 환경에다가 아라국의 독점적 체계는 중국과의 교역을 더욱 어렵게 하였을 것이다. 더구나 대중 의존도가 높았던 사물국 서쪽 해안지역에 위치한 국가의 입장에서는 중국과의 교역이 대폭 줄어든 상황에서, 위세품을 대체하는 생산능력까지 갖춘 아라국의 대왜 독점교역은 기존 중개 교역체계 자체를 붕괴시킬 만큼 엄청난 타격을 가하였을 것이며, 이것이 전쟁에 참여한 결정적인 요인으로 작용하였을 것이다.

결국 남해안 전체의 이해와 직결된 아라국의 독점적 교역체계를 깨뜨리기 위해 갈화 전쟁 때와는 달리 대왜 및 대중 해상교역에 이해관계를 가진 포상팔국이 연합하여 전쟁에 참여했다고 하겠다. 이러한 교역의 양상 및 지정학적 위치를 종합하면 아라가야 전쟁에 참여한 나머지 국가를 밝히기 위해서는 사천을 기점으로 서쪽지역을 살펴보아야 한다.

사천 서쪽에 있던 해안 국가 중에서 가야문화와 연관되는 지역은 순천, 여수 등 전남 동부 해안지역이다. 순천, 여수 등지에서는 4~5세기대 아라가야계 유물이 발굴되었다.[102] 그러므로 포상팔국 중 나머지 4국은

---

101) 당시 중국은 환령지간(146~189년)의 혼란기에 있었고, 『삼국사기』 고구려본기를 보면 고구려가 고국천왕 6년(184)에 요동태수와 쟁패를 벌이는 등 북방의 형세가 어지러웠다.
102) 이동희, 앞의 「全南 東部地域 加耶文化의 起源과 變遷」, 14쪽.

전남 동부 해안지역에서 찾는 것이 타당하다.

3세기 전반 한반도 남부에서 일어난 아라가야 전쟁은 규모 면에서 해상교역권을 둘러싸고 경남 및 전남 동부 해안 8개국이 참여하였으며, 물계자의 표현처럼 가히 위난으로 기록될 만큼[103] 2세기 후반까지 형성되었던 기존 여러 나라의 흥망성쇠를 바꾼 대규모의 전쟁이었다.

그런데 『일본서기』 신공기 49년조에도 3세기경 한반도 남부를 배경으로 한 대규모의 전쟁 기사가 있다.

신공기 49년조 분석 신공기 49년조는 한일 역사학계의 가장 첨예한 논쟁의 중심에 자리하고 있다. 일제 시기부터 일본 연구자들은 임나일본부설의 가장 강력한 근거로 신공 49년조를 들고 있으며, 우리나라 학계는 이 기사에서 한반도 남부의 공격 주체를 왜에서 백제로 바꾸어 백제가 마한 또는 가야를 공격한 것으로 여기고 있다.

한일 역사학계의 이러한 주장은 신공 49년조를 369년으로 보는 이른바 이주갑인상설에 근거하고 있다.

신공기 49년조에는 신공의 군대가 한반도를 공격하여 가라 7국을 평정하고 4읍이 스스로 항복했다고 하는 등 전쟁 발발 시기, 지역과 규모에 있어서 아라가야 전쟁과 겹치는 지점들이 있으므로 신공기 49년조를 집중적으로 분석해보기로 한다.

> 49년 3월, 황전별과 녹아별을 장군으로 삼았다. 구저 등과 함께 군대를 거느리고 바다를 건너 탁순국(卓淳國)에 이르러 신라를 공격하려고 하였다. 이때 어떤 사람이 "병사의 수가 적어 신라를 깨뜨릴 수 없으니, 사백개로를 보내어 증원을 요청하십시오."라고 말하였다. 곧 목라근자와 사사노궤[이 두 사람은 그 성을 모르는데, 목라근자(木羅斤資)는 백제 장군이다.]에게 정병을 이끌고 사백개

---

103) 『三國史記』 卷48, 列傳8 勿稽子傳, "浦上竭火之役 可謂危且難矣".

로와 함께 가도록 명하였다. 그후 탁순국에 모두 모여 신라를 격파하고, 연이어 비자벌(比自㶱), 남가라(南加羅), 탁국(㖨國), 안라(安羅), 다라(多羅), 탁순(卓淳), 가라(加羅)의 7국을 평정하였다. 군대를 서쪽으로 돌려 고계진에 가서, 남만 침미다례(忱彌多禮)를 무찔러 백제에게 주었다. 백제왕 초고와 왕자 귀수가 군대를 이끌고 와서 합류하였다. 이때 비리(比利), 벽중(辟中), 포미지(布彌支), 반고(半古)의 4읍은 스스로 항복하였다. 백제왕 부자는 의류촌에서 황전별, 목라근자 등을 만나 후하게 대접하여 보냈다. 오직 천웅장언과 백제왕이 백제국에 이르러 벽지산에 올라가 맹세하였다. 다시 고사산에 올라가 함께 반석 위에 앉았다. 백제왕이 "만약 풀을 깔아 자리를 만들면 불에 타는 것을 보게 될까 두렵고 또 나무로 자리를 만들면 물에 떠내려갈까 두렵다. 그런 까닭에 반석 위에 앉아 맹세하는 것은 영원히 변하지 않겠다는 것을 보여주는 것이다. 지금부터 천추만세에 이르도록 항상 서번(西蕃)이라 칭하고 해마다 조공하겠다."라고 맹세하였다. 그리고 천웅장언을 데리고 도하에 이르러 후하게 예우를 더 한 후 구저 등을 딸려서 전송하였다.104)

　신공 49년조의 기사는 일본의 고대 한반도 지배와 관련하여 일본 제국주의 시기에 광개토왕비문과 함께 임나일본부설의 주요한 이론적 근거로 활용되었다.
　49년조의 기사를 역사적 사실로 인정한 스에마쓰는 이주갑인상설에 근거하여 서기 369년에 신공의 군대가 바다를 건너 신라를 공략하고, 비자벌·남가라·녹국·안라·다라·탁순·가라 등 7국을 평정함으로써 임나 지배를 시작하였고 전라도 지역까지 확보하여 백제 근초고왕에게 줌으로써 조공의 서약을 받아냈다고 하였다.105) 왜의 신라정벌 및 가라 7국 평정 등을 역사적 사실로 인정하는 취지의 논지는 그 뒤에도 계속 되풀이되고 발전되어왔다.

---

104) 『日本書紀』 卷9, 神功皇后 49年條.
105) 末松保和, 앞의 『任那興亡史』, 42~45쪽.

우리나라 학계에서는 신공기 49년조의 기사를 가공의 전설로 믿지 않고 있으며 대체로 이주갑인상설에 따라 서기 369년에 일어난 백제의 가야 또는 마한정벌 기사라고 한다. 즉, 신공기의 기사는 왜가 가야지역을 정벌한 것이 아니라 백제의 근초고왕이 가야지역을 정벌한 것을 『일본서기』 편찬자들이 정복 주체를 백제에서 왜로 바꾸어 기록하였다고 주장하기도 하며,106) 근초고왕이 369년에 마한세력을 공격한 것이라고 해석하기도 한다.107)

그러나 신공기에는 이주갑인상설을 적용할 수 없고, 『삼국사기』를 비롯한 국내 문헌 및 중국측 사료를 전부 살펴보더라도 백제의 가야정벌 기록이 없을 뿐만 아니라 『일본서기』 그 자체에도 신공기 49년조의 가야정벌의 주체를 백제에서 왜로 바꾸었다는 근거나 그러한 추론을 가능하게 할 합리적인 간접 사료 또한 전혀 없다.108)

---

106) 千寬宇, 앞의 『加耶史硏究』, 161쪽.
107) 李丙燾, 앞의 『韓國古代史硏究』, 511~514쪽.
　　노중국, 「마한의 성립과 변천」 『마한·백제문화』 10, 1987, 41쪽.
108) 천관우는 백제가 가야를 정벌한 후 가야지역에 백제군사령부를 두었고 이것이 바로 임나일본부의 실체라고 주장하였으며, 그 뒤 적지 않은 연구자들에 의해 백제가 가야지역을 정복하였다는 근거로 활용되었다. 이러한 견해를 뒷받침하는 근거로 『일본서기』의 백제 관련 기사 및 『삼국사기』의 전쟁 관련 기사를 제시하고 있다(千寬宇, 위의 책, 160~161쪽). 아마도 『일본서기』 흠명기 2년 (540) 4월조의 기사 중 초고왕을 근초고왕으로 해석하여 이때 가야와 친교를 맺었고 백제가 이들 국가를 '자제의 나라'로 여겼다는 문구를 염두에 둔 것으로 보인다(『日本書紀』 卷19, 欽明天皇 2年 4月條, "聖明王曰 昔我先祖速古王貴首王之世 安羅加羅卓淳旱岐等 初遣使相通 厚結親好 以爲子弟"). 당시의 여러 정황으로 보아 뒤에서 자세히 살피는 바와 같이 아라국 등이 백제와 친교를 맺은 것은 사실이라 하겠다. 그러나 근초고왕 때 백제가 가야를 점령하여 자제의 나라로 삼은 견해마저 사실이라면 계체기 23년(529) 3월조의 '안라고당회의'에서 보는 것처럼 아라국이 백제의 사신, 장군 등을 당 아래 뜰에 두지는 않았을 것이다(『日本書紀』 卷19, 繼體天皇 23年 3月條, "安羅新起高堂 引昇勅使 國主隨後昇階 國內大人預昇堂者一二 百濟使將軍君等 在於堂下 凡數月再三 謨乎堂上 將軍君等 恨在庭焉"). 『일본서기』 흠명기의 문맥을 살펴보아도 근초고왕 때 가야 여러 나라를 자제의 나라로 삼았다는 것은 허구일 뿐이다. 백제가 가야지역을 지배하였다는 고고학적 근거도 없을 뿐만 아니라 4세기

고고자료를 살펴보더라도 가야지역에 4세기대 백제의 유적을 비롯한 문물이 전파된 흔적이 없는 반면, 오히려 근초고왕이 정벌하였다고 주장하는 마한 남부지역에는 가야계 유물이 출토되므로 백제가 가야를 정벌하였다는 주장은 전혀 설득력이 없다. 군사력 측면에서도 당시 백제나 왜가 가야를 정벌하였다는 논지 자체가 성립할 수 없다. "가야에서는 3세기 후반 이후 기마용 마구(馬具)와 철제 갑주(甲冑) 등이 발달하기 시작하였으며,"109) 4세기부터 목심철판피발걸이, 말띠드리개 및 미늘갑옷의 출현으로 중장기마전술이 도입되었다.110)

> 가야는 4세기대에 이미 새로운 북방의 선진 무기·무구·마구를 받아들여 무장체계를 갖추어 갔다. 그들은 중장기병 전술을 알고 있었으며, 대부분 무장체계가 이때 갖추어졌다.111)

4세기에 이미 "가야의 군사력은 전문 전사집단을 구성할 만큼 막강한

당시 아라국을 비롯한 가야지역은 군사적으로도 백제를 압도하고 있었으므로 백제가 이 지역을 점령하였다는 주장은 전혀 설득력이 없다. 또한 백제에 의한 가야정벌설의 또 다른 예로 든 『삼국사기』 지리지 내령군, 초고왕 25년조, 구수왕 5년조의 기사 및 석우로전을 아무리 살펴보아도 당시 백제가 신라와 전쟁을 벌인 지역이 가야와는 관련이 없는 곳으로 이것이 어떻게 가야지역을 지배하였다는 근거가 될 수 있는 것인지 도무지 알 수 없다. 결국 백제가 가야지역을 정벌하였다는 문헌적·고고학적 사료는 없으며 흠명기 2년 4월조의 '자제의 나라' 운운 기사는 『일본서기』 편찬에 관여한 백제인들에 의해 백제우월적 의식에 근거하여 삽입된 허구의 미사여구로 볼 수밖에 없다. 더구나 『일본서기』 신공기에 백제 관련 기사가 첨부된 것은 앞서 확인하였듯이 편찬자들이 천황조의 만세일계를 이어 나가기 위해 차용한 결과에 지나지 않으므로, 구체적인 논증 없이 신공기에 백제 관련 기사가 많다는 이유만으로 신공기의 왜의 실체가 백제라고 주장하는 전제 자체가 성립할 수 없다.

109) 김량훈, 「4~5세기 남부 가야제국과 백제의 교섭추이」, 『역사와 경계』65, 2007, 190쪽.
110) 金泰植·宋桂鉉, 『韓國의 騎馬民族論』, 한국마사회 마사박물관, 2003, 258~262쪽.
111) 김두철, 「4세기 후반~5세기 초 고구려·가야·왜의 무기·무장체계 비교」, 『광개토대왕비와 한일관계』, 경인문화사, 2005, 313쪽.

군사동원 체계를 갖추고 있었다."112) 이러한 사실로 보아 당시 "가야의 무장체계는 외부세력의 침공에 대처할 수 있는 능력을 충분히 갖추고 있었다고 생각되며,"113) 이미 백제나 왜의 무기체계를 압도하고 있었다고 해도 과언이 아니다. 그러므로 당시 무장 수준을 보더라도 4세기에 왜나 백제가 가야를 정벌하였다는 견해는 본말이 전도된 주장이다.

신공기 49년조의 실체가 근초고왕이 369년 마한세력을 공격한 것이라고 하는 견해도 앞서 충분히 검토한 것처럼 문헌은 물론 고고자료도 없다는 측면에서 신공기 49년조 기사를 백제로 바꾸어 해석한 '가야 방면 백제군사령부설'114)의 견해처럼 부당함은 마찬가지이다. 결국 신공 49년조 기사를 369년으로 보고 이를 백제 근초고왕의 마한 정복이나 백제의 가야정벌 기사로 해석할 수 있는 문헌·고고학적 근거는 없다.

이처럼 문헌 및 고고자료를 살펴보더라도 신공 49년조를 이주갑 인상한 369년으로 볼 수 없으므로 앞서 『일본서기』 신공기의 기년을 자세히 검토한 결과와 같이 신공 49년조는 249년으로 보아야 한다.

신공기 49년조를 249년으로 본다면 기사 내용의 역사적 진실은 무엇인가? 앞서 언급한 것처럼 신공기 49년조에 해당하는 서기 249년과 같은 해『삼국사기』에는 석우로 사건이 기록되어 있다. 석우로는 내해이사금의 아들이며 흘해이사금의 아버지로, 조분이사금 2년(231) 7월에 감문국을 정벌하였고 이사금 4년(233) 7월에 왜구가 침입해 오자 바람을 이용하여 적선에 불을 질러 전멸시키는 등115) 공적이 큰 인물이다. 석우로 사건을 자세히 기록한 열전 석우로전의 내용은 일부 과장만 제거하

---

112) 김두철, 「무기·무구 및 마구를 통해 본 가야의 전쟁」, 『가야고고학의 새로운 조명』, 혜안, 2003, 133쪽.
113) 김량훈, 앞의 「4~5세기 남부가야제국과 백제의 교섭추이」, 191쪽.
114) 千寬宇, 앞의 『加耶史硏究』, 161쪽.
115) 『三國史記』 卷2, 新羅本紀2 助賁尼師今 2年 7月條, 4年 7月條

면 신공이 신라정벌을 단행하였다고 기록되어 있는 중애기 9년(200)조의 일설과 일치한다. 『삼국사기』에는 249년 왜인들이 신라에 쳐들어와 단순히 석우로를 죽이고 돌아갔다고 기록되어 있는데 반해, 『일본서기』에는 『삼국사기』의 석우로 사건을 중애 9년(200)에 배치하면서 석우로 사건이 일어난 249년에 해당하는 신공 49년에는 한중 역사서에서조차 전혀 언급되지 않는 신라 공략, 가라 7국 평정 기사 및 임나 4읍 항복 기사 등 한반도 공략 기사가 서술되어 있다.

신공기 49년조의 기사처럼 당시 왜가 신라는 물론 가라 7국까지 평정한 후 침미다례까지 공략하고 4읍까지 스스로 항복하게 할 정도였다면 엄청난 군사력을 동원할 만큼 강력한 전제 권력과 일본열도의 든든한 지원이 전제되어야 하며, 이러한 전제에 비추어 당시 일본열도의 정치·경제적 상황은 차치하더라도 통치자는 최소한 비미호이거나 그녀를 능가하는 인물이어야 한다. 그러나 앞서 검토한 것처럼 비미호는 247년에 사망하였으므로 신공기 49년조의 실제 통치자는 엄청난 신력과 카리스마를 가진 비미호가 될 수 없다. 『삼국지』 위서 왜조를 보면, 비미호가 죽고 나서 남자 왕을 세웠으나 나라 사람들이 불복하여 서로 죽였고 이때 죽은 자가 1,000여 명이나 되었다고 하며, 다시 비미호의 종녀 일여를 세우자 나라 안이 안정되었다고 한다.[116]

『삼국사기』 열전 석우로전에는 석우로가 왜 사신 갈나고를 접대하며 "조만간 너희 국왕을 염전의 노비로 삼고 왕비는 부엌데기로 만들겠다."라고 실언한 것이 빌미가 되어 왜왕이 군사를 이끌고 신라로 쳐들어와 석우로를 죽이고 돌아갔다고 기록되어 있다.[117]

249년 당시 석우로가 왜왕과 왕비를 지칭한 것으로 보아, 신공기 49

---

116) 『三國志』 卷30, 魏書30 烏丸鮮卑東夷傳 倭條.
117) 『三國史記』 卷45, 列傳5 昔于老傳.

년에는 실제로 왜에서 비미호 사망 후 종녀 일여가 왕이 되기 전이었으며 위서 왜전에 기록된 것처럼 남왕(男王)이 통치하고 있었고 이에 불복한 사람들이 난을 일으켜 나라가 어수선한 상태였다. 이러한 상황에서 왜왕이 대규모의 군사를 동원하여 신라뿐만 아니라 한반도 남부 여러 지역을 공략하였다는 것은 어불성설이다.

『삼국사기』에 의하면 당시 왜가 신라와 접촉하고 있었을 뿐만 아니라, 『일본서기』 편찬 당시에도 백제인을 비롯한 가야인 등 수많은 한반도 사람들이 일본열도로 진출하였으므로 신라를 비롯한 삼국에 관한 정보가 풍부하였을 것으로 추정된다. 그러므로 편찬자들이 착오로 역사적 사실을 잘못 기재하였을 리 만무하므로 『삼국사기』와 배치되는 신공기 49년조의 기사는 다분히 작위적이다. 『일본서기』 편찬자들이 왜곡하였으면서도 그 자락을 드러낼 수밖에 없는 신공 49년조의 진실은 바로 아라가야 전쟁에 있다. 신공기 49년조의 가라 7국 평정기사는 포상팔국이 아라국을 침략함으로써 경남 해안 및 내륙지역으로 전쟁이 확전되는 모습을 빗대어 과장한 결과이며, 신공이 군대를 동원하여 전라지역까지 정복하였다는 기사 역시 아라국이 아라가야 전쟁에서 최종 승리하면서 전남 동부 해안지역으로 영역을 확장한 사실을 옮겨 왜곡한 것이라 하겠다.[118]

앞서 검토한 것처럼 비미호, 즉 신공이 활동하는 동안 실제로 한반도에서 군사를 동원한 사건은 수로왕계 회복 때뿐이었으며, 당시 군사 동원은 신라와는 직접 관련이 없고 구간이 장악한 왕권을 되찾기 위해 김해지역

---

[118] 『일본서기』 신공 섭정 전기의 신라정벌 기사는 『고사기』에 간략히 기술되어 있으나 신공 49년의 가라7국 등 한반도 남부 공략 기사는 『고사기』에는 전혀 언급이 없다. 『일본서기』보다 먼저 편찬된 『고사기』에 가라7국 등 평정 기사가 전혀 없다는 것은 신공 49년의 가라7국 등 한반도 남부 공략이 신공에 의해 단행된 것이 아니라는 사실을 알려주고 있다.

으로 출동하였으므로 그 과정에서 신라와 교전하지는 않았을 것이다. 그런데도 『일본서기』에서 신공 섭정 전기의 신라 공략 기사뿐만 아니라 신공 49년조에 역사상 실재하지 않은 신공의 신라, 가라 7국 및 전라도 지역 정벌 기사를 삽입한 이유는 명확하다.

『일본서기』 편찬 당시 일본열도에는 무수한 가야인과 백제인 등이 한반도에서 이동하여 살고 있었고 적지 않은 사람들이 『일본서기』 편찬에도 관여하였기에, 이들의 마음 깊숙한 곳에는 신라에 대한 감정과 함께 신라에 의해 멸망한 가야와 백제에 대한 지역적 연고(緣故)를 역사적 상상력으로나마 충족하려는 의도가 복합적으로 작용하였을 것이다. 이러한 심리를 충족하기 위해 수로왕계 회복과 아라가야 전쟁이라는 실제 사건을 왜가 신라 등을 상대로 승리한 전쟁으로 바꾸어 기록한 것이 바로 중애기 9년 신공의 신라 공략 기사와 신공기 49년조의 가라 7국 등 정벌 기사이다. 즉, 비미호에 의해 단행된 수로왕계 회복을 중애 9년(200) 신공의 신라정벌 기사로 바꾼 다음 신라를 공략하여 항복을 받아낸 후 조공하게 하였다고 서술하여 신라 내관가의 기초를 먼저 마련한 후, 아라가야 전쟁을 근거로 신공 49년(249)에 신라를 재차 공략한 후 가라 7국을 평정하고 임나 4읍을 획득하였으며 침미다례를 백제에 하사하여 백제로부터 조공을 받았다고 서술하여 가야와 백제마저 속국으로 만듦으로써 역사를 왜곡하였다. 『일본서기』 신공기의 기사를 바탕으로 한반도 남부지역을 지배하였다는 소위 임나일본부설의 기초가 마련되었으며, 가야는 고대 왜가 직접 다스리는 영역이 되고 백제와 신라는 일본에 조공하는 번국으로 전락하였다.

이러한 역사 왜곡의 가장 깊숙한 곳에는 신공 사망 이후 응신이 즉위하기까지 120년의 역사적 공백을 메우려는 의도가 작용하고 있었을 것이다. 신공의 종녀 일여가 사망한 269년부터 응신이 즉위하기 전해인 389년까지 120년은 사실상 아라국으로 대표되는 한반도의 세력들이 일본열도에 진출하여 활동하던 기간이었다. 아라국 출신 응신이 즉위한 후 일본천황조의 역사가 기내 중심으로 이루어졌고 이로써 일본열도를 아우르는 최초의 국가가 수립되었다. 그 뒤 삼국통일 후 한반도가 신라 중심으로 재편되면서 이에 대응하여 일본열도 역시 한반도와의 역사적 단절을 꾀함과 동시에 한반도에 대한 우위를 확보하고, 천황가의 만세일계를 이어가기 위한 일환으로 백제와 가야의 역사를 차용하고 왜곡하였던 것이다.[119]

아라가야 전쟁의 배후에 신공황후, 즉 비미호가 있었을 것이다. 수로왕 사후 구간의 왕위 찬탈로 인한 혼돈으로 금관국을 중심으로 한 교역망은 일시 중단되고 김해만은 혼란에 빠졌을 것이다. 아라국은 낙동강 수계를 통하여 김해에 이를 수 있는 교역상의 장점이 있었으므로 초기에는 김해를 통한 간접교역에 충실했던 것으로 추정된다. 그 뒤 김해만을 중심으로 한 교역망이 일시 붕괴될 지경에 이르자 아라국은 진동만으로 눈을 돌려 그 영역을 확장하고 거제를 경유하여 왜에 이르는 항로를 새로이 개척하였고, 이에 따라 해상교역의 주도권은 금관국에서 아라국으로 이동하였다.

아라국은 새로이 개척한 거제 항로를 통해 대일 교역을 독점함으로써 주변 포상국들로부터 원망과 견제를 받은 것이 분명하다. 그 후 수로왕계를 회복한 비미호가 금관국의 혼란으로 인하여 해상교역권을 장악한 아라국으로부터 주도권을 되찾기 위해 그전에 해상교역의 이익을 공유하던 포상팔국을 충동하여 아라국을 침략하게 하였을 것이다. 결국 신공

---

[119] 『일본서기』에 한반도 관련 기사가 많이 보이는 현상은 이러한 두가지 모순적인 목적을 달성하기 위한 고육책에서 비롯되었다고 하겠다. 즉, 한반도와의 역사적 단절과 동시에 일본의 지배를 받은 번국으로 만들기 위해서는 어쩔 수 없이 한반도의 역사를 기록하여야 했으며 그러한 과정에서 왜곡의 이면에 숨어 있는 역사적 실체의 자락이 곳곳에 노출될 수밖에 없었다.

49년조의 기사는 비미호가 관련된 아라가야 전쟁을 『일본서기』에 옮기면서 그 내용을 왜곡하고 승자를 아라국에서 왜로 바꾸어 기록한 것이라 하겠다.120) 『일본서기』 편찬자들은 비미호의 수로왕계 회복 사실을 중애 9년(200)조에 배치하여 신라를 상대로 한 승전 기사로 바꾸고, 아라가야 전쟁 관련 기사를 신공기 49년조(249)에 편제하여 전쟁의 승리자를 아라국 대신 왜로 기록함으로써 금관국 및 아라국의 일본열도 진출 사실을 숨기고 오히려 고대 왜의 한반도 지배로 탈바꿈시켜 천황조의 만세일계라는 효과를 극대화하였다.

포상 4국과 임나 4현의 동일성 신공기 49년조의 기사가 아라가야 전쟁을 차용하였으므로 신공기 49년조에 기록된 임나 4읍은 포상 4국과 등치(等値)된다. 따라서 임나 4읍에 해당하는 비리(比利)·벽중(辟中)·포미지(布彌支)·반고(半古)의 실체 여부를 규명하면 포상 4국의 위치도 밝혀질 것이다. 스에마쓰는 임나 4읍을 신공의 왜가 정벌하여 통치한 지역이라고 주장하면서 비리는 전북 전주, 벽중은 전북 김제, 포미지는 충남 공주, 반고는 전남 나주로 비정하였다.121) 이병도는 신공기의 임나 4읍 기사를 근초고왕의 마한 경략으로 이해한 다음 포미지는 전남 나주, 벽중은 전남 보성으로 비정하였으나 그 외 비리, 벽중은 그 위치를 정확히 알 수 없다고 하였다.122) 일본에서 임나 4읍의 비정이 스에마쓰의 임나일본부설에 근거하여 전라도 내륙지역을 중심으로 이루어졌고, 이에 대하여 우리 학계의 견해는 대체로 신공기 49년조를 근초고왕의 남방정벌로 보면서 임나 4읍을 전라도 내륙지역을 포함하여 파악하고 있다.

---

120) 『일본서기』 편찬자들은 아라국이 최종 승리한 아라가야 전쟁을 신공의 승전 기사로 편제하고 계체기에서 신공이 획득한 임나 4현을 태중의 응신에게 주었다고 서술함으로써 출자가 전혀 다른 신공과 응신을 혈연적으로 연결하였다.
121) 末松保和, 앞의 『任那興亡史』, 1961, 49~50쪽. 스에마쓰는 임나 4읍 중 포미지를 공주로 비정하여 이를 근거로 임나를 충청지역까지 확장시켰다.
122) 李丙燾, 앞의 『韓國古代史硏究』, 512~513쪽.

그러나 당시 왜가 전라도 지역을 점령하였다면 이 지역에 왜계 유물이 집중적으로 출토되어야 하는데 이러한 사례가 없으며[123] 근초고왕 때 이 지역을 정복하였다는 문헌은 고사하고 고고자료도 없다.

또한 연구자들의 임나 4읍에 대한 위치 비정이 전라도 내륙지역을 포함하고 충청도까지 그 영역이 확장되면서 견해 또한 갈리고 있어, 기존 해석에 의한 위치 비정만으로는 포상 4국의 정확한 위치를 파악할 수 없고 임나 4읍의 독자적인 실체 여부도 의심된다.

『일본서기』를 보면 신공기의 임나 4읍은 계체기의 임나 4현으로 행정 명칭만 변경된 채 동일한 형태로 나타난다. 이노우에 히데오는 신공기 49년조의 기사는 6세기 전반 계체천황조의 역사가 투영(投影)된 것이라고 하였는데,[124] 실제로 계체기를 분석해보면 신공기의 임나 4읍은 계체기의 임나 4현과 연관되어 있다. 계체기를 보면 계체 6년(512) 백제가 사신을 보내 표를 올려 신공이 최초 획득한 임나국의 상다리, 하다리, 사타, 모루의 4현을 달라고 청하여 천황으로부터 허락받았다고 기록되어 있는데, 천황의 조칙을 전하려고 하던 물부대련(物部大連)의 처가 다음과 같은 이유를 들어 반대하였다고 한다.

"주길대신(住吉大神)이 처음으로 해외에 있는 금은의 나라인 고구려, 백제, 신라, 임나 등을 태중(胎中)의 예전천황(譽田天皇)에게 주셨습니다. 그런 까닭에 대후(大后) 식장족희존(息長足姬尊)[125]은 대신(大臣) 무내숙녜(武內宿禰)와 함께 나라마다

---

123) 전라도 지역에서 발굴되는 왜계 유물은 주로 6세기대에 해당하는 것으로(홍보식, 앞의 「한반도 남부지역의 왜계 요소-기원후 3~6세기대를 중심으로」, 27쪽), 그 규모로 보아 이 시기 백제와 왜의 교류의 결과일 뿐이며, 일본 연구자들의 주장대로 그 기년을 이주갑 인하하여 신공기를 4세기대로 낮추어 보더라도 6세기경 전라도지역의 왜계 유물을 신공기의 임나 4읍 정벌 기사와 연결할 수 없다.
124) 井上秀雄, 앞의 『任那日本府と倭』, 42쪽.
125) 여기서 '大后 息長足姬尊'은 '神功皇后'를 가리킨다.

처음 관가(官家)를 두고 해외의 변병으로 삼았으니 그 내력이 오래되었고, 그대로 둔 이유 또한 있을 것입니다. 만일 땅을 나누어 남에게 주면 원래의 영토와 달라져 사람들의 비난이 이어지고 오래도록 입에서 떠나지 않을 것입니다."126)

계체기 6년조의 내용을 요약하면 백제가 사신을 보내 상다리, 하다리, 사타, 모루의 임나 4현을 요구하여 대반대연금촌이 계책을 올려 임나 4현을 백제에 할양하는 칙서를 전할 사신으로 물부대련이 정해졌으나, 처의 만류로 그만두게 되고 결국 사신을 새로이 임명하여 임나 4현을 백제에 주게 되었다는 것이다.

이 기사에서 임나 4현을 예전천황 즉, 응신에게 준 주길대신(住吉大神)은 신공황후를 지칭하고 있으므로 『일본서기』 계체기의 임나 4현은 신공기의 임나 4읍과 연결된다. 임나 4현 기사의 '4현'은 '4읍', '4촌' 용례와 형식적 유사성을 가진다.127) 신공기 49년조의 기사는 계체천황조의 역사가 투영된 것이라는 이노우에의 견해, 계체기에 거론된 주길대신이 신공황후인 점 등을 종합하여 살펴보면 신공기 49년조의 임나 4읍은 곧 계체기 6년조의 임나 4현임을 알 수 있다.

임나 4현 가운데 사타는 고명이 '새터'의 한역인 '사평(沙平)'으로 불리는 순천에 비정되며, 모루는 고명이 '마로(馬老)'인 광양에 비정된다.128) 상·하다리는 순수 한국어인 다리라는 명칭을 두 지역으로 나눈 것이며 항해할 때 위·아래의 징검다리 역할을 하는 지역으로 보이므로, 아라계 유물이 출토되는 여수가 위 징검다리 역할을 하는 '상다리'로129), 아라계 유물이 발굴되는 고흥이 항해 때 아래 징검다리 역할을

---

126) 『日本書紀』 卷17, 繼體天皇 6年 12月條.
127) 백승충, 「'임나 4현'의 위치 비정」, 『역사와 경계』 85, 2012, 55쪽.
128) 全榮來, 「百濟南方境域의 變遷」, 『千寬宇先生還曆紀念韓國史學論叢』, 1985, 146쪽.
　　　백승충, 위의 글, 80~81쪽.

하는 '하다리'로 비정하는 것이 타당하다.130) 결국 지금까지 확인되지 않은 포상팔국 중 4국은 광양(모루), 순천(사타), 여수(상다리), 고흥(하다리)이라 하겠다. 『삼국사기』 신라본기, 『일본서기』 신공기 및 계체기의 각 기록, 일본열도에 분포된 아라계 지명 등을 종합하여 검토하면 아라국이 아라가야 전쟁에서 최종 승리하였다는 것을 알 수 있다. 4세기 아라계 토기가 영남 전 지역, 전남 동부 해안지역은 물론131) 일본으로까지 확산된 고고학적 현상은132) 이러한 사실을 더욱 분명하게 한다.

전쟁에서 최종 승리한 아라국은 전남 동부 해안지역까지 통치영역에 포함하고 일본열도로 대거 진출함으로써 전성기를 맞이하였다.

---

129) 『신증동국여지승람』 순천도호부 편을 보면, 여수반도 앞바다에 다리도(多里島), 다로도(多老島) 등의 섬이 있으며(新增東國興地勝覽, 卷40, 全羅道 順天都護府), 여수 죽림리, 장도 등지에서 아라계 유물이 발굴(이동희, 앞의 「아라가야와 마한·백제」, 95쪽)되는 것으로 보아 장도를 끼고 있는 해안지역인 쌍봉동, 시전동, 웅천동 일대가 상다리의 중심지역이었을 것이다.
130) 고흥지역은 동강면 한천리, 장덕리에서 4세기경으로 비정되는 아라가야계 토기인 광구소호(廣口小壺)가 출토되며(이동희, 위의 글, 같은 쪽), 풍양면 야막리 야막고분에서는 각종 토기뿐만 아니라 청동거울, 철제갑옷 등 중국계 및 왜계 유물도 발굴된다(『高興 野幕古墳 발굴조사보고서』, 문화재청 국립나주문화재연구소, 2014). 특히, 도덕면에는 '가야리(柯也里)'라는 지명이 있는데, 가야리는 본래 홍양군 도양면의 지역으로 가야(柯也), 당동(堂洞), 대곡(大谷) 등의 마을을 합하여 1914년 행정구역 폐합 시 그 전 가야 부락의 이름을 따서 가야리로 하였다고 한다(金琪彬, 『高興地名由來』, 在京 高興郡江西會, 1982, 62쪽). 가야(柯也)의 '가(柯)'는 정약용이 '아(阿)'를 '가(柯)'로 표기한 사례에서 보듯이 원래 '아(阿)'였을 가능성이 농후하다고 보면 '아야'로 발음되어 '아라'와 같은 지명으로 연결된다. 이처럼 고흥지역은 가야와 밀접한 연관이 있고 청동기시대부터 삼국시대에 이르기까지 많은 유적이 발굴되며 중국 및 왜와도 활발한 교류를 한 것으로 보아 하다리로 비정하여도 무리가 없을 것이다. 풍양면을 포함한 도덕면, 도양읍 일대에서 가야계 유물 및 지명 등이 발견되고 이 지역이 고흥군 서남쪽 해안가 지역에 위치하여 중국, 왜와의 교류에도 편리한 것으로 보여져 하다리의 중심지역으로 추정된다.
131) 정주희, 앞의 「咸安樣式 古式陶質土器의 分布定型과 意味」, 36~37쪽.
132) 하승철, 앞의 「고고자료를 통해본 아라가야의 대외관계」, 111~112쪽.

III. 아라국의 교역 확대 및 영토 확장

1. 아라국의 대왜교역 확대 과정
가. 아라국의 신항로 개척

아라가야 전쟁이 일어나기 전에는 김해 금관국이 교역의 중심 역할을 수행하였다. 따라서 아라국의 대외교역은 남강-낙동강 수계를 확보한 다음 김해를 통하여 왜에 이르는 간접교역로를 이용했을 것이며,[133] 이에 따라 "남강-낙동강을 이용한 간접교역로는 함안 가야-함안 법수·대산면-창녕 남지-김해로 이어지면서 낙동강을 이용하여 김해지역에 집산된 물자를 일본열도로 수송했을 것이다."[134]

하지만 수로왕계가 일시적으로 끊어짐으로써 금관국이 주도하던 교역분배기능은 정지되었고 이에 따라 김해만 역시 혼란에 빠졌을 것이다.

이런 상황에서 아라국은 낙동강 루트를 통한 김해 중심의 간접교역을 대신하여 함안 가야-함안 여항-대티고개로 이어지는 현재의 79번 국도를 통하여 진동만에 이른 다음 거제를 거쳐 바닷길을 이용하여 일본열도로 직접 통하는 교역루트를 개척했다고 하겠다.[135]

---

133) 金亨坤, 앞의 「阿羅伽倻의 形成過程 硏究-考古學的 資料를 中心으로」, 51~52쪽.
134) 이연심, 「안라국의 대왜교역로에 관한 검토」, 『한국민족문화』51, 2014, 79쪽.
135) 함안에서 진동만까지의 거리는 약 20킬로미터로 가깝고, 함안천을 따라 서북산과 광로산 사이에 형성되어 있는 계곡길을 통하면 큰 고개를 넘지 않고도 진동

진동 인근에 위치한 마산 현동유적지에서 4~5세기 아라가야 계통의 공자형(工字形)과 화염문투창(火焰形透窓)의 고배(高杯)와 함께 왜 계통의 토사기(土師器)가 출토되는 등 "함안 양식의 토기와 왜 계통의 토기가 혼재하는 현상은 진동만이 아라국에서 왜국으로 통하는 교통로에 해당하는 입지조건"을 충분히 갖추고 있었음을 알려준다.[136]

마산 현동 유적지에서 출토된 아라가야계 및 왜계 유물의 발굴에 따라 아라가야 전쟁 승리 후 아라국이 진동만과는 별도로 마산만을 교역항으로 이용하였다는 견해도 있으나[137] 설득력이 없다.

마산만 주변지역에서 출토되는 고고자료의 양상으로 미루어 볼 때 진동만 일대보다 고분의 규모와 유적의 밀집도가 떨어지며[138] 함안에서 마산만까지 이르는 지형이 진동만에 비해 불편하다. 또한 진동만은 해안가에 위치하고 있으나 현동유적지는 합포만과는 비교적 원거리인 내륙에 위치하여 진동만보다는 해안으로의 접근성이 더 어렵다.

더구나 현동 유적지와 가장 가까운 거리에 있는 해안가는 지형적으로 경사가 심한 산지로 되어 있어 항구로의 이용이 불가능하며, 그나마 덕동 및 구산면에 위치한 항구도 해안가 안쪽으로 치우쳐 있을 뿐만 아니라 규모도 협소하여 대규모 교역항으로 이용하기에는 부적당하다.

신라가 아라국을 멸망시킨 후 왜의 침략을 방지하기 위해 쌓은 아라파사산성이 진동만을 살피기 좋은 대티고개 부근에 있었던 것도 진동만이 아라국의 단일 교역항으로 계속 이용되었다는 것을 알려주고 있다.

결국 유적이 위치한 현동지역은 아라가야 전쟁 후 골포국이 아라국의

만에 도달할 수 있다(李永植, 앞의 「安羅國과 倭國의 交流史 硏究」, 32~33쪽).
136) 李永植, 위의 글, 33쪽.
137) 이연심, 앞의 「안라국의 대왜교역로에 관한 검토」, 81쪽.
138) 하승철, 「고고자료를 통해 본 아라가야와 왜의 교류」, 『고고학을 통해 본 아라가야와 주변제국』, 학연문화사, 2013, 133쪽.

영토로 편입된 후 진동만이 확장되는 과정에서 진동 외곽에 건설된 오늘날의 신도시와 같은 기능을 하였을 뿐 마산항 이용과는 무관하다고 할 수 있다. 아라가야 전쟁 승리 후 아라국은 기존 진동만을 더욱 활성화하여 일본열도까지 영역을 급속히 확장하였다.[139]

진동만에서 왜로 이어지는 대외교역로에 대하여 대마도-이키-북구주에 도착한 뒤 세토내해를 거쳐 서일본의 각지를 지나 기내지역에 도착하는 경로를 이용하였을 것이라는 견해가 있으나,[140] 진동만에서 대마도로 직행하는 항로는 기존 김해 항로보다 원거리일 뿐만 아니라 항해의 안전을 담보하기에도 여러 가지 어려움이 있다.

고대 항로는 원거리 항해에서 오는 위험을 줄이기 위해 주로 해안지역을 이용하고 안전한 징검다리 역할의 중간기착지를 최대한 확보하려 하였을 것이다. 진동만에서 대마도로 가기 전에 해안지역을 이용한 안전한 징검다리 역할을 할 수 있는 중간기착지는 바로 거제도이다. 그러므로 당시 아라국은 진동만에서 기존항로인 김해지역을 통과하는 항로와는 전혀 다른 거제지역을 새로이 확보한 후 거제도에서 대마도-이키섬을 징검다리 삼아 일본열도와 직접 교역한 것이다.

대한해협을 통과하는 해류나 조류의 흐름을 살펴보면 대외교역을 위한 자연환경 조건은 김해보다는 거제도가 유리하다.[141] 거제도는 대마도를 육안으로도 볼 수 있을 만큼 가까워 방향 측정이 가능하며, 해류의 흐름으로 보아도 남해 동부해안에서 왜로 향하는 항로로써 적합한 조건을 갖추고 있다.[142]

---

139) 아라가야 전쟁 후에 진동만이 대일교역항으로 단일화됨에 따라 김해를 통하여 대일 간접교역에 치중하던 골포항의 기능은 진동만에 흡수되었을 것이다.
140) 李永植, 앞의 「安羅國과 倭國의 交流史 硏究」, 33쪽.
   이연심, 앞의 「안라국의 대왜교역로에 관한 검토」, 81쪽.
141) 윤명철, 『한민족의 해양활동과 동아지중해』, 학연문화사, 2002, 130~131쪽.
142) 거제도는 대마도의 북단과 위도상으로도 동일하므로 기본적으로 북동진하고,

김해 금관국이 왜로 통하기 위해 이용하는 해양 루트는 『삼국지』 위서에서도 기술된 바와 같이 김해만-쓰씨마(對馬國)-이키(一大國)를 거치는 항로이지만, 함안 아라국은 김해를 거치지 않고 진동만을 이용하여 거제를 거쳐 바로 쓰시마-이키섬을 통하여 왜로 진출하는 새로운 교역로를 개척하였다. 거제도는 그동안 내륙국에 불과했던 아라국이 새로운 해양대국으로 도약하는 데 있어 기존 교역로와는 다른 새로운 해양 창구였다. 거제도에서 아라국이 중간기착지로 이용한 항구는 거제 옥포항을 끼고 있는 아주동지역이었다. 아라국은 대왜 교역로로 진동만과 거제를 경유함으로써 일본열도에 이르는 가장 빠르고 안전한 항로를 확보하였다. 이를 반영이라도 하듯이 최근 진동만 인근 마산 현동과 거제 옥포항 인근 아주동지역에서는 아라가야계 유물이 출토되었는데, 승문계타날호, 통형고배 등 아라가야계 토기가 발굴되었을 뿐만 아니라 왜계 토기인 하지키도 출토되었다.[143]

"아라가야의 주요 항구인 거제 아주동유적과 마산 현동유적이 번창할 수 있었던 것"[144]도 당시 아라국이 현동 인근 진동만과 아주동 인근 거제 옥포만을 직접 확보하여 왜와 직접 교역을 시작한 데서 비롯되었음을 알 수 있다. 아라가야계 유물이 출토된 아주동지역에 위치한 옥포항은

낙조 때는 남서진하는 해·조류의 움직임만 활용할 경우에 거제도나 그 이서(以西)에서 출발한다면 비록 정상적인 항해에 실패하더라노 1자석으로 쓰시마 북단에 걸릴 확률이 많으며, 2차적으로는 표류일망정 일본열도에는 도착할 수 있다(윤명철, 「海洋條件을 통해서 본 古代 韓日 關係史의 理解」, 『日本學』 14, 1995, 85쪽).
143) 하승철, 앞의 「고고자료를 통해본 아라가야의 대외관계」, 106쪽. 이러한 여러 가지 정황으로 보아 거제 아주동지역은 전쟁 전부터 아라가야의 영토였으며 아라가야의 주요 항구였다고 하겠다. 아주동지역은 산으로 둘러싸여 있고 옥포항을 끼고 있으며 왜로 오가는 선박의 이동상황을 직접 관찰할 수 있으며, 인근 다른 항구에 비해 태풍피해를 최소화할 수 있는 지형으로 왜로 향하는 중간기착지로 삼기에 최적의 항구였을 것이다.
144) 하승철, 위의 글, 118쪽.

조선 성종 19년(1488)에 진이 설치되었고 수군만호를 둘 만큼 중요한 항구였으며,145) 오늘날에는 대형 조선사가 위치하는 등 해양산업의 중심으로 자리 잡고 있다. 거제 아주동 인근에 있는 가라산을 비롯한 가야계 지명은 이곳이 아라국의 일원이었음을 알게 해준다.

아라국이 거제를 교역 루트로 이용하였다는 것은 당시 포상팔국의 일원인 칠포국을 비롯한 해안세력들이 아라국과 적대적인 관계를 유지할 수밖에 없었던 이유에서도 잘 파악할 수 있다.

아라국은 거제도라는 항로를 개척하여 독자적으로 운용하면서 막대한 이익을 얻었고, 거제도를 통한 대왜 교역의 독점적 확장은 인근 거제 칠천도에 위치한 칠포국 및 고성 고자국을 비롯한 남해안 포상팔국 전체를 격동케 하였으며 마침내 전쟁까지 촉발하는 결정적 원인을 제공하였다고 하겠다.

나. 교역품 개발을 통한 대왜교역 독점

아라가야 전쟁이 일어나기 전후 교역 환경은 대중교역이 대폭 줄어들고 대왜교역이 증가하고 있었다. 2세기 전반을 기준으로 사천 늑도지역이 쇠퇴하고 3세기대에 중국계 유물은 사라지고 왜계 토기 및 유물이 남해안 동쪽지역을 중심으로 발굴되는 고고학적 사실은 아라가야 전쟁을 전후하여 남해안 세력의 교역 중심이 중국에서 왜로 기울고 있었다는 점을 확실히 보여준다. 통설은 그 이유에 대하여 한군현의 쇠퇴를 들고 있다.

당시 중국은 후한 말 환령지간(桓靈之間, 146~189)을 거쳐 삼국이 쟁패를 벌이는 등 혼란기였고, 『삼국사기』 고구려본기를 보면 대조대왕 66년(118) 고구려가 예맥과 더불어 현도를 습격하고146) 고국천왕 6년

---

145) 『新增東國輿地勝覽』 卷32, 昌原都護府 巨濟縣 玉浦鎭.

(184) 요동태수의 침략을 격파하였으며,147) 동천왕 16년(242) 고구려가 서안평을 공격하는148) 등 북방의 형세가 어지러웠으므로 중국과의 교역은 쇠퇴하고 왜에 대한 교역 비중이 시간이 지날수록 점차 높아진 현상은 당연한 결과였다.

그런데 중국과의 교역이 쇠퇴한 이유가 단지 환령지간의 혼란 등 전적으로 북방에 의한 원인뿐이었을까? 중국의 사정으로 교역이 쇠퇴하였다면 중국에서 수입하던 물품의 수요는 어떻게 대체되었을까?

아라국이 독자적인 항로를 개척하여 교역에 임하였다고 하더라도 교역 품목의 양상이 변화하지 않고 그전과 같았다면 해안가에 위치한 포상팔국은 어떤 형태로든 계속 교역에 참여할 수 있었으므로 아라국이 독점적 이익을 향유하기는 어려웠을 것이다.

하지만 중국과의 교역이 줄어들면서 아라국이 중국 교역품을 대체하는 품목을 독자적으로 개발하고 새로운 항로를 개척하여 대왜교역에 참여하였다면 상황은 전혀 달라졌을 것이다. 즉, 아라국이 포상팔국이 생산하지 못한 교역상품을 개발하여 거제도라는 새로운 항로를 통하여 왜와 교역함으로써 독점적 이익을 차지하고, 이로써 경남 해안지역 포상국들의 교역이익이 심각하게 침해되고 전남 동부지역 포상국들은 대중 교역에서조차 철저히 배제될 지경에 이르렀다면 이들이 연합하여 아라국을 침공하는 것은 불문가지라 하겠다.

아라국의 교역품은 무엇이었을까?

그것은 바로 토기와 의류였다. 아라국이 당대 국내 최대의 토기 생산국이었다는 사실은 함안 우거리 가마터를 비롯한 12개소의 토기 생산유적에서도 확인된다.

---

146) 『三國史記』 卷15, 高句麗本紀3 大祖大王 66年條.
147) 『三國史記』 卷16, 高句麗本紀4 故國川王 6年條.
148) 『三國史記』 卷17, 高句麗本紀5 東川王 16年條.

"함안 도항리 유적에서 확인된 21기의 목관묘와 3기의 옹관묘에서 확인된 와질토기(瓦質土器)는 기원을 전후한 시기에 등장하여 기원 2세기에 성행하였음"을 알 수 있는데,149) 이와 같은 고고자료는 함안지역에서 오래전부터 선진적인 토기가 생산되었음을 알려준다.

고식도질토기에 해당하는 아라가야 양식의 공자형고배, 노형기대, 승석문호, 통형고배는 3세기부터 4세기 후반까지 남강과 황강 수계, 낙동강 상류 지역에 널리 분포되어 있으며, 김해·부산지역의 토기문화 및 신라지역의 토기문화와도 커다란 차이를 보이고 있어 함안지역 양식이라고 부르기도 한다.150) 특히, 3세기~4세기 후반대의 함안산 승석문호는 기벽이 매우 얇고 고화도로 소성되어 매우 가볍고 단단하며, 같은 시기의 창녕군 여초리 요지, 대구시 신당동 요지, 경산시 옥산동 요지 등에서 보이지 않는 특수한 도부호(陶符號)가 토기 겉면에 새겨져 있어 다른 지역 토기와 쉽게 구별된다.151)

김해 대성동 59호 고분에서도 3세기 3/4분기경의 함안산으로 추정되는 초현기승석문타날호가 출토되며,152) 4세기 함안산 토기는 표에서 보는 것처럼 영남지역 전체에서 고루 출토될 뿐만 아니라 전남 동부 해안지역에서도 발굴된다.

아라국에서 생산된 토기는 일본에서도 광범위하게 출토된다. 일본 나가사키현 쓰시마의 해안에 있는 다이쇼군야마고분에서 출토된 승석문양 이부타날호는 3세기 2/4분기 전후의 함안지역산으로 판단된다.153)

---

149) 金賢, 앞의 「咸安 道項里 木棺墓 瓦質土器에 대하여」, 132쪽.
150) 李盛周, 「新羅·伽耶社會의 政治·經濟的 起源과 成長」, 서울대학교박사학위논문, 1998, 307~314쪽.
151) 박천수, 「아라가야와 대가야」, 『고고학을 통해 본 아라가야와 주변제국』, 학연문화사, 2013, 71쪽.
152) 정주희, 「咸安樣式 古式陶質土器의 分布定型과 意味」, 『韓國考古學報』73, 2009, 15쪽.
153) 朴天秀, 앞의 「考古資料를 통해 본 古代 韓半島와 日本列島의 相互作用」, 59쪽.

【아라국 토기 생산지】

연번	유적명	위치	가마축조높이 (해발,추정)	비고
1	우거리가마토기 I	우거리 215 일대	37~44m	'02~'04, 국립김해박물관 발굴
2	우거리가마토기 II	우거리 산83 일대	20~30m	
3	우거리가마토기 III	우거리 926 일대	20~30m	
4	우거리가마토기 IV	우거리 산137-3 일대	20~35m	
5	우거리가마토기 V	우거리 산139 일대	20~25m	'18, 가야문화재연구소 발굴
6	우거리가마토기 VI	우거리 824전 일대	15~25m	
7	윤내리가마토기	윤내리 1433전 일대	40~50m	
8	윤외리가마토기 I	윤외리 565전 일대	25~30m	
9	윤외리가마토기 II	윤외리 2074전 일대	15~25m	
10	주물리가마토기	주물리 607전 일대	15~30m	
11	묘사리가마토기 I	묘사리 1041 일대	28~30m	'99, 경남문화재연구원 발굴
12	묘사리가마토기 II	묘사리 1310 일대	45m 내외	

154)

---

154) 이 표는 '이정근, 「아라가야의 토기생산체계와 생산공간」, 『아라가야의 역사와 공간』, 선인, 2018, 119쪽'을 참고하여 작성하였다.

【4세기경 아라가야토기 분포】

연번	분포지역	연번	분포지역
1	대구 문양리	35	경남 거제 덕치리
2	대구 비산동	36	경남 진주 안간리
3	대구 서변동	37	경남 진주 하촌리
4	경북 고령 반운리	38	경남 진주 운천리
5	경북 성주 가암리	39	경남 진주 무촌리
6	경북 칠곡 심천리	40	경남 진주 원당
7	경북 경산 조영동	41	경남 진주 평촌리
8	경북 경주 황성동	42	경남 진주 마성리
9	경북 경주 월성로	43	경남 진주 압사리
10	경북 경주 구정동	44	경남 진주 가좌동
11	경북 경주 죽동리	45	경남 합천 옥천
12	경북 경주 구어리	46	경남 합천 저포리
13	울산 중산리	47	경남 창녕 강리
14	울산 조일리	48	경남 의령 예둔리
15	울산 하대	49	경남 함안 도항리
16	부산 노포동	50	경남 함안 윤외리
17	부산 복천동	51	경남 함안 오곡리
18	경남 양산 소토리	52	경남 함안 황사리
19	경남 김해 예안리	53	전남 광양 지원리
20	경남 김해 대성동	54	전남 순천 덕암동
21	경남 김해 구지로	55	전남 여수 고락산성
22	경남 김해 윗덕정	56	전남 여수 화동
23	경남 김해 퇴래리	57	전남 여수 장도
24	경남 밀양 월산리	58	전남 여수 석창성지
25	경남 창원 성산패총	59	전남 여수 죽림리
26	경남 창원 삼동동	60	전남 구례 용두리
27	경남 창원 도계동	61	전남 고흥 한천리
28	경남 창원 적현동	62	전남 장흥 신월리
29	경남 창원 마산현동	63	전남 장흥 삼방촌A
30	경남 창원 마산대평리	64	전남 장흥 삼방촌B
31	경남 창원 마산신촌리	65	전남 영암 만수리
32	경남 고성 송학동	66	전남 함평 만가촌
33	경남 고성 동외동	67	전남 해남 분토
34	경남 거제 아주동	68	전남 해남 신금

또한 나가사키현 아사히야마고분, 후쿠오카현 니시신마치유적 등지에서 3세기 전반에서 4세기 전반으로 비정되는 아라가야계 승석문양이부타날호 등이 발굴되며, 4세기 후반부터 5세기 전반으로 비정되는 아라가야계 토기가 나라현에 위치한 난잔고분군, 시죠오다나가유적, 신도우유적 등지에서 발굴되는 등 일본열도의 수많은 지역에서 출토된다.[156]

이처럼 3세기 이후로 비정되는 아라가야계 토기가 한반도는 물론 일본열도 곳곳에서 대량 발굴되는 현상은 아라국이 아라가야 전쟁을 전후하여 왜와의 교역이 빈번하였다는 사실을 알려줌과 동시에, 아라국 사람들이 일본열도에 진출하였다는 것을 보여주는 결정적인 증거 중 하나이다.

아라국에서는 토기뿐만 아니라 의류도 생산하였다.『삼국지』위서 한조의 염사치(廉斯鑡)기사를 보면, 진한이 한나라 사람 5백 명을 포로로 잡아 노역을 시킨 사실이 낙랑에 알려졌고 이에 낙랑이 변상 명목으로 변한포 만 오천 필을 요구하여 받았다고 한다.[157]

『일본서기』웅략기 7년조에는 왜에 도래한 기술자집단인 재기(才伎)들이 병이 들자 천황은 동한직국(東漢直掬)에게 명하여 금부정안라금(錦部定安那錦) 등을 다른 곳으로 옮겨 살게 하였다는 기사도 있다.[158]

금부정안라금은 아라국[159]에서 온 비단생산 기술자들을 가리키고, 한

---

155) 이 표는 '정주희, 앞의「咸安樣式 古式陶質土器의 分布定型과 意味」, 37쪽', '이동희, 앞의「아라가야와 마한·백제」, 95~96쪽', '하승철, 앞의「고고자료를 통해 본 아라가야의 대외관계」, 104쪽'을 각 참고하여 작성하였다.
156) 李永植, 앞의「安羅國과 倭國의 交流史 硏究」, 34~35쪽.
하승철, 앞의「유물을 통해 본 아라가야와 왜의 교섭」, 11~23쪽 ; 앞의「가야와 일본 와카야마(和歌山)지역 호족과의 교류」, 391~399쪽.
157)『三國志』卷30, 魏書30 烏丸鮮卑東夷傳 韓條, "辰韓曰 五百人已死 我當出贖直耳 乃出辰韓萬五千人 弁韓布萬五千匹 鑡收取直還".
158)『日本書紀』卷14, 雄略天皇 7年, "而病死者衆 由是 天皇詔大伴大連室屋 命東漢直掬 以新漢陶部高貴鞍部堅貴畫部因斯羅我錦部定安那錦 譯語卯安那等 遷居于上桃原下桃原眞神原三所".

씨(漢氏)로 보이는 동한직국 역시 아라국 출신으로 비단천을 짜는 기술 자집단과 깊은 관련이 있었을 것이다.160)

한씨의 출자가 아라국이라는 사실은 『일본서기』 응신기 20년(409) 9월조에 나타나는 아지사주의 도래기사에서도 확인된다.

응신기에는 아지사주가 왜한직(倭漢直)의 조상으로서 그의 아들 도가사주와 같이 그들의 무리 17현을 이끌고 귀화하였다고 되어 있는데161) 아지사주는 왜한직의 조상으로, 왜한직의 '한(漢)'은 '아야(アヤ)'라고 읽혀지고, 아야의 원래 뜻은 한반도 함안에서 유래하였으므로 아야씨의 기원은 함안으로 보는 것이 타당하다.162)

"아야는 아라 또는 아나라고 하는 고대 한국어이므로 아라가야를 지칭한다."163) 『삼국유사』 오가야조에도 고대 함안의 국명이 '아야가야(阿耶伽耶)'라고 기록되어 있다.

함안 도항리고분군에서 발굴된 직물(織物)에서도 당시 아라국의 의류제조기술이 뛰어났음을 알 수 있다.

도항리 39호 고분에서 발굴된 화살통(盛矢具)에서 치밀한 직물의 흔적이 발견되고,164) 특히 도항리 54호 고분에서 발굴된 칼끝장식(鞘尾金具)에 수착(銹着)되어 있는 날실은 0.141밀리미터에 달한 정도로 가늘고 정교함을 알 수 있다.165) 함안 도항리에 소재한 9개 고분에서 수착직물이

---

159) '錦部定安那錦'에서 '安那'는 고대 함안의 국가인 아라국을 지칭한다.
160) 南在祐, 앞의 『安羅國史』, 76쪽.
161) 『日本書紀』 卷10, 應神天皇 20年 9月條, "倭漢直祖阿知使主 其子都加使主 並率己之黨類十七縣 而來歸焉".
162) 三品彰英, 앞의 『日本書紀朝鮮関係記事考證』上, 21쪽.
    山尾幸久, 앞의 『古代の日朝関係』, 300쪽.
163) 윤석효, 『신편가야사』, 혜안, 1997, 43쪽.
164) 박윤미·정복남, 「阿羅伽倻와 大伽倻 古墳群의 銹着織物-도항리·지산동 고분군을 중심으로-」, 『복식문화연구』9-5, 2001, 762쪽.
165) 박윤미·정복남, 위의 글, 768쪽.

발굴된 것으로 보아[166] 당시 아라국의 의류 제조기술이 뛰어났음을 알게 해준다. 그러므로 『삼국지』 위서의 지황 연간(20~23)에 기록된 변한 포는 고대 함안지역에서 생산하였을 것이며, 그 후 직조술은 더욱 고도화되었을 것이다.

결국 아라국이 고급 의류와 토기 등 기존 중국에서 수입하던 위세품을 비롯한 교역품을 자체 생산하고, 거제도라는 신항로를 이용하여 왜국과 직접 교역함으로써 경남 해안지역은 물론 호남 동부 해안지역의 여러 나라에도 큰 타격을 가하였으며, 이에 교역이익을 공통적으로 침해당한 포상팔국이 연합하여 아라국을 침략하였으나 종래에는 신라의 도움으로 전쟁에서 최종 승리했다고 하겠다.

아라가야 전쟁에서 최종 승리한 아라국은 영역을 넓혀 골포국은 물론 사천, 하동 지역을 거쳐 전남 동부 해안지역[167]을 아우르고 일본열도까지 영역을 확장하였다.

2. 아라사등의 일본열도 진출과 영역 확장

가. 아라사등과 천일창의 동일성 검토

문헌분석 고대 한국인들의 일본진출을 알려주는 단서는 『일본서기』 수인기의 아라사등 및 천일창 기사, 『고사기』 응신기의 천일창 기사를 분석하면 찾을 수 있다. 아라사등과 천일창 기사는 고대 한반도 사람들의 일본열도 진출을 규명하는 데 매우 중요한 사료이다.

---

166) 박윤미·정복남, 앞의 「阿羅伽倻와 大伽倻 古墳群의 銹着織物-도항리·지산동 고분군을 중심으로-」, 764쪽.
167) 전남 동부해안은 아라가야 전쟁에 참여한 광양, 순천, 여수 및 고흥을 아우르는 지역이며 『일본서기』에 임나 4현으로 불리는 지역이라 하겠다. 『일본서기』에서 이들 지역을 국가로 지칭하지 않고 현으로 부른 것은 아라가야 전쟁 후에 국으로서의 기능은 사라지고 아라국이 직접 통치권을 행사하였기 때문이라 할 것이다.

아라사등과 천일창의 도래 기사는 『일본서기』 수인기 2년조 및 3년조에 병렬적으로 언급되어 있고, 『고사기』에는 천일창의 기사가 응신기에 기록되어 있다. 『일본서기』에 기록된 아라사등과 천일창의 기사는 일견 그 내용에 있어서 거의 같아 보인다.

이노우에 히데오(井上秀雄)는 아라사등과 천일창이 모두 배를 타고 왔다는 점, 도래지를 말하고 있는 점, 도래한 이유를 물을 때 "어느 나라 사람이냐?"라고 동일한 문장을 쓰고 있는 점, 양자가 모두 왕자라는 점, 도래한 이유를 묻는 질문에 모두 같은 문장인 "일본국에 성왕이 있다는 것을 듣고 귀화하였다."라고 대답한 점을 들어 아라사등과 천일창이 동일인물이라고 판단하고 있다.[168] 이노우에의 논지처럼 아라사등과 천일창은 둘 다 배를 타고 왔다는 것과 양자 모두 신분이 같으며 문장 구조 또한 유사하다. 아라사등의 전설과 천일창의 전설이 이야기를 풀어가는 서사적 구조에 있어 서로 같아 보이므로 이들이 동일한 지역에서 출자했다고 하겠다.

그러나 『일본서기』 수인기를 자세히 검토하면 아라사등과 천일창이 서로 다른 사람이라는 사실이 확인된다. 즉, 천일창이 나니와(難波)에 들어가려다 저지당하였으나 아라사등은 저지당한 사실이 없고, 아라사등은 본국으로 귀국하였는데 천일창은 왜에 그대로 거주하였다고 명기되어 있는 등 도저히 같은 인물이라고 볼 수 없는 단서들이 기록되어 있다.

무엇보다도 아라사등과 천일창의 이동 경로가 확연히 다른 것을 알 수 있는데, 천일창은 규슈 북부에 도착하여 세토내해를 거쳐 하리마(播磨)를 통해 타지마(但馬)에 정착하였다고 하지만 아라사등은 아나도(穴門)에 도착하여 동북 해안지역인 이즈모(出雲)를 거쳐 쓰누가(角鹿)로 이동하였으며 그 뒤 되돌아갔다고 한다.

---

168) 井上秀雄, 「日本書紀の新羅傳說記事」, 『日本書紀研究』4, 塙書房, 1970, 238쪽.

결국 수인기를 분석하면 아라사등과 천일창이 출자한 나라가 같을 뿐 동일 인물로 볼 수는 없다. 또한 아라사등은 『일본서기』 수인기 2년조에 소개된 반면, 천일창은 『일본서기』 수인기 3년조 및 『고사기』 응신기에 기사화되어 있는 것으로 보아도 두 사람을 동일 인물이라고 할 수 없다.

나. 아라사등의 실체 및 일본 진출 시기

『일본서기』 수인기에는 아라사등의 출자를 '의부가라국(意富加羅國)'이라고 기록되어 있는데 의부가라국은 '협의의 임나' 편에서 살핀 바와 같이 아라국이다. 아라사등의 실체에 대하여 특정한 인명으로 보는 견해[169]도 있으나 아라사등은 고유명사라기보다는 보통명사로 읽히고 "아라=아라, 시토=히토=사람"을 의미하므로,[170] 아라사등의 실체는 특정한 개인이 아니라 일본열도로 이주한 아라국 사람들을 지칭하는 것이라 하겠다. 『일본서기』에서 보는 것처럼 아라사등이 처음 도착한 혈문(穴門)은 일본어 '아나도'로 읽히며 부근에 아라계 지명이 몰려 있고, 두 번째 기착지인 출운 역시 아라계 지명이 많이 분포되어 있다.[171]

하지만 아라사등의 역사적 의미를 살펴보면 단순히 일본 열도에 진출한 불특정 다수의 아라국 사람들로만 볼 수 없다.

아라사등에서 사등(斯等)을 신지(臣智), 진지(秦支)와 같은 지배층을 의미하는 것으로 파악해 볼 때[172] 상층 계급을 의미하는 일반적인 범칭으로도 해석된다.[173]

---

169) 坂本太朗 等 校注, 앞의 『日本書紀』上, 258쪽 頭註 3.
170) 李永植, 앞의 「安羅國과 倭國의 交流史 硏究」, 46쪽.
171) 세 번째 기착지인 각록지역에는 아라계 지명이 거의 없는데 이는 응신이 일본열도로 진출하기 직전에 각록지역에 진출한 아라국 사람들이 응신과 합류하여 각록지역에 정착하지 않고 근기지역으로 이동하여 정착한 결과로 보인다.
172) 李丙燾, 앞의 『韓國古代史硏究』, 345쪽.

그러므로 아라사등은 아라국의 관직 명칭이며 일본열도 각 지역으로 진출한 아라국 사람들의 지배층으로 보는 것이 타당하다. 일본열도로 이동한 아라국 사람들은 아라국의 정체성을 잃지 않은 채 정착하였으며 지역마다 아라사등이라고 불리는 지배층이 이들을 통제하였을 것이다.

아라사등이 거쳐간 혈문, 출운지역 등을 포함한 일본열도 곳곳에서 아라계 지명이 발견되고 3~4세기대로 비정되는 아라계 유적이 발굴된 정황을 살펴볼 때, 아라국 사람들은 아라가야 전쟁에서 승리한 후인 3세기경부터 일본열도에 진출하여 정착하면서 아라사등의 통제 아래 세력을 이루었다고 하겠다.

아라사등은 아라국의 관리였으므로 본국을 왕래하였으며 이러한 사실 때문에 수인기에서도 아라사등이 일본으로 왔다가 본국으로 돌아갔다고 기록한 것이다.

다. 아라국의 영토 확장

이노우에는 아라국의 최전성기를 5~6세기로 보고 이때의 영역이 함안, 의령, 사천, 진주 지역을 포함하여 동서 70킬로미터, 남북 60킬로미터에 이르는 대국이었다고 한다.[174] 또한 화염형투창토기 분포지역 등을 토대로 아라국의 최전성기를 5세기 후반에서 6세기 전반으로 설정하고 그 영역을 칠원지역 일부를 포함한 함안, 마산 구산면지역, 남강변의 의령지역 및 진주 서부지역이라고 하거나,[175] 함안지역 전체, 의령 남부, 마산지역이 포함된 창원 일부지역, 진주 일부지역까지 포함하여 설정하는 견해도 있다.[176]

---

173) 신라의 최고관직인 '上大等'에서 보듯이 '等'은 벼슬의 등급이나 계급을 의미한다.
174) 井上秀雄, 앞의 『任那日本府と倭』, 196~197쪽.
175) 南在祐, 앞의 『安羅國史』, 202쪽.
176) 白承玉, 앞의 『加耶各國史研究』, 175쪽.

이러한 견해는 대부분 화염형투창토기의 분포 등 고고학적 상황을 토대로 아라국의 최전성기를 5~6세기로 보고 그 영역을 추정하고 있을 뿐이며, 아라국이 아라가야 전쟁의 승리로 임나 4현을 확보한 것은 물론 거제도를 이용한 새로운 교역항 개척을 통하여 일본에 진출함으로써 영토의 외연을 크게 확장한 사실은 전혀 드러나지 않는다.

아라국은 아라가야 전쟁의 최종 승리로 그 영역을 더욱 확장하였다.

전쟁 전에 아라국은 현재 함안과 의령지역, 진주지역 및 진동만 지역, 거제도 일부지역을 확보하였으며, 전쟁 후에는 마산지역, 사천 및 하동 일부지역, 거제도지역을 영토에 포함하고 임나 4현으로 불리는 전남 동부 해안지역 및 일본열도까지 영역을 확장하였다. 아라사등으로 대표되는 아라국 사람들이 3세기경 일본열도로 진출하였다는 사실은 지명 및 유적 분석을 통해서도 확인된다.

아라국은 일본 진출을 위해 아라가야 전쟁 전부터 대티고개를 거쳐 진동만에서 바닷길로 거제도를 경유하여 대마도-이키섬을 거치는 항로를 개척하였다. 아라국이 진동만을 이용하였다는 사실은 "진동만에 조영된 대평리 유적과 신촌 유적에서 아라국 관련 유물이 출토"되는 것에서도 파악된다.177) 아라가야 전쟁 승리 후 진동만에 이르는 교역로를 더욱 활성화하여 진동만을 이용한 일본열도 진출에 박차를 가하였고 그에 따리 진동만도 그 규모가 확장되었을 것이다. 아라가야 전쟁 승리 후 아라국 사람들과 문명이 진동만과 거제도를 통하여 빠른 속도로 일본열도로 이동한 것이다.

아라계 지명은 일본열도 전체에 퍼져 있는데 특히 규슈 북부의 후쿠오카현, 동해 연안 지구인 이즈모현, 세토내해 지구 입구인 야마구치현, 내해 연안에 위치한 오카야마현, 효고현 및 근기 지역에 집중되어 있다.

---

177) 이연심, 앞의 「안라국의 대왜교역로에 대한 검토」, 80쪽.

그리고 유적분포를 살펴보면 4세기 전의 유적은 규슈 북부 및 시마네현 등지에 널리 퍼져 있다.

『일본서기』에는 아라사등이 일본열도에 도착한 곳을 '아나도(穴門)'라고 기록하고 있는데 아나도는 지금의 시모노세키(下關)해협 주변을 가리키며 이곳 주변에도 아야라기, 아나도 등 아라계 지명이 분포되어 있다.

규슈 북부인 후쿠오카지역에도 아라계 지명이 밀집되어 있는데 이곳이 한반도에서 일본열도로 들어오는 관문에 위치하고 있어 아라사등으로 대표되는 아라국 사람들이 규슈 북부지역을 거쳐 왔을 것이다.

유적분포 또한 아라국의 일본열도 진출을 확인해 준다. '3~4세기경 아라계 지명 및 유적 분포'에서 보는 바와 같이 나가사키현의 다이쇼군야마 고분, 아사히야마 고분, 미네 유적, 세토바루 유적, 고후노사에 유적, 하루노쯔지 유적, 규슈북부 후쿠오카현의 히가시시모다 유적, 니시신마치 유적 등지에서 3세기에서 4세기대로 비정되는 승석문양이부타날호 등 아라가야계 유물이 발굴되었다.[178]

또한 아라사등의 두 번째 기착지인 이즈모는 현재 시마네현 동부에 있는 도시로, 시마네현에는 아라가야, 아라키 등 아라계 지명이 분포되어 있으며 카미나가하마 패총에서 4세기대의 아라가야계 승석문타날단경호가 발굴되었고, 인근 돗토리현 아오키이나바 유적에서도 4세기대의 아라가야계 양이부단경호가 출토되었다.

이처럼 수인기의 아라사등 기사를 참고하여 3세기에서 4세기대로 비정되는 유적의 분포 상황 등을 종합해보면, 야마구치현, 오카야마현, 시마네현 등 일본열도에 있는 아라계 지명을 생성한 주체는 바로 아라가

---

178) 대마도에서 다수의 아라가야계 유물이 발굴되는 이유는 본토와 분리되어 있는 지리적 여건과 무관하지 않은 것으로 보이므로, 일본열도에서도 대마도와 같이 유물이 잘 보존될 수 있는 환경을 갖추고 있었다면 더 많은 아라가야계 유물이 출토되었을 것이다.

야 전쟁 후 3세기 초부터 일본열도로 진출한 아라사등으로 대표되는 아라국 사람들임을 알 수 있다. 아라가야 전쟁 후 아라국의 영역은 일본열도의 규슈 북부 및 야마구치현을 기점으로 동북해안 지역까지 뻗어나갔다.

비미호의 종녀 일여가 사망하고 구주 야마대정권이 종말을 고한 269년부터 일본열도의 주요 지역이 본격적으로 아라국의 영역으로 편입되기 시작하였으며, 오카야마현에 이르는 지역까지 진출하여 그 영역이 확장되었다.[179] 아라가야 전쟁 승리 후 시작된 아라국의 일본열도 진출 및 영역화는 구주 야마대가 종말을 고한 269년부터 본격적으로 시작되어 응신이 대화정권을 수립하기 전해인 389년까지 정확히 120년간 지속되었을 것이다.

『일본서기』에 신공 후반기부터 응신정권 탄생기에 이르기까지 일본 고대의 역사적 사실을 기록하지 못한 채 일본 역사와는 아무런 관계가 없는 백제 왕력을 채워 넣음으로써 이주갑의 간극을 메꿀 수밖에 없었던 가장 실체적인 이유가 바로 여기에 있다. 구주 야마대의 통합적 지배력이 상실되고 일본의 천황계가 단절된 120년간 일본열도의 주요 지역은 아라국의 영역이 되었던 것이다. 일본열도에 진출한 아라국 사람들은 아라국의 국인(國人)으로써 아라사등으로 대표되는 지배층 아래에서 본국인 아라국의 통세를 받았을 것이다. 『삼국사기』 및 『삼국유사』의 아라가야 전쟁 관련 기사, 『일본서기』 수인기의 아라사등 관련 기

---

[179] 이러한 사실은 신무, 즉 응신이 동정한 행로에서도 입증된다. 규슈 북부에서 세토내해를 거쳐 오늘날 오카야마현에 비정되는 고도궁에 이르기까지 신무의 동정 행로(水野祐, 앞의 『日本古代の國家形成』, 109쪽)를 살펴보면 곳곳마다 아라계 지명이 산재하여 있다. 『일본서기』에 기록된 것처럼 신무, 즉 응신에 의해 단행된 동정이 길비국에 이르기까지 아무런 저항 없이 순탄하게 이루어진 배경에는 그 전에 이미 규슈 북부에서 세토내해를 거쳐 오카야마까지 진출하여 정착한 아라국 사람들의 지원이 있었을 것이다.

사, 신공기 및 계체기의 임나 관련 기사를 참고하여 3~4세기경 일본열도 곳곳에 분포된 것으로 보이는 아라계 지명 및 유적 등을 종합적으로 검토하면 269년부터 389년까지 120년간 아라국의 영역은 다음과 같이 추정된다.

〖 아라계 지명 및 유적 〗

【지명】

연번	지명	지명 소재지	비고
1	아라기(荒木)	후쿠오카현 무나가타군	향 명
2	아라지(荒自)	"	"
3	오오아라(大荒)	"	"
4	고아라(小荒)	"	"
5	아라츠사키(荒津崎)	"　　후쿠오카시	배나루 이름
6	아라토야마(荒戶山)	"	산 이름
7	아라히라(荒平)	"　　소오라군	
8	아라히토(良人)	"　　이토군	향 명
9	아라히토(良人)	"　　나카군	"
10	아라기(荒木)	"　　미즈마군	마을 이름
11	아야하타(綾幡)	"　치쿠죠군 츠이키정	향 명
12	아야베(綾部)	시가현 미야키군	마을 이름
13	아라수키(阿良須岐)	기시마군	향 명
14	아야기(荒木)	야마구치현　미네군	
15	아야라기(荒羅木)	"　　도요우라군	
16	아나도(穴戶, 穴門)	"　　남부 지역	
17	아나(安那, 安娜)	히로시마현 후카야수군	고을·바다명
18	아라도(新砥)	오카야마현 아테츠군	마을이름
19	아나다(穴田)	"　　가와가미군	향 명
20	아야베(綾部)	"　　도마다군	"
21	아라이다(荒井田)	"　　죠도군	마을 이름
22	아라다(荒田)	"	"
23	아라가미하다(荒神畑)	"	"
24	아라이지(荒井地)	"	"
25	아라가미가와다(荒神川田)	"	"
26	아라가미다(荒神田)	"	"
27	아라가미야시키(荒神屋敷)	"	"
28	아라가미하시(荒神端)	"	"
29	아라가미노단(荒神之端)	"	"
30	아라가미단(荒神端)	"	"
31	아라가미우에(荒神上)	"	"
32	아라가미야마(荒神山)	"	"
33	아라카미다니(荒神谷)	"	"
34	아라가미(荒神)	"	"

연번	지명	지명 소재지	비고
35	아라가미시모(荒神下)	오카야마현 죠도군	마을 이름
36	아라가미우에(荒神上)	"	"
37	아라하시(荒端)	"	"
38	아라가미아토(荒神址)	"	"
39	아라데(荒手)	"	"
40	아라가미마에(荒神前)	"	"
41	아라가미다니(荒神谷)	"	"
42	아라가미모토(荒神元)	"	"
43	아라가미모토(荒神元)	오카야마현 미쯔군	"
44	아라데우치(荒手內)	"	"
45	아라데시모(荒手下)	"	"
46	아라가미와키(荒神脇)	"	"
47	아라가미우에(荒神上)	"	"
48	아라가미마에(荒神前)	"	"
49	아라가미쿠보(荒神窪)	"	"
50	아라하다케(荒畑)	"	"
51	아라다(荒田)	"	"
52	아라데(荒手)	"	"
53	아라가미(荒神)	"	"
54	아라가미노단(荒神之端)	"	"
55	아라가미베리(荒神辺)	"	"
56	아라가미우에(荒神上)	"	"
57	아라가미(荒神)	"	"
58	아라가미시모(荒神下)	"	"
59	요코세아라가미(橫瀬荒神)	"	"
60	아다가야(出雲)	시마네현 야츠카군	향 명
61	아다가야(阿太加夜)	"	신사이름
62	아요(阿用)	" 오하라군	마을 이름
63	아라와이(阿羅波比)	" 야츠카군	"
64	아라가야(荒茅)	" 히카와군	"
65	아라키(荒木 阿羅城)	"	"
66	아라시마(荒島)	" 노기군	"

180) 이 표는 '윤내현, 앞의 『한국열국사연구』, 490~497쪽', '조희승, 앞의 『가야사연구』, 439~441쪽', '이영식, 앞의 「안라국과 왜국의 교류사연구」, 47~48쪽'

【유적】

연번	유적명	출토지	유물	
			대표 유물	시기
1	다이쇼군야마고분	나가사키현	승석문양이부타날호	3세기 2/4분기
2	아사히야마고분	"	승석문타날호	3세기 3/4분기
3	고후노사에유적	"	양이부단경호	4세기 전반
4	세토바루유적	"	"	"
5	미네유적	"	"	"
6	하루노츠지유적	"	"	"
7	아오키이나바유적	돗토리현	"	"
8	니시신마치유적	후쿠오카현	승석문양이부타날호	4세기
9	히가시시모다유적	"	"	"
10	시모고우리유적	오이타현	고배형기대	3~4세기
11	카미나가하마패총	시마네현	승석문타날단경호	4세기 전반

181)

을 참고하여 작성하였다. 이와 같은 지명 분포는 3~4세기 당시 일본열도에 수많은 아라국 사람들이 진출해 있었다는 확실한 근거자료이지만 사라지거나 변형된 지명까지 감안하면 '아라'라는 지명은 이보다 훨씬 상회할 것이다.

181) 이 표는 '이영식, 앞의 「안라국과 왜국의 교류사연구」, 34~35쪽', '박천수, 『새로 쓰는 한일교섭사』, 사회평론, 2007, 50~52쪽', '하승철, 앞의 「유물을 통해 본 아라가야와 왜의 교섭」, 11~22쪽 ; 앞의 「고고자료를 통해 본 아라가야의 대외관계」, 105~106쪽', '이연심, 앞의 「안라국의 대왜교역로에 관한 검토」, 67쪽'을 참고하여 작성하였다.

[아라국의 영역]

【전체 영역】182)

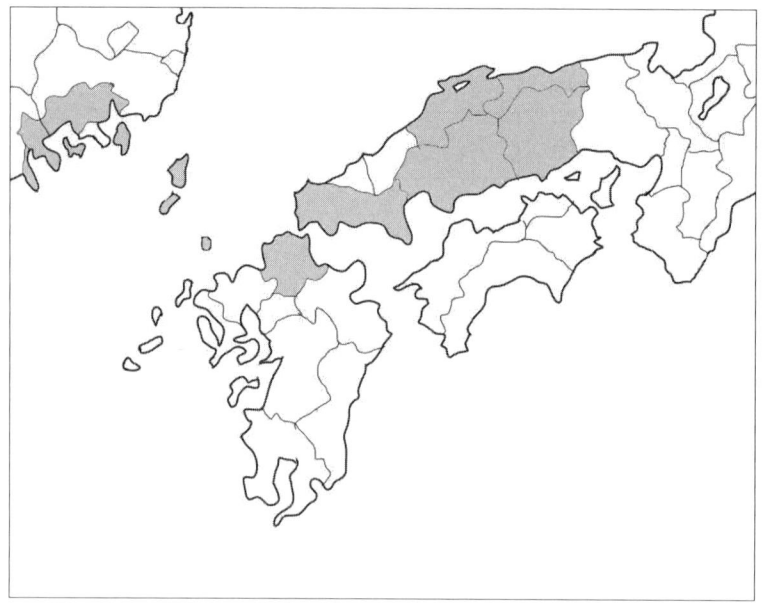

---

182) 북규슈 서부지역에서도 아라계 유물 등이 출토되지만 『삼국사기』 신라본기의 기사로 보아, 이 지역에는 야마구치현 북부 등 해안지역처럼 아라국의 영향력이 미치지 않은 소국이나 해적집단이 존재한 것으로 추정된다.

【아라국의 한반도 영역】

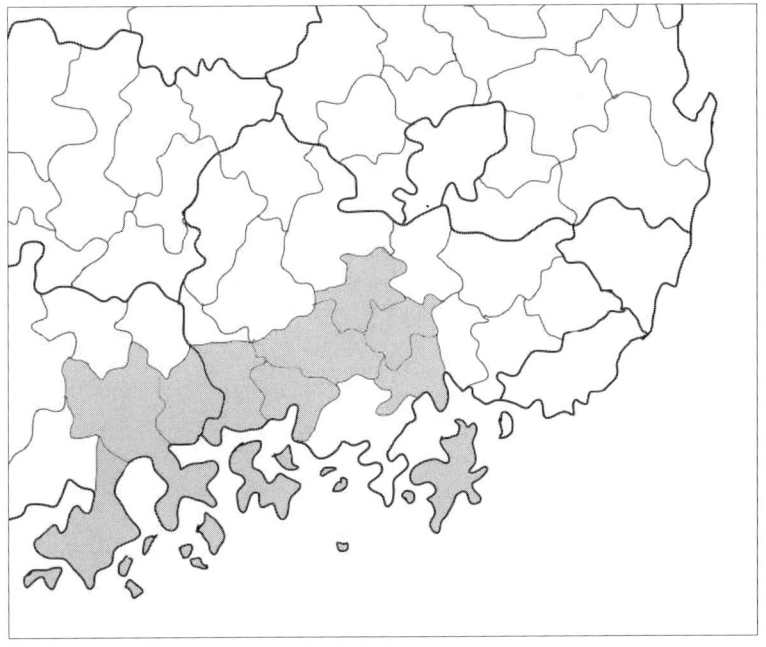

【아라국의 일본열도 영역】

3. 중국과의 교섭 - 『진서』 진한전의 재검토

『진서』 진한전에는 다음과 같은 교섭 기사가 있다.

> 무제 태강 원년에 왕이 사신을 보내 방물(方物)을 바쳤다. 2년에 다시 와서 조공하였고 7년에도 또 왔다.[183]

일반적으로 학계는 태강 원년(280), 태강 2년(281) 및 태강 7년(286)년 진에 사신을 보낸 왕을 신라왕으로 이해하고 있다. 이에 의하면 신라가 3세기경이 되어서야 진한을 통합함으로써 강국으로 부상하였을 것이라는 막연한 논거를 제시할 뿐 구체적인 교류상황 및 방법 등에 대한 자세한 의견은 없다. 『진서』 진한전의 왕을 신라왕이라고 하는 견해가 『삼국사기』 초기기록을 불신하고 『삼국지』 위서에 경도되어 있다는 비판은 차치하더라도, 당시의 정세를 자세히 살펴보면 신라는 중국과 교류할 수 없는 환경이었다.

한반도 동남쪽에 위치한 신라가 3세기경 중국과 외교관계를 맺는 방법은 육로로 대륙을 통과하거나 육로를 통하여 서해안에 이르러 바닷길을 이용하여 중국으로 가든지 아니면 남해안을 거쳐 가는 길 외에는 없었다. 이러한 지리적 여건은 당시 신라가 백제나 고구려의 도움이 없거나 남해안 제국가와의 친교가 없이는 중국과의 교류가 불가능하였음을 알려준다.[184]

『삼국사기』 신라본기를 보면, 신라 내물이사금 26년(381)에 위두를 전진에 파견한 기사가 있다.[185] 신라본기에는 없으나 고구려본기 "소수림

---

183) 『晉書』 卷97, 東夷列傳67 辰韓傳, "武帝太康元年 其王遣使獻方物 二年復來朝貢 七年又來".
184) 신라는 진흥왕 때 한강유역을 확보하고 난 이후인 6세기 중엽에 비로소 고구려나 백제의 도움 없이 자력으로 서해안을 통하여 중국과 직접 교류하게 되었다.
185) 『三國史記』 卷3, 新羅本紀3 奈勿尼師今 26年條.

왕 7년(377) 전진에 사신을 파견하였다."라는 기사가 있으며,186) 『자치통감』에 의하면 진 효무제 2년(377)에 "신라, 고구려, 서남이가 사신을 보내 입조하였다."라고 기록된 것으로 보아187) 신라는 고구려가 사신을 파견한 때와 같은 해인 내물이사금 22년(377) 처음 전진에 사신을 파견하였을 것이다. 지리적으로 볼 때 당시 신라가 중국으로 갈 수 있는 육로가 고구려와 백제에 의해 막혀 있었던 점으로 미루어 고구려와 사전 접촉이 있었을 것이며, 따라서 377년, 381년의 신라의 전진에 대한 사신 파견에는 고구려의 사신도 동행한 것으로 추정된다.188)

이러한 고구려의 도움 이면에는 당시 삼국 간의 정세도 작용하였다.

고구려와 백제는 근초고왕 26년(371)의 평양성 공격으로 고국원왕이 전사한 후 최악의 관계에 놓여 있었다. 고구려는 자국의 왕이 전쟁으로 사망하는 등 어려운 상태에서 백제를 공략하기 위해 신라와의 우호적인 관계가 필요한 상황이었고, 신라 또한 백제 독산성주의 내항 이후 백제와는 외교적인 관계가 끊어진 상황에서 고구려와 우호관계를 유지하지 않을 수 없었으며, 이러한 양국 간 우호의 일환으로 고구려는 신라가 전진에 사신을 파견하는 데 도움을 준 것이다.

그 뒤 신라가 법흥왕 8년(521) 중국 양나라에 사신을 보냈을 때189)는 백제의 도움이 있었을 것이다. 이때 신라와 백제는 고구려 장수왕의 남진에 대항하여 433년에 나제동맹을 맺어 553년까지 우호가 지속되던 관계였으므로, 백제가 무령왕 21년(521)에 양나라와 외교관계를 맺은 상황에서190) 신라 역시 백제의 도움을 받아 백제의 영토를 지나 서해안

---

186) 『三國史記』 卷18, 高句麗本紀6 小獸林王 7年 11月條.
187) 『資治通鑑』 卷104, 晉紀26 烈宗孝武皇帝 2年條, "太元二年 高句麗新羅西南夷 皆遣使入貢".
188) 末松保和, 『新羅史の諸問題』, 東洋文庫, 1954, 137~139쪽.
　　 李丙燾, 앞의 『韓國史 : 古代篇』, 401~402쪽.
189) 『三國史記』 卷4, 新羅本紀4 法興王 8年條.

에서 뱃길로 중국 양나라와 외교를 맺었을 것이다.

　이렇듯, 신라는 진흥왕 때에 이르러 553년에 한강유역을 차지하여 중국과 직접 교통하는 항로를 확보하기 전에는 지리적 여건으로 인하여 고구려나 백제의 도움 없이는 중국의 왕조와 교섭을 할 수 없었다. 그렇다면, 진나라와 교섭할 당시 신라는 고구려나 백제 등 주변 나라의 도움을 받을 수 있었을까? 먼저 『삼국사기』 신라본기를 살펴보기로 한다.

> 미추이사금 5년(266), 8월에 백제가 봉산성을 공격하였다. 성주 직선이 장사 2백 명을 거느리고 나가 맞서 싸우자 적이 패하여 달아났다.[191]
> 11년(272) 11월, 백제가 변경을 침공하였다.[192]
> 17년(278) 10월, 백제 군사가 쳐들어 와 괴곡성을 포위하므로, 파진찬 정원에게 명하여 군사를 거느리고 가서 막게 하였다.[193]
> 22년(283) 9월, 백제가 변경을 침공하였다.[194]
> 22년 10월, 백제가 괴곡성을 포위하므로 일길찬 양질에게 명하여 군사를 거느리고 가서 막게 하였다.[195]

　『삼국사기』 기록을 보아도 신라와 백제는 적대관계를 유지하고 있었으므로 진 무제 태강 원년에 해당하는 280년에 신라는 진나라와의 교섭을 위해서 백제의 도움을 전혀 기대할 수 없었다.

　그리고 고구려본기 및 신라본기를 살펴보면 고구려 동천왕 19년(245) 신라 북변을 공략한 기사[196] 및 이에 대응하여 신라장군 석우로가 병

---

190) 『三國史記』 卷26, 百濟本紀4 武寧王 21年 11月條.
191) 『三國史記』 卷2, 新羅本紀2 味鄒尼師今 5年 8月條.
192) 『三國史記』 卷2, 新羅本紀2 味鄒尼師今 11年 11月條.
193) 『三國史記』 卷2, 新羅本紀2 味鄒尼師今 17年 10月條.
194) 『三國史記』 卷2, 新羅本紀2 味鄒尼師今 22年 9月條.
195) 『三國史記』 卷2, 新羅本紀2 味鄒尼師今 22年 10月條.
196) 『三國史記』 卷17, 高句麗本紀5 東川王 19年 10月條.

사를 이끌고 출격한 기사가 있고,197) 동천왕 22년(248)에 신라가 사신을 보내 화친을 청하였다는 기사가 있으나198) 그 뒤 군사적으로 충돌하였다는 취지의 기사가 없어 280년에도 최소한 적대적인 관계는 아니었으므로 진과의 교섭에 있어 고구려의 도움을 받을 정도의 외교관계는 유지하고 있었을 것이다.

하지만 당시 고구려가 중국과 적대적인 관계를 유지하고 있어 진과 외교관계를 맺을 상황은 아니었으며 진과 어떤 형태로든 관계를 맺었다는 문헌사료도 없다. 『진서』를 살펴보더라도 진나라와 외교관계를 맺은 국가나 주변국에 대한 상황을 기록하여 놓았고 심지어 왜에 대한 기록도 남겼으면서 유독 진과 지리적으로 가까운 고구려에 대한 언급이 없고 접촉한 흔적도 없으며, 『삼국사기』에도 진무제 태강 원년(280) 당시 고구려와 진이 외교관계를 맺었다는 기사 역시 없다. 오히려 고구려본기를 보면 고구려는 280년을 전후로 줄곧 중국과 전쟁을 벌였거나 적대적인 관계를 지속하였다.

> 동천왕 20년(246) 8월, 유주자사 관구검이 1만 명을 거느리고 현도(玄菟)에서 침범해왔다.199)
> 봉상왕 2년(293) 8월, 모용외(慕容廆)가 침략하였다.200)
> 5년(296) 8월, 모용외가 침략하였다.201)
> 미천왕 3년(302) 9월, 왕은 군사 3만 명을 거느리고 현도군을 공략하여 8천 명을 사로잡아 평양으로 옮겼다.202)
> 12년(311) 8월, 장수를 보내 요동 서안평(西安平)을 공격하여 빼앗았다.203)

---

197) 『三國史記』 卷2, 新羅本紀2 助賁尼師今 16年 10月條.
198) 『三國史記』 卷17, 高句麗本紀5 東川王 22年條.
199) 『三國史記』 卷17, 高句麗本紀5 東川王 20年條.
200) 『三國史記』 卷17, 高句麗本紀5 烽上王 2年 8月條.
201) 『三國史記』 卷17, 高句麗本紀5 烽上王 5年 8月條.
202) 『三國史記』 卷17, 高句麗本紀5 美川王 3年 9月條.

14년(313) 10월, 낙랑군을 공략하여 남녀 2천여 명을 사로잡았다.[204]

미천왕 15년(314) 9월, 남쪽으로 대방군을 공략하였다.[205]

16년(315) 2월, 현도성을 공략하였는데, 죽이거나 사로잡은 자가 매우 많았다.[206]

고구려본기에서 보는 것처럼 당시 고구려는 중국과 시종 적대적인 관계를 유지하였으므로 고구려와 진이 외교관계를 맺었을 가능성은 전혀 없다. 따라서 신라가 고구려의 도움을 받아 진과 외교를 할 수 없었다.

그 외 신라가 뱃길을 따라 스스로 남해안을 거쳐 중국과 직접 교류했을 가능성을 검토해볼 수 있다. 그러나 당시 아라국이 아라가야 전쟁에서 최종 승리를 거둔 후 신라와 적대적인 관계로 돌아섰으며 포상 국가들 또한 신라와는 비우호적인 관계를 유지한 것으로 추정되므로,[207] 이들의 원만한 협조를 기대할 수 없어 남해안을 이용한 중국과의 교섭 또한 어려웠을 것이다.

무엇보다 당시 신라의 내부 사정은 원거리에 위치한 중국과 외교관계를 맺을 만큼 여력이 없었다. 신라본기를 보면 미추이사금 5년(266) 백제가 봉산성을 공격하였고 11년(272), 17년(278), 22년(283)에도 백제의 계속된 침략에 시달리는 등 나라가 안정되지 않은 상황이었으므로, 이

---

[203] 『三國史記』 卷17, 高句麗本紀5 美川王 12年 8月條.
[204] 『三國史記』 卷17, 高句麗本紀5 美川王 14年 10月條.
[205] 『三國史記』 卷17, 高句麗本紀5 美川王 15年 9月條.
[206] 『三國史記』 卷17, 高句麗本紀5 美川王 16年 2月條.
[207] 아라국은 아라가야 전쟁 당시에는 신라와 우호적인 관계를 유지하였으나 전쟁 후에 아라국이 왜와 교역하면서 얻은 교역이익에 대한 분배를 신라가 요구하면서 충돌이 일어나 서로 적대적인 관계로 돌아섰을 것이며(『일본서기』 수인기의 '가라왕자 아라사등' 편에서 신라가 아라국의 비단 창고를 습격하는 장면은 아라가야 전쟁 후에 벌어진 아라국과 신라의 충돌을 빗대어 표현한 후 아라사등 기사에 편제한 것으로 보임), 포상 여러 나라 또한 갈화 전쟁에서 보는 것처럼 신라와는 비우호적인 관계를 유지하였을 것이다.

러한 어지러운 국내 환경까지 살펴보면 신라 미추이사금 당시 중국 진나라와 교섭했을 가능성은 전혀 없다.

그렇다면, 『진서』 진한전에서 어떤 나라가 진과 접촉한 것일까?

중국 사서에서 2~3세기의 한반도를 진한, 마한이라고 지칭한다고 하여 그 당시까지 실제로 마한, 진한이라는 정치적 실체가 한반도에 존재하고 있었다는 것을 의미하지 않는다. 삼한은 1세기경 멸망하였고 『진서』 진한전은 진한 외에 변한도 같이 언급하고 있으므로 '진·변한전'이라고 불러도 무방할 것이며, 따라서 진한전의 진한은 '옛 진·변한지역에 있던 나라'로 해석해야 할 것이다. 이러한 정황을 고려하면 당시 진·변한의 여러 나라 중에서 진나라와 접촉할 수 있는 나라는 당연히 아라국일 수밖에 없다.

아라국은 아라가야 전쟁에서 승리한 후 해상교역에 대한 주도권을 장악하였고, 전남 동부 해안지역에 위치한 임나 4현까지 차지함으로써 중국에도 이를 수 있는 교통로를 확보하였다. 국력을 놓고 보더라도 2~3세기경 진·변한의 여러 나라 중에서 진과 직접 교통할 수 있는 역량을 가진 국가는 아라국 외에는 없었을 것이므로, 『진서』 진한전에서의 왕은 '아라국의 왕'으로 보는 것이 타당하다.

Ⅳ. 일본국가 수립과 고대 한일관계

1. 천일창과 응신의 동일성 검증
가. 천일창의 출자 및 일본열도 진출 시기

천일창(天日槍)의 출자 천일창은 『일본서기』 및 『고사기』에 신라국의 왕자라고 기록되어 있다. 그러나 『삼국사기』 및 『삼국유사』를 아무리 살펴보아도 신라 왕자 중 미사흔이 볼모로 간 사실 외에는 신라 왕자가 일본으로 건너갔다는 기사가 없다.

미사흔은 당시 볼모로 간 것이지 세력을 형성하여 가지도 않았으며 그 뒤 다시 신라로 돌아온 것으로 보아 천일창이 일본에서 계속 살았다는 『일본서기』의 기록과도 배치된다. 『일본서기』는 수인기에서 천일창과 아라사등 기사를 동시에 기록하면서 두 사람의 출자에 대한 서사적 구조를 유사하게 풀어나감으로써 아라사등과 천일창이 동일한 지역에서 출자하였다는 사실을 알려준다.

결국 '아라사등과 천일창의 동일성 검토' 편에서 살핀 것처럼 아라사등이 아라국 사람이듯이 천일창의 출자 또한 아라국이다. 천일창이 아라국 출신이라는 사실은 그가 거쳐 간 지역의 지명 및 유물을 살펴보아도 잘 알 수 있다. 『일본서기』에는 천일창이 신라왕자로 기록되어 있으나 그가 일본으로 가서 거쳐간 번마 → 근강 → 단마지역을 자세히 살펴보면 아라계 지명이 적지 않게 분포되어 있음을 알 수 있다.

『일본서기』에서 천일창이 단마국으로 가기 전 잠시 살았다는 근강국 오명읍(近江國 吾名邑; 현 시가현 구사쓰)에는 현재 아나무라(穴村)208) 마을과 안라신사가 있으며, 인근에는 같은 조상신을 모시는 아라신사가 2개나 더 있다. 시가현 구사쓰시 아나무라 마을에 있는 안라신사의 유래를 소개하는 표지판에는 천일창이 순행한 이 지역을 '혈촌(穴村)'으로 비정하면서 천일창의 고향(故鄕) 지명을 '대한민국 경남에 있는 아라(阿羅)'라고 분명히 명기하고 있다.

천일창의 출자를 밝히는데 더 이상 무엇이 필요하겠는가!

『일본서기』에 기록된 대로 천일창이 신라 출신이었다면 표지판에 당연히 출신국을 신라로 명기하였을 것이며 신사 이름도 당연히 '신라신사'라고 할 것이지 '안라신사'로 할 이유가 없다. 때로는 의도된 목적 때문에 왜곡될 수 있는 관찬(官撰) 사서보다 민간에서 회자되는 '날것의 역사'가 더 진실할 때가 있다는 것을 안라신사가 대변(代辯)하고 있다.

표지판에는 천일창을 '지방 개발의 위대한 신'이며 '일본 의술의 조상신'으로 제사 지낸다고 하면서 천일창 일행이 불에 달군 돌을 이용하여 환자를 치료하였다고 설명되어 있다. 돌을 뜨겁게 데워 환부에 대는 의술은 당시 일본열도에서는 전혀 볼 수 없었으나 아라국에서는 대중화된 의술로 추정되며, 이러한 사실로 보아 아라국 사람들은 발달된 의술도 갖추고 있었을 것이다.

뜨거운 돌을 환부에 대는 의술은 오환(烏桓)의 습속에도 보인다. 『삼국지』 위서 오환조를 보면, 오환에서는 쑥뜸은 물론, 돌을 뜨겁게 데워 환부에 대거나 땅을 태우고 그 위에 눕거나 또는 아픈 데를 칼로 베어 피를 흘리게 하고 천지신명에게 기원하였다고 기록되어 있다.209)

---

208) '穴'은 일본어 '아나(あな)'로 읽히며 '아나'는 『삼국사기』 지리지에 기록된 것처럼 阿那加耶의 '아나'로, 곧 아라국을 지칭한다.
209) 『三國志』 卷30, 魏書30 烏丸鮮卑東夷傳 烏丸條.

오환은 고조선과 연관되어 있었고 『삼국유사』의 단군 탄생 관련 기사에서 쑥과 마늘이 사용된 정황을 살펴보면, 고조선 역시 쑥뜸을 이용한 약물치료술과 함께 외과적 치료까지 할 수 있을 정도로 발달된 의료술을 갖추고 있었던 것으로 추정되고[210] 이들의 후예가 한반도 남부로 유입된 영향으로 아라국에서도 의술이 고도로 발달하였을 것이다.

아나무라가 위치한 근강국 오명읍은 『일본서기』를 보면 천일창이 번마국 속현읍에 있다가 도하호를 거슬러 올라가 잠시 살았던 곳이다. 『일본서기』 수인기의 기사뿐만 아니라 천일창이 거쳐 간 곳의 지명과 안라신사의 명칭 및 유래를 살펴보더라도 천일창은 아라국 출신일 수밖에 없다. 신사에는 '의술의 신'이라는 표현 외에도 천일창을 '지방 개발의 위대한 신'으로 숭상하고 있다.

> 시가현 초진시에는 3개소의 안라신사가 있고, 인근의 시가현 대진시와 오사카부 팔미시에도 아노우신사(穴太神社)가 있으며, 나라현 삼륜산 기슭에도 아라시신사(穴師神社)가 있다. 아라시신사는 한(韓)계통의 도래인들이 이곳에서 철광석을 채취하고 철기를 생산하던 것을 기리기 위한 곳이라고 한다.[211]

아라시신사는 철기류 생산과 관련되어 있고 혈(穴)의 일본식 발음 '아노우'와 '아라'는 동의어로 함안 아라국을 가리키므로, 아라시신사 및 아노우신사는 당시 일본열도로 진출한 천일창으로 대표되는 아라국 사람들이 의술은 물론 선진 제철기술도 보유하였음을 알려주는 상징이라고 할 수 있다. 또한 천일창의 일행에는 고도의 도자기 기술자집단도 포함되어 있었을 것이다.[212]

---

210) 손홍열, 「韓國古代의 醫療制度」, 『韓國韓醫學硏究院論文集』2, 1996, 109쪽.
211) 李永植, 앞의 「安羅國과 倭國의 交流史 硏究」, 48쪽.
212) 『일본서기』 수인천황 3년 3월조에는 '近江國 鏡村谷 陶人'이 천일창을 따

천일창이 거쳐 간 지역은 일본 최대의 공단이 위치한 한신공업단지와 깊은 관련이 있다. 일본이 2차 대전 후 최대의 공업국으로 성장하는 데 견인차 역할을 수행한 한신공업단지가 건설된 힘의 원천은 '비와코 소수이(琵琶湖疏水)'라고 불리는 대운하가 1885년부터 1890년까지 건설된 데서 비롯되었으며 그 시원은 천일창의 개척정신과도 통한다.213)

한신공업단지가 위치한 지역은 천일창이 거쳐 간 지역에 있으며 선진 의술과 제철·도자기 기술 집단의 지도자인 천일창이 개척해 나간 그 길을 따라 일본 최대의 공단이 줄지어 서 있다. 그러므로 선진기술로 한신공업단지 루트를 최초로 개척하여 물길과 운송로를 만든 천일창을 기리기 위해 아라신사 안내판에 '위대한 지방 개발의 신'이라는 문구를 사용하였던 것이다.

천일창이 신라왕자가 아님에도 불구하고 『일본서기』에서 천일창의 출자를 신라라고 기록한 것은 편찬자들이 『일본서기』를 만들면서 신라에 의한 삼국통일로 인하여 "모든 것을 신라 중심으로 재편성하려는 움직임"214)에 기인하였을 것이다. 또한 『일본서기』 편찬 당시 아라국은 이미 멸망하고 그 영토가 신라국에 편입된 점도 아라국 출신 천일창을 신라왕자로 기록하는 동인(動因)으로 작용하였을 것이다.

『일본서기』가 역사적 사실을 왜곡하였다는 것은 천일창의 도래 이유를 기재한 문장에서도 확연히 드러난다. 수인기에는 천일창이 일본에 성황이 있다는 이야기를 듣고 귀화하였다고 서술되어 있다.

귀화는 문명이 낮은 나라에서 문명이 발달한 나라로 하는 것이 일반적

라온 사람들이라고 기록하고 있다. 이 기사로 미루어 천일창의 일행에는 함안의 선진 도자기기술자들도 포함되어 있었을 것이다.
213) 방수영, 「아라가야왕자와 일본의 大運河」, 『한국논단』233, 2009, 195쪽. 비파호 인근에는 아라계 지명과 유적이 집중되어 있으며 일본열도 내에서도 아라국 사람들의 진출이 가장 활발한 곳 중 하나이다.
214) 權五曄, 「『古事記』의 百濟·新羅說話」, 『百濟研究』25, 1995, 15쪽.

이다. 그러나 당시 한반도와 왜의 문명 발달의 정도는 고고학적 측면만 보더라도 두말할 필요 없이 한반도가 선진국이었다는 사실을 알 수 있다.

더구나 천일창이 가져온 유물을 살펴보더라도 천일창의 일본행이 왜를 숭상하여 귀화한 것이 아니라 선진문물 전파가 그 목적 중 하나임을 한눈에 파악할 수 있다.

일본열도 진출시기 천일창이 일본으로 건너간 시기는 『일본서기』에 기록된 것처럼 수인기 3년으로 보는 견해가 있다.215) 그러나 천일창과 아라사등의 출자를 달리하면서도 마치 유사한 인물로 수인기에 한꺼번에 기록한 『일본서기』의 편제 방법은 지극히 불합리하고 자연스럽지 못하다. 또한 두 인물이 일본으로 건너온 이유도 일본국에 훌륭한 임금이 있다는 말을 듣고 귀화하러 왔다고 서술되어 있다.

『일본서기』는 천황을 숭상하여 귀화하였다고 하는 두 인물의 국적에 대하여, 아라사등은 의부가라국의 왕자라고 하면서 출신 국명은 가야라고 통칭하고 천일창의 국적은 신라라고 하는데, 수인기에 아라사등과 천일창을 동시에 등장시킴으로써 가야와 신라를 일본의 속국으로 만드는 시도를 극대화하고 있다.

『일본서기』 편찬자들은 서로 다른 시기에 일본으로 건너간 두 인물을 율령국가시대 일본의 번국으로 신라와 가야를 편입시킬 목적으로 국적을 달리하여 수인기에 동시에 서술하였을 것이다. 반면 『고사기』는 천일창과 관련하여 『일본서기』처럼 일본을 숭상하는 단어인 귀화라는 표현을 사용하지 않고 그 도래 과정도 응신기에서 언급하고 있다. 아라사등과 천일창이 동일 인물이 아닌 이상 『고사기』에서와 같이 천일창은 아라사등보다 훨씬 뒤에 도래한 것으로 볼 수밖에 없다.

---

215) 三品彰英, 앞의 「日鮮神話傳說の硏究」, 241쪽.

나. 천일창과 응신의 동일성 검증

일본에는 45명의 천황이 신사의 제신으로 되어 있고 그중 제15대 응신천황이 제1대 신무천황이나 근대화의 상징인 명치천황을 제치고 8,000여 개의 신사에 가장 많이 모셔져 있다.216)

이노우에 마쓰사다는 응신을 가리켜 "최고의 천황이자 신왕조의 시조"라고 하였는데,217) 그만큼 응신천황은 일본 최고의 천황이자 일본국가의 건국자로서의 위상을 가지고 있다. 오사카부 하비키노시 콘다(譽田)에 위치한 응신릉은 봉분(封墳)의 표면적으로만 따지면 일본 최대의 고분이다.

기내지역에서 응신 이후 시기의 후기고분 부장품들은 주로 기마제 유물로 구주지역에 산재한 전기고분에서 출토된 유물과는 확연히 구별된다. 이러한 "전후기 고분의 구조와 부장품의 이질성"218)은 후기 고분인이 일본열도 외부에서 이동해 왔음을 보여주고 있으며, 그에 따라 이노우에도 "응신천황은 바다를 건너 일본으로 침입하였다고 보는 것이 가설로서는 합리적이라고 생각한다."219)라고 할 만큼 한반도에서 도래하였을 가능성을 배제하지 않았다.

에가미 나미오는 후기고분의 부장품들이 한반도의 유물들과 완벽하게 일치한다는 사실에 주목하여 4세기경 임나에서 구주로 건너가서 나라를 세운 숭신천황을 한반도의 김해 출신으로 보고, 그의 후예인 응신이 근기지역으로 동천하여 기내정권을 세웠다는 기마민족설을 주장하였다.220)

그러나 기마민족설은 기마민족이 북방에서 내려오기 전부터 한반도 남

---

216) 박영대·신종대, 「오진하치만신의 시대별 수용과 전개」, 『일어일문학』81, 2019, 283~284쪽.
217) 井上光貞, 앞의 『日本國家の起源』, 220쪽.
218) 井上光貞, 위의 책, 193쪽.
219) 井上光貞, 『日本の歷史1-神話から歷史く』, 中央公論新社, 1973, 409쪽.
220) 江上波夫, 앞의 『騎馬民族國家』, 181~198쪽.

부지역은 이미 본토 왜인들이 점거하고 있었다고 주장함으로써 임나일본부의 틀에서 벗어나지 못하고 있으며, 마한과 진한이 백제와 신라로 통합되는 시점을 4세기 전반으로 보고 이 무렵 숭신이 일본열도로 건너갔다고 함으로써 『삼국지』 위서 중심의 사관에서도 탈피하지 못하고 있다.

한마디로, 기마민족설은 임나일본부의 변용(變容)이며 일본우월주의의 변장(變裝)에 불과하다.

에가미는 숭신천황도 기마민족 집단으로 보았으나 "응신 고분의 배총(陪冢)으로 여겨지는 구산 고분에서 출토된 마구가 말과 관련된 일본 최초의 고고자료"[221]로 파악되므로 그보다 앞선 숭신천황이 기마민족이 될 수는 없다. 또한 에가미는 숭신의 후예가 기내로 이동하여 대화정권을 세웠다고 하면서 기내정권과 구주정권의 연속성을 주장하였으나, 두 정권이 기마제 유물 측면에서 그 연속성이 인정되지 않을 뿐만 아니라 문헌을 검토하더라도 그 출자가 서로 다른 것이 확인된다.

『일본서기』를 보면 천황의 시호가 응신 전에는 '다라시(足)'계였지만 응신 이후부터 '와케(和氣)'계로 바뀌었다.

> 「와케(和氣)」라는 말이 응신천황 대에서 비롯되어, 그 후 반정(反正)천황에 이르기까지 계속 천황들의 이름에서 발견된다. 그러므로 이들 사이에는 「와케」라는 말을 사용하여 이름을 짓는 규칙이 있었던 같다. 이로 말미암아 제14대 중애천황까지 내려왔던 왕조가 끝나고 그들과 전혀 혈연적 관계가 없는 새로운 왕조가 시작되었다고도 볼 수 있는 좋은 예증이 되기도 하는 것이다.[222]

『고사기』도 중애 사망 후 응신이 태어난 것으로 기술하고 있어 두 사람 사이에 관련이 없다는 것을 알려주고 있으며,[223] 『구당서』 역시 응

---

221) 三品彰英, 앞의 「(增補)日鮮神話傳說の研究」, 17쪽.
222) 魯成煥 譯註, 『古事記』中, 예전사, 1990, 197쪽.

신이 '왜국지별종(倭國之別種)'이라고 시사함으로써[224] 그 전의 천황과는 다른 계통임을 알려주고 있다. 만약 에가미의 주장처럼 응신계가 그 전 천황인 숭신계와 연결되어 황통의 승계가 이어졌다면 『일본서기』 편찬 자들이 응신 전의 신공기 후반부를 일본 역사로 기록하였을 것이다.

그런데도 편찬자들이 신공 후반부를 일본 역사와는 전혀 무관한 백제 왕력으로 채워 넣어 천황계 단절의 역사를 억지로 봉합할 수밖에 없었 던 이유는 일여 사후 진행된 구주 야마대의 혼란과 아라국에 의한 일본 열도 경영 사실을 숨김과 동시에, 신공의 계보와는 전혀 다른 응신의 출자를 은폐하고 신공과 응신을 혈연적으로 연결하여 일본의 천황계가 만세일계로 이어져 왔다는 것을 강조하기 위해서였다.

『일본서기』 응신기를 보면 다음과 같은 기록이 있다.

> 처음에 천황이 태자가 되었을 때 월국(越國)에 가서 각록(角鹿)의 사반대신(笥飯大神)에게 참배하면서 서로 이름을 바꾸었다. 그래서 대신을 이사사와케노가미(去來紗別神)라 불렀고, 태자는 호무다와케노미코토(譽田別尊)라는 이름을 갖게 되었다. 그러므로 대신의 본래 이름은 호무다와케노가미(譽田別神)이고, 태자의 본래 이름은 이사사와케노미코토(去來紗別尊)이다.[225]

이 기사에서 응신이 원래 '이사사'임을 알 수 있으며, 동시에 '이사사' 가 천일창이라는 사실은 일본 최대의 국가사당인 기비신궁(気比神宮)에서 도 확인할 수 있다. 일본에서 신궁이라고 부르는 큰 사당은 10세기 초 황실에서 제정한 법령에 의해 만들어진 국가 사당을 일컫는 것으로, 기

---

223) 權五曄, 앞의 「『古事記』의 百濟·新羅說話」, 35~36쪽.
224) 『舊唐書』 卷199, 列傳149 日本條. 『구당서』에는 '일본국은 왜국지별종'이라고 기술되어 있는데 당시 일본은 대화정권 시기였고 일본국가를 탄생시킨 천황 이 응신이므로 '일본국'은 곧 응신과 등치된다.
225) 『日本書紀』 卷10, 應神天皇條.

비신궁은 쓰누가(敦賀)의 중심부에 있으며 이사사와케노미코토(伊奢沙別命)를 주 제신으로 하여 제사를 지내고 있다.

김달수는 『고대일조관계사입문』에서 "기비신궁의 주 제신이 '이사사와케노미코토(伊奢沙別命)'인데 이마키 쿠니오(旧牧邦雄)가 쓴 '후쿠이(福井)현의 역사'를 보면 천일창을 '이사사와케노미코토'로 하여 제사지내고 있다."라고 한다.226) '이사사'라는 명칭은 천일창이 가져온 8개의 보물 중 '이사사노타치(膽狹淺大刀)'에서도 발견된다.227) 결국 이사사와케노미코토는 바로 천일창이면서 동시에 응신을 지칭한다고 하겠다.228) 『고사기』에서도 천일창 기사를 응신기에 수록함으로써 천일창과 응신이 동일한 인물이라는 사실을 알려주고 있다. 또한 천일창의 창(槍)은 『송서』에 기록된 왜왕 찬(讚)과도 통하며 찬은 응신을 가리킨다. 왜왕 찬의 "찬(讚)은 바로 응신천황의 이름 '호무(ホマ)'를 한역"한 것으로, 호무는 옛날부터 찬미의 의미로 사용되었으며, 찬미의 의미로서의 호무는 『일본서기』 신대기 및 『만엽집』에서도 보인다.229) 찬(讚)의 훈독인 '호무'는 응신천황의 시호인 '호무다(譽田)'의 '호무(譽)'와 일치한다.

왜왕 찬의 호무가 응신의 시호인 호무와 일치하는 것을 보더라도 『송서』에 기록된 왜왕 찬은 바로 응신천황임을 알 수 있다. 『송서』 왜왕 찬 관련 기사를 보면, 영초 2년(421)에 왜왕 찬이 만리 먼 곳에서 조공하였다는 기사를 필두로 원가 2년(425)에도 송에 방물을 보냈다고 되어 있는

---

226) 金達壽, 『古代日朝關係史入門』, 筑摩書房, 1981, 128쪽.
227) 『日本書紀』 卷6, 垂仁天皇 3年 3月條.
228) 『風土記』에서 '気比神宮은 宇佐神宮과 同體'라고 하는데, 기비신궁의 제신은 이사사와케노미코토(イザサワケ命)이고 우좌신궁의 제신은 응신천황이다(秋本吉郎 校注, 風土記, 岩波書店 1971, 465쪽 本文 및 頭註 12·13). 이에 의하더라도 천일창과 응신은 동일체이며 같은 인물일 수밖에 없다. 기비신궁이 있는 쓰누가는 『일본서기』 수인기에 의하면 아라사등이 도래한 곳이기도 하여 아라국과 깊은 연관을 가지고 있다.
229) 安本美典, 『倭の五王の謎』, 講談社, 1981, 36쪽.

데,230) 왜왕 찬이 중국 측과 접촉한 시기(421~430년)의231) 일본 천황은 응신(재위기간 390~430)이므로 천일창, 왜왕 찬 및 응신은 동일 인물이라 하겠다. 결국 천일창과 응신은 『일본서기』에서 기록된 것처럼 다른 시대에 분리된 인물이 아니라 같은 시대의 동일한 인물로 그 출자는 아라국이며, 응신이 일본열도로 진출한 시기는 응신의 재위기간 및 왜왕 찬 관련 기사 등을 종합하면 4세기 후반일 것이다. 『신찬성씨록』에는 응신 이후 일본천황의 성은 진씨로 기록되어 있다. 『수서』 백제전 및 『북사』 백제전을 보면 백제에는 8성의 호족이 있다고 하고232) 그중 진씨가 포함되어 있으며 진씨는 백제의 최대 호족집단이다.

김재붕은 『송서』에 보이는 "왜 오왕인 찬(讚)·진(珍)·제(濟)·흥(興)·무(武) 모두 백제왕가의 외척인 진씨에서 출자"하였으며 응신의 출자도 진씨라고 하였다.233)

'마한 지배층의 동향과 가야의 건국' 편에서 자세히 설명한 것처럼 진씨는 원래 진국 및 마한의 왕성이었으며 마한이 망한 후 백제에 잔류한 세력은 백제 최대의 호족 집단이자 왕비족으로 성장하였다. 마한 멸망 후 그곳을 떠나 동쪽 지역으로 이동한 마한의 진왕조세력 중 일파가 아라국을 세웠으며, 이런 이유로 아라국의 왕성은 진씨가 되었으므로 아라국 왕자 천일창, 즉 응신의 성 역시 진씨이다.

응신의 성이 진씨인 점도 그가 천일창과 동일 인물이면서 아라국에서 출자하였음을 입증해주는 증거이기도 하다. 응신이 아라국 출신이라는

---

230) 『宋書』 卷97, 列傳 倭國傳, "高祖永初二年 詔曰 倭讚萬里修貢 遠誠宜甄可賜除授 太祖元嘉二年 讚又遣司馬曹達奉表獻方物".
231) 『宋書』 왜국전에는 영초2년(421) 및 원가 2년(425)에 왜왕 찬이 조공하였다고 기록되어 있고 『宋書』 본기 원가 7년(430)에는 왜국왕으로만 표기되어 있는데, 원가 15년(438)에 왜국왕을 진이라고 명기한 것으로 미루어 원가 7년의 왜국왕은 찬으로 보아야 할 것이다.
232) 『隋書』 卷81, 列傳 46 百濟傳 ; 『北史』 卷94, 列傳 百濟傳.
233) 金在鵬, 『日本古代國家と朝鮮』, 大和書房, 1975, 176~189쪽.

사실은 일본열도에서 출토된 유물에서도 입증된다. 응신은 초대천황 신무의 동정(東征)을 완성한 실제 인물이기도 하다.

『일본서기』에 신무천황은 서기전 660년에 즉위하여 기내를 아우르는 통합정권을 수립한 것으로 기록되어 있으나 이는 허구에 불과하며, 신무천황의 동정은 서기전 660년대의 것이 아니라 "4세기 이후의 사실"234)로 밝혀졌다. 신무의 동정 경로에는 아라계 유물과 지명이 집중되어 있다. 그러므로 신무천황의 실체는 응신이며 신무의 동정은 곧 응신의 동정이다. 즉, 『일본서기』에서 신무천황이 단행하였다고 하는 동정 경로는 응신이 기내에서 대화정권을 세우기까지의 경로와 일치한다.

응신, 즉 천일창은 서기 4세기 후반에 규슈 북부지역에 첫발을 디딘 후 세토내해지역인 안예국(지금의 히로시마현), 길비국(지금의 오카야마현)을 거쳐 긴키(近畿)지역 가시하라(橿原)에서 대화정권을 수립하였다.

세토내해지역에는 아라계 지명 및 유물이 널리 분포되어 있으며, 특히 긴키지역에는 4세기 전반에서 5세기 전반으로 비정되는 아라계의 유물이 집중되어 있다. 긴키지역 와카야마현에 소재한 아와세센쯔카 고분군, 나루카미 유적군, 타야 유적에서 출토된 단경호 등 토기는 4세기 후반부터 5세기 전반에 해당되는 아라가야토기이며, 나루다끼 유적지에서 출토된 대옹과 통형기대는 아라가야의 중심고분군인 함안 말이산 고분군에서 출토된 도기와 유사하다.235)

특히, 구스미 유적지에서는 개배·유공광구소호·대옹··호··발형기대와 칸막이가 있는 대부발 등 초기 스에키가 출토되었는데, 이러한 토기는 와카야마현 북부에서 자체 생산하고 유통된 토기로 아라가야 공인의 주도 하에 스에키 생산이 시작되었을 것이다.236) 『일본서기』 수인기를 보면

---

234) 井上光貞, 앞의 『日本國家の起源』, 77쪽.
235) 하승철, 앞의 「가야와 일본 와카야마(和歌山)지역 호족과의 교류」, 390~396쪽.
236) 하승철, 위의 글, 393~394쪽.

천일창의 종자들 중에 '가미-하사마의 스에비토(陶人)'가 나오는데 이 스에비토는 "스에키를 만드는 장인"을 가리키며237) 이들은 아라국 사람들이라고 할 것이다. 2006년 일본 가시하라고고학연구소 부속박물관의 발표에 의하면, 가시하라시 신도우 유적과 마가리가와 고분군, 시죠오다나가 유적과 시죠오 고분군, 야마다미치 유적과 난잔 고분군은 아라가야 사람들이 살고 묻힌 유적으로 판단된다고 한다.238)

천일창, 즉 응신이 일본열도 규슈지역에 도착한 4세기 후반에서 긴키지역으로 동정하여 대화정권을 수립하고 재위한 5세기 전반까지 아라계 토기가 규슈를 비롯한 세토내해지역, 특히 일본 근기지역에서 대거 발굴되는 것은 그가 아라국 출신이라는 사실을 고고학적으로도 충분히 알게 해준다.

이처럼 응신이 활동한 지역에서는 함안양식 유물이 집중적으로 출토된다. 물론 5세기경 일본열도에서 출토되는 유물이 함안양식만 있는 것은 아니며 고령양식도 발굴된다. 그러나 고령양식 유물이 주로 시코쿠 북서부에 위치한 에이메현에서 집중적으로 출토되지만 "함안양식은 야마토정권 중추에 가까운 나라현 지역의 출토사례"가 압도적으로 많은 것으로 확인된다.239)

고령 양식은 호류 등 저장구가 2/3를 차지하는데, 저장구 안에 무언가를 넣어 반입한 것으로 볼 수 있어 대가야와 일본의 대외관계는 교역에 중점을 두었을 것으로 추정되는 반면, 함안 양식에는 고배 등의 공선·제사구가 대부분인 것으로 보아 아라가야와 일본의 대외관계는 정치적 관계를 포함한 교섭의 측면이 강하다.240)

---

237) 金錫亨, 앞의 『古代朝日關係史』, 156~157쪽.
238) 하승철, 앞의 「유물을 통해 본 아라가야와 왜의 교섭」, 26쪽.
239) 사다모리 히데오;김도영 번역, 『가야기마인물형토기를 해부하다』, 주류성출판사, 2019, 124쪽.

5세기경 아라가야의 고배 등 토기가 나라현 지역에 집중적으로 출토되고 단순한 교역의 결과물이 아닌 정치적 관계를 포함하고 있었다는 것은 바로 아라국의 왕자 천일창, 즉 응신이 일본열도에 정착하면서 본국인 아라국과 정치적으로 긴밀한 체계를 구축하였음을 알게 해준다.

『일본서기』에 기록된 신무, 즉 응신의 동정로에 위치한 안예국, 길비국, 근기지역에는 아라계 지명 또한 적지 않게 분포되어 있다.

천일창이 안예국을 거쳐 3년간 머물면서 전열을 가다듬은 길비지역에는 아라계 지명이 밀집되어 있으며,[241] 7년간의 동정 끝에 나라를 세운 가시하라 등 근기지역에는 신도우 유적, 시죠오다나가 유적, 난잔 고분군을 비롯한 아라가야계 유적이 모여 있다. 특히, 5세기 전반의 아라가야인들의 묘역으로 추정되는 가시하라의 난잔 고분군에서는 기마인물형토기, 소형기대, 4개의 잔이 달린 이형토기와 함께 철정, 철촉, 재갈 등 철기류가 다량 출토되었다.[242] 가시하라에는 아라가야계 유물이 밀집되어 있고 아라가야 사람들이 살고 묻힌 유적도 집중되어 있다.

오카야마에 밀집된 아라계 지명과 가시하라에 집중된 아라계 유적 및 유물은 신무의 동정이 곧 응신의 동정이라는 사실을 나타내면서, 동시에 응신이 아라국 왕자 천일창과 동일한 인물이며 응신의 출자가 아라국임을 보여주는 확고한 징표이기도 하다.

---

240) 사다모리 히데오;김도영 번역, 앞의 『가야기마인물형토기를 해부하다』, 126쪽.
241) 『일본서기』에는 신무천황이 동정을 하던 중 축자국과 안예국을 거쳐 길비국에 이르러 행궁을 지은 후 3년 동안 배를 수리하고 식량을 갖추면서 천하를 평정할 준비를 하였다고 기록되어 있다(『日本書紀』 卷3 神武天皇 甲寅年 12月條). 1940년에 발간된 오카야마현의 『아카이와군지』를 보면 이 지역인 조도군에서 22개의 아라계 지명이 발견되고 미쓰군에서는 17개의 아라계 지명이 확인되었으며, 길비국에서 분리된 비후국에서도 안나군, 안내군, 아나국, 길비혈국조, 길비혈해, 아나신이라는 아라계 지명이 발견된다(조희승, 앞의 『가야사연구』, 433~463쪽).
242) 하승철, 앞의 「유물을 통해 본 아라가야와 왜의 교섭」, 15~17쪽.

난잔 고분군에서 발굴된 기마인물형토기와 철제무기류는 4세기 후반 선진 기마전술과 철제무기를 갖춘 아라국의 천일창 일행이 7년간의 동정을 끝내고 나라현의 가시하라에서 대화정권을 세웠을 때의 웅장한 기상을 연상시킨다.

제국주의자들은 그들이 가장 높이 받드는 천황을 '아라히토가미(現人神)'라고 부르며 신격화하였다. 아라히토가미를 일본어로 직역하면 흔히 '현생에 인간의 모습을 한 신'으로 해석되지만, '아라국 출신 사람이 일본국의 신이며 천황이다.'라고 말하는 것으로도 들린다.

2. 응신에 의한 일본국가 수립
가. 광개토왕비문 신묘년 기사의 실체
1) 개요

『일본서기』 응신기를 보면 일본 역사상 유례가 없을 정도로 수많은 한반도 사람들이 일본으로 건너갔으며, 이 시기를 기점으로 일본열도의 인구가 대폭 증가하였다. 응신기를 살펴보면 응신 3년(392)의 진사왕 사망, 8년(397)의 백제 왕자 전지의 볼모 기사 및 16년(405)의 백제 아신왕의 사망 기사는 일부 내용의 과장을 제거하면 『삼국사기』 백제본기의 진사왕 사망 기사,243) 아신왕 때 태자 전지의 볼모 기사244) 및 아신왕의 사망 기사245)와 일치한다.

궁월군(弓月君), 아지사주(阿知使主) 등 한반도인의 일본열도 진출에 관한 응신기의 기사 역시 그전에는 완만하게 증가하던 일본의 인구가 5세기경 이후 급격히 늘어난 현상만 대입하더라도 역사적 사실임에 틀림없다.

---
243) 『三國史記』卷25, 百濟本紀3 辰斯王 8年條.
244) 『三國史記』卷25, 百濟本紀3 阿莘王 6年條.
245) 『三國史記』卷25, 百濟本紀3 阿莘王 14年條.

일본 연구자들은 이들을 귀화인이나 도래인으로 취급하면서 일본열도에 살던 본토인들, 즉 일본 주류와 다른 이방인처럼 취급하고 있으나 그들이 부르는 귀화인이나 도래인이야말로 그전에 일본으로 건너간 금관국을 비롯한 한반도 사람들과 함께 오늘날 일본인을 탄생하게 하였음은 두말할 나위도 없다.

응신기의 이러한 대규모 인구 이동은 당시 한반도에 급변사태가 일어났음을 충분히 짐작할 수 있다. 일본에서 최고의 천황으로 추앙받는 응신이 즉위한 서기 390년을 전후하여 아라국을 비롯한 주변국에 어떤 일이 발생하였을까?

응신의 재위기간에 있었던 한반도에서 일본열도로 향한 대규모 인구 이동의 원인은 『일본서기』 응신기, 『삼국사기』 및 광개토왕 비문 등을 종합하여 분석하면 광개토왕의 백제 공략 및 신라 구원을 위한 남정 외에는 없다. 즉, "5세기 초엽의 한반도에서 발생한 일본열도 이주민은 광개토왕 때 고구려의 군사 행동이 주된 이유이다."246)

비문과 『삼국사기』 기년 차이의 원인분석 광개토왕 비문은 광개토왕 사후에 그 아들인 장수왕이 부왕의 업적을 기리기 위해 414년 당시 고구려의 수도였고 현재 중국 집안(集安) 지역인 국내성에 세운 기념비이다.

동아시아 최대를 자랑하는 이 기념비는 그 거대함과 함께 '국강상광개토경평안호태왕(國岡上廣開土境平安好太王)'이라는 긴 시호가 나타내고 있듯이 광개토왕 생전에 왕성한 정복 활동을 통해 이룬 고구려의 위상을 잘 보여주고 있다.

광개토왕비문에는 '영락 5년 세재 을미(永樂五年歲在乙未)'라는 문구가 있는데, 영락 5년에 해당하는 을미년을 역산하면 광개토왕 원년은 신묘년(391)이 된다. 그러나 『삼국사기』에는 고국양왕이 392년 5월에 죽은

---

246) 山尾幸久, 앞의 『古代の日朝関係』, 293쪽.

것으로 기록되어 있고 그 해를 광개토왕의 원년247)으로 보면서 비문과 1년간의 차이를 나타내고 있다.

이에 관하여 대개 『삼국사기』의 기년이 잘못되었다고 전제한 다음 고구려본기의 해당 기년을 1년 앞당겨 해석하고 있다. 『삼국사기』 초기기록 불신론처럼 중기의 기사에서도 다른 사료와 비교하여 『삼국사기』의 기년이 다르면 별다른 검토 없이 『삼국사기』부터 허위로 몰아붙이는 잘못된 관성이 작용하고 있다.

각자(刻字)는 비문의 항구성과 문자의 고정성으로 인하여 오각(誤刻)의 가능성은 거의 없다. 비문의 건립이 414년이었던 만큼 그보다 20여 년 전에 있었던 사실을 다르게 기록할 수도 없으며 고의로 조작할 이유도 없어 비문이 잘못되었다고 볼 수 없다. 그렇다고 하여, 무턱대고 『삼국사기』의 기년이 허위라고 볼 수도 없으며 허위로 기록할 이유 또한 전혀 없다. 『삼국사기』 고구려본기 고국양왕 9년(392)조의 관련 기사를 살펴보면 다음과 같다.

> 고국양왕 9년(392) 봄, 신라에 사신을 보내 우호를 닦으니 신라왕이 조카 실성(實聖)을 볼모로 보내왔다.248)
>
> 9년 3월, 교서를 내려 불교를 믿어 복을 구하라고 하였다. 관리들에게 명하여 국사(國社)를 세우고 종묘(宗廟)를 수리하게 하였다.249)

---

247) 『三國史記』는 전왕이 죽은 해를 넘겨서 원년을 칭하는 '踰年稱元法'을 채택하고 않고 전왕이 죽고 왕이 즉위한 당해 년을 원년으로 삼는 '卽位年稱元法'을 채택하고 있다. 김부식은 신라본기 남해차차웅 즉위년조에 대하여 논찬하면서 『春秋』에 의하면 전왕이 죽은 다음 해를 원년으로 삼고 있으나 『春秋』 전에 저술된 『尙書』 伊訓篇에서는 '卽位年稱元法'을 채용하고 있다고 하면서 『尙書』의 예에 따라 사실대로 기술하였는데, 고려왕조에서 즉위년칭원법이 행해지고 있었던 점도 감안하였을 것이다(鄭求福, 「高麗時代 史學史 硏究:史論을 中心으로」, 西江大學校大學院博士學位論文, 1985, 129쪽).
248) 『三國史記』 卷18, 高句麗本紀6 故國壤王 9年條.
249) 『三國史記』 卷18, 高句麗本紀6 故國壤王 9年 3月條.

9년 5월, 왕이 죽었다. 고국양(故國壤)에 장사지내고 시호를 고국양왕(故國壤王)이라고 하였다.250)

『삼국사기』 고구려본기의 기년이 잘못되었고 비문이 옳다면 실성의 고구려 볼모 기사 및 고구려의 백제 관미성 공격 기사는 당연히 391년에 일어난 사실이어야 하지만, 신라본기에는 고구려본기의 기년과 동일한 내물이사금 37년(392) 1월에 실성을 고구려에 볼모로 보냈다고 되어 있고251) 백제본기에도 고구려의 백제 관미성 공략은 진사왕 8년(392) 10월로 기록되어 있다.252)

『삼국사기』 신라본기 및 백제본기의 기사를 간과할 수 없었든지 고국양왕 9년의 기사 중 "고국양왕의 상장(喪葬)에 관한 기사만 신묘년(고국양왕 8년, 391)"으로 하고 실성의 볼모 등 나머지 다른 기사는 『삼국사기』의 기년대로 해석하는 견해도 있다.253) 하지만 고국양왕 9년조에는 재위 중 다른 기사와 달리 월별 기사가 비교적 상세히 기술되어 있으며, 고국양왕의 죽음은 신라 우호, 불교 숭배 기사 다음에 기록될 만큼 체계적으로 편제되어 있어 애초『삼국사기』 고구려본기가 잘못 기록되었을 가능성이 없고, 편자들도 기년을 어기면서까지 고국원왕의 상장 기사만 392년조에 끼워 넣었어야 할 이유가 전혀 없다.

『삼국사기』를 통한 당시의 정세를 살펴보면, 고구려가 392년에 신라에 우호를 요구하고 신라가 그해 1월에 실성을 볼모로 보냈다고 하는 것으로 보아, 뒤에서 자세히 살피는 바와 같이 백제가 지원을 요청한 왜의 군대가 391년 말에 도착하였고 그 사실을 파악한 고구려가 즉시

---

250) 『三國史記』 卷18, 高句麗本紀6 故國壤王 9年 5月條.
251) 『三國史記』 卷3, 新羅本紀3 奈勿尼師今 37年 1月條.
252) 『三國史記』 卷25, 百濟本紀3 辰斯王 8年 10月條.
253) 李丙燾 譯註, 앞의『三國史記』上, 418쪽.

신라에 우호를 요구한 것으로 추정된다. 왜의 백제 도착 시점으로 보아 백제는 이듬해 고구려를 공략할 목적으로 391년 초에 왜를 불러들이기 위한 조치를 미리 취하였을 것이며, 따라서 당시 국제정세가 급박하게 돌아갔음을 알 수 있다.

고구려는 신묘년(391) 말에 왜가 들어왔다는 사실 및 백제가 왜와 연합하여 선제공격할 것이라는 첩보를 그해 12월에 파악하였을 것이며, 이에 신라를 백제로부터 철저히 분리하여 고구려의 지원국으로 만들기 위해 임진년(392) 1월에 급히 신라에 사신을 보내 정식 외교관계를 요구하였다. 고국양왕은 고국원왕이 백제 근초고왕의 공격으로 사망한 사실을 한시도 잊지 않은 채 즉위 3년(386) 만에 담덕을 태자로 책봉하고[254] 왕과 버금가는 권력을 이양함으로써 백제에 대한 공략에 대비하였을 것이다. 이러한 상황에서 백제가 왜와 연합하여 고구려를 선제공격할 것이라는 첩보를 신묘년 12월에 접하자, 근초고왕 때 백제로부터 당한 악몽과 함께 자신은 노쇠한 상태에서[255] 빨리 대비하지 않으면 나라가 위험할 수도 있다는 위급함을 느끼고 서둘러 왕위를 담덕에게 물려주어 대비하게 한 후 다음 해인 392년에 사망하였을 것이다.

그러므로 비문에는 광개토왕이 신묘년 12월에 실제로 즉위한 사실을 기준으로 각자한 반면, 『삼국사기』는 고국양왕이 사망한 해를 광개토왕의 즉위 원년으로 삼은 『고기』의 기사를 수록하였기에 1년간의 차이가 발생한 것으로, 비문과 『삼국사기』 모두 각각의 입장에서 역사적 사실을 있는 그대로 기록했다고 하겠다.[256]

---

254) 『三國史記』 卷18, 高句麗本紀6 故國壤王 3年 1月條.
255) 고국양왕이 즉위 당시 정확한 나이에 대한 기록은 없으나 고국원왕이 41년(재위 331~371) 동안 왕위에 있었고 형인 소수림왕 또한 16년을 재위한 후 죽은 사실로 미루어 즉위 당시 고국양왕은 노쇠기에 접어들었을 것이며, 그가 즉위 당시 고령이라는 사실은 즉위 3년(386) 만에 서둘러 담덕을 태자로 책봉한 것에서도 잘 알 수 있다.

2) 신묘년 기사 연구의 흐름 및 비판

광개토왕비가 역사의 전면에 등장한 것은 일본 제국주의자들의 임나일본부를 향한 집요한 연구에 기인한다. 한반도 침략의 정당성을 확보하기 위해 혈안이 되어 있던 제국주의자들의 입장에서, 광개토왕비문 발견은 경천동지할 대사건이었으며 비문의 신묘년 기사는 천군만마의 우군으로 다가왔을 것이다. 그들은 비문을 왜곡 해석한 후 당시 우리나라를 향해 이렇게 외쳤을 것이다.

"봐라. 광개토왕비문도 우리가 고대에 한반도를 지배한 것을 인정하고 있지 않느냐."

1884년 일본첩보장교 사코 가게노부(酒勾景信)에 의해 입수된 비문 묵수곽전본(墨水廓塡本)의 신묘년 기사는 『일본서기』 신공기 49년조 기사 등과 함께 제국주의 일본 연구자들에 의해 임나일본부설의 확고한 증거자료로 활용되었으며, 지금까지도 고대 일본이 한반도를 경영하였다는 근거로 사용되고 있다. 널리 알려진 바와 같이 사코의 탁본에 기재된 광개토왕비의 신묘년조는 다음과 같다.

倭以辛卯年來渡海破百殘□□〔新〕羅以爲臣民[257]

신묘년 기사는 니카 미치요(那珂通世)가 결자를 '가라(加羅)'로 추정한 후 위 구절을 왜가 신묘년(391)에 바다를 건너와서 백잔, 가라, 신라를 깨뜨리고 신민으로 삼았다고 해석하였고,[258] 스에마쓰 야스카즈(末松保和)는 "이 해(391)에 왜가 백잔, 임나, 신라에 미치는 광대한 지역에 군

---

256) 『삼국유사』에서도 『삼국사기』와 동일하게 광개토왕의 즉위년을 임진년(392)으로 기록하고 있다(『三國遺事』 卷1, 王曆). 그러므로 고국양왕의 사망으로 인한 광개토왕의 원년은 392년이라 하겠다.
257) 王健群, 『好太王碑 硏究』, 雄渾社, 1984, 174쪽.
258) 那珂通世, 「高句麗古碑考」, 『那珂通世遺書』, 1915, 489쪽.

사를 출동시켜 이들 여러 나라와 고구려와의 종속관계를 타파하고 새로이 왜에 신속(臣屬)시켰다는 의미"259)로 파악하였다.

나카 스에마쓰의 비문 해석은 『일본서기』 신공기의 삼한정벌론과 결합되어 임나일본부설의 가장 중요한 논거가 되었으며 그대로 통설로 굳어졌다. 광개토왕의 업적을 기리기 위해 세운 비문에 왜가 백제와 신라를 굴복시켰다는 왜의 승전보(勝戰譜)를 굳이 삽입할 이유가 없다는 논리적 이유는 차치하더라도, 나카 스에마쓰의 비문 해석은 부당하다.

도해파(渡海破)의 주체를 왜로 본 일본 연구자들의 해석에 대하여 정인보가 최초로 이의를 제기하였다. 위당은 1955년에 발표한 「광개토경평안호태왕비문석략」에서 기존의 통설과 달리 도해파의 주체를 왜가 아닌 고구려로 규정하고, 백잔 뒤의 결자 3군데를 "연침신(聯侵新)"으로 간주한 다음 신묘년 기사를 다음과 같이 끊어 분석하였다.

倭以辛卯年來 渡海破 百殘聯侵新羅 以爲臣民.260)

위당의 견해에 근거하여 위 문장을 해석하면 다음과 같다.

왜가 신묘년에 고구려를 공략하러 왔다. 고구려가 바다를 건너 왜를 격파하였다. 백제가 왜와 연합하여 신라를 침략하였다. 백제는 신라를 신민으로 삼았다.

도해파의 주체를 고구려로 본 위당의 견해는 그때까지 나카 스에마쓰를 필두로 한 일본의 통설을 뒤엎을만한 다른 학설이 없는 상황에서

---

259) 末松保和, 앞의 『任那興亡史』, 37~38쪽.
260) 鄭寅普, 「廣開土境平安好太王碑文釋略」, 『國學論叢 庸濟白樂濬博士還甲記念』, 1955, 673~675쪽.

남북한은 물론 일본 학계에도 영향을 미쳐 그 뒤 도해파의 주체를 고구려로 보는 여러 견해가 발표되었다.[261]

위당이 신묘년 기사 앞 문장인 '백잔신라 구시속민(百殘新羅舊是屬民)'에서 백제와 신라를 속민으로 삼은 주체를 고구려로 이해한 다음, 왜를 격파한 주체도 고구려로 본 것은 비문의 건립 취지 및 전체 문장 구조를 살펴볼 때 전적으로 타당하다.

그러나 다음과 같은 이유로 위당의 견해는 설득력이 없다.

왜가 신묘년에 침입해 와서 고구려가 바다를 건너 왜를 쳤으며 그런 후에 백제가 신라를 쳤다는 식의 표현은 주어가 자주 바뀌어 불합리하다.[262] 즉, 왜가 고구려를 침략하자 고구려가 바다를 건너 왜를 공략하였다고 해석하여 주어를 왜와 고구려로 번갈아 적용한 후, 다시 주어를 백제로 바꾼 다음 백제가 왜와 연합하여 신라에 침입하였다고 함으로써 문장의 주어도 불완전할 뿐만 아니라 전체 문장의 논리 구조에도 어긋난다. 주지하다시피 광개토왕비문은 장수왕이 부왕의 업적을 기리기 위해 만든 것으로, 비문 전체를 살펴보면 광개토왕의 승전 내력을 새겼으므로 전쟁의 주체는 고구려이며, 비문 문장 일부에 고구려라는 주어가 생략되어 있더라도 백제와 왜를 상대로 승전하고 신라를 굴복시킨 주체는 고구려가 명백하다.

무엇보다 위당의 견해가 부당한 이유는 고구려가 바다를 건너 왜를 공격하였다고 해석함으로써 고구려의 수군 능력을 과대평가하였고, 이러한 무리한 해석은 뒤이어 백제가 왜와 연합하여 신라를 침입하였다는 결과로 이어졌다.

---

261) 金錫亨, 『古代朝日關係史』, 勁草書房, 1972.
佐伯有淸, 『廣開土王碑と參謀本部』, 吉川弘文館, 1976.
文定昌, 『廣開土王勳績碑文論』, 柏文堂, 1977.
262) 王健群, 앞의 『好太王碑 硏究』, 178쪽.

『삼국사기』 및 광개토왕 비문을 살펴보면, 고구려는 수군을 이용한 수전(水戰)보다는 기병과 보병을 이용한 육전(陸戰)을 위주로 전쟁을 치른 것을 알 수 있다. 비문에는 영락 10년(400) 신라가 구원을 요청할 때 고구려가 보기 5만으로 출동하였다고 하는데, 이러한 사실을 보더라도 당시 고구려군은 육군이 중심이 된 군대를 운영한 것을 알 수 있다.

고구려본기를 검토하더라도, 광개토왕은 전 생애를 통해 정복전쟁을 벌였다고 해도 과언이 아닐 만큼 수많은 전쟁을 치렀으며 대부분 육전에 의한 것이었다.

광개토왕은 즉위한 해(392) 7월에 백제를 공격하여 10개의 성을 점령한 것을 시작으로 백제와 수차 전쟁을 벌여 승리하였고, 13년(402)에는 중국 후연을 공격하는 등 수많은 정복 전쟁을 벌였는데 전부 기병과 보병을 주로 이용한 육전에 치중하였다.

『삼국사기』와 광개토왕 비문을 중심으로 당시 고구려와 백제가 전쟁을 벌인 기사를 살펴보면 다음과 같다.

> 광개토왕 원년(392) 7월 남쪽으로 백제를 공략하여 10개의 성을 정벌하였다.[263]
> 원년 10월, 백제의 관미성(關彌城)을 공격하여 함락시켰다. 그 성은 사면이 절벽이고 바닷물로 감싸여 있다. 왕이 일곱 방면으로 군사를 나누어 공격하도록 한 지 20일 만에 그 성을 정벌하였다.[264]
> 2년(393) 8월, 백제가 남쪽 변경을 침략하자 장수에게 명하여 방어하게 하였다.[265]
> 광개토왕 3년(394) 7월, 백제가 침략하여 왕이 정예 기병 5천을 거느리고 그들과 맞서 싸워 대패시키니 남은 적군은 밤에 달아났다.[266]

---

263) 『三國史記』 卷18, 高句麗本紀6 廣開土王 元年 7月條.
264) 『三國史記』 卷18, 高句麗本紀6 廣開土王 元年 10月條.
265) 『三國史記』 卷18, 高句麗本紀6 廣開土王 2年 8月條.
266) 『三國史記』 卷18, 高句麗本紀6 廣開土王 3年 7月條.

4년(395) 8월, 왕이 패수(浿水)에서 백제와 싸워 크게 이기고, 8천여 명을 사로잡았다.267)

영락 6년(396) 병신년 왕이 직접 수군을 이끌고 잔국(殘國)을 토벌하였다....국성까지 다가갔다. 그러나 잔(殘)은 의리에 따르지 않고 감히 군사를 동원하여 대항하였다. 왕은 크게 노하여 아리수를 건너 성을 공략하였다. 잔병(殘兵)들은 그들의 소굴로 도망쳤고 곧 성을 포위하였다. 잔주(殘主)가 곤란에 처하여 남녀 1천 명과 베 1천필을 바쳤다. 왕 앞에 무릎을 꿇고 "지금부터 영원히 노객이 되겠습니다."라고 스스로 맹세하였다. 이에 왕은 그가 미혹되어 저지른 허물을 용서하고 이후 성의를 다하여 순종하는지 살펴보겠다고 하였다. 58성과 700촌을 얻었고 잔주의 아우와 대신 10명을 데리고 군대를 돌려 국도로 돌아왔다.268)

고구려와 백제의 전쟁 기사 중 수군을 동원하였거나 수전(水戰)과 관련된 것으로 검토할 수 있는 기사는 392년 관미성 전투, 395년 패수 전투, 396년 백제정벌이다.

먼저 고구려본기의 392년 관미성 공격 기사를 살펴보면, 성의 위치가 사면이 절벽이고 바다로 감싸여 있다고 기록되어 있는데 이러한 지형조건을 근거로 관미성의 위치가 강화도라는 설이 대세를 이루고 있다.269)

그러나 강화도는 바다로 감싸여 있는 곳이기는 하지만 사면이 절벽인 지형은 아니며 무엇보다 관미성과 연관되는 문헌학적 근거나 고고학적 자료도 없다. 관미성의 위치에 대하여는 김정호의 『대동지지』270)에서

---

267) 『三國史記』 卷18, 高句麗本紀6 廣開土王 4年 8月條.
268) 廣開土王碑文 永樂 6年條. 비문의 해석은 '王健群, 앞의 『好太王碑 硏究』, 172~173쪽'의 "六年 丙申条" 판독문을 근거로 작성하였다. 비문의 신묘년조에는 백제를 '백잔(百殘)'으로 비칭(卑稱)하였고, 영락 6년조에서는 백제를 '잔(殘)'으로, 백제의 왕을 '잔주(殘主)'로 비칭한 것이라 하겠다.
269) 李丙燾 譯註, 앞의 『三國史記』上, 418쪽.
　　朴性鳳, 「廣開土好太王期 高句麗 南進의 性格」, 『韓國史硏究』27, 1979, 18쪽.
　　文定昌, 『百濟史』, 柏文堂, 1975, 186쪽.

명확한 기록을 남겼다.

> 오두성은 임진강과 한강이 만나 합쳐지는 곳으로 본래 백제의 관미성이다. 성 둘레는 2,072척이고, 서면이 가파르다. 오직 동쪽으로만 산기슭과 연결되어 있으며 나머지 삼면은 바닷물로 둘러싸여 있다. 군 서북 14리에 있다.[271]

오두산성은 행정구역상으로는 경기도 파주군 탄현면 성동리에 있는 오두산 통일전망대가 위치한 곳에 있으며, 정상 부근에는 6.25전쟁 당시 유실되었던 석성(石城)이 복구되어 보존되고 있다.

오두산의 형세는 대단히 가파르다. 관미성의 남쪽에 있는 실개천을 따라 2.5킬로미터 올라간 곳에 '습포(濕浦)'라는 마을이 있는데 예전에는 그곳까지 배가 들어왔으며, 주변 바다 해수 환경의 상태로 보아 심한 조수 간만의 차이 및 역류 가능성도 충분히 확인할 수 있다.[272]

이러한 관미성 부근 바다의 해수 간만의 차이 등으로 인하여, 당시 고구려군은 바다를 건너 공격하기보다는 육지를 이용하여 접근하기 쉬운 동쪽 루트를 주로 공격했을 가능성을 고려해볼 때 수군의 역할은 거의 없었던 것으로 보인다. 왕 4년(395)의 기사 역시 『삼국사기』를 보면 '패수지상(浿水之上)'으로 표현되어 있고 고구려군이 패수의 위쪽 지역에 진을 쳤다는 기사로 보아 이 전투 역시 수전(水戰)이 아니라 패수 주변 육지에서 벌어진 것으로 추정된다.[273]

---

270) 윤일영이 김정호의 『대동지지』에서 관미성 기사를 최초로 발견하였고 그 위치를 오두산성으로 비정하였다(尹日寧, 「關彌城位置考-廣開土王碑文, 三國史記, 大東地志를 바탕으로-」, 『北岳史論』2, 1990).
271) 『大東地志』券3, 京畿道 交河 城池條, "烏頭城臨津漢水會合處 本百濟關彌城 周二千七十二尺 西面峭絶 唯東連山麓三面環以海水 距郡西北十四里".
272) 尹日寧, 위의 글, 153~154쪽.
273) 『삼국사기』를 살펴보면 고구려에 대항한 백제 역시 육전 위주의 전술을 펼치고 있어 이때에도 백제는 패수 인근 육지에서 고구려와 전투를 벌인 것으로 보인다.

비문 영락 6년(396)에는 왕이 직접 수군을 이끌고 백제를 공략하였다고 새겨져 있으나 당시 동원된 수군이 전투부대가 아니라는 것은 원정 경로를 보면 잘 알 수 있다.

이 전쟁에서 고구려는 최초로 한강 건너 위치한 백제의 왕성을 공격하여 백제왕으로부터 항복을 받았는데, 이때 수군은 한강을 건너기 위해서 동원된 공병부대 성격을 가진 비전투부대의 역할을 한 것으로 보일 뿐이며, 비문에서 백제의 성 수십 군데를 격파하였다는 기사가 있는 것으로 미루어 전쟁의 핵심 역시 육군이었을 것이다. 결국 당시 광개토왕 군의 주력은 모두 육군이었고 광개토왕 재위 기간을 통틀어 보더라도 주력은 육군이었으며 해전을 치른 적은 없었다고 하겠다.

『고려사』 열전 김방경전을 살펴보면 세계 최강의 몽고군도 고려와 연합하여 왜를 공략하기 위해 수년에 걸쳐 준비한 후, 고려 원종 15년(1274)에 고려군 8,000명, 몽고군 등 31,700명, 전함 900여 척을 동원하여 합포에서 출발하여 일본을 공략하였고, 충렬왕 7년(1281)의 2차 공격 때에는 고려군 1만, 몽고군 등 13만 명 및 전함 9,000척을 동원하였으나 2번의 원정 모두 태풍 등으로 실패하고 되돌아왔다고 기록되어 있다.[274]

이처럼 일본원정은 수년에 걸친 준비, 막대한 전함과 군사가 필요함과 동시에 태풍이라는 돌발변수에도 대비해야 하는 극히 어려운 전쟁이므로, 당시 육군이 주력이었던 광개토왕 군대가 일본정벌에 나섰을 가능성은 전혀 없는 것으로 보아도 무방하다. 역사적 흐름을 살펴보더라도 392년에 고구려 광개토대왕이 굴복시켜야 할 대상은 조부의 원수인 백제가 명백하므로 고구려가 굳이 바다를 건너 일본을 공격할 뚜렷한 이유가 없으며, 더구나 전력 공백을 틈탄 백제의 역습 위험을 무릅쓰면서까지 바다를 건너 일본열도를 공략하였다는 것은 아무리 생각해도 설득력이 없다.

---

[274] 『高麗史』 卷104, 列傳 金方慶傳.

정인보의 학설 후 새로운 견해는 1972년 재일사학자 이진희에 의해 제기된 비문 변조설이다. 비문 변조설은 일본의 통설에 대하여 위당을 제외하고 이렇다 할 반박 학설이 없었던 국내 학계에 적지 않은 파장을 일으켰다.[275] 이진희는 사코가 최초 묵수곽전본을 만들 때 처음 변조가 있었고 명치 33년(1900)에 참모본부가 사코의 비문 변조를 은폐하기 위해 석회로 메우고 비문을 파내어 변조하는 이른바 석회도부작전(石灰塗附作戰)을 수행하면서 2차 가공했으며, 그 후 석회도부작전 때 잘못 새긴 곳을 수정하는 방법으로 3차 가공했다고 주장하였다.[276]

비문 변조설에 대하여 왕건군(王建群)은 1984년에 발표한 『호태왕비연구』에서 비문 자체에는 변조의 흔적이 없다는 논지로 기존의 비문변조설을 부정하였다.[277] 비문에 대한 왕건군의 해석에는 동의할 수 없으나 비문 자체에 대한 변조가 없었다는 그의 견해는 전적으로 타당하다.

그 이유는 사코 탁본의 신묘년 기사가 『삼국사기』의 내용과 일치하기 때문이다. 무엇보다 일본측이 비문을 함부로 변조하지 않았다는 정황은 청말 금석학자 엽창치(葉昌熾)가 저술한 『어석(語石)』을 보면 잘 알 수 있다. '『어석』 봉천편'을 보면 사코가 탁본을 입수하기에 앞서 광서 6년(1880) 발견한 비문의 원석 탁본이 이운종(李雲縱)을 비롯한 청나라 지식인들에게 광범위하게 소개된 내역이 자세히 기술되어 있다.

이에 대하여 왕건군은 청 광서 원년(1875)을 전후해서 중국 금석학자들에 의해 광개토왕의 묘비임이 밝혀졌으므로 광개토왕비문의 최초 발견은 광서 원년인데 엽창치가 "원년의 원(元)을 육(六)으로 잘못 쓴 것"

---

275) 千寬宇, 「廣開土王陵碑再論」, 『全海宗博士 華甲紀念 史學論叢』, 一潮閣, 1979.
金永萬, 「廣開土王碑文의 新研究(1)」, 『新羅伽倻文化』11, 1980.
李亨求·朴魯姬, 「廣開土大王陵碑文의 소위 辛卯年記事에 대하여僞作 倭字考」, 『東方學志』29, 1981.
276) 李進熙, 『廣開土王陵碑の研究』, 吉川弘文館, 1972, 156~168쪽.
277) 王健群, 앞의 『好太王碑 研究』, 131쪽.

이라고 주장하였으나,278) 어떻든 사코가 탁본을 입수할 당시에는 광개토왕비문 원석(原石)의 탁본이 중국 지식인들 사이에 이미 광범위하게 퍼져 있었던 것은 확실하며, 이 탁본의 내용이 사코의 탁본 내용과 차이가 없다는 사실에서 사코나 일본 측에서 비문을 변조하지 않았다는 것이 결정적으로 드러난다.

3) 『삼국사기』 분석을 통한 기사의 실체 규명

그렇다면, 광개토왕 비문 신묘년 기사의 진실은 무엇일까? 이를 규명하기 위해 먼저 당시 삼국의 정세를 『삼국사기』를 통해 살펴보기로 한다.

백제와 신라의 관계 신라와 백제는 미추이사금 22년(283)까지 전쟁을 벌였으나279) 유례이사금 3년(286) 백제가 사신을 파견한280) 후부터 우호관계로 돌아섰으며, 백제 근초고왕 21년(366) 신라에 사신을 보내 예방하고,281) 왕 23년(368)에는 신라에 좋은 말을 보내282) 우호에 힘쓰는 등 4세기 중엽까지 신라와 우호관계가 지속되었다. 그러다가 근초고왕 28년(373)에 백제 독산성주가 주민 3백 명을 데리고 신라로 투항한 사건이 발생하는데,283) 백제본기에 간단하게 언급된 이 사건은 신라본기에 자세히 기록되어 있다.

> 내물이사금 18년(373), 백제 독산성 성주가 300명을 이끌고 와서 투항하였으므로, 왕이 그들을 6부에 분거(分居)하게 하였다. 백제왕이 글을 보내 "두 나라가 맹약하여 형제가 되기로 약속했었는데, 지금 대왕께서 도망한 우리의 백성

---

278) 王健群, 앞의 『好太王碑 硏究』, 26쪽.
279) 『三國史記』 卷2, 新羅本紀2 味鄒尼師今 22年 9月條.
280) 『三國史記』 卷2, 新羅本紀2 儒禮尼師今 3年 1月條.
281) 『三國史記』 卷24, 百濟本紀2 近肖古王 21年 3月條.
282) 『三國史記』 卷24, 百濟本紀2 近肖古王 23年 3月條.
283) 『三國史記』 卷24, 百濟本紀2 近肖古王 28年 7月條.

을 받아들인 것은 화친한 뜻과 크게 어긋납니다. 이는 대왕이 바라는 바가 아닐 것이므로, 청컨대 그들을 돌려보내 주시오"라고 하였다.
이에 왕이 대답하기를, "백성에게는 일정한 마음이 없소. 그러므로 생각나면 오고 싫으면 가버리는 것은 정해진 이치라 할 것이오. 대왕께서는 백성의 불안을 걱정하지 않고 도리어 과인을 나무라는 것이 어찌 이리 심하단 말이오"라고 하였다. 백제에서 그 말을 듣고 다시 거론하지 않았다.284)

신라본기 및 백제본기를 살펴보면, 이 기사를 끝으로 장수왕이 427년 평양으로 천도하면서285) 남진정책을 추진하자 이에 대한 대응으로 신라와 백제가 433년에 나제동맹을 맺기 전까지 신라와의 우호 관련 기사가 없는 것으로 보아, 373년부터 433년까지는 외교가 단절된 것으로 추정된다. 또한 『삼국사기』에 의하는 한 백제와 신라의 국력은 크게 차이가 나지 않으므로, 어느 일방이 상대국을 신하의 나라로 대할 수도 없었을 뿐만 아니라 그런 문헌 기록도 전혀 발견되지 않는다.286)

고구려와 백제의 관계 두 나라의 관계는 신묘년 이전부터 적대적 상황에 놓여 있었다. 고국원왕 39년(369)에 병사 2만 명을 보내 백제를 공략하였으나287) 근초고왕의 백제군이 치양에서 격파하여 5천여 명을 사로잡았고,288) 고국원왕 41년(371)에 백제군이 평양성을 공격하여 그 와중에 왕이 전사한 일까지 있었다.289) 그 후 백제와 고구려는 불구대천

---

284) 『三國史記』 卷3, 新羅本紀3 奈勿尼師今 18年條.
285) 『三國史記』 卷18, 高句麗本紀6 長壽王 15年條.
286) 『삼국유사』 왕력1 흘해이사금조를 보면 "백제병이 처음으로 내침하였다"고 기록되어 있는데, 이를 흘해이사금 28년(337)에서 근초고왕 21년(366) 사이에 있었던 사건으로 보고 이 시기에 두 나라 사이에 긴장이 조성되어 있었다는 견해(盧重國, 「高句麗·百濟·新羅사이의 力關係變化에 대한 一考察」, 『동방학지』28, 1981, 53쪽)도 있으나 서로 상대국을 신하로 지칭할 만큼 국력 차이는 없었다고 하겠다.
287) 『三國史記』 卷18, 高句麗本紀6 故國原王 39年 9月條.
288) 『三國史記』 卷24, 百濟本紀2 近肖古王 24年 9月條.

의 원수지간이 되었을 것이다.

고구려와 신라의 관계 당시 고구려와 신라의 관계는 우호적이었던 것으로 파악된다. 조분이사금 16년(245)에 고구려가 신라의 북쪽 변경을 침략하여 우로가 대응 출격하였으나 패하였으며, 동천왕 22년(248)에 신라가 화친을 청하였다는 기사가 신라본기 및 고구려본기에 실려 있어 초기에는 서로 충돌하다가 화친한 것으로 추정된다. 그 뒤 신라는 내물이사금 22년(377) 및 26년(381) 2회에 걸쳐 전진에 사신을 보낼 때 고구려의 도움을 받았으므로 광개토왕 재위 당시 고구려와 신라는 고구려 우위의 입장에서 우호적인 관계를 유지하였을 것이다.

고구려와 백제 간에 전쟁이 본격적으로 벌어진 392년 삼국의 상황을 『삼국사기』를 통해 살펴보면 다음과 같다.

> 고국양왕 9년(392) 봄, 신라에 사신을 보내 우호를 닦으니 신라왕이 조카 실성을 볼모로 보내왔다.[290]
> 내물이사금 37년(392) 1월, 고구려에서 사신이 왔다. 왕은 고구려가 강성하였으므로 이찬 대서지의 아들 실성을 볼모로 보냈다.[291]
> 광개토왕 원년(392) 7월, 남쪽으로 백제를 공략하여 10개의 성을 정벌하였다.[292]
> 진사왕 8년(392) 7월, 고구려왕 담덕이 군사 4만 명을 거느리고 와서 북쪽 변경을 공격하여 석현 등 10여 개의 성이 함락되었다. 왕은 담덕이 용병에 능통하다는 말을 듣고 출전하지 않았다. 한수 북쪽의 모든 부락이 무너졌다.[293]
> 광개토왕 원년(392) 10월, 백제의 관미성(關彌城)을 공격하여 함락시켰다. 그 성은 사면이 절벽이고 바닷물로 감싸여 있다. 왕이 일곱 방면으로 군사를 나누어 공격하도록 한 지 20일 만에 그 성을 점령하였다.[294]

---

289) 『三國史記』 卷18, 高句麗本紀6 故國原王 41年 10月條.
290) 『三國史記』 卷18, 高句麗本紀6 故國壤王 9年條.
291) 『三國史記』 卷3, 新羅本紀3 奈勿尼師今 37年 1月條.
292) 『三國史記』 卷18, 高句麗本紀6 廣開土王 元年 7月條.
293) 『三國史記』 卷25, 百濟本紀3 辰斯王 8年 7月條.

진사왕 8년(392) 10월, 고구려의 공격으로 관미성이 함락되었다.295)

광개토왕비문에는 왜가 신묘년(391)에 들어온 것으로 되어 있다. 스에마쓰는 신묘년에 왜가 들어 온 이유를 『일본서기』 응신기 3년조와 연결하여 서술하였다. 즉, 응신 3년(392)에 백제 진사왕이 무례하여 천황이 기각숙녜 등을 보내 꾸짖자 백제는 진사왕을 죽여 사죄하고 기각숙녜 등은 아화를 왕으로 세우고 돌아왔다는 기사가 있는데,296) 왜가 신묘년(391)에 진사왕의 무례 때문에 한반도로 들어갔으며 응신 3년조 기사는 임진년(392)에 백제왕을 교체하고 돌아왔다는 결과를 기록한 것이라고 주장하였다.297) 그러나 '광개토왕의 백제정벌' 편에서 살피듯이 진사왕의 무례는 임진년에 있었으므로 신묘년 왜의 한반도 진출 원인을 진사왕의 무례에 두는 것은 본말이 전도되어 부당하다.

광개토왕은 392년 백제에 대한 대대적인 공격을 감행하였다. 광개토왕이 태자로 있었던 389년에도 백제가 고구려를 침략하여 자극한 것으로 보아298) 즉위 전부터 백제 공략을 위한 준비를 철저히 하였을 것으로 추정된다. 이에 백제는 고구려가 대규모의 군대로 침공할 것을 예상하고 391년에 미리 왜를 끌어들여 선제공격하려 하였을 것이며, 이를 간파한 광개토왕이 392년 1월에 실성을 볼모로 삼아 신라를 백제로부터 분리시켜 우군으로 삼은 후 백제와 왜를 공략했다고 하겠다.

그리고 신라를 신민으로 삼은 주체가 왜이거나 백제가 아니라 고구려라는 사실은 『삼국사기』와 비문을 분석하면 바로 파악된다. 신라본기에

---

294) 『三國史記』 卷18, 高句麗本紀6 廣開土王 元年 10月條.
295) 『三國史記』 卷25, 百濟本紀3 辰斯王 8年 10月條.
296) 『日本書紀』 卷10, 應神天皇 3年條.
297) 末松保和, 앞의 『任那興亡史』, 39~40쪽.
298) 『三國史記』 卷18, 高句麗本紀6 故國壤王 6年 9月條.

는 신라 내물이사금이 392년 고구려에 실성을 볼모로 보내 화친을 청하였다고 기록되어 있는데, 이때의 화친은 신라가 실성을 볼모로 보냈다는 기사를 볼 때 대등한 관계에서의 화친은 아니었으며 당시 신라와 고구려의 역학관계는 광개토왕비문에도 드러나 있다.

비문의 기사를 보면 영락 9년(399)에 왜가 신라로 침입하자 내물은 '노객(奴客)'을 자처하면서 '신민(臣民)'으로 의탁하여 왕의 지시를 받고자 한다고 하였고, 왕은 그 충성심을 칭찬하였다고 되어 있다. 그러므로 비문에 각자된 '신민'은 바로 고구려와 신라의 관계를 기재한 것이라는 것을 한눈에 파악할 수 있다. 결국 고구려본기 및 비문의 광개토왕 즉위에 대한 기년 해석을 근거로 『삼국사기』와 비문을 종합적으로 검토하면, 신묘년 기사는 같은 해의 사건이 아니라 신묘년과 임진년에 일어난 사건이 함축되어 있으므로, 신묘년에 백제와 연합하기 위해 바다를 건넌 세력은 왜로 보고 임진년에 백제와 왜를 격파하고 신라를 신민으로 삼은 주체는 고구려로 보아야 하며 결자는 '왜잔(倭殘)'으로 보충하는 것이 타당하다. 그러므로 신묘년 기사를 다음과 같이 해석하고자 한다.

倭以辛卯年來渡海 破百殘倭殘 新羅以爲臣民
왜가 신묘년(391)에 바다를 건너와서 (백제와 연합하므로), 〔고구려는 임진년(392)에〕 백제와 왜를 쳐부수고 신라를 신민으로 삼았다.

신묘년 기사의 바로 앞부분은 백제와 신라가 오래전부터 고구려의 속민이라고 선언하고 있으며, 기사를 뒤이어 나타나는 문장은 고구려가 왜와 연합한 백제를 상대로 승전하는 과정으로 채워져 있어 전쟁 승리의 주체가 고구려임을 분명히 밝히고 있다. 그리고 신묘년 기사 앞의 문장에서 고구려의 속민으로 거론된 나라가 백제, 신라이며 그중 백제는 조부를 죽인 국가이고 왜와 연합하였으므로 고구려가 격파할 대상은 당연히 백제와 왜이며, 신민으로 삼아야 할 대상국은 신라의 볼모 파견 및 비문의 '노객'에 비추어 신라가 되는 것이 역사적인 인과관계로 보아도 명백하다.

또한 백제를 비칭(卑稱)하여 '백잔'이라고 하였듯이 이와 병렬적으로 연결된 왜를 '왜잔'이라고 칭하였음은 문장 구조나 흐름으로 보아도 자연스럽다. 비문에는 국가로서의 일반 명칭을 새길 때는 '왜'라는 외자를 사용하였으나 실제 한반도로 쳐들어와 고구려에 대항하여 직접 교전을 벌인 왜의 세력에 대하여는 '왜적', '왜구'라는 서로 다른 비칭을 사용하였으며, 비문 영락 10년(400)조에서 왜적, 왜구라는 표현을 사용한 것으로 보아 신묘년(391)조에는 '백잔'과 병렬적이면서 해적이나 왜구와 같은 의미를 가진 다른 비칭인 '왜잔'을 사용하였을 것이다.

이에 비해 일찍감치 왕자를 볼모로 보내 아무런 적의가 없음을 드러낸 신라는 그대로 국명을 비문에 새겼다. 당시 백제가 불러들였다는 왜의 실체는 무엇인가? 그 실체는 이노우에가 가리킨 것처럼 가야의 세력이며,299) 더 정확히 말하면 아라가야 전쟁에서 승리한 후 일본열도 곳곳에 진출해 있던 한반도출신 사람들을 규합하여 대화정권(大和政權)을 수립한 '아라국 왕자 천일창, 즉 응신이 파견한 군대'이다.

---

299) 井上秀雄, 앞의 『任那日本府と倭』, 121쪽. 단, 이 견해에 의하면 왜의 실체를 신라와 근접한 '한반도 남부지역에 있던 가야제국의 지방호족세력'이라고 하지만 이들의 실체가 '일본열도에 진출한 아라국의 세력'임을 재차 밝혀 둔다. 또한 한중사서에 기록된 숭신(수승), 비미호의 구주정권을 왜라 부르고, 응신이 세운 대화정권을 왜라 칭한다고 하여 이들의 실체를 모두 『삼국사기』 신라본기에 기록된 왜와 동일시해서는 안 된다. 신라본기에 기록된 왜는 "주로 해안지역에 거주하면서 식량을 구하기 위해 한반도 남부 해안지역을 약탈한 계절적 해적집단(旗田巍, 「『三國史記』新羅本紀にあらわれた倭」, 『日本文化と朝鮮』2, 新人物往來社, 1975, 93쪽)"인 경우가 대부분일 것이며, 이들은 대체로 구주정권이나 대화정권의 통제를 벗어나 있었을 것이다.

나. 응신의 일본 건국과 고대 한일관계

1) 응신의 일본열도 진출 및 대화정권 수립

『일본서기』에는 응신이 신공황후가 신라를 정벌한 직후인 중애천왕 9년 12월에 축자의 문전(蚊田)에서 태어났다고 기록되어 있다.[300] 그러나 앞서 살펴본 바와 같이 응신이 신공황후와 혈연적으로 연결될 수 없는 다른 인물이므로 북구주의 문전에서 태어나서 성장할 수 없다. 『일본서기』에 기록된 응신의 탄생지인 문전은 아라국 왕자 응신이 일본열도에 처음 도착하여 잠시 머문 지역으로 보아야 한다.

응신은 서기 390년에 즉위하여 430년까지 재위한 제15대 일본 천황이다. 응신은 언제 일본열도에 도착하였을까? 앞서 검토한 것처럼 신무의 동정을 실행한 실제 인물은 응신이므로, 『일본서기』에서 응신이 도왜하여 기내에서 대화정권을 세우기까지의 경로는 초대천황으로 기록된 신무의 동정 경로일 수밖에 없다.

『일본서기』에는 신무천황이 추근진언(椎根津彦)의 인도에 따라 동정을 시작한 후 기내에 도착하여 가시하라(橿原)[301]에서 나라를 세운 기간이 총 7년이라고 기록되어 있으므로, 응신은 7년 전인 383년에 북구주에 도착하였을 것이며 그에 따라서 한반도를 출발한 해도 그때쯤일 것이다.

그때는 아라국이 아라가야 전쟁에서 승리한 후 약 200년이 지난 시점으로 수많은 아라국 사립들이 일본열도에 진출해 있었다. 아라국 왕자의 신분인 천일창, 즉 응신이 어떤 이유로 아라국을 떠나 일본으로 건너간 것일까?

---

300) 『日本書紀』 卷10, 應神天皇條, "庚辰冬十二月 生於筑紫之蚊田".
301) 나라현 가시하라에 있는 시죠오다나가 및 신도우유적지에서 5세기 전반으로 비정되는 아라국 양식의 토기가 대거 발굴되었고, 특히 아라가야인들의 묘역으로 추정되는 난잔고분군에서 발굴된 기마인물형토기와 각종 철기류는 아라국 출신 응신이 가시하라에서 대화정권을 세웠다는 것을 고고학적으로도 말해 주고 있다.

응신이 아라국을 떠난 383년의 한반도 사정을 『삼국사기』에서 살펴보면 전쟁 등 침략으로 인한 분쟁은 주변에 없었던 것으로 추정된다. 그러나 378년 고구려에 극심한 가뭄이 든 것을 시작으로 다음 해에도 기상이변이 나타나고 380년 이후에는 전쟁만큼 참혹한 전염병, 지진과 가뭄 등 천재지변이 잇따라 발생하였다.

> 소수림왕 8년(378), 가뭄이 들고 백성들이 굶주려 서로 잡아먹었다.[302]
> 근구수왕 5년(379) 4월, 흙비가 종일 내렸다.[303]
> 6년(380), 전염병이 크게 번졌다.[304]
> 근구수왕 6년(380) 5월, 땅이 갈라져 깊이가 다섯 장, 너비가 세 장이나 되었는데 사흘 만에 다시 붙었다.[305]
> 내물이사금 26년(381), 봄여름의 가뭄으로 흉년이 들어 백성들이 굶주렸다.[306]
> 근구수왕 8년(382), 봄부터 6월까지 계속 비가 오지 않았다. 백성들이 굶주려 자식을 파는 지경에 이르자 왕이 관곡을 내어 구제하였다.[307]

『삼국사기』에 의하면, 한반도 중남부지역에는 서기 378년부터 382년까지 매년 가뭄, 질병 및 기상이변이 만연하고 있었다.

인간의 삶에 있어 식생활이 무엇보다 중요한 요소라고 고려해 볼 때 381년 신라에 이어 382년 백제에도 흉년이 든 것으로 보아, 신라와 백제의 중간지역에 있는 아라국도 수년에 걸쳐 기상이변으로 인한 흉년을 겪으면서 막대한 곤경에 처해 있었을 것이다.

반면에 당시 일본열도에서는 천재지변이나 기상이변과 관련한 기사는

---

302) 『三國史記』 卷18, 高句麗本紀6 小獸林王 8年條.
303) 『三國史記』 卷24, 百濟本紀2 近仇首王 5年 4月條.
304) 『三國史記』 卷24, 百濟本紀2 近仇首王 6年條.
305) 『三國史記』 卷24, 百濟本紀2 近仇首王 6年 5月條.
306) 『三國史記』 卷3, 新羅本紀3 奈勿尼師今 26年條.
307) 『三國史記』 卷24, 百濟本紀2 近仇首王 8年條.

보이지 않는다.308) 일본에서 출토된 고대의 목간에서 30종류 이상의 쌀 품종명이 발견될 만큼 벼농사가 발달하였으며,309) 일본 선사시대에 한반도에서 도입된 벼농사가 200~300년경이라는 짧은 기간에 북해도를 제외한 일본 전체로 확산된 사실은310) 고대 일본열도가 농업에 필요한 최적의 토양 및 기후조건을 갖추고 있었음을 알려주고 있다.

또한 일본의 각 지역은 사람에게 유용한 먹거리를 다양하게 생산할 수 있는 자연환경을 두루 갖추고 있다.311) 이러한 자연환경과 기후조건으로 인하여 일본열도로 이주한 아라국 사람들은 모국(母國)에 비해 비교적 풍족한 생활을 누린 것으로 추정되며, 천일창이 일본으로 진출한 배경이 되기도 하였을 것이다.

---

308) 일본열도에서 지진에 관하여 최초로 언급된 문헌은 『일본서기』 윤공천황 5년 (416) 7월조의 기사이고(『大日本地震史料』12冊 46號, 震災豫防調査會, 1893, 1쪽) 그 전에 지진 등 천재지변이 있었다는 문헌사료는 없으며, 응신이 도왜한 4세기경 일본열도에 홍수와 한해 등 심각한 기상이변이 있었다는 문헌적 근거 또한 없다. 일본의 고대 기후와 관련한 고고학적 연구결과에 의하면 서기 2세기에 발생한 것으로 추정되는 왜국 대란(『삼국지』 왜조)의 발생원인을 심각한 기후 변동으로 보는 견해가 있기는 하지만(置田雅昭, 「後漢帝國の崩壞と倭國大亂」, 『歷史と氣候』, 朝倉書店, 1998, 96~101쪽), 이 견해에 의하더라도 응신이 도왜한 4세기경을 기준으로 일본열도 전역에 걸쳐 천재지변이나 기상이변이 발생하였다는 취지의 고고학적 근거나 자료는 없다. 오히려 복정현 수월호에서 채취한 호소퇴적물주상시료의 연호분석을 통해 고대 일본의 기온 변화를 추정한 연구에 의하면 4세기경 일본열도는 해수면이 고점에서 안정세를 유지하고 강수량 또한 완만하면서도 지속적으로 상승하고 있는 등 농경 생활에 유리한 자연조건을 갖추고 있었다(福沢仁之, 「稲作の拡大と気候変動(特集 稲作の伝播と長江文明)」, 『季刊考古学』56, 1996 ; 이기성, 「기후 변동의 고고학-일본고고학 연구사례의 비판적 검토-」, 『선사와 고대』56, 2018, 114쪽(再引用)).
309) 三上喜孝·오택현, 「일본 출토 고대 목간-고대 지역 사회에서의 농업경영과 불교활동」, 『목간과 문자』24, 2020, 349쪽.
310) 이기성, 위의 글, 113쪽.
311) 일본열도는 강수량이 풍부하고 여름철에 집중된 호우 덕분에 같은 기후대의 다른 나라보다 높은 수확량을 보인다. 또한 산림자원이 다채롭고 인간의 식생활에 유용한 과실나무도 풍부하며 연안 바다 등지에서 다양한 어류자원을 확보할 수 있었다(재레드 다이아몬드 지음;김진준 옮김, 앞의 『총, 균, 쇠』, 631~632쪽).

본국에서의 가뭄으로 인한 어려움은 일본열도에 진출해 있던 아라국 사람들에게도 영향을 미쳤을 것이며 자연스럽게 본국에 대한 지원 문제로 확장되었을 것이다.

이런 이유로 모국의 위난에 대한 지원을 목적으로 아라국이 일본열도 진출 초기에 형성된 체계가 작동하였을 것이나 아라국 사람들이 넓은 지역으로 퍼져 있었고 그 중심지가 교역 항구를 중심으로 사실상 이격(離隔)되어 있었으며, 아라사등으로 대표되는 지배층 또한 지역을 중심으로 각기 분리되어 있어 통합적이고 계층적인 체계가 형성되지 못하였을 것이다. 또한 세월이 지남에 따라 본국과의 관계마저 느슨해져 아라국이 국가적 위기나 어려움에 처했을 때 효과적인 지원책을 도출하지 못하였을 것이다.

그러므로 아라국의 입장에서는 왜에 진출한 아라국의 세력을 규합하여 본국인 아라국과 정치·경제적인 유대관계를 새로이 형성할 수 있는 통합된 정치체가 일본열도에 필요하였으며 이러한 이유로 아라국 왕자 천일창, 즉 응신을 왜에 파견했다고 하겠다.[312]

당시의 정세도 응신의 일본 진출과 무관하지 않았을 것이다. 근초고왕이 371년에 평양성을 공격하여 고국원왕을 전사케 함으로써 고구려의

---

[312] 『일본서기』 수인기에는 왕자인 천일창이 일본에 성황이 있다는 말을 듣고 자기 나라를 동생 지고에게 준 후 일본에 귀화하였다고 서술되어 있는데(『日本書紀』 卷6, 垂仁天皇 3年 3月條, "僕新羅國主之子也 然聞日本國有聖皇 則以己國授弟知古而化歸之"), 나라를 동생에게 주었다고 한 것으로 보아 그 신분을 장자이자 태자인 것처럼 표현되어 있다. 하지만 아라국에서 천일창을 왜에 파견한 목적이 일본 귀화가 아닌 '후국 개창을 통한 본국과의 정치·경제적 유대를 강화'하는 데 있었으므로 천일창의 신분이 아라국 왕자가 분명하나 장자나 태자일 수는 없다. 고대사회에서 일국의 태자가 다른 나라로 귀화한다는 것은 외침으로 인한 망국이나 이에 버금가는 사태가 발생하지 않은 한 불가능하므로, 천일창이 나라를 동생에게 주고 귀화하였다는 수인기의 기사는 편찬자들의 율령국가적 이념에 기초한 허구와 과장이 추가된 결과로밖에 볼 수 없다.

백제 공략은 예정된 수순이었다. 고구려본기를 보면 광개토왕이 즉위한 그해 바로 대대적인 정벌을 감행한 만큼 오래전부터 백제 공략을 준비하였으며, 이러한 사정은 한반도 남부지역의 지배층에게도 암암리에 알려졌을 것이다. 이에 아라국은 한반도에서의 혼란에 대비하고 전쟁 등 위급 상황이 발생할 때 기왕에 구축된 체계를 바탕으로, 일본열도에서 아라국의 후국(侯國)을 세워 본국을 지원하는 강력한 배후세력으로 삼으려는 계획을 세웠고 응신 또한 건국에 대한 강렬한 열망을 품고 있었을 것이다.

신무의 동정경로에서 보는 것처럼 북규슈 축자에 처음 도착한 응신은 세토내해(瀨戶內海)를 통하여 안예국을 거쳐 길비국에 이른다. 응신이 축자를 출발하여 길비국에 이르는 과정은 『일본서기』에 자세히 기록되어 있다. 『일본서기』에 의하면 신무, 즉 응신의 초기 동정은 마치 여행을 즐기듯 편안하기만 하다. 천황이 수군을 거느리고 갑인년에 동정을 시작할 때부터 어부 추근진언(椎根津彦)이 물길 안내를 자처하여 천황의 군대가 편안하게 축자국의 토협에 이르렀으며 그곳에서 일주등궁(一柱騰宮)이라는 궁궐을 짓고 잔치를 벌였다.313)

그해 11월에는 축자국 강수문(岡水門)에 이르렀고314) 12월에는 안예국의 애궁(埃宮)에 있다가315) 이듬해인 을묘년 3월에 길비국으로 옮겨 가서 고도궁(高島宮)이라는 행궁을 짓고 3년 동안 머물렀다.316)

응신이 축자에서 길비국에 이르는 동안 어부가 물길 안내까지 자처하고 아무런 저항이나 전투가 없었다는 것은 이 지역이 이미 아라국 사람들에 의해 장악되지 않았다면 일어날 수 없는 사건이다.

---

313) 『日本書紀』 卷3, 神武天皇 甲寅年 10月條.
314) 『日本書紀』 卷3, 神武天皇 甲寅年 11月條.
315) 『日本書紀』 卷3, 神武天皇 甲寅年 12月條.
316) 『日本書紀』 卷3, 神武天皇 乙卯年 3月條.

『일본서기』에 기록된 축자에서 길비국까지 이르는 신무, 즉 응신의 동정 행로는 아라가야 전쟁 이후 일본열도로 진출한 아라국 사람들이 출운지역까지 이르는 동북해안 지역은 물론, 규슈 북부에서 길비국에 이르는 세토내해지역에도 이미 진출해 있었다는 것을 문헌적으로 입증하는 근거이기도 하다. 응신이 3년 동안 머문 길비지역에는 앞서 검토한 것처럼 아라계 지명이 모여 있고 아라계 유물 또한 발굴된다.

길비국이 위치하던 오카야마현에서 발견되는 아라계 지명과 유적은 아라가야 전쟁 승리 후 이 지역에 아라국 사람들이 다수 진출하였음을 보여줌과 동시에, 아라국 출신 응신이 근기지역으로 진출하기 전에 장기간에 걸쳐 머물렀음을 알려주는 강력한 증거이다.

응신이 길비국에서 3년 동안 머물렀다는 것은 근기지역을 차지하고 있던 선주세력의 강력한 저항이 있었음을 암시하며, 이러한 사실은 그 뒤 응신이 난파(難波)를 거쳐 하내국 초향읍에 도착한 후 선주세력인 장수언(長髓彦)과의 첫 전투를 시작으로 근기지역을 차지하기 위해 전쟁을 벌였다는 『일본서기』 신무기의 기사가 알려 준다. 응신은 3년에 걸쳐 근기지역을 차지하고 있던 선주세력(先主勢力)과의 전쟁에서 승리한 후 마침내 390년에 대화정권을 세웠다.

응신이 선주세력을 제압하고 가시하라에서 대화정권을 수립함으로써 일본열도에는 근기지방을 중심으로 북구주까지 아우르는 일본 최초의 국가가 수립되었다. 응신의 대화정권은 아라국과는 본국과 후국의 관계를 형성하고 아라국이 멸망할 때까지 군사·정치·경제적 유대관계를 지속하였을 것이다.

대화정권이 통치한 영역은 얼마나 되었을까? 왕건군은 "대화조정에 의해 일본이 통일되었다고 하는 것은 불가능하며 당시 일본에서는 여러 나라가 분립하여 할거(割據)하고 있었다."라고 하면서,[317] 4세기경 대화정권이 북구주와 근기지역을 포괄하는 국가를 세웠다는 사실을 인정하지 않았다. 이에 반하여 미즈노 유는 광개토왕 비문을 근거로, 당시 일본이 수송용 선박이나 병사들에 대한 군량보급이 원활할 만큼 강력한 국가체제와 지배체제가 정비되었기 때문에 대군이 한반도 깊숙이 들어가 군사작전이 가능하였으며, "391년에 이미 일본열도의 통일이 완료되었는데 그때 이미 일본은 임나와 가라에 대한 식민지 지배를 확립하였다."라고 주장하기도 한다.318)

그러나 미즈노 유의 주장대로 당시 일본열도의 통일이 완료된 시점도 아니었고 대화정권의 군대파견 목적이 한반도를 공략하여 식민지화하려는 것도 아니었지만, 그렇다고 하여 왕건군의 주장처럼 일본열도가 뚜렷한 강국이 없이 수십 개의 나라로 평균적으로 분립되어 있었던 상황도 아니었다.

응신이 건국한 야마토(大和)는 왜왕 무가 벼슬을 요청하면서 송에 보낸 국서를 보면 그 크기를 추정할 수 있다.

『송서』 왜국전에 기록된 왜왕 무의 상표문을 보면 '동정모인오십오국 서복중이육십육국(東征毛人五十五國西服衆夷六十六國)'이라는 기사가 있다.319) 이 기사를 '사이타마현 이나리야마고분(稻荷山古墳)에서 출토된 철검과 구마모토현 에다후나야마고분(江田船山古墳)에서 출토된 대도'에 새겨진 명문과 관련지어 해석하는 견해에 의하면, 5세기 말 무렵 대화정권의 세력 판도가 서쪽으로는 구주에서 동쪽으로는 관동지방까지 미치고 있었다고 한다.320)

대화정권의 영역이 구주와 근기지역을 아우르고 있었다는 것은 『일본

---

317) 王健群, 앞의 『好太王碑 硏究』, 184쪽.
318) 水野祐, 앞의 『日本古代の國家形成』, 178쪽.
319) 『宋書』 卷97, 列傳 倭國傳.
320) 李在碩, 「『宋書』 倭國傳에 보이는 倭王(武) 上表文에 대한 검토」, 『新羅文化』 24, 2004, 72쪽.

서기』의 동정 기사, 일본열도에 퍼져 있는 아라계 지명 및 유적으로도 충분히 증명된다고 하겠다. 이러한 확장력은 일본으로 진출한 응신이 구주에서 기내로 이동하면서 7년 동안의 동정을 통하여 구주와 기내지역을 아우르는 일본 최초의 통합국가인 야마토를 기내지역에서 건국하였음을 알게 해준다. 응신이 동정한 경로를 보면 일본열도 전체는 아니라고 하더라도 동북지역을 제외한 근기지역 및 구주 중북부지역을 통할하여 그전에 일본에 존재하지 않았던 통합정권을 구축하였다는 것을 파악할 수 있다.

응신은 아라국의 왕자 신분이었으므로 본국을 출발하기 전에 아라국 조정과 그 역할에 대한 협의가 있었을 것이며 그 기초는 본국(本國)과 후국(候國)의 관계 설정이었을 것이다.

즉, 응신의 대화정권은 아라국의 후국이었으며 본국에 대한 군사·정치·경제적인 지원 부담을 가졌다고 하겠다. 그렇다고 하여, 당시 일본열도가 아라사등으로 대표되던 시기처럼 아라국의 직접적인 영향권에 있었던 것은 아니며 독립적인 국가정치체계를 갖추었을 것이다. 이러한 사실은 대화정권이 수립된 후 송과 교류를 시작하면서 군호를 요구하는 등의 외교 행위를 한 것에서도 알 수 있다.

왜왕 무의 상표문을 참고하여 응신의 동정로를 따라 4세기 후반 이후 형성된 것으로 보이는 아라계 지명과 유적을 토대로 추정한 5~6세기경 대화정권의 영역은 다음과 같다.

【 아라계 지명 및 유적 】

【지명】

연번	지명	지명 소재지	비고
1	아나시(穴無)	효고현 시카마군	향 명
2	아야베((漢部)	"	마을 이름
3	아라이((荒井)	" 가고군	"
4	아라다(荒田)	" 다카군	향명·신사명
5	아나가(阿那賀)	" 이와지섬	마을 이름
6	아나노우라(阿那之浦)	이와지섬 미하라군	나루 이름
7	아노(穴太)	" 아마가사키시	마을 이름
8	아나시(穴師, 痛足)	" 시소군	"
9	아야베노사토(漢部里)	효고현	마을 이름
10	아나시노사토(安師里)	"	
11	아나시(穴師, 安師)	오사카부 센보쿠군	마을·신사명
12	아라(安良)	" 니시나리군	향 명
13	아라하카(荒陵)	" "	마을 이름
14	아노(穴太)	" 야오시	"
15	아노(賀名生穴, 太穴穗)	나라현 요시노군	"
16	아노(穴生)	교토부 우지군	"
17	아노(穴太)	" 가메오카시	"
18	아라라마츠바라(安良松原)	" 우지군	"
19	아야베(荒部, 漢部)	" 구와타군	향 명
20	아라베(綾部)	" 아야베시	"
21	아라(穴良)	시가현 구리타군	향 명
22	아라(安羅)	" "	신사 이름
23	아나(阿那)	" 사카타군	향 명
24	아야노(綾戶)	" 히가시아시치군	마을 이름
25	아노(穴太, 穴穗)	" 오츠시	"
26	아라가와(安樂川, 荒天)	와카야마현 나가군	향 명
27	아라다(荒田)	" 아리다군	"
28	아라기(荒木)	이시카와현 하쿠이군	"
29	아라키(荒城, 阿良木)	기후현 기죠군의 옛이름	마을 이름
30	아나시(穴石)	오이타현 시모게군	향 명
31	아라마(新田)	" 오노군	마을 이름

321)

【유적】

연번	유적명	출토지	유물	
			대표 유물	시기
1	모치노키고분	오사카부	유개고배	5세기 1/4분기
2	노나카고분	"	삼각투창고배	5세기 초엽
3	오바테라요	"	통형고배	5세기
4	시죠오다나가유적	나라현	소형기대	4세기 말엽
5	난잔고분군	"	기마인물형토기	5세기 초엽
6	신도우유적	"	화염형투창고배	5세기 전반
7	후루유적	"	"	"
8	야마다미치유적	"	승석문타날단경호	"
9	무로미야마고분	"	유개대부파수부호	"
10	우치시가유적	교토부	발형기대	"
11	로쿠다이A유적	미에현	이단일렬투창고배	5세기 후반
12	코토히라야마고분	"	파수부잔	6세기 전반
13	타야유적	와카야마현	무투창고배	4세기 후반
14	이와세센츠카고분	"	단경호	"
15	구스미유적	"	대옹	5세기 전반
16	다이도우지유적	"	파수부광구호	"
17	나루카미유적	"	유공광구소호	"
18	나루다키유적	"	통형기대	"

321) 이 표는 '윤내현, 앞의 『한국열국사연구』, 490~497쪽', '조희승, 앞의 『가야사연구』, 433~450쪽', '이영식, 앞의 「안라국과 왜국의 교류사」, 47~48쪽'을 참고하여 작성하였다.

연번	유적명	출토지	유물	
			대표 유물	시기
19	사루카타니2호분	에히메현	통형고배	4세기 말엽
20	후네가타니유적	"	소형기대	5세기 전반
21	우류유적	효고현	"	4세기 후반
22	스미유적	가가와현	발형기대	"
23	미타니사부로이케요	"	통형고배	5세기
24	미야야마요	"	"	"
25	다카츠카유적	오카야마현	도질토기편	5세기 초엽
26	미쿠모유적	후쿠오카현	파수부단경호	5세기
27	이케노우치2호분	히로시마현	"	"
28	스나시리유적	"	"	"
29	미시마 유적	나가사키현	이단일렬투창고배	5세기 중엽
30	쿠와바루유적	"	파수부단경호고배	5세기
31	고후노사에유적	"	배부고리형파수부	6세기 전반

322)

---

322) 이 표는 '이영식, 앞의 「안라국과 왜국의 교류사연구」, 34~35쪽', '박천수, 앞의 『새로 쓰는 한일교섭사』, 85~87쪽', '하승철, 앞의 「유물을 통해 본 아라가야와 왜의 교섭」, 11~22쪽 ; 「고고자료를 통해 본 아라가야의 대외관계」, 107~112쪽 ; 「가야와 일본 와카야마(和歌山)지역 호족과의 교류」, 390~396쪽', '이연심, 앞의 「안라국의 대왜교역로에 관한 검토」, 67쪽'을 참고하여 작성하였다.

[대화정권의 영역]

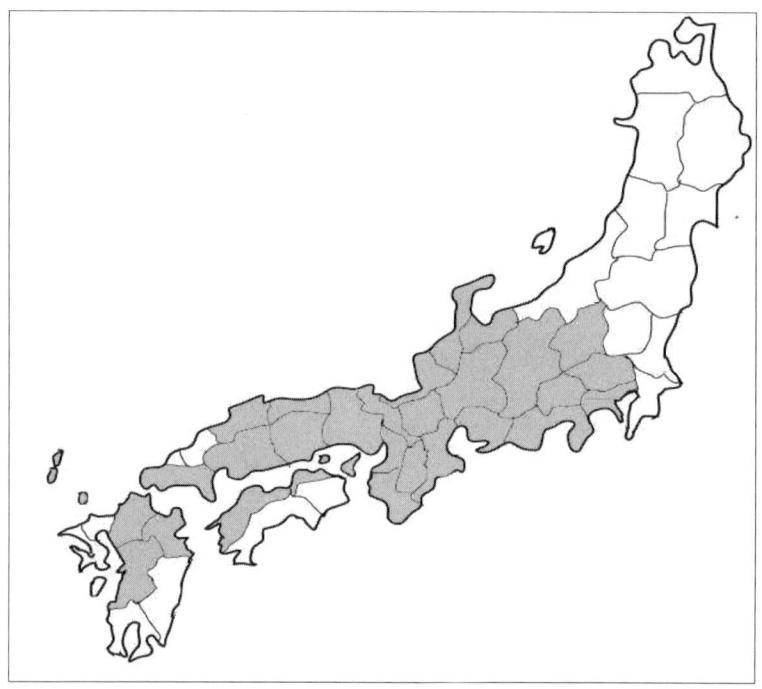

2) 응신의 1차 군사 지원

응신이 기내에서 대화정권을 세운 다음 해인 391년 한반도의 정세는 일촉즉발의 위기 상황이었다. 고구려는 371년 고국원왕이 전사한 이후부터 백제에 대한 복수를 위해 절치부심하였을 것이며, 광개토왕이 386년 태자가 된 이후에는 조부의 원수를 갚기 위해 본격적으로 강력한 군대를 미리 양성하였을 것이다. 이런 사실은 광개토왕이 즉위한 직후인 임진년(392)에 4만 명의 군사를 이끌고 백제를 침공하여 석현 등 10여 곳의 성을 함락시켰다는 사실에서도 확인된다.

백제는 고구려의 침략 의지를 꺾는 한편 선제공격을 위해 신묘년(391) 초에 당시 함안에 중심지를 둔 아라국에 도움을 요청하였을 것이다. 백제가 아라국에 도움을 요청한 이유는 무엇일까? 아라국은 옛 마한의 왕족이 주도하여 건국한 나라이다. 그러므로 아라국의 왕성은 진씨이며 응신 또한 진씨이다.

마한은 백제지역에 존재했던 정치체로, 온조왕에게 멸망한 후 그 주력이 가야지역으로 왔으며 그 일파가 아라국을 건국하였다. 백제지역에 그대로 있었던 마한의 진씨세력은 초기부터 백제 귀족의 한 축을 담당하면서 백제의 주요한 세력으로 성장하였으며 근초고왕 이후 왕비족이 될 정도로 막강한 세력을 구축하였다.

백제는 근초고왕 때에 이르러 처음으로 마한의 왕족이 주축이 된 아라국과 외교관계를 맺었을 것이다. 그 무렵 아라국과 외교관계를 맺은 이면에는 백제의 왕비족으로 성장한 진씨의 영향력이 작용하였을 것이다. 근초고왕 때 아라국과 외교관계를 맺었다는 사실은 『일본서기』에 기록되어 있다. 흠명기 2년 4월조에서 백제 성왕이 말한 내용 중 초고왕, 구수왕의 치세 때 안라, 가라, 탁순의 간기 등이 처음 사신을 보내어 친교를 맺었다는 기사가 그것이다.[323)]

아라국 초기에는 마한을 멸망시킨 백제와 그리 좋은 관계는 아니었으나 백제의 진씨가 왕비족으로 성장하면서 아라국의 진씨왕조 역시 백제와 우호적인 관계로 변하였을 것이다. 아라국은 당시의 외교관계뿐만 아니라 혈연적으로도 연결된 백제의 지원 요청을 전혀 무시할 수는 없었을 것이다. 하지만 아라국이 단독으로 군사를 지원하면 그 틈을 타서 신라가 아라국을 침공할 위험성이 있었기에 응신에게 연락하여 군대를 파견하게 하는데, 이 군대가 신묘년조에 보이는 왜의 실체이다.

이노우에는 신묘년 왜의 실체를 '한반도 남부에 근거지를 둔 가야의 지방호족세력'이라고 표현하였으나 아라국 사람들을 지휘부로 둔 군대이며, 더 구체적으로 말하자면 일본열도에 진출하여 야마토를 세운 응신이 모국인 아라국의 요청에 따라 '일본에서 파견한 아라국의 별동대'였던 것이다. 이러한 군대 파견은 응신이 일본에서 아라국의 후국인 대화정권을 수립한 후 본국과의 협의로 성사된 최초의 성과이며, 이로써 아라국이 일본열도에 후국을 세운 목적을 이루었다고 볼 수 있다. 그 당시는 대화정권 개국초기여서 대규모의 군대는 동원되지 못하였으나 수천 명 정도는 파견되었을 것이다.[324]

3) 광개토왕의 백제정벌

1차 백제정벌 및 진사왕 교체 진사왕 8년(392) 7월에 광개토왕이 군사 4만 명을 거느리고 북변을 쳐서 석현 등 10여 곳의 성을 함락시켰는데, 이때 진사왕은 광개토왕이 용병에 능하다는 말을 듣고 나가 막지 못하

---

323) 『日本書紀』卷19, 欽明天皇 2年 4月條, "聖明王曰 昔我先祖速古王貴首王之世 安羅加羅卓淳旱岐等 初遣使相通 厚結親好".
324) 이노우에는 당시 군대파견 정도가 수백 명이 넘지 않은 소규모라고 하였으나 (井上秀雄, 앞의 『任那日本府と倭』, 121쪽), 고구려가 백제와 왜의 연합을 견제하기 위해 신라를 상대로 외교관계까지 맺은 상황을 고려해보면 대화정권이 파견한 군대 규모가 수천 명 정도는 되었을 것이다.

였다.325) 그해 10월에 고구려가 관미성을 공격할 때도 진사왕은 구원에 사냥을 나가는 등 방비를 소홀히 하였다.326)

고구려군에 대한 진사왕의 소극적인 행동으로 인하여 백제의 군사는 물론 왜에서 온 아라국 출신 병사들도 적지 않은 희생을 당하였고 이에 응신은 제대로 대응하지 못한 진사왕에게 엄중히 항의하였을 것이다. 이러한 사실은 『일본서기』 응신기 3년(392) 기사에서도 확인된다.327)

『삼국사기』와 『일본서기』를 동시에 검토하면 진사왕이 죽은 시기는 392년 광개토왕에 패배한 직후였다. 『삼국사기』에는 진사왕이 구원의 행궁에서 죽었다고 간단히 기록되어 있으나,328) 사실은 광개토왕과의 전쟁에서 제대로 대응하지 못하여 패전한 책임을 지고 시해되었다고 하겠다.

진사왕은 침류왕의 동생으로 침류왕이 죽었을 때 태자가 어리다는 이유로 왕위를 이어받았으며, 『삼국사기』에 의하면 용맹하고 총명하며 지략이 많았고 재위 초기에는 말갈과 싸우고 고구려와의 싸움에서도 이기는 등 영민한 군주였으나, 392년 광개토왕과의 전쟁에서는 제대로 싸우지도 않고 패배하고 그 와중에 사냥까지 다니자 응신으로부터 엄중한 항의를 받았을 것이다.

『일본서기』의 기록대로 응신이 직접 항의한 이유는 백제에 군대를 파견한 주체가 응신이었고 일본에 있는 아라국 출신 사람들까지 한반도로 출병시켜 백제를 지원하였음에도 불구하고 진사왕은 사실상 싸우지도 않고 항복하였으며, 이 때문에 응신이 파병한 군사마저 희생되고 배후에 아라국이 깊이 관련되었다는 사실을 파악한 고구려가 장차 본국인 아라국을 침범할지도 모른다는 정세 파악에 기인한 것으로 보인다.329)

---

325) 『三國史記』 卷25, 百濟本紀3 辰斯王 8年 7月條.
326) 『三國史記』 卷25, 百濟本紀3 辰斯王 8年 10月條.
327) 『日本書紀』 卷10, 應神天皇 3年條.
328) 『三國史記』 卷25, 百濟本紀3 辰斯王 8年 11月條.

그러므로 『일본서기』에서 백제가 예를 잃었다고 표현한 것은 신묘년(391)에 응신의 대화정권이 아라국의 요청으로 백제를 돕기 위해 군사까지 파견하였는데도 진사왕이 임진년(392) 고구려의 침략에 전혀 대항하지 않았으며, 이로 인하여 일본열도에서 파견한 아라국 출신 군사마저 희생되고 본국마저 위험에 빠진 일련의 결과를 의미한다고 하겠다.

그 뒤 진사왕은 백제세력에 의해 시해되었고 그 이면에는 응신의 역할이 작용하였을 것이다.330)

광개토왕의 2차 백제정벌 아신왕은 즉위 초부터 적극적으로 고구려에 공세를 펼쳤다. 아신왕 2년(393)에 백제는 군사 1만 명을 동원하여 관미성을 되찾으려고 하였으나 실패하였으며,331) 왕 3년(394)에 고구려와 수곡성에서 싸웠으나 패배하였고,332) 왕 4년(395)에는 패수에서 싸웠으나 대패하였다.333) 진사왕이 고구려와의 전쟁에서 제대로 싸우지 않고 패배한 것에 비해 아신왕은 광개토왕이 강하다는 사실을 알면서도 고구려와 전쟁을 벌였으나 번번이 패배하였다.

고구려는 396년에 백제를 대대적으로 정벌하였다. 그해 광개토왕은 군사를 직접 이끌고 백제의 성을 공략한 후 백제의 도읍지 부근에 이르렀으나, 백제는 항복하지 않고 오히려 군사를 동원하여 항거하였다.

이에 고구려는 아리수를 건너 성으로 진격하니 백제왕이 항복하면서 무릎을 꿇고 영원히 노객(奴客)이 되겠다고 맹세하였고, 이 전쟁에서 고구려는 백제로부터 58개 성과 700곳의 마을을 얻었으며 백제 임금의 아우와 대신 10명을 데리고 군사를 돌려 국도로 돌아왔다.334)

---

329) 응신의 이러한 염려는 광개토왕이 영락 10년(400) 아라국을 주요 공격목표로 한 남정을 감행함으로써 현실화되기에 이른다.
330) 『日本書紀』卷10, 應神天皇 3年條.
331) 『三國史記』卷25, 百濟本紀3 阿莘王 2年 8月條.
332) 『三國史記』卷25, 百濟本紀3 阿莘王 3年 7月條.
333) 『三國史記』卷25, 百濟本紀3 阿莘王 4年 8月條.

광개토왕이 백제를 공격한 396년과 같은 해인 『일본서기』 응신 7년 (396) 9월조를 보면 고구려인, 백제인, 임나인, 신라인이 함께 내조(來朝)하였다는 기사가 있다.[335]

『일본서기』는 고구려인을 비롯한 한반도 사람들이 마치 일본을 숭상하여 한반도에서 평화롭게 건너간 것처럼 기록하고 있으나 광개토왕비문과 같이 대조하여 검토하면 결코 그렇지 않다. 비문의 기사에서 보는 바와 같이 광개토왕은 396년에 백제를 공격하여 수십여 곳의 성을 공취하였으며 심지어 한강을 건너 백제의 수도까지 공격하였다.

백제는 전쟁으로 쑥대밭이 되었고 이로 인하여 수많은 백제의 피난민과 전쟁에서 낙오한 고구려 병사들, 공격을 우려한 가야의 백성들, 불안한 정세를 알아차린 신라 사람들을 비롯한 한반도 사람들이 물밀듯이 일본열도로 몰려들기 시작하였는데 응신 7년조의 기사는 바로 이러한 상황을 기록해 놓은 것이다.

4) 백제의 볼모 파견 및 응신의 2차 군사 지원

백제 아신왕은 관미성 회복을 위해 고구려와 전쟁을 벌였으나 계속 패배하였고, 396년에 대대적인 토벌을 당하면서 왕 스스로 무릎을 꿇고 노객을 자처할 만큼 생애 큰 치욕을 맛보았다. 광개토왕 비문에는 아신왕이 성의를 다하여 순종하는지 지켜보겠다고 하여 고구려군이 물러갔다고 하는데 그때 아신왕이 항복하면서 다시는 왜를 끌어들이지 않겠다는 맹세를 하였다.[336]

---

334) 廣開土王碑文 永樂 6年條.
335) 『日本書紀』 卷10, 應神天皇 7年 9月條.
336) 광개토왕비문 영락9년(399)조를 보면, "백잔이 맹세를 어기고 왜와 화통하였다(百殘違誓與倭和通)."라고 하는 기사가 있는데, 이 기사로 보아 396년 당시 백제가 다시는 왜를 끌어들이지 않겠다는 맹세를 하였음이 분명하다.

하지만 치욕을 되갚는 마음이 앞섰던 아신왕은 고구려에 대한 응전(應戰)을 다짐하였으며, 이에 백제조정에서는 고구려를 바로 공략하기에 앞서 아라국 및 응신의 군대와 연합하여 고구려와 동맹관계에 있던 신라를 먼저 정벌한 후 그 여세를 몰아 고구려를 치기로 의견이 모아졌을 것이다. 이 과정에서 아신왕 6년(397) 왜와 우호 관계를 맺고[337] 응신의 대화정권에 태자인 전지를 볼모로 보내면서까지 군사를 요청하였다.

『삼국사기』 백제본기 기사 중 최초로 왜에 볼모를 보낸 것이 바로 아신왕 6년 기사이다. 고구려 왕 앞에 무릎 꿇은 아신왕의 치욕이 얼마나 컸는지 짐작하게 하는 대목이다.

태자 전지를 볼모로 보낸 기사에 대하여 당시 왜국 왕의 통치권이 단지 일본열도 안에서 그치지 않고, 백제, 신라, 가야에까지 미쳤으며 백제가 복속의 의미로 인질(人質)을 보냈다고 주장하기도 하지만 이는 『삼국사기』 백제본기의 관련 기사를 왜곡한 결론으로 역사적 사실에 근거한 것은 결코 아니다. 백제가 왜에 굴복하여 인질을 보낸 것이라면 일본의 국력이 백제보다 압도적으로 앞서 있어야 가능하다.

그러나 당시 백제와 왜의 국력을 가늠하는 객관적인 단서로서의 중국 사서인 『송서』를 검토하면, 백제에 대하여 왜보다 높은 군호를 줌으로써 오히려 백제의 국제적 위상이 왜보다 앞섰음을 보여준다. 그러므로 4세기 후반이나 5세기 전반경 왜의 국력이 백제보다 앞섰다고 볼 수 없다.[338] 결국 백제가 전지를 볼모로 보낸 이유는 국력이 왜보다 약해서가

---

337) 『三國史記』 卷25, 百濟本紀3 阿莘王 6年 5月條.
338) 『송서』 왜국전을 보면 5세기까지 백제의 국제적 지위가 왜보다 앞서고 있었다는 것을 잘 알 수 있다. 그러나 6세기경 이후 중국 수나라와 대등한 외교관계를 지향하면서 왜가 강국으로 성장하였음은 부인할 수 없는 사실로 보인다. 다만, 그 세력의 주체는 한반도 사람들이었다. 응신으로부터 시작된 왜오왕의 통치 시기에 한반도에서 건너간 사람들에 의해 폭발적으로 인구가 증가하였을 뿐만 아니라, 도왜한 토기, 의류 및 제철 기술자들에 의해 산물이 풍부하게 되었고 승려와 학자들에 의해 문화 또한 고양되었으므로 강국으로 부

아니라 대화정권으로부터 대규모의 군사를 지원받기 위한 전략적인 차원 때문이었다.339)

아신왕이 태자를 볼모로 보내는 성의를 표시하자 응신은 1차 지원 때보다 더 많은 군사를 한반도로 보냈을 것이다. 당시 응신이 지원한 군대의 규모는 얼마나 되었을까? 고구려와의 1차전과는 달리 공격목표가 확대되었고, 또 백제에서 왕자 전지까지 인질로 보낸 만큼 그에 합당한 규모를 보냈을 것이다. 『일본서기』 신공기 49년조에는 왜가 신라를 공격하기 위해서는 소규모의 군사로는 곤란하다는 기사가 있고340) 흠명기 원년조에는 신라를 가볍게 칠 수 없다고 기록되어 있으며,341) 추고기 10년(602)조에는 신라를 정벌하기 위해 내목황자(來目皇子)에게 군사 2만 5천을 주었다고 되어 있다.342)

추고와 응신의 병력 동원 목적이 아라국이라는 공통분모를 가진 것으로 미루어343) 광개토왕의 남정 당시 응신은 추고 때와 같은 2만 5천 정도의 병력을 동원하였을 것으로 추정된다. 이에 더하여 백제가 고구려 공략을 위하여 태자 전지까지 보냈으며 남정 당시 백제, 아라국과 왜의 군사까지 연합하였다는 사실까지 고려한다면 2만 5천의 병력이 동원되었다고 보는 것이 자연스럽다.

상하는 것은 어찌 보면 당연한 결과였다.
339) 백제는 이때에도 아라국과 사전 협의하였을 것이지만 대규모 군대 지원의 직접 대상국이 대화정권이므로 볼모는 왜로 보냈을 것이다.
340) 『日本書紀』 卷9, 神功皇后 49年 3月條.
341) 『日本書紀』 卷19, 欽明天皇 元年 9月條.
342) 『日本書紀』 卷22, 推古天皇 10年 2月條.
343) 추고 10년의 병력동원은 '아막성 전투'편에서 살피는 바와 같이 고구려·백제와의 연합작전을 통하여 아라국을 회복하는데 그 목적이 있었고, 고구려 남정의 주요 목적지 역시 아라국이었다.

5) 고구려의 남정 및 백제·아라왜 연합군의 응전

광개토왕비문 영락10년 기사를 통해 본 당시 정세 광개토왕비문의 영락 10년(400) 기사는 비문에 새겨진 안라인수병, 임나가라 등의 기사를 해석하는 데 있어 신묘년 기사의 해석 못지않게 학계에서 수많은 논쟁을 야기하였다. 영락10년 경자조에 해당하는 비문 원문 중 결자를 제외한 문장을 살펴보면 다음과 같다.

> 十年庚子 敎遣步騎五萬 往救新羅 從男居城至新羅城 倭滿其中官軍方至倭賊退 自倭背急追至任那加羅從拔城 城卽歸服安羅人戍兵 拔新羅城〔鹽〕城 倭寇大潰 城內十九盡拒隨倭安羅人戍兵 新羅城□□〔其〕□□□□□□〔言〕□□〔且〕□□ □□□□□□□□□□□□□□□□□□□辭□□□出□□□□□□□殘倭 潰逃 拔□城 安羅人戍兵[344]

비문 서두에서 보는 것처럼 광개토왕은 신라를 구원한다는 명분으로 5만의 대병력을 동원하였다. 『삼국사기』 고구려본기 광개토왕조의 기사 및 광개토왕 비문의 각자만 검토하면, 왕이 백제와 직접 교전한 경우의 병력 규모에 대하여 비문에서 보이는 영락 10년 외에 왕 3년(394) 7월 백제가 침략하자 광개토왕이 정예기병 5천 명을 거느리고 격퇴하였다는 기사[345]를 제외하고는 구체적인 군대 동원 규모가 기록되어 있지 않다.

『삼국사기』에 기록된 군대 동원 규모를 살펴보면 고구려는 동천왕 20년(246)에 중국 위나라를 상대로 싸울 당시에 2만의 병력을 동원하였으며,[346] 고국원왕 39년(369)에 백제를 공격할 때에도 병력 2만 명을 동원한 적이 있고,[347] 근초고왕이 고구려 평양성을 공격할 때 병사 3만

---

344) 王健群, 앞의 『好太王碑 硏究』, 194쪽.
345) 『三國史記』 卷18, 高句麗本紀6 廣開土王 3年 7月條.
346) 『三國史記』 卷17, 高句麗本紀5 東川王 20年 8月條.
347) 『三國史記』 卷18, 高句麗本紀6 故國原王 39年 9月條.

명을 동원하였으며,348) 광개토왕은 군사 4만 명을 거느리고 백제를 공략하였다고 한다.349) 이러한 전쟁이 대개 국가의 명운을 건 대 사건이었음을 고려해 볼 때 국가 간 전쟁에 동원할 수 있는 군대 규모가 2~4만 명에 이른다는 것을 알 수 있다. 그런데 고구려는 이보다 많은 5만 명이라는 대병력을 동원하였는데 비문에 새겨진 영락 9년조를 보면 광개토왕이 대규모의 병력을 동원한 이유를 짐작할 수 있다.

비문에는 영락 9년(399)에 광개토왕은 백제가 다시는 왜와 연합하지 않겠다는 맹세를 어기고 왜와 화통하였다는 첩보를 입수한 후 직접 평양 쪽으로 내려왔으며, 그때 신라가 사신을 보내 왜인이 국경지역에 가득 차서 여러 성을 파괴하므로 신라왕은 고구려의 신민으로서 의탁하니 왕의 지시를 받겠다고 새겨져 있다.350)

신라 사신은 광개토왕에게 군사동원에 관한 상황을 알려 주었을 것이며 고구려 역시 다양한 방법으로 전선의 정보를 수집하였을 것이다.351)

고구려는 이러한 정보활동을 통하여 백제, 아라국과 왜가 연합한 대규모의 군사가 신라를 침략하려 한다는 사실을 파악하였으며, 그 병력의 규모가 간단치 않다는 것을 알아챈 광개토왕은 5만 명이라는 대병력을 동원하여 왜와 아라국의 군대가 주둔하고 있던 함안지역을 주요 공격지로 정한 후 남정을 감행했다고 하겠다.352) 고구려의 병력동원 규모는 당

---

348) 『三國史記』 卷28, 百濟本紀2 近肖古王 26年條.
349) 『三國史記』 卷25, 百濟本紀3 辰斯王 8年 7月條.
350) 廣開土王碑文 9年條.
351) 『삼국사기』 고구려본기를 살펴보면 고구려는 정보전이 뛰어났음을 알 수 있다. 유리왕 11년(서기전 9) 부분노의 반간계를 이용하여 선비족의 침입을 막았고, 동천왕 12년(238) 유유가 거짓항복으로 적장을 암살함으로써 나라를 구했으며, 장수왕은 승려 도침을 백제에 첩자로 보내어 백제 개로왕이 국정을 소홀히 하게 한 다음 63년(475) 백제 한성을 공격하여 개로왕을 죽였다.
352) 고구려군 남정의 주요 목적지는 비문에 표기된 것처럼 함안지역에 있는 임나가라의 종발성이라 하겠다. 광개토왕군의 1차 백제정벌 당시 왜의 주력이 함안 아라국 출신 병사들이며, 백제와 일본열도를 아우르는 중심세력이 아라국

시 정세가 백제·가야·왜 대 고구려·신라로 나뉜 것으로 볼 수 있는 중요한 근거이기도 하다. 결국 당시의 전쟁 구도는 백제·가야·왜 연합과 고구려·신라연합의 대결이었다.353)

안라인수병의 실체 및 비문 해석 왜와 연합한 가야가 아라국일 수밖에 없다는 사실은 영락 10년조에 기록된 '안라인수병(安羅人戍兵)'에서도 잘 알 수 있다. 비문의 영락 10년조에는 왜와 병렬적으로 안라인수병이라는 용어가 세 번 보이며 전부 고구려군이 왜군을 격퇴하는 기사에서 나타난다. 지금까지 학계에서 안라인수병의 실체에 대한 논의가 치열하게 전개되었다. 안라인수병의 '안(安)'을 동사로 보면서 이어지는 나인을 고구려의 순라병(巡邏兵)으로 보는 견해354)와 신라 병사로 보는 견해355)가 있다.

이 견해에 의하면 안라인수병은 일반적으로 '군사를 안전하게 펼쳐 성을 수비하게 하였다.'라고 해석된다.

그러나 안라인수병이 특정 국가를 지칭하는 군대를 의미하는 명사가 아니라면 비문의 백제정벌이나 부여정벌 기사 등에서도 당연히 '성을 안전하게 수비하게 하였다.'는 의미의 안라인수병이라는 용어가 드러나야 하는데, 그때에는 전혀 보이지 않고 유독 신라 구원 기사에서 3회나 있는 이유를 제대로 설명할 수 없다.

비문의 안라를 특정 국가를 지칭하는 고유명사로 보고 안라인수병을 '아라국의 병사'로 보는 견해도 그 성격에 대하여는 해석을 달리하고 있

임을 파악하였기에 2차 남정에서는 아라국을 주요 공략지로 삼았을 것이다.
353) 千寬宇, 앞의 『加耶史硏究』, 131쪽.
盧重國, 앞의 「高句麗·百濟·新羅 사이의 力關係變化에 한 一考察」, 60~68쪽.
孔錫龜, 『高句麗 領域擴張史 硏究』, 書景文化社, 1998, 222쪽.
354) 金泰植, 「廣開土王碑文의 任那加羅와 安羅人戍兵」, 『韓國古代史論叢』6, 1994, 89쪽. 이 견해에 의하면 비문의 임나가라를 김해로 본 다음 광개토왕의 남정으로 김해를 중심으로 한 전기가야연맹이 해체되었다고 한다(김태식, 위의 글, 109쪽).
355) 王健群, 앞의 『好太王碑 硏究』, 197~200쪽.

다. 일본학계에서는 전통적으로 안라를 고유명사로 보아 비문의 경자년 기사를 신묘년 기사와 함께 왜의 한반도 남부 지배와 연관시킴으로써 임나일본부설을 강화하는 근거로 해석하였다.

나카 미치요가 안라인수병을 "왜국 장수의 명을 받은 안라인"으로 해석하여 이들이 신라의 여러 성에 둔수한 것으로 추정한356) 이래 아라국 병사들을 "왜의 별동대"로 보는 견해357)가 대세를 이루었다. 또한, 안라인수병을 아라국 병사들로 추정하면서도 그 성격에 대하여 백제의 부용병 또는 보조세력으로 보는 견해358)가 있는가 하면 고구려의 원군으로 보는 견해359)도 있다. 안라인수병을 왜의 별동대로 보는 견해는 고대 왜의 한반도 남부 지배라는 관점에서 주장된 견해이므로 부당하다.

안라인수병을 백제의 부용병 또는 보조세력으로 보는 견해도 신공기 기사의 왜를 백제로 해석하여 백제가 가야를 정벌하였다고 하는 논리에 근거하고 있으므로 전혀 설득력이 없다. 당시 아라국은 '포상 4국과 임나 4현' 편에서 살핀 바와 같이 군사력에 있어 백제를 압도하고 있었다.

아라국이 백제의 부용병에 지나지 않을 만큼 허약한 나라가 아니라 고구려와 대적할 만큼 자체적으로 강력한 군대를 가진 강국이었음은 함안 가야읍에 있는 마갑총에서도 확인된다. 1992년 함안 아파트 공사 현장에서 발견된 마갑총에서는 원저단경호, 원저장경호 등 아라국에서 생산한 여러 가지 부장품과 함께 한반도 최초로 완전한 모습의 마갑(馬甲)이 출현하였는데,360) 마갑총은 4세기 후반에서 5세기 전반으로 편년된

---

356) 那珂通世, 앞의 「高句麗古碑考」, 493쪽.
357) 末松保和, 앞의 『任那興亡史』, 74쪽.
　　武田幸男, 『高句麗史と東アジア:「広開土王碑」研究序說』, 岩波書店, 1989, 150쪽.
358) 千寬宇, 앞의 『加耶史硏究』, 27쪽.
　　金鉉球, 『任那日本府硏究:韓半島南部經營論批判』, 一潮閣, 1993, 99쪽.
359) 山尾幸久, 앞의 『古代の日朝関係』, 202쪽.
　　南在祐, 앞의 『安羅國史』, 154~155쪽.
360) 紅性彬·李柱憲, 『咸安 말갑옷(馬甲) 出土古墳 發掘調査槪報』, 國立文化財硏究所,

다.361) 마갑을 두른 아라가야계 기마인물형토기가 1987년 나라현 가시하라(橿原)시에 있는 미나미 4호분에서도 아라가야계토기와 함께 출토되었다.362) 한일 양국에서 출토된 아라계 기마인물형토기의 출현은 당시 고구려군을 상대로 싸우던 아라국의 기마 전력이 얼마나 강고하였는지 알게 해준다.

안라인수병을 고구려의 원군으로 보는 견해는 『일본서기』 현종기 3년(487)에 발생한 기생반숙례 사건을 근거로 제시하면서, 백제 공략의 계책을 낸 좌로나기타갑배가 안라와 깊은 관련이 있어 기생반숙례의 근거지인 임나는 안라이며 당시 임나가 고구려와 우호적이었고 백제와는 적대적 관계를 유지하고 있었으므로, 광개토왕의 남정 당시에도 임나는 백제와 대립하고 고구려와 우호적인 관계를 유지한 것으로 추정하여 안라가 고구려를 도운 것으로 이해하고 있다.363) 그러나 『일본서기』의 문맥상 기생반숙례의 막료에 불과한 좌로나기타갑배가 아라국과 연관이 있다고 하더라도 기생반숙례가 머문 임나까지 아라국으로 보는 것은 지나친 비약이다. 기생반숙례의 세력기반이던 임나는 현재 전북 남원지역으로 추정된다.364) 또한 기생반숙례 기사에서 임나가 고구려와 정식으로 외교 관계를 맺었다고 볼 수 있는 단서도 없다.

『일본서기』를 분석해보면 당시 기생반숙례가 임나에 머물면서 삼한의 왕이 되기 위해 고구려와 교통하였다고 기록되어 있는데, 그것은 임나의 공식적인 외교관계라기보다는 독자적으로 이른바 삼한의 왕이 되기

    1993.
361) 國立昌原文化財硏究所, 『咸安 馬甲塚』, 2002, 84쪽.
362) 朴天秀, 앞의 「考古資料를 통해 본 古代 韓半島와 日本列島의 相互作用」, 59쪽.
363) 南在祐, 앞의 『安羅國史』, 159~161쪽.
364) 全榮來, 앞의 「百濟南方境域의 變遷」, 145쪽.
    연민수, 「六世紀前半 加耶諸國을 둘러싼 百濟·新羅의 動向」, 『신라문화』7, 1990, 110쪽.

위한 일시적인 접촉에 불과하였고, 기생반숙녀가 정권을 획득하려다가 실패한 후 왜로 돌아가 버리는 바람에 고구려와의 관계가 지속적이지 못하고 단기적으로 끝난 것으로 추정된다. 오히려 고구려와 확실한 동맹 관계에 있던 신라가 그전부터 아라국과 적대적인 관계에 놓여 있었다는 기사가 『일본서기』 수인기에 기록되어 있다.

> 천황은 적직견(赤織絹)을 아라사등에게 주어 본국에 돌아가게 하였다....아라사등은 적직견을 자기 나라의 군부(郡府)에 보관하였는데, 신라인이 그것을 듣고 군사를 동원하여 모두 빼앗았다. 이것으로 두 나라가 서로 원한을 맺기 시작하였다.[365]

『일본서기』에는 수인천황이 아라사등에게 준 적직견을 신라가 빼앗은 것으로 기록되어 있으나, 적직견 관련 기사는 아라가야 전쟁 후에 벌어진 아라국과 신라의 관계를 빗대어 서술한 후 아라사등 편에 편제한 것이라 하겠다.

결국, 수인기의 적직견 관련 기사의 실상은 아라국이 신라의 도움으로 아라가야 전쟁에서 승리한 후 왜에 진출하여 교역으로 인한 막대한 이익을 얻게 되자 이에 신라가 그 배분을 요구하면서 충돌이 일어나 적대적 관계로 변한 것을 의미한다고 하겠다.

아라국은 아라가야 전쟁 후에 신라와의 교역 분쟁으로 적대적 관계로 돌아섰으며, 그 결과 광개토왕 남정 당시에는 신라·고구려 대 백제·아라·왜의 전선이 형성되었다. 그러므로 안라인수병은 왜의 별동대도 아니고 백제나 고구려의 부용병도 아니며, 그 실체는 응신의 군대와 연합하여 신라와 고구려에 대항한 아라국의 병사들이다. 안라인수병에서 나타

---

[365] 『日本書紀』 卷6, 垂仁天皇 2年條.

나는 안라의 실체가 아라국이므로 비문에 새겨진 '임나가라' 역시 아라국일 수밖에 없다. 비문의 임나가라가 아라국인 것은 종발성의 위치를 살펴보면 잘 알 수 있다. 임나가라에 이어지는 종발성에 대하여 한일 학계에서조차 그 정확한 위치를 확인하지 못하고 있으나 종발성은 현재 함안군 가야읍에 위치한 '성산산성'으로 비정하는 것이 타당하다.366)

성산은 『함주지』에 기록되어 있고 그 위치가 말이산 고분군 바로 남동쪽에 인접하여 있으며, 오래전부터 함안지역 사람들은 이 산을 '조남산'이라고 부르며 지금도 많은 사람들이 이 명칭을 사용하고 있다.

고대국어 변천 과정을 고찰해 보더라도 현재의 명칭인 '조남'은 고대어 '종발'에서 'ㅂ'탈락 현상이 일어나 '종암'으로 변하고 연음법칙에 의해 '조남'으로 바뀌었을 것이므로, 종발성은 바로 『함주지』에 기록된 성산산성이며 지금의 조남산에 위치한 산성을 가리킨다고 하겠다.

『함주지』에도 조남산에 위치한 성산산성이 '가야국 구허(舊墟)'367)라고 기록되어 있고, 1992년에 국립창원문화재연구소가 성산산성 출토 현장의 표토(表土) 아래 430센티미터 지점에서 수습한 목재를 탄소연대 측정한 결과 서기 250~540년으로 밝혀져,368) 이곳이 아라국의 중심 산성이라는 사실을 충분히 확인시켜 주고 있다.

---

366) 성산산성이 위치한 조남산은 해발 139.4미터로 정상부는 비교적 넓은 평지가 전개되어 있고 산 주변지역은 들판으로 되어 있으며, 산성을 드나들 수 있는 문의 흔적이 동·서·남쪽에서 발견된다(國立昌原文化財研究所, 『咸安 城山山城』, 1998, 24·40쪽 ; 朴鍾益, 「咸安 城山山城 發掘調査와 木簡」, 『韓國古代史研究』19, 2000, 6~7쪽). 이러한 지형 조건은 아라국왕을 비롯한 지휘부가 수많은 군사와 함께 장기 항전을 하는 데 유리할 뿐만 아니라, 산성 바로 밑 평야 지역에 있는 가야읍 도항리, 광정리, 함안면 괴산리 등지에서 평소 농업에 종사하던 사람들이 비상시에는 쉽게 성으로 접근하여 군사력으로 전환될 수 있게 하였을 것이다.
367) 『咸州誌』古跡.
368) 國立昌原文化財研究所, 『年報』, 1995, 22쪽.
國立昌原文化財研究所, 위의 책, 179쪽.

그러므로 비문의 경자조는 다음과 같이 해석하고자 한다.

> 영락 10년(400), 보기 5만 명을 동원하여 신라를 구원하러 갔다. 남거성을 따라 신라의 성에 이르니 그 안에 왜인이 가득하였다. 관군이 그곳에 이르자 왜적이 퇴각하였다. 왜의 뒤를 급히 추격하여 아라국의 종발성에 이르니, (왜적은 종발성으로 오지 않고 염성으로 후퇴하여 공략하지 못하였으나) 종발성은 즉시 귀순하였고 성안에 있던 아라국의 군사들은 항복하였다. 신라의 성인 염성을 공격하니 왜구는 크게 궤멸되었다. 성안에 있던 사람들 십중의 구가 왜와 아라국의 병사들에게 따르는 것을 거부하였다. 신라의 성...왜가 흩어져 도망하였고 성 안의 아라국 병사들을 공략하였다.[369]

비문의 기사를 살펴보면 고구려군이 아라국의 종발성까지 왜를 추격하였으나 종발성에서는 아라국의 병사들만 항복하였을 뿐 왜의 흔적은 보이지 않는다. 이러한 사실은 신라의 성에서 퇴각한 왜군이 아라국의 종발성으로 가지 않고 염성으로 퇴각하였다는 사실을 의미하며, 그때 고구려군이 왜군의 퇴각행로를 자세히 파악하지도 않은 채 곧바로 종발성으로 쫓아갔다는 사실을 알게 해준다.

고구려군이 곧바로 아라국의 종발성으로 향하였다는 것은 남정 전부터 이미 연합군의 거점이 아라국의 종발성이었다는 점을 미리 알고 있었다는 것을 의미한다. 남정 전에 파악된 고구려의 정보망이 고구려군으

---

[369] 다수의 견해는 비문의 신라성을 국도(國都)로 추정하는 등 대체로 특정 장소를 의미하는 고유명사의 성격을 가진 것으로 보는 듯하다. 이에 의하면 신라성 염성(新羅城鹽城)에서의 신라성 역시 고유명사의 성격을 가진 것으로 보아 신라성과 염성을 공격하였다고 해석된다. 그러나 신라성이 특정 장소를 뜻하는 것이라면, 고구려군이 신라성에서 종발성으로 향하고 다시 신라성으로 되돌아 재차 공략한 것으로 되어 군사 전략상으로도 설득력이 없다. 비문의 영락 10년조에서 신라성이 3번이나 보이는 것으로 미루어, 이를 고유명사의 성격을 가진 특정 장소라고 하기보다는 '신라의 성'이라는 일반적인 의미를 가진 보통명사로 보아야 할 것이다.

로 하여금 신라성에서 퇴각한 왜군의 행로를 제대로 파악하지도 않고 연합군의 거점인 종발성으로 향하게 한 계기가 되었을 것이다.370)

6) 한반도인의 대규모 일본열도 진출

고구려 광개토왕 군대에 의해 가야와 백제가 공략당하는 과정에 대화 정권의 군대가 가야, 백제와 연합함으로써 응신의 존재가 한반도 남부에 각인되었을 것이다. 아라국 출신에다가 백제 왕실의 외척과도 관련이 있는 응신이 일본열도에서 나라를 세웠다는 사실이 널리 알려졌으며, 그에 따라 아라국 사람들뿐만 아니라 백제 사람들까지 대규모 이주 행렬에 동참한 것은 자연스러운 현상이었을 것이다. 한반도인의 대규모 이주 행렬을 기술한 응신기를 보면 다음과 같다.

> 14년(403), 이 해 궁월군(弓月君)이 백제에서 들어와 귀화하였다. 그리고 말하기를, "신이 우리나라 120현의 사람들을 이끌고 귀화하려고 하였으나 신라가 방해하여 모두 가라국에 머물고 있습니다."라고 하였다.371) 갈성습진언(葛城襲津彦)을 보내 궁월군의 사람들을 가라에서 불러들이려고 하였다. 3년이 지났으나 습진언이 돌아오지 않았다.
> 16년(405) 8월, 평군목토숙녜(平群木菟宿禰)와 적호전숙녜(的戶田宿禰)를 가라에 보냈다. 정병을 주면서 조칙을 내려 "습진언이 돌아오지 않은 지 오래되었다. 반드시 신라가 방해하여 머물러 있을 것이다. 그대들은 빨리 가서 신라를 치고 길을 열어라."라고 하였다. 목토숙녜 등은 정병을 이끌고 신라의 국경

---

370) 비문 영락 10년조에는 결자가 많아 백제가 어떤 역할을 하였는지 구체적으로 파악할 수 없으나 어떤 형태로든 고구려에 대항하였을 것이다. 다만, 아신왕 8년(399) 고구려를 공략하기 위해 병마를 크게 징발하였으나 백성들이 괴로워하며 대거 신라로 도망한 것으로 보아(『三國史記』卷25, 百濟本紀3 阿莘王 8年 8月條), 400년 고구려 남정 당시 동원된 백제 군대의 규모는 크지 않았으며 남정에 대항한 주력군은 아라국과 왜의 군대였을 것이다.
371) 『日本書紀』卷10, 應神天皇 14年條.

에 이르니 신라왕이 놀라 사죄하였다. 궁월의 사람들을 거느리고 습진언과 함께 돌아왔다.372)

20년(409) 9월, 왜한직(倭漢直)의 조상 아지사주(阿知使主)와 그의 아들 도가사주(都加使主)가 그들의 무리 17현을 거느리고 귀화하였다.373)

『일본서기』의 기록 중 최대 이동집단인 궁월군과 왜한직에 대하여 살펴보기로 한다. 앞서 설명한 것처럼 왜한직은 아라국에서 건너간 집단이다. 응신이 아라국에서 왜로 이동함에 따라 왜한직도 아라국에서 왜 열도로 건너간 것이다. 궁월군은 『고사기』뿐만 아니라 『고어습유(古語拾遺)』에서도 '하타씨(秦氏)'의 조상으로 기록되어 있다.374)

하타씨, 즉 진씨의 조상인 궁월군의 출자에 대하여 아유카이 후사노신(鮎貝房之進)이 하타(秦)는 지명에서 유래한 것으로 보고 신라 영역에 속하는 경북 울진의 고명인 '파단(波旦)'375)에 근거하여 울진설을 주장한376) 이래 신라에서 이주하였다는 견해가 다수설이 되었다.377)

오와 이와오(大和岩雄)는 '하타'가 지명을 가리키는 것이 아니라 '바다'를 의미하는 고대 한국어에서 유래하였다고 하면서 하타씨들이 5세기 전후부터 6세기 전반에 걸쳐 주로 가야지역에서 바다를 건너 일본열도로 이주해온 사람들이라고 하였다.378)

하지만 울진설에 의하는 경우 일본열도로 가기 위해서는 바로 해로를

---

372) 『日本書紀』 卷10, 應神天皇 16年條.
373) 『日本書紀』 卷10, 應神天皇 20年條.
374) 『古語拾遺』 卷3, "秦公祖 弓月".
375) '波旦'은 울진에서 발견된 '봉평비문'에서 나타난다.
376) 鮎貝房之進, 『新羅王號攷·朝鮮國名攷』, 國書刊行會, 1972, 346~347쪽.
377) 上田正昭 外, 『古代日本と朝鮮 座談会』, 中央公論社, 1974, 194쪽.
延敏洙, 「秦氏의 渡來傳承과 후예씨족의 활동」, 『한일관계사연구』58, 2017, 11~12쪽.
378) 大和岩雄, 『秦氏の研究』, 大和書房, 1993, 29쪽.

이용할 수 있는데 굳이 육지를 경유하지 않아도 될 뿐만 아니라 울진은 광개토왕의 남정과는 무관한 지역이어서 일본으로 이동할 이유가 없고, 규모 측면에서도 120현민이 생활하였다고 볼 수 없으므로 설득력이 없다. 또한 가야설은 신라군이 막고 있어 궁월군 집단이 가라국(고령)에 머물고 있다는 『일본서기』의 기록과 정면으로 배치된다. 궁월군이 가야 출신이라면 바다를 건너 왜로 가지 못하고 고령지역에서 신라에 저지당하여 머물러 있을 이유가 없기 때문이다.

카사이 와진(笠井倭人)은 궁월군의 '월(月)'의 한국어 '달'을 지명어미로 분석하여 『삼국사기』 지리지를 보면 불(火)을 의미하는 지명 어미가 신라지역에서 압도적으로 발견되는데, '달'의 지명 어미는 백제지역에서 많이 발견되는 사실을 감안하여 하타씨의 원적지를 백제지역으로 비정하였다.379) 유물 측면에서도 5세기 후반에 축조된 하타씨의 고분으로 추정되는 사가노(嵯峨野) 후기고분이 백제의 분묘 형태인 횡혈식석실분인 것으로 보아380) 하타씨는 백제계일 수밖에 없다.

더 정확히 말하면, 궁월군은 마한의 진왕이 통치하던 월지국(月支國) 왕족인 진(眞)씨의 후예로 원래는 응신과 같은 마한의 왕족이었을 것이다. 궁월군이 120현민이라는 대집단을 이끌었다는 것은 그가 백제에서 예사 신분이 아닌 마한의 왕족인 진(眞)씨였다는 사실을 암시한다.

그가 이끈 120현민은 백제지역 사람들로 응신이 왜로 건너간 후 광개토왕의 남정으로 촉발된 한반도 남부의 혼란을 피하여 왜로 이주한 것이다. 궁월군은 왜로 이주한 후 아라국에서 건너온 응신과 구별하고 신라에 대한 우월성을 대외적으로 천명하기 위해 진시황제의 후손이라고 하면서 진(眞)씨 대신 진(秦)씨를 차용하였을 것이다.381)

---

379) 笠井倭人, 『古代の日朝関係と日本書紀』, 吉川弘文館, 2000, 234~239쪽.
380) 박규태, 「교토와 도래인 : 하타씨(秦氏)와 신사(神社)를 중심으로」, 『韓國學論集』45, 2009, 261쪽.

아라국의 백성이던 아지사주 역시 응신을 뒤따라 일본열도로 이주하는 등 함안을 포함한 한반도 남부에서 폭발적으로 인구가 유입된 것은 어쩌면 당연한 결과였다. 이것이 오사카에서 매년 11월에 열리는 '왔소축제'의 근원이 되었다. '왔소'라는 말은 당시 왜 열도로 밀려 들어오던 한반도 사람들을 먼저 와 있던 사람들이 환영하는 의미이기도 하다.

아라가야의 거대 고분으로 유명한 경남 함안군 가야읍 도항리 고분군에서의 도항(道項)은 큰길의 목으로, "'큰길에서 작은 길로 드는 목', '길의 중요로운 어귀'라는 뜻의 우리말 땅이름 '길목'"382)을 길 도(道)와 목 항(項)을 빌려 표기한 것이라고 한다.

그러나 도항이라는 의미가 큰길의 목에서만 유래하였다고 볼 수 없다. 현재의 도항리 일대가 고분군을 둘러싼 비교적 넓은 지역에 위치하고 있어 지형이 길목에 해당한다고 볼 수 없고, 설사 그렇다고 하더라도 길의 목 부분에 해당하는 지형을 가진 지역이 많이 있음에도 불구하고 굳이 전국에서 거의 유일한 도항383)이라는 지명을 붙였다는 측면에서 다른 의미가 내포되었을 가능성이 크다. 도항은 '배를 타고 바다를 건너다.'라는 의미의 '도항(渡航)'과도 통하며 도항리 남쪽에 위치한 여항산(艅航山)의 '항'도 '항해하다.'는 뜻이다. 그러고 보면 도항(道項)은 도항(渡航)이라는 의미와 연결되며, 응신 일행이 바다를 건너 일본열도로 출발한 시작점이 도항리 고분군 주변 일대임을 주성하게 한다.

---

381) 궁월군의 출자에 대하여는 『신찬성씨록』에서 중국 진시황제의 후손이라고 하고 있으나, 앞서 자세히 검토한 것처럼 궁월군은 한반도 출신으로 광개토왕의 남정으로 인하여 일본열도로 건너간 것이다. 『신찬성씨록』에 그 출자가 중국으로 되어 있는 대부분의 성씨 또한 실제로는 한반도 출신이지만, 신라에 의한 가야 및 백제 패망 후 고대 일본이 율령국가로 나아가는 과정에서 한반도와의 관련성을 부정하고 그 출자를 바꾸었을 것이다.
382) 이희승, 앞의 『국어대사전』, 556쪽.
383) 전남 진도에도 '도항리(桃港里)'가 있으나 '길목'의 의미도 아니며 가야와 관련한 역사성을 띤 지명도 아니다.

아라국의 세력이 일본열도로 건너간 것은 『삼국사기』에서도 암시되어 있다. 『삼국사기』에서 금관국, 대가야국의 멸망 시기는 본기에 기록되어 있는데 아라국의 멸망 기사는 본기 어디에도 없다. 이러한 사실로 미루어 볼 때 아라국이 멸망할 당시 한반도 남부에서 국가 정치체로서의 아라국은 사라졌으나, 그전에 이미 적지 않은 아라국의 세력이 왜로 건너가 일본열도에서 아라국의 후국이면서 또 다른 정치체인 대화정권을 형성하고 있었으므로, 편찬자들이 참고한 『고기』에 아라국의 멸망 기록을 남기지 않았을 가능성도 전혀 배제할 수 없다. 유적의 성쇠(盛衰)를 보아도 아라국의 세력이 일본열도로 진출한 것을 알 수 있다.

> 아라가야는 6세기 중엽에 접어들면서 급격히 쇠퇴한다. 말이산고분군은 최남단의 암각화고분을 끝으로 고총 축조가 중단되고, 고분군의 북쪽에 군집한 횡혈식석실분들은 봉분 직경 15m 이내로 작아지고 구릉 사면부에 축조된다. 다양한 문양으로 장식되던 앞 시기와 달리 토기 형식이 단조롭고 기종도 줄어든다.384)

아라국의 급격한 쇠퇴는 5세기에서 6세기에 걸쳐 주요 세력이 일본열도로 진출하고 토기 및 철기 제작 등에 필요한 각종 기술자들도 대거 일본열도로 건너간 결과라 하겠다.385) 대화정권은 5세기에서 6세기에 걸쳐 스펀지가 물을 빨아들이듯 아라국을 비롯한 한반도 남부에서 토기, 철기 등 선진적인 기술을 가진 집단을 받아들였고 이로 인해 일본열도의 발전은 가속화되었다.

---

384) 하승철, 앞의 「고고자료를 통해 본 아라가야의 대외관계」, 120쪽.
385) 그렇다고 아라국이 공지(空地)가 될 만큼 황량한 국가가 된 것은 아니었다. 『삼국사기』 지리지에서 신라가 대병을 동원하여 아라국을 멸망시켰다고 기록되어 있는데, 이로 보아 그전에 적지 않은 세력이 왜로 빠져나갔음에도 불구하고 멸망 당시 아라국은 신라가 대병을 동원했어야 할 만큼 강력한 국가체제를 유지하고 있었을 것이다.

3. 소시모리의 위치와 함안

『일본서기』 신대기를 보면 스사노오가 신라국의 소시모리(そしもり)에 있었다고 기록되어 있다.[386] 스사노오는 신대기에서 니니기노미코토, 아마테라스오미카미와 함께 일본을 창조한 시조신 가운데 한 사람으로 추앙받고 있다. 『일본서기』는 스사노오가 신라국에서 왔다고 하였으나 이는 신라 중심의 사고에서 비롯되었을 뿐 실제 소사노오의 출자는 신라가 아니다.[387]

소시모리에 대한 위치 논쟁은 스사노오의 출자와 더불어 일본 제국주의 시기에 활발히 논의되었으며 지금도 그 논의가 이어져 오고 있다.

일제시기 스사노오에 대한 논의는 단군과 관련지어 일선동조론을 강화하는 논리로 활용되었는데, 문헌이나 고고학적 근거와 같은 객관적인 사료의 뒷받침은 없이 일본 우위론의 입장에서 일본열도 출신이면서 단군의 아버지인 스사노오가 바다를 건너 한반도를 지배하였다는 논리가 전개되었다.

당시 증시모리(曾尸茂梨)의 일본식 발음 '소시모리'를 한국어 '소머리'에 해당하는 '우두산(牛頭山)'으로 해석하여 스사노오가 한반도로 와서 통치한 곳을 춘천 우두산 부근으로 비정하였으나, 춘천은 한반도 북쪽에 위치하여 스사노오가 오기 위해서는 바다를 통하여 삼척을 거쳐 육로로 춘천에 도착하는 경로가 있는데 이러한 노정은 해류를 억류하여 불가능하다는 이유로 소시모리를 한반도 남부 가야산 일대로 비정하기도 하였다.[388]

---

386) 『日本書紀』 卷1, 神代 上.
387) 『일본서기』는 신라가 한반도를 통일한 후에 편찬되었고 당시 가야는 신라의 영토였으므로 막연히 스사노오가 신라국에서 왔다고 표현하였을 것이다. 그러므로 단순히 『일본서기』의 기사를 근거로 스사노오의 출자를 통일 전의 신라로 볼 수 없다.
388) 최석영, 「일제 하 소시모리(曾尸茂梨) 비정을 둘러싼 논쟁사(論爭史)에 대한 소고」, 『중앙민속학』13, 2008, 110~113쪽.

최근에는 거창군 가조면 우두산 일대를 스사노오의 근거지인 고천원 (高天原)으로 보기도 하는데, 이에 의하면 가조지역에서 가야토기가 출토되고 이곳에 궁궐터가 있었다는 전설 등을 주요한 근거로 들고 있다.389)

그러나 거창지역에 일본 고대와 연관이 있다는 문헌이나 고고학적인 자료가 없으므로 일반화된 유물만으로 그곳을 소시모리로 비정하는 주장은 설득력이 없다. 춘천 역시 스사노오와 관련지을만한 사료적 근거는 존재하지 않는다.

스사노오의 근거지를 춘천, 가야산 일대 및 거창으로 비정하는 견해는 모두 소시모리를 '우두산'으로 해석하는 데에서 비롯되었다. 그런데 한반도에서 소머리산을 뜻하는 우두산은 춘천, 고령과 거창 외에도 강원도 김화, 경기도 여주 및 양평, 충북 영동, 경북 상주 등지에 산재해 있으며 산의 모양이 소의 머리와 같다고 하여 붙여진 일반적인 명칭에 불과할 뿐이며 고대 한반도와 왜를 연결하는 구체적 역사성을 지닌 곳은 어디에도 없다.390)

소시모리를 우두산으로 보는 견해는 한국어 소(牛)와 일본어 소(そ)를 동일시하고 있다. 그러나 한국어 '소(牛)'는 일본어 '소(そ)'로 음독이나 훈독이 되지 않으므로 서로 관련이 없다. 일본어의 '소(そ)'는 이미 살펴본 바와 같이 우리말 '첨(初)'에서 소리 바꿈한 글자이다.391) 소시모리의 한자음 증시무리(曾尸茂梨)를 분리하여 해석하면 '증(曾)'은 한자어로 '일찍'이라는 의미가 있다.

'일찍'과 '처음'은 서로 통하므로 '증'의 일본어 발음 '소'는 '일찍'이

---

389) 김종택, 「일본 왕가의 본향 '高天原'은 어디인가」, 『지명학』10, 2004, 38~58쪽.
390) 우두산 관련 지명 및 유래는 '손성우, 『한국지명사전』, 경인문화사, 1974', '『한국지명총람』, 한글학회, 1988', '『한국민족문화대백과사전』, 한국정신문화연구원, 1992'를 참조하였다.
391) 박병식, 앞의 『도적맞은 우리국호 일본』, 248쪽.

라는 뜻과 더불어 '처음'을 의미한다. '처음'이라는 의미를 내포한 일본 어 '소시'는 '처음, 첫 번째'를 의미하는 우리말 '아시'와 같은 뜻이다.392) 또한 '무리(茂梨)'의 일본어 발음 '모리(もり)'는 '수풀, 숲'을 뜻하므로 이를 의역하면 '땅'으로도 볼 수 있어 아시랑의 '랑'과도 통한다.

그러므로 소시모리는 바로 아시랑과 동일한 의미이며 바로 아라국을 지칭한다.

소시모리가 아시랑, 즉 아라국이라는 사실은 스사노오와도 직접적인 관련이 있다. 스사노오는 응신의 화신으로,『일본서기』신대기에는 스사노오가 일본의 안예국에 내려와서 혼인하여 낳은 아이의 6세 손을 대기귀명(大己貴命)이라 하고 오호아나무지(於褒婀娜武智)라고도 한다고 기록되어 있는데, '아나'는 함안 아라국을 가리키는 명칭이다. 스사노오의 후손인 대기귀명은『고사기』에서는 대혈모지신(大穴牟遲神)이라고도 불리는데 혈(穴) 역시 일본어 '아나'로 발음되어 함안 아라국과 연결되어 있다.

『일본서기』와『고사기』의 기록은 소시모리가 함안지역이라는 사실과 함께 스사노오가 아라국에서 출자하였음을 동시에 알려준다.

일본 고대로부터 천황임을 상징하는 표시로 대대로 전해지는 세 가지 보물을 삼종신기(三種神器)라고 하는데 구사나기노쓰루기(草薙劍), 야타노카가미(八咫鏡), 야시카니노마가타마(八尺瓊曲玉)가 그것이다. 구사나기노쓰루기, 즉 초치검은 스사노오가 한반도 소시모리에서 일본 출운국으로 도래하여 거대한 뱀을 벤 후 획득한 칼로『일본서기』신대기에서 등장한다.『일본서기』신대기 상 8단 '일서(一書) 4'에는 스사노오가 획득한 칼을 천상에 바쳤다고 되어 있으나393) '일서 3'에는 스사노오가 계속 가지고 있었다고 상반되게 기록된 것으로 보아394) '일서 3'의 기사와

---

392) 증시모리의 '시(尸)'는 아시랑의 '시(尸)'와 동일하다.
393)『日本書紀』卷1, 神代 上, "素戔嗚尊...上奉於天 此今所謂草薙劍矣".
394)『日本書紀』卷1, 神代 上, "素戔嗚尊斷蛇之劒 今在吉備神部許也".

같이 스사노오가 계속 지니고 있었을 것이다.

'일서 4'에서 초치검을 천상에 바쳤다고 꾸민 것은 신대기 하 9단 '일서 1'에서 천조대신이 하강하는 경경저존에게 내리는 행위로 설정하여 천황조의 만세일계를 상징하는 보물로 연결하기 위해서였을 것이다.395) 천조대신은 경경저존에게 초치검 외에도 팔지경, 팔척경곡옥을 주었다고 『일본서기』에 기록되어 있다. 천조대신은 신공황후를 신격화한 신이며, 『일본서기』 신공기 52년 9월조에도 백제왕이 구저를 통해 조공한 품목 중에 칼과 거울이 있었다고 한다.396) 그러나 신공기에 기록된 칼과 거울은 칠지도와 칠자경으로 불렸으므로 '8'로 상징되는 팔지경이나 팔척경곡옥과는 무관하며, 따라서 천조대신이 초치검 등을 스사노오로부터 받은 것이 아니라는 사실을 암시한다.

반면에 응신천황은 일본에서 '하치만신(八幡神)'397)으로 추앙받고 있으며 응신천황의 딸이 팔전황녀(八田皇女)398)인 만큼 응신의 성수(聖數)는 '8'일 것이다. 천일창, 즉 응신이 한반도 함안에서 가져온 물건 역시 칼(膽狹淺大刀·出石刀子·出石槍), 거울(日鏡), 구슬(葉細珠·足高珠·鵜鹿鹿赤石珠)을 포함한 '8'개였다.399) 삼종신기도 칼, 거울 및 구슬로 구성되어 있다.

이러한 사실로 보아 삼종신기는 천황조의 만세일계를 위해 천조대신이 경경저존에게 내리는 하사품으로 변신하여 『일본서기』에 그려졌으나, 그 실상은 원래 응신의 소유물이며 응신에게서 유래된 것이라고 볼 수밖에 없다.

---

395) 『日本書紀』 卷1, 神代 下, "天照大神乃賜天津彦彦火瓊瓊杵尊 八坂瓊曲玉及八咫鏡草薙劒三種寶物".
396) 『日本書紀』 卷9, 神功皇后 52年 9月條, "久氐等從千熊長彦詣之 則獻七枝刀一口七子鏡一面 及種種重寶".
397) 박영대·신종대, 앞의 「오진하치만신의 시대별 수용과 전개」, 284쪽.
398) 『日本書紀』 卷11, 仁德天皇條.
399) 『日本書紀』 卷6, 垂仁天皇 3年 3月條.

결국 일본 천황의 상징인 삼종신기는 바로 스사노오의 화신이자 실체인 응신천황이 한반도 함안에서 일본으로 가져가 대화정권의 탄생을 알리는 상징이 되었고, 천황가에서 대대로 전해져 내려온 신물(神物)이면서 동시대의 일본 천황임을 선포하는 중요한 증거로 자리매김되었다.

V. 아라국의 멸망과 아막성 전투

1. 아라국의 멸망

 금관국이나 대가야의 멸망은 『삼국사기』 본기에 기사가 있으나 아라국의 멸망과 관련한 기사는 본기에는 없고 지리지에서 간략하게 전하고 있다. 지리지를 보면 "법흥왕이 대병으로 아시랑국(혹은 아나가야)을 멸망시켜 군으로 삼았다."라고 기록되어 있다.400)

 그러나 『일본서기』의 기사를 보면 당시 아라국은 가야 여러 나라의 중심이 되어 왕성한 외교활동을 하였는데, 계체기 23년(529) 3월조의 기사를 살펴보면 신라, 백제 및 왜 등이 참가한 고당회의에서도 아라국이 회의를 주도하였음을 알 수 있다. 흠명기 5년(544) 3월조에는 다음과 같은 기사도 보인다.

> 임나는 아라국을 형으로 대하고 오직 그 뜻에 따른다.401)
> 신라가 해마다 많은 군사와 무기를 모으고 안라와 하산을 습격하려 한다고 하고 혹은 가라를 습격할 것이라고 들었다.402)

---

400) 『三國史記』 卷34, 雜志3 地理 新羅 咸安郡.
401) 『日本書紀』 卷19, 欽明天皇 5年 3月條, "任那者 以安羅爲兄 唯從其意".
402) 『日本書紀』 卷19, 欽明天皇 5年 3月條, "新羅每春秋 多聚兵甲 欲襲安羅與荷山 或聞當襲加羅".

흠명기 5년 3월조의 기사에서 아라국은 임나의 중추적인 역할을 하고 있으며, 신라가 아라국과 대가야를 멸망시키려고 한다는 것으로 보아 그때까지 아라국은 멸망하지 않았을 것이다.

그 외 『일본서기』를 보면 흠명천황 2년(541) 4월에 안라차한기가 임나를 재건하려는 회의에 참석하였으며,403) 4년(543) 12월에는 하내직, 이나사, 마도 등이 아라국에서 임나의 재건을 방해하고 있었고,404) 5년(544) 11월에는 백제가 주관한 회의에 안라하한기가 참석하였다고 기록되어 있다.405)

흠명 13년(552) 5월에는 아라국왕이 백제국왕, 가라국왕과 함께 기록되어 있고,406) 흠명 15년(554) 12월 안라에 있는 왜신에 관한 기사407)에 이르기까지 아라국은 왕성한 활동을 하고 있었음을 알 수 있다. 흠명기의 가야 관련 기사는 대가야의 멸망을 끝으로 가야가 종말에 이르는 과정을 상세히 기록하고 있어 그 기년의 신뢰성은 담보된다. 따라서 아라국은 554년까지도 존재하였을 것이며 법흥왕 때 멸망하였다고 볼 수 없다.408)

아라국의 멸망 사실은 『삼국사기』 본기에는 전혀 언급되지 않고 지리지에만 간단히 전해지는데 금관국과 대가야의 멸망기사는 본기에 기록되어 있다. 아라국 멸망기사가 본기에 없는 것은 김부식을 비롯한 『삼

---

403) 『日本書紀』 卷19, 欽明天皇 2年 4月條.
404) 『日本書紀』 卷19, 欽明天皇 4年 12月條.
405) 『日本書紀』 卷19, 欽明天皇 5年 11月條.
406) 『日本書紀』 卷19, 欽明天皇 13年 5月條.
407) 『日本書紀』 卷19, 欽明天皇 15年 12月條.
408) 『日本書紀』에 안라국명이 554년 이후로 보이지 않는다는 이유로 그 후 3년 사이에 멸망하였다고 주장하는 견해(今西龍, 『朝鮮古史の硏究』, 近澤書店, 1937, 340쪽)가 있으나, 안라국명은 가야 여러 나라의 멸망을 전하는 흠명기 23년(562)에도 나타난다. 흠명기 23년조에는 532년에 이미 멸망한 남가라를 비롯한, 탁기탄, 탁순국 등의 국명이 없고 아라국이 포함되어 있는 것으로 보아, 아라국은 흠명 23년에 근접한 시기에 멸망한 것이 분명하다.

국사기』 편찬자들의 고의나 실수로 보이지 않는다. 김부식이 진삼국사표에서 『고기』에 사적이 빠지고 없어진 부분이 많다고 한탄한 것으로 보아, 편찬자들이 채록한 『고기』에 아라국의 멸망 기사가 없어 신라본기에 기록하지 않았을 것이다. 지리지의 법흥왕 관련 기사는 『삼국사기』 편찬자들이 지리지를 편찬하는 과정에서 과거로부터 전해져 내려오는 전승(傳承)을 그대로 채록하여 옮긴 것으로 추정된다.

그러므로 지리지의 법흥왕 관련 기사는 『일본서기』와 비교해볼 때 『삼국사기』 편찬 전의 오랜 과거로부터 잘못 전해져 내려온 전승의 오류일 것이다.

흠명 23년(562)에는 임나가 신라의 공격으로 망하였다고 하면서 임나 10개국 중 하나로 아라국이 언급되어 있다.409) 흠명 23년의 기사를 들어 아라국이 562년에 망하였다는 견해도 있으나,410) 562년에 멸망한 임나는 가야 전체를 가리키므로 이를 아라국의 멸망 연도로 특정할 수는 없다. 흠명기 22년(561)조를 보면 신라가 아라파사산에 성을 쌓았다는 기사가 있다.

　　신라가 아라파사산에 성을 쌓고 일본에 대비하였다.411)

아라파사산성의 위치 비정과 관련하여 아라가야향토사연구회에서 현지답사를 통해 작성한 자료에 의하면 여항산을 파산이라고 부르기도 하였으므로 파사산이었을 가능성이 있다거나412) 함안 성산산성을 아라파

---

409) 『日本書紀』 卷19, 欽明天皇 23年 1月條, "新羅打滅任那官家 一本云 廿一年任那滅焉 總言任那 別言加羅國安羅國斯二岐國多羅國卒麻國古嵯國子他國散半下國乞飡國稔禮國 合十國".
410) 李丙燾, 앞의 『韓國史 : 古代篇』, 449쪽.
411) 『日本書紀』 卷19, 欽明天皇 22年條.
412) 김영일 외, 「여항산성」, 『안라국고성』, 아라가야향토사연구회, 1996, 106~107쪽.

사산성으로 보는 견해도 있다.413)

그러나 『일본서기』에서 기술한 것처럼 파사산성의 축조 목적이 일본의 침략에 미리 대비하는 것에 있었다고 할 때 함안 내륙에 있는 함안 파수리 여항산 기슭이나 성산산성은 적당하지 않다. 오히려, 아라파사산성의 위치는 『함주지』의 기록을 근거로414) 이마니시 류가 추정하였듯이 진동방면에서 함안으로 들어오는 요로인 대현고개에 위치한 '관문석성(關門石城)'으로 보아야 할 것이다.415)

신라가 561년에 일본의 침략에 대비하여 아라파사산성을 쌓았다는 것은 그 이전에 아라국이 멸망하였음을 전제하고 있다.

한편 임나 멸망을 전하는 흠명기에는 일설을 들어 임나가 흠명 21년(560)에 멸망하였다고 기록되어 있는데, 이때의 임나를 아라로 보는 것이 흠명 22년(561)에 신라가 아라파사산성을 쌓았다는 기사와 모순이 없다고 하겠다. 그러므로 아라국은 560년에 멸망한 것으로 보는 것이 타당하다.416)

아라국의 멸망 경위에 대하여 아라국이 스스로 신라에 항복하였다는 견해가 있으나417) 이는 설득력이 없다. 『삼국사기』 지리지에서 신라가 대병을 동원하였다는 것은 당시 아라국이 강국이었으며 전쟁을 통해 아라국을 정복하였다는 사실을 알려주고 있다. 지리지의 아라국 멸망 관련 기사 중 특정 왕계가 잘못 전해졌다고 하여 기사가 전하는 전승 사실마

---

413) 朴鍾益, 앞의 「咸安 城山山城 發掘調査와 木簡」, 27쪽.
414) 『咸州誌』 山川條, "大峴城郡南二十里(竝谷里) 巴山生童兩山之間中 有大道南通鎭海 古有關門石城 遺址尙存".
415) 今西龍, 「慶尙南道 咸安郡昌寧郡調査報告」, 『大正六年度古蹟調査報告』, 朝鮮總督府, 1920, 298쪽.
416) 金泰植, 앞의 「咸安 安羅國의 成長과 變遷」, 68쪽.
　　 李炯基, 「阿羅伽耶聯盟體의 成立과 그 推移」, 『史學研究』57, 1999, 26쪽.
　　 南在祐, 앞의 『安羅國史』, 2003, 296쪽.
417) 金泰植, 위의 글, 68쪽.

저 오류로 치부할 수 없으므로 대병을 동원하였다는 것은 역사적 사실일 것이다.

아라국의 멸망이 신라와의 전쟁에 그 원인이 있다는 사실은 흠명기 23년(562) 6월조 기사에서도 간접적으로 나타난다. 흠명기 23년 6월조의 조서가 가야의 여러 나라가 신라에 의해 멸망한 뒤에 내려진 것이므로 아라국이 멸망할 당시의 상황을 묘사하였다고 할 수 없으나, 신라가 대병을 동원하여 아라국을 정벌하였다는 『삼국사기』 지리지의 기사를 합쳐 판단하면 아라국은 신라와 교전 끝에 멸망한 것으로 보아도 무방하다. 아라국 멸망 후 발생한 아막성 전투[418]는 대화정권이 아라국에 의해 세워졌다는 사실을 명백히 드러낸다.

2. 아막성 전투

『삼국사기』 열전 귀산전에 의하면, 백제가 602년 지리산 남원 운봉에 위치한 신라의 아막성(阿莫城)을 선제공격하였으나 진평왕이 파견한 결사대에 의해 오히려 백제군이 전멸했다고 한다. 아막성 전투는 백제본기 무왕 3년 8월조에도 자세히 기록되어 있다.

무왕의 명에 의해 4만 명의 군사를 이끌고 간 백제 좌평 해수가 단신으로 살아 돌아온 것만 보더라도 무왕 재위 당시 백제는 아막성 전투에서 신라 군대에 의해 처참한 패배를 당하였다. 백제본기와 열전 귀산전을 살펴보면, 신라의 장군 무은이 백제군의 공격으로 말에 떨어져 신라가 위기에 처한 순간에 귀산이 홀로 달려들어 백제군사를 죽이자 이에 격동된 신라 군사가 일제히 공격하여 승리하였으나 귀산은 온몸에 상처를 입은 채 죽었다고 기록되어 있다.

---

[418] 아막성 전투는 응신천황으로부터 이어진 일본 천황조가 아라국에서 출자하였음을 알려주는 명백한 사료 중 하나이기도 하다.

귀산은 장군 무은의 아들로 일찍이 원광법사로부터 세속오계를 받은 인물로 신라에서 볼 때 전세를 일거에 역전시키고 신라에 승리를 안겨준 일등공신이다. 진평왕은 귀산의 시신을 '아나지야(阿那之野)'에서 맞이하여 통곡하고 예로써 장례를 치르게 하였다. 진평왕이 통곡으로 맞이하였다는 것은 왕을 비롯한 당시 신라 사람들이 귀산의 죽음을 얼마나 애통해하였는지 잘 알려주는 대목이다.

열전 귀산전을 자세히 살펴보면 이 전투가 백제와 신라 간에 국한된 국지전이 아니라 왜와 고구려와도 관련된 연합 전쟁과 관련되어 있다는 사실을 알게 해준다. 『삼국사기』 열전 귀산전에서 가장 주목해야 할 부분은 진평왕이 귀산을 맞이한 장소인 '아나지야'에 있다. '아나지야'를 경주시 서쪽 교외에 있는 서악동 하평들 일대라고 추정하는 견해가 있으나,419) 경주 부근에는 '아나'와 부합되는 지명이 없다.

『삼국사기』 지리지, 『고려사』 지리지 및 『신증동국여지승람』에 의하면 함안 아라국을 아시랑 또는 아나가야(阿那加耶)라고 불렀다는 기사가 있으므로,420) 귀산전의 '아나'는 함안지역일 수밖에 없다.

진평왕이 귀산을 비롯한 사상자들을 위문하기 위해 함안까지 간 것으로 이해하는 견해도 있으나,421) 귀산 등이 아무리 나라를 위해 목숨을 바쳤다고 한들 전쟁 중에 왕이 단순히 사상자들을 위문한다는 이유만으로 경주에서 멀리 떨어진 함안까지 직접 마중을 나갔다고 하는 것은 군사 전략상으로도 비상식적이다. 진평왕이 함안까지 간 이유는 다른 데 있었다.

아막성 전투가 벌어진 때와 같은 해인 『일본서기』 추고기 10년(602)

---

419) 정구복 외, 앞의 『역주삼국사기』4 주석편(하), 748쪽.
420) 『三國史記』 卷34, 雜志3 地理1 咸安郡 ; 『高麗史』 卷57, 志11 地理2 咸安郡 ; 『新增東國輿地勝覽』 券32, 慶尙道 咸安郡.
421) 今西龍, 앞의 『百濟史硏究』, 215쪽.

아라국과 일본국가의 기원 375

조에는 그해 2월 왜가 성덕태자의 남동생인 내목황자(來目皇子)를 신라정벌 장군으로 정하고 신부, 국조, 반조 등과 아울러 군병 2만 5천 명을 주었으며,422) 같은 해 4월에 내목황자는 축자에 도착하여 선박을 모아 군량을 운반하였다고 기록되어 있다.423) 왜군 2만 5천 명의 축자 주둔 목적이 바로 아라국을 회복하려는데 있었음은 흠명기 임나 멸망 후부터 이어져 내려온 임나 재건 관련 기사를 보면 잘 알 수 있다. 흠명이 남긴 유언을 시작으로 역대 일본 천황들은 임나를 다시 세우는 일에 진력하였고, 마침내 추고천황 때에 이르러 실행을 옮기려고 구체적인 군사 행동까지 하였다. 『일본서기』 추고기를 살펴보면 추고 9년(601) 3월에 고구려와 백제에 사신을 보내 임나 재건을 위한 외교를 펼치고, 10년 2월에는 내목황자를 신라를 공격하는 장군으로 임명하여 군사 2만 5천 명을 내주는 등으로 군사 행동을 구체화하였다는 사실을 알 수 있다.

추고 9년 3월에는 왜가 임나 재건을 위해 고구려에 대반련설을 사신으로 보내고 백제에 판본신강수를 사신으로 파견하여 도움을 요청하였으며,424) 그로부터 1년 3개월 뒤인 추고 10년(602) 6월에 대반련설과 판본신강수가 백제에서 함께 돌아왔다고 기록되어 있다.425)

사신을 파견할 때는 각자 고구려와 백제에 도움을 청하러 보냈으나, 그 뒤 두 사람이 백제에서 함께 돌아온 것은 고구려와의 접촉 내용을 백제에 알리려는 왜조정의 의도가 반영된 결과라고 볼 수 있으며,426) 이때 신라에 대한 공격 일정 등이 구체적으로 합의되었을 것이다.

이러한 사실로 미루어 보아, 백제의 아막성 공격과 1년 뒤에 추진된

---

422) 『日本書紀』 卷22, 推古天皇 10年 2月條.
423) 『日本書紀』 卷22, 推古天皇 10年 4月條.
424) 『日本書紀』 卷22, 推古天皇 9年 3月條.
425) 『日本書紀』 卷22, 推古天皇 10年 6月條.
426) 연민수, 「7세기 東아시아 정세와 倭國의 對韓政策」, 『新羅文化』 24, 2004, 44쪽.

고구려의 북한산성 공격427)은 왜가 아라국 회복을 위해 적극적으로 주도한 사전 계획에 의거 백제와 고구려를 끌어들인 다음 이루어진 결과일 것이다.

대반련설과 판본신강수가 함께 백제에 도착하여 백제측과 만나는 자리에서 신라를 공격할 일자와 장소를 결정하였을 것이다. 이때 왜의 공격 목표는 함안이었으며, 이는 아막성 전투 당시 진평왕이 함안에 와 있었던 사실로 충분히 입증된다.

왕이 머무는 장소에는 많은 군대가 진주하기 마련이다. 당시 백제가 대군을 동원하여 아막성을 공격하는 상황에서 신라는 아막성에 집중하여 군사를 투입하여야 하는데도 결사대만 보내고 왕을 비롯한 주력 군대가 함안에 남아 있었다는 것은 왜의 침입에 대비하는 목적 외에는 다른 이유를 찾을 수 없다.428) 신라는 첩보 활동을 통해 왜가 함안을 공략할 것이라는 사실을 사전에 파악하였을 것이다.429) 즉, 왜군 2만 5천 명의 축자 주둔 목적이 아라국의 회복에 있다는 것을 신라는 이미 알고 있었다고 하겠다.

대화조정은 광개토왕 재위 당시 아라국·백제와 연합한 작전이 모두 실패로 돌아갔다는 경험을 이미 하였기에 백제·고구려와 연합하여 신라

---

427) 『三國史記』 卷24, 高句麗本紀8 嬰陽王 14年條.
428) 『삼국사기』 백제본기 무왕 3년조 기사를 보면, "무왕이 군사를 보내 신라의 아막산성을 포위하니 신라왕 진평이 정예기병 수천 명을 보내 항전하였다"라고 기록되어 있는데(『三國史記』 卷27, 百濟本紀5 武王 3年 8月條, "王出兵圍新羅阿莫山城 羅王眞平遣精騎數千拒戰之"), 이 기사로 볼 때 정예기병 수천 명은 결사대의 성격을 가졌다고 하겠다. 당시 여러 정황으로 미루어 본진은 왜의 공략을 막기 위해 함안에 주둔하였다고 하는 것 외에 달리 볼 수 없다.
429) 신라가 당시 왜를 상대로 다양하고도 적극적인 첩보활동을 하였다는 것은 『일본서기』 추고기 9년 9월조의 기사를 보면 잘 알 수 있다(『日本書紀』 卷22, 推古天皇 9年 9月條, "新羅之間諜者迦摩多到對馬 則捕以貢之 流于上野"). 이 기사를 살펴보면 신라가 당시 왜의 군사 동향을 정탐하기 위해 대마도에 첩자를 파견하는 등 정보활동을 하였음을 알게 해준다.

의 특정지역을 공격하는 전략 대신 각각의 공격지점을 달리 정하여 신라의 전력을 분산시켜 승리하는 전략을 채택하였을 것이다. 당시 백제와 고구려의 악화된 관계도 왜가 백제·고구려와 연합하여 신라의 특정지역을 집중적으로 공략할 수 없게 하였다.

신라는 고구려의 남진정책에 대비하여 백제와 동맹을 맺어 고구려로부터 한강을 확보하였으나, 관산성 전투(554)에서 백제 성왕을 죽이고 한강 유역을 독차지함으로써 백제와 고구려의 공적이 되어 있었다. 그렇다고 하더라도 그 뒤 백제와 고구려가 친선관계로 돌아서지도 않았다.

백제는 위덕왕 45년(598)에 수가 진을 평정한 후 고구려를 치려고 하자 사신을 보내 고구려 공략에 협력하겠다면서 길 안내를 자처하고자 하였으며, 고구려가 그 사실을 알고 백제를 공격한 일이 있었던 만큼[430] 당시 백제와 고구려는 비우호적인 관계를 드러내고 있었다. 이러한 국가 간 정세로 보아 왜가 백제·고구려와 연합하여 특정지역을 함께 공략하는 공동작전을 펼치기 어려웠으며, 결국 큰 틀에서는 신라를 공략하기로 합의하였으나 세부 전략에 이르러서는 각자 신라의 다른 지역을 공격하기로 하였을 것이다.

왜의 구체적인 전략은 어떠하였을까?

신라는 진흥왕 12년(551)에 고구려를 공략하여 10개 군을 빼앗았고, 왕 16년(555)에는 북한산까지 영토를 확장하여 국경을 정하였다.[431] 또한 왕 26년(565)에는 대야주를 설치하면서[432] 서쪽으로 영토를 확장하여 백제의 국경 부근에 위치한 아막성까지 확보하였다.[433]

왜는 애초부터 고구려와 백제의 불화를 인지한 상태에서 오로지 임

---

430) 『三國史記』 卷27, 百濟本紀5 威德王 45年條.
431) 『三國史記』 卷4, 新羅本紀4 眞興王 12年條, 16年 10月條.
432) 『三國史記』 卷4, 新羅本紀4 眞興王 26年 9月條.
433) 박종욱, 「602년 阿莫城戰鬪의 배경과 성격」, 『한국고대사연구』69, 2013, 177~180쪽.

나의 회복을 목적으로 양국을 끌어들이기 위해 고구려 및 백제와의 연합으로 신라의 특정 지역을 공략하는 것이 아니라 각국이 처한 이해에 호소하여, 왜가 함안지역을 확보하는 대신 백제는 아막성을 공격하여 신라의 위협을 없애고, 고구려는 북한산성을 공략함으로써 진흥왕 때 빼앗겼던 옛 영토를 회복하고자 하는 전략을 세웠을 것이다. 이러한 목표는 각국의 입장에서 실리를 얻을 수 있는 전략이며 신라의 군세를 분산시킴으로써 승리를 담보할 수 있는 작전이기도 하였다.

왜는 사신을 고구려와 백제에 파견할 당시부터 이러한 전략으로 고구려와 백제를 설득하였고 각국의 이해관계가 서로 일치하여, 종래에는 각각의 전선에서 동일하거나 비슷한 시기에 신라를 공격하기로 최종 합의한 것으로 추정된다.

그러나 최종 합의 후 추고 10년(602) 6월에 내목황자의 갑작스런 병환으로 인하여 왜의 출병이 지체되었으며[434] 고구려 역시 북방의 사정으로[435] 출병이 연기되었으나, 백제는 이러한 사실을 제대로 파악하지 못한 상태에서 무왕 3년(602) 8월에 단독으로 아막성을 공격하였다.

병력이 공동하여 신라의 특정지역을 함께 공격하기로 하였다면 황자의 병환이나 고구려의 사정으로 왜나 고구려의 실제 출병을 확인하지 않은 상태에서 백제는 홀로 아막성을 공격할 수 없었을 것이다. 백제는 왜와 고구려가 약속한 시기에 신라의 각 지역을 공격하리라는 최종 합의만 믿고 내목황자의 와병으로 인하여 왜병이 출정하지 못한다는 사실

---

[434] 『日本書紀』 卷22, 推古天皇 10年 6月條, "是時 來目皇子 臥病以不果征討".
[435] 고구려 북방에서는 동돌궐이 있었으나 서돌궐과 대립하여 세력 균형을 유지하고 있어 동돌궐의 고구려 침공가능성은 그리 크지 않았는데, 602년 수나라의 지원을 받은 동돌궐의 계민가한이 서돌궐의 달두가한을 공략하여 돌궐 제부족을 통합하면서 수나라와 연합한 돌궐이 고구려를 침공할 가능성이 어느 때보다 높았고, 이러한 돌발변수가 발생하여 고구려는 왜와 약속한 시기에 신라를 침공하지 못하였을 것이다(徐榮敎, 「百濟의 倭使國書 奪取사건-602~3년 阿莫城·北漢山城 전투와 관련하여-」, 『군사』 86, 2013, 25~26쪽).

을 제대로 인지하지 못한 상태에서 군사를 출동시켜 아막성을 공격하였다. 고구려 역시 북방의 사정으로 제때 공격하지 못하고 그로부터 1년이 지난 영양왕 14년(603)에 장군 고승을 보내 신라의 북한산성을 공격하였다.436)

백제의 참패에는 왜의 출병 지체, 고구려의 뒤늦은 출병과 무왕의 성급함도 작용하였지만, 무엇보다 애초 이 작전이 긴밀한 동맹에서 출발하지 않고 단기간에 걸쳐 논의되었으며 상호 간 이해관계에 기초하여 각자의 공격지점을 달리 한데 그 원인이 있었다고 보는 것이 타당하다.

이러한 한계 때문에 연합에서 가장 중요한 의사소통에 문제가 발생하였을 것이다. 당시 왜가 내목황자의 와병으로 인한 출병 연기를 백제에 제때 알렸더라면 당연히 백제는 아막성 공격을 멈추었을 것이다. 백제가 최종 합의만 믿고 왜의 갑작스러운 군대파견 중지를 사전에 알지 못한 채 아막성을 공격하였다는 근거는 아막성 전투 후인 608년 수나라 황제인 양제의 국서를 소지한 채 귀환하던 왜 사신을 백제가 붙잡아 그 국서를 강탈한 사건에서도 찾을 수 있다.437)

외교적으로 엄청난 사건에 대하여 『수서』, 『일본서기』 등 중일 사서에 백제에 대한 대응조치를 취하였다는 기록이 없는 것으로 보아, 왜는 아막성 전투 때 백제에 저지른 잘못이 있었기에 국서강탈사건에 대하여 전혀 항의도 하지 못하였으며, 수 역시 고구려를 견제하기 위해 백제의 협조가 절실하던 당시 상황에서 백제에 대하여 아무런 조치를 취하지 못했을 것이다.438)

국서탈취사건은 당시 왜의 군사작전 불참으로 엄청난 병력손실을 입

---

436) 『三國史記』 卷20, 高句麗本紀8 嬰陽王 14年 8月條.
437) 『日本書紀』 卷22, 推古天皇 16年 6月條.
438) 徐榮敎, 앞의 「百濟의 倭使國書 奪取사건-602~3년 阿莫城・北漢山城 전투와 관련하여-」, 37쪽.

은 백제의 분노가 얼마나 컸는가를 잘 보여주는 사례이기도 하다.

반면에 신라는 첩자를 구주까지 파견하는 적극적인 첩보 활동의 결과 한반도로 출병하려는 왜의 움직임을 이미 감지하고 있었다고 하겠다. 신라는 아라국을 멸망시킨 후 일본의 침입에 대비하여 미리 아라파사성을 축성하였는데, 아막성 전투 직전에도 진평왕은 왜의 전략 및 한반도 출병 움직임을 미리 간파하였기에 직접 대병력을 이끌고 함안에 진주하면서 왜의 침입에 대비하고 결사대만 아막성으로 보내 백제와 싸워 승리하였다.[439]

결국 왜가 아라국을 회복하려던 계획은 내목의 와병으로 인한 병력 출동의 실패 및 고구려의 공격 지체로 백제만이 아막성을 공격하다가 신라로부터 치명적인 패배를 당하면서 막을 내렸다.

---

[439] 진평왕의 이러한 전략에는 아막성은 백제에 빼앗기더라도 왜로부터 함안지역만은 사수하겠다는 결연한 의지가 엿보인다.

제5장 한일 고대사의 쟁점 검토

I. 칠지도의 실체

II. 왜오왕 기사의 의미

III. 임나일본부와 임나의 조

I. 칠지도의 실체

1. 의의

칠지도는 이소노카미신궁(石上神宮)의 대궁사로 있었던 칸 마사토모(菅政友)가 1873년에 처음 발견하여 세상에 공개한 이후 그 명문 해석을 두고 지금까지 한일 학계의 치열한 논쟁을 야기하고 있다. 즉, 일본에서는 백제의 왕이 일본에 헌상하였다는 백제 헌상설[1]을 주장하며 칠지도를 임나일본부설을 강화하는 근거로 활용하였고, 한국에서는 백제에서 칠지도를 제후국인 일본 왕에게 하사하였다는 백제 하사설[2]로 대항함으로써 끝없는 평행선을 달리고 있다.

그 외에도 동진에서 백제를 통하여 일본 천황에게 하사한 것이라는 견해[3]에서부터 칠지도 자체가 가작(假作)되었다고 하는 견해[4] 등이 난무하는 실정이다. 이에 칠지도의 새로운 명문 해석 및 『삼국사기』와 『일본서기』의 교차 분석을 통하여 칠지도의 실체를 밝혀 보고자 한다.

2. 연구의 전개 과정 및 비판

칠지도의 앞뒷면에 새겨진 명문은 다음과 같다.

---

[1] 榧本杜人, 「石上神宮の七支刀とその銘文」, 『朝鮮學報』3, 1952.
[2] 李丙燾, 「百濟七支刀考」, 『眞檀學報』38, 1974.
[3] 栗原朋信, 『上代日本對外關係の硏究』, 吉川弘文館, 1978.
[4] 金廷鶴, 「石上神宮所臧 七支刀의 眞僞에 對하여」, 『百濟硏究』17, 1986.

앞면: 泰□四年□月十六日丙午正陽 造百練銕七支刀 生辟百兵 宜供供候王 □□□ □作

뒷면: 先世以來 未有此刀 百濟王世子奇生聖音 故爲倭王旨造 傳示後世[5]

 칸 마사토모는 칠지도의 첫머리에 있는 연호를 서진(西晉)의 태시(泰始) 4년(268)이라고 최초로 판독하였으나,[6] 『임나고』에서는 태시 4년은 언급하지 않고 백제가 칠지도, 칠자경 등을 보냈다는 신공기 52년(252) 기사[7]와 결부시켜 백제왕이 신공황후에게 헌상한 것이라는 취지로 주장함으로써[8] 그 시작부터 명문의 내용 해석은 물론 연호에 대한 논의의 혼란을 예고하였다.

 그 뒤 후쿠야마 토시오(福山敏男)가 1951년 『미술연구』에 게재한 「석상신궁의 칠지도」에서 칠지도 명문의 연호를 동진 태화(東晉太和; 369)로 해석한 이후 동진 태화설이 일본에서 대세를 이루게 되었으며, 동진 태화설은 자연스럽게 이주갑인상설에 의거 신공기 49년(369)조와 연결되었다.[9] 즉, 동진 태화에 해당하는 신공기 49년에 신공이 군사를 동원하여 신라를 공략한 후 가라 7국을 평정하고 침미다례를 백제에 주었기 때문에 백제 근초고왕이 영원한 복속을 서약하는 증거로 칠지도를 헌상한 것으로 보았으며, 신공기의 기년을 이주갑 인하하여 명문의 동진 태화와 일치시킴으로써 칠지도의 명문에 대한 전체 해석도 칠지도의 백제 헌상설로 귀착되었다.

---

5) 칠지도의 석문은 가야모토 모리토의 견해(榧本杜人, 앞의 「石上神宮の七支刀とその銘文」, 1952, 71쪽) 및 이병도의 견해(李丙燾, 앞의 「百濟七支刀考」, 1974, 11쪽)를 참고하여 작성하였다.
6) 菅政友, 「大和國石上神宮寶庫所藏七支刀」, 『菅政友全集』, 1907, 536~537쪽.
7) 『日本書紀』卷9, 神功皇后 52年 9月條, "久氐等從千熊長彦詣之 則獻七枝刀一口 七子鏡一面 及種種重寶".
8) 菅政友, 위의 책, 374쪽.
9) 金貞培, 「七支刀 硏究의 새로운 方向」, 『東洋學』10, 1980, 96쪽.

그러나 동진의 연호는 태화(太和)인데 칠지도에는 태□(泰□)로 새겨져 있어 칠지도의 연호가 동진의 그것과 일치한다고 볼 수 없다.

또한 일본의 통설은 태화(太和) 4년에 이어지는 글자를 '5(五)'라고 하고 있으나 5월 16일의 간지일이 병오(丙午)가 아니므로 태화 4년이 근본적으로 성립될 수 없다는 치명적인 약점이 있다. 이에 대하여 일본학계는 칠지도 명문의 병오 정양(丙午正陽)은 특정한 간지일이 아니라 철을 제련하기에 햇볕이 좋은 날이라는 의미의 "길상구(吉祥句)"일 뿐이라고 주장하고 있으나,10) 일자를 간지로 표기하는 고문(古文)의 특징으로 볼 때 수긍하기 어렵다.

백제 헌상설은 『일본서기』 신공기를 역사적 사실로 받아들이는 전제에서 성립하였지만, 신공 49년은 369년이 아니라 249년으로 보아야 하며 신공기는 과장과 허구로 가득 차 있어 그대로 믿을 수 없다. 더구나 신공기에 의하여도 칠지도를 일본에 건네주었다고 하는 해는 249(369)년이 아니라 그보다 3년 뒤인 252(372)년이다.

우리나라 학계에서는 신공 49년조를 백제 근초고왕에 의한 마한 및 가야공략으로 해석하고, 칠지도는 근초고왕이 일본 왕에게 하사한 것으로 이해하고 있다. 이병도는 통일신라 전에 삼국시대의 금석문에서 중국의 연호를 사용한 예는 발견되지 않고 광개토왕이 영락이라는 연호를 사용하였으며 진흥왕도 독자적인 연호를 시용한 것으로 보아 칠지도 명문의 연호도 백제의 독자적인 것이라고 하였다.

즉, 태□ 4년은 근초고왕 27년(372)을 의미하며 근초고왕 24년(369)에 마한을 완전히 통합한 의의 깊은 해였기 때문에 특히 이해에 독자적인 연호를 새로 만들었고, 그 뒤 칠지도를 제작하여 왜에 하사했다고 하였다.11)

---

10) 山尾幸久, 앞의 『古代の日朝関係』, 173쪽.

고구려 광개토왕과 신라 진흥왕이 독자적인 연호를 사용한 것처럼 백제 근초고왕 역시 독자적인 연호를 사용했다고 하는 것은 타당하다. 그러나 신공기에는 이주갑인상설을 적용할 수 없고 신공기의 기사를 근초고왕 때의 역사적 사실로 보는 것은 앞서 수차 확인한 것처럼 설득력이 없으며, 근초고왕이 가야와 마한을 정복하였다는 것을 입증할 수 있는 문헌사료는 물론 고고학적 근거는 어디에도 없다.

태□가 백제의 독자적인 연호라는 견해는 이병도보다 앞서 김석형이 1963년 「삼한·삼국의 일본열도 내 분국에 대하여」라는 논문에서 먼저 발표하였다. 김석형은 명문의 연호는 5세기대의 백제의 독자적인 것으로 추정하면서, 후한 황제가 후왕들에게 준 원가도명(元嘉刀銘)의 문구가 칠지도의 문구와 공통되므로 칠지도에도 "황제의 위치에 백제왕이, 후왕의 위치에 왜왕이 들어 있는 것"으로 추정하였다.12)

이에 대하여 이진희는 5세기 중엽 개로왕 때에 이르러 대왕이라는 칭호가 사용되었으므로,13) 그때 백제에서 후왕제가 출현하였다고 하면서 칠지도 앞면의 일자를 '五月十一日'로 보고 5월 11일이 병오인 것은 "북위의 태화 4년(480)"이라고 하여 북위의 태화 4년설을 주장하였다.14)

---

11) 李丙燾, 앞의 「百濟七支刀考」, 11~15쪽.
12) 金錫亨, 앞의 『古代朝日關係史』, 240~241쪽.
13) 『송서』 백제전을 보면 세조 대명 2년(458) 개로왕이 장군 11명에 대한 군호를 요청하고 이에 대하여 군호를 주면서 '여기'를 우현왕이라 칭하고 '여곤'을 좌현왕으로 칭하고 있다(宋書 卷97, 列傳 57 夷蠻 東夷 百濟傳, "仍以行冠軍將軍右賢王餘紀爲冠軍將軍 以行征虜將軍左賢王餘昆 行征虜將軍餘暈並爲征虜將軍"). 백제전에는 개로왕이 군호를 요청할 때는 '우현왕 여기 등 11명'으로 표기하였으나 군호를 내리면서 '여곤'을 좌현왕으로 명시한 것으로 보아 요청 당시 '여곤'의 작호 역시 좌현왕이었을 것이다. 『송서』를 근거로 이진희는 개로왕 때 백제왕은 왕보다 높은 대왕의 칭호를 사용한 것이라고 보았다. 우리 학계는 백제가 대왕제를 채택한 시기를 개로왕 때로 보는 견해와 동성왕 때로 보는 견해로 나뉘어 있으나, 어쨌든 5세기경에 백제왕이 장군들을 왕으로 거느린 것으로 보아 그 무렵 대왕이라는 칭호를 사용하였을 것이다.
14) 李進熙, 『好太王碑の謎』, 講談社, 1973, 224~228쪽.

하지만 개로왕 18년(472) 북위에 장문의 상표문을 보내 백제를 괴롭히는 고구려를 응징해달라고 요청하였으나 거절당한 후 북위와 외교를 단절하고,15) 개로왕 21년(475) 고구려 장수왕의 침공으로 왕이 피살되고 수도인 한성이 함락되는16) 상황 등을 고려하면, 당시 백제가 북위의 연호를 사용했을 가능성은 없다고 보는 것이 합리적이다.17) 김석형과 이진희는 백제가 왜를 압도하는 강국으로 두 나라의 관계를 황제국과 제후국으로 보았으나, 『송서』 백제전 및 왜국전을 살펴보면 백제의 군호가 왜의 그것보다 높은 것은 사실이지만 당시 두 나라의 국력 차이가 황제국과 제후국으로 비견될 만큼 크지 않은 것으로 추정되므로 받아들이기 힘들다.

이처럼 칠지도는 제작 일자를 둘러싼 논쟁뿐만 아니라, 백제 왕세자 기생성음에 대한 해석, 후왕의 성격 문제 및 왜왕 지의 특정 인물 여부에 대한 논쟁 등 명문 내용에 대한 해석에 있어 한일간에 극명한 차이가 있으며, 연구자들 사이에서도 일치된 견해가 형성되기 어려울 만큼 혼돈에 빠져들었다.

3. 칠지도의 실체

백제가 칠지도를 만들었다는 사실 및 제작 당시 독자적인 연호를 사용한 것은 확실해 보인다. 그 외 제작 일자 등을 규명함에 있어서는, 여러 견해 뒤에 등장한 기무라 마코토(木村誠)와 요시다 아키라(吉田晶)의 견해에 주목하고자 한다. 기무라는 1996년 무라야마 마사오(村山正雄)가 편찬한 『석상신궁칠지도명문도록』에 실려 있는 칠지도 명문 확대 접근

---

15) 『三國史記』 卷25, 百濟本紀3 蓋鹵王 18年條.
16) 『三國史記』 卷25, 百濟本紀3 蓋鹵王 21年條.
17) 三品彰英, 앞의 『日本書紀朝鮮関係記事考證』 上, 189쪽.

사진과 1981년 NHK에서 촬영한 명문의 X-레이 사진에서 칠지도의 앞면 연월의 글자 사이에 검출된 '열 십(十)자'와 바로 이어지는 글자를 근거로 칠지도가 기존 통설에서 주장하는 5월 16이 아닌 11월 16일 또는 12월 16일에 제작되었을 가능성이 있다고 하였다.[18]

요시다도 기무라의 견해처럼 NHK에서 촬영한 명문의 X-레이 판독결과 등을 근거로 칠지도의 제작 일자가 11월 16일 또는 12월 16일 수도 있다고 하였다.[19] 왜와 관련된 백제의 왕조 중 11월 16일 또는 12월 16일이 병오에 해당하는 연대를 『삼국사기』와 『일본서기』를 교차하여 검토하면 백제왕 중 왜와 가장 밀접한 관계를 맺었던 왕은 전지왕이므로, 칠지도의 제작 시기는 전지왕 4년(408) 11월, 9년(413) 12월 중 하나에 해당한다고 볼 수 있다.[20]

백제본기 중 전지왕 9년과 근접한 시기에 왜와 접촉하였다든지 국내적으로 정치적 변화가 있다고 볼 만큼 눈에 띌만한 특별한 기사가 없는 반면 전지왕 4년을 전후하여 주목할 만한 기사가 있다. 전지왕은 재위 3년(407)에 해수를 내법좌평, 해구를 병관좌평으로 임명하고,[21] 왕 4년(408)에 여신을 상좌평으로 임명하여 병사와 정사를 맡김으로써[22] 정치·행정조직을 장악하였다. 왕 5년(409)에는 왜국이 사신을 파견하여 야명주(夜明珠)를 보내왔다.[23]

전지왕은 아신왕 재위 3년(394)에 태자로 책봉되고 6년(397) 백제가 왜국과 우호를 맺으면서 태자 신분으로 왜국에 볼모로 건너갔다.[24]

---

18) 木村 誠, 「百濟史料としての七支刀銘文」, 『古代朝鮮の國家と社會』, 吉川弘文館, 2004, 369~380쪽.
19) 吉田晶, 『七支刀の謎を解く』, 新日本出版社, 2001, 18~30쪽.
20) 조경철, 「백제 칠지도의 제작연대 재론-丙午正陽을 중심으로」, 『百濟文化』42, 2010, 23쪽.
21) 『三國史記』 卷25, 百濟本紀3 腆支王 3年 2月條.
22) 『三國史記』 卷25, 百濟本紀3 腆支王 4年 1月條.
23) 『三國史記』 卷25, 百濟本紀3 腆支王 5年條.

【병오 관련 백제왕계 검토】

11월 16일 병오	백제왕계	12월 16일 병오	백제왕계
5년	온조왕 23년	36년	다루왕 9년
31년	다루왕 4년	67년	다루왕 40년
98년	기루왕 22년	103년	기루왕 27년
191년	초고왕 26년	129년	개루왕 2년
222년	구수왕 9년	160년	개루왕 33년
284년	고이왕 51년	289년	책계왕 4년
315년	비류왕 12년	329년	비류왕 26년
408년	전지왕 4년	346년	근초고왕 1년
439년	비유왕 13년	413년	전지왕 9년
532년	성왕 10년	537년	성왕 15년
625년	무왕 26년	563년	위덕왕 10년

25)

　태자 전지는 왜에 들어간 후 405년 아신왕의 사망으로 다시 백제에 돌아올 때까지 약 8년간 왜에 체류하였으며, 이때 "왜계인 팔수부인(八須夫人)"26)과 혼인하였다.
　『일본서기』 인덕기를 보면 인덕의 배다른 동생으로 인덕의 비가 되는 팔전황녀(八田皇女)가 응신천황의 딸로 기록되어 있으며,27) 응신천황이 일본에서 "하치만신(八幡神)"28)으로 추앙받고 있어 '8'이라는 숫자와 밀

---

24) 『三國史記』 卷25, 百濟本紀3 阿莘王 3年 2月條, 6年 5月條.
25) 위 표는 '조경철, 앞의 「백제 칠지도의 제작연대 재론-丙午正陽을 중심으로-」, 22쪽'을 참고하여 작성하였다. 12월 16일이 병오인 시기는 그 외에도 594년 (위덕왕 41년), 630년(무왕 31년), 656년(의자왕 16년)도 있으나 전부 왜와 관련이 없다.
26) 김기섭, 「5세기 무렵 백제 渡倭人의 활동과 문화전파」, 『왜 5왕 문제와 한일관계』, 한일관계사연구논집편찬위원회, 2005, 227쪽.
27) 『日本書紀』 卷11, 仁德天皇條.

접한 관련이 있는 만큼 응신의 성수(聖數)가 '8'로 보이며, 결국 팔수부인 역시 응신의 친족이었을 것이다.

전지태자가 아신왕 6년(397) 왜국에 볼모로 건너간 시기는 백제와 고구려가 치열하게 전쟁을 치른 기간이었다. 백제는 진사왕 때 고구려 광개토왕의 공격으로 나라가 위태로운 지경까지 이르렀다. 진사왕에 이어 즉위한 아신왕은 광개토왕에게 대항하여 전투를 벌이다가 한성까지 함락되고 무릎까지 꿇는 사태를 맞이하였다.

아신왕은 치명적인 굴욕을 당한 후 그 원한을 갚기 위해 고구려와의 전면전을 각오하고 있었을 것이다. 그러나 백제가 고구려를 먼저 공격하면 승산이 없었으므로 우선 아라국, 왜와 연합하여 고구려의 동맹국인 신라를 공략하기로 결의하였을 것이다.

고구려의 참전이 당연히 예상되는 대규모의 전쟁을 벌이기 위해서는 신묘년(391) 때와 같은 규모의 군대로는 고구려와 신라를 상대로 이길 수 없다고 아신왕은 판단하였으며, 이에 응신에게 더 많은 군사를 요청할 목적으로 태자 전지를 볼모로 보냈을 것이다. 응신은 백제가 태자까지 보내는 성의를 표시하자 대규모의 군사를 한반도 남부로 보내 신라를 공격하였다.

『삼국사기』 백제본기를 보면, 그 뒤 전지는 405년에 아버지 아신의 죽음을 전하는 부음을 왜국에서 듣고 귀국을 요청하니 왜왕이 1백 명의 병사로 그를 보호하여 귀국하게 하였다고 기록되어 있다.[29] 당시 백제 내부에서는 아신왕의 막내 동생 첩례가 형 훈해를 죽이고 스스로 왕이 되면서 국면은 전지에게 지극히 불리하게 전개되고 있었다. 그때 전지는

---

28) 박영대·신종대, 앞의 「오진하치만신의 시대별 수용과 전개」, 284쪽.
29) 『三國史記』卷25, 百濟本紀3 腆支王 元年 9月條 『일본서기』 응신기 16년 2월 조에도 아신왕이 죽고 전지가 왜에서 백제로 돌아갔다는 기사를 기록하고 있는데 이러한 기사로 보아 백제본기의 왜왕은 바로 응신천황임을 알 수 있다.

왜인들의 호위를 받으며 섬에 숨어 지내다가 백성들이 첩례를 죽인 후 왕위에 올랐고, 그해(405) 연호를 '태□'로 정하였을 것이다.30) 전지가 백제왕으로 등극하는 과정에서도 왜로부터 큰 도움을 받은 것이다.

그 후 왜와의 우호를 돈독히 하기 위해 왜왕에게 칠지도를 만들어 보냈고 그 답례로 야명주를 보낸 것으로 추정되므로 명문의 '태□4년'에 해당하는 날짜는 408년 11월 16일로 보는 것이 타당하다. 전지왕 5년 (409)에 왜가 야명주를 보낸 것은 백제본기를 통틀어 왜로부터 구체적인 품목을 받은 유일한 기사일 뿐만 아니라 그러한 전례도 없는 만큼 특별한 의미가 있었을 것이다. 당시 백제와 왜와의 관계를 검토하면 왜가 보낸 야명주는 전지왕이 칠지도를 보내자 그다음 해 왜왕이 답례로 보냈다고 볼 수밖에 없다.

칠지도가 전지왕 때인 408년에 제작된 것으로 보는 이상 명문에 기재된 왕세자 기생성음은 당연히 전지왕의 아들인 태자 구이신이다. 명문에 있는 기생과 발음이 비슷하다는 이유로 근초고왕의 아들인 근구수왕으로 파악하는 견해도 있으나,31) 실제로 발음해 보아도 근구수와 기생보다는 오히려 전지왕의 태자인 구이신과 명문의 기생이 음상에 있어서도 동일인물로 파악된다. 명문에 있는 '왜왕 지'의 의미는 무엇일까? 칠지도의 문장 구조로 보아 증여자인 기생이 백제 측의 왕위계승자인 구이신이라는 특정 인물을 나타내므로 수여자인 왜왕 지 역시 '왜왕의 뜻'이라는 보통명사로 해석하기보다는 고유명사인 특정 인물로 보는 것이 합리적이다.

니시다 나가오(西田長男)는 명문의 왜왕 지(倭王旨)를 왜왕 차(倭王替)로 보고 응신천황으로 추정하였다.32) 이에 의하면 『송서』 제이전(諸夷傳)에서

---

30) 전지왕 즉위 당시 연호는 '泰□'였다. 결자는 알 길이 없고 함부로 채워 넣을 수 없어 계속 공란으로 둔다.
31) 李丙燾, 앞의 「百濟七支刀考」, 14쪽.
32) 西田長男, 『日本古典の史的研究』, 理想社, 1956, 22~23쪽.

는 찬(讚)으로 기록하고 있지만, 『양서』 제이전에서는 찬(贊)으로 기록되어 있으므로 찬(贊)과 차(替)는 서로 통용되는 글자이며, 찬미(讚美)를 뜻하는 응신의 이름인 예전의 예(譽)는 차(替)와 같은 뜻을 가진 다른 글자이고, 차(替)는 지(旨)와 통하므로 왜왕 지가 응신이라는 것이다. 구리하라 토모노부(栗原朋信) 역시 왜왕 지를 응신천황의 이름으로 추정하였다.33) 왜왕 지가 응신이라는 근거가 이런 정황만 있는 것은 아니다. 『일본서기』를 살펴보더라도 백제 전지왕과 동시대적인 인물은 응신이며 『고사기』 응신기에도 백제에서 칼을 보냈다는 기사가 있는 만큼 전지왕이 칠지도를 응신에게 보낸 것은 역사적 사실이다. 칠지도 명문에 증여자로 구이신이 새겨진 것으로 보아 전지왕 4년(408)에 태자가 되었을 것이다.

결국 '태□ 4년(408)' 팔수부인과의 사이에서 태어난 구이신을 태자로 책봉한 후 이를 왜에 알림과 동시에 책봉을 기념하고 왜와의 우의를 더욱 돈독히 하기 위해 칠지도를 제작하여 왜왕에게 선물하였고, 이에 왜왕은 409년에 답례로 야명주를 보냈다고 하겠다.

명문의 후왕(候王)이 백제의 제후국이 될 수 없는 이유가 여기에 있다.

당시의 국력으로 보아 백제가 왜를 백제의 제후국으로 칭할 만큼 압도하고 있지 않았으며, 더구나 왜왕의 후의에 감사하고 양국 간의 우호관계를 기념하기 위해 제작한 칠지도의 명문에 백제의 제후국임을 의미하는 취지의 후왕이라는 명칭을 붙일 수 없는 노릇이다. 그렇다면 후왕은 무엇을 의미할까? 그 해답은 응신세력의 출자에서 찾을 수 있다.

즉, 대화정권이 응신을 비롯한 아라국 출신 사람들이 세운 정치체였고, 아라국을 본국(本國)으로 보았을 때 왜왕은 후국(候國)의 왕이었으므로 응신을 그렇게 불렀다고 하겠다. 이러한 역사적 맥락에서 보면 칠지도는 백제가 왜에게 하사하였거나 헌상한 것이 아니라, 대등한 관계에서 태

---

33) 栗原朋信, 앞의 『上代日本對外關係の硏究』, 170쪽.

자인 구이신으로 하여금 지난날 왜와의 돈독한 관계를 상기시키며 앞으로도 왜와 우호관계를 유지하라는 기원이 담긴 선물이라고 할 수 있다.

그러므로 명문의 결자는 '11(十一)'로 보충하여 다음과 같이 해석하고자 한다.

앞면: 泰□四年十一月十六日丙午正陽 造百練銕七支刀 生辟百兵 宜供供候王 □□□□作

뒷면: 先世以來 未有此刀 百濟王世子奇生聖音 故爲倭王旨造 傳示後世

태□ 4년(408) 11월 16일 병오 한낮에 정성을 다해 철을 여러 번 단련하여 칠지도를 만들었다. 이 칼은 모든 적병을 물리칠 수 있게 생겼으므로 (아라국의) 후왕에게 주기에 알맞다. □□□□이 제작하였다. 지금까지 이와 같은 칼은 없었다. 백제 왕세자 구이신이 왜왕 응신에게 선물하기 위해 만들었으니, (이 칼을 통하여 백제와 왜의 우호관계는) 널리 전해져 후세에 이를 것이다.

II. 왜오왕 기사의 의미

1. 『송서』 기사 분석

왜오왕은 중국사서인 『송서』 왜국전에 기록되어 있는 찬(讚)·진(珍)·제(濟)·흥(興)·무(武)를 지칭한다. 왜국전에 의하면 왜왕 찬이 421년 송에 조공을 시작한 것으로 기록되어 있다. 왜는 신공기 66년(266)에 사자가 서진에 조공한 것을 끝으로[34] 약 150년간 중국과 외교가 단절되어 있다가 대륙에서 420년 동진을 계승한 송(420~479)이 건국되고 나서 외교관계를 재개하였다. 『송서』 본기 및 왜국전을 살펴보면, 왜오왕 당시 10회에 걸쳐 송에 조공하면서 그 목적은 오로지 군호를 받는 데 집중되어 있다.

> 영초 2년(421)에 조하기를, "왜의 찬(讚)은 만 리 먼 곳에서 조공하였다. 그 정성이 매우 크기에 벼슬을 내려야 할 것이다."라고 하였다.[35]
> 원가 2년(425), 찬이 다시 사마 조달을 파견하여 표를 올리면서 방물을 바쳤다.[36]
> 원가 7년(430), 왜국왕이 사신을 파견하여 방물을 바쳤다.[37]

---

34) 『日本書紀』卷9, 神功皇后 66年條, "晉武帝泰初二年 晉起居注云 武帝泰初二年十月 倭女王遣重譯貢獻".
35) 『宋書』卷97, 列傳 第57 倭國傳, "永初二年 詔曰 倭讚萬里修貢 遠誠宜甄 可賜除授".
36) 『宋書』卷97, 列傳 第57 倭國傳, "元嘉二年 讚又遣司馬曹達奉表獻方物".

원가 15년(438), 진(珍)이 사신을 파견하여 조공하였다. 스스로 사지절도독 왜·백제·신라·임나·진한·모한 육국제군사 안동대장군 왜국왕이라고 칭하였다. 표를 올려 정식 벼슬을 내려 주기를 청하여 안동장군(安東將軍) 왜국왕에 제수하였다.38)

원가 20년(443), 왜국왕 제(濟)가 사신을 파견하여 조공하므로 다시 안동장군 왜국왕에 제수하였다.39)

원가 28년(451), 사지절도독 왜·신라·임나·가라·진한·모한 육국제군사를 더하여 주고, 안동장군은 전과 그대로 하였다.40)

대명 4년(460), 왜국이 사신을 파견하여 방물을 바쳤다.41)

대명 6년(462), 왜 왕세자 흥에게 안동장군의 작호를 주었다.42)

승명 원년(477), 흥이 죽고 아우 무가 즉위하였는데, 스스로 사지절도독 왜·백제·신라·임나·가라·진한·모한 칠국제군사 안동대장군을 칭하였다.43)

승명 2년(478), 무에게 사지절도독 왜·신라·임나·가라·진한·모한 육국제군사 안동대장군 왜국왕의 벼슬을 주었다.44)

---

37) 『宋書』 卷5, 本紀5 文帝 元嘉七年, "倭國王遣使獻方物".
38) 『宋書』 卷97, 列傳57 倭國傳, "珍立遣使貢獻 自稱使持節都督倭百濟新羅任那秦韓慕韓六國諸軍事 安東大將軍倭國王 表求除正 詔除安東將軍倭國王". 『宋書』 倭國傳에는 왜왕 진의 사신 파견 당시 연호를 표시하지 않았으나, 本紀 元嘉 15년 (438) 2月條를 보면 왜왕 진을 안동장군왜국왕에 제수하였다는 기사(倭國王珍爲安東將軍)가 있어 『宋書』 列傳 倭國傳의 연도 역시 원가 15년(438)이라 하겠다.
39) 『宋書』 卷97, 列傳57 倭國傳, "元嘉二十年 倭國王濟遣使奉獻 復以爲安東將軍倭國王".
40) 『宋書』 卷97, 列傳57 倭國傳, "元嘉二十八年 加使持節都督倭新羅任那加羅秦韓慕韓六國諸軍事 安東將軍如故". 本紀 元嘉 28년(451)에는 '安東大將軍'에 제수한 것으로 되어 있으나 大明 六年(462)의 군호 및 昇明 元年(477)의 군호를 비교해 볼 때 그 순서로 미루어 列傳의 '安東將軍' 제수가 타당하다.
41) 『宋書』 卷6, 本紀6 孝武帝, "大明四年十二月丁未 倭國遣使獻方物".
42) 『宋書』 卷97, 列傳57 倭國傳, "大明六年 詔曰 倭王世子興..宜授爵號可 安東將軍倭國王".
43) 『宋書』 卷97, 列傳57 倭國傳, "興死弟武立 自稱使持節都督倭百濟新羅任那加羅秦韓慕韓七國諸軍事 安東大將軍倭國王". 『宋書』 列傳 倭國傳만 보면 왜왕 무가 언제 군호를 자칭하였는지 알 수 없으나, 本紀 昇明 元年(477) 11월條에 왜가 사신을 보내 조공하였다는 기사(倭國遣使獻方物)가 있어 이때 자칭하였을 것이다.
44) 『宋書』 卷97, 列傳57 倭國傳, "昇明二年...詔除武 使持節都督倭新羅任那加羅秦

영초(永初) 2년(421)에 왜왕 찬이 송에 처음 조공하였을 때 벼슬을 내려야 한다는 기사만 있고 실제 어떤 벼슬을 내렸는지에 대하여는 자세한 설명이 생략되어 있다. 이에 대하여 영초 2년 왜왕 찬에 대한 군호가 없다는 이유로 군호를 얻지 못하였다고 보는 견해도 있으나45) 그 전에는 왜왕 찬이라고 칭하다가 "『송서』 본기 효문제 원가 7년(430)조에서 왜국 왕이라고 기록한 것은 421년 제수의 내용을 암시"하고 있으므로,46) 왜왕 찬이 처음 조공하였을 때부터 군호를 요청하여 왜국 왕이라는 칭호를 내린 것으로 추정된다.

또한 원가 15년(438)에 진이 '사지절도독 왜·백제·신라·임나·진한·모한 육국제군사 안동대장군 왜국왕'이라고 스스로 칭한 것처럼 찬 역시 진과 같은 군호를 스스로 칭하였을 것이다.

2. 연구 개요 및 비판

왜왕의 이러한 군호에 대하여 다수의 일본 연구자들은 신공기 기사, 광개토왕 비문 등과 함께 고대 일본의 한반도 지배를 역사적 사실로 간주하는 중요한 근거 사료로 삼았다. 즉, 왜오왕의 기사에 의거하여 한반도 남부를 군사적으로 지배하고 있었다고 주장하면서 임나일본부설을 더욱 공고히 하는 데 주력하였다.

토오마 세이타(藤間生大)는 "찬의 시대에 일본의 남조선 진출이 획기적으로 행하여졌다."라고 하면서,47) 왜오왕은 항상 한반도 남부의 군사권의 소유와 안동대장군의 칭호를 요구했다고 주장하였다.48)

韓慕韓六國諸軍事 安東大將軍倭王".
45) 平野邦雄, 「ヤマト王權と朝鮮」, 『岩波講座 日本歷史.1. 原始および古代1』, 1975, 256쪽.
46) 末松保和, 앞의 『任那興亡史』, 97쪽.
47) 藤間生大, 『倭の 五王』, 岩波書店, 1968, 156쪽.
48) 藤間生大, 위의 책, 94쪽.

이에 의하면, 왜왕의 군호는 당시 한반도 남부에 군사를 출동시켜 백제, 신라, 임나, 가라, 진한, 마한을 점령하여 실제로 지배했다는 것을 의미한다고 하였다. 히라노 쿠니오(平野邦雄)도 왜오왕 기사를 들어 "실제로 신라, 임나, 가라 등이 왜의 군사영역에 편입"된 것으로 보았으며,49) 키토우 키요아키(鬼頭淸明)는 왜오왕의 기사는 당시 왜가 한반도에 군사적으로 침입하였다는 것을 의미하며 "4~5세기의 왜가 조선반도에서 대규모의 군사 활동"을 한 것으로 보았다.50)

야마오 유키히사(山尾幸久)도 왜오왕 기사는 왜왕의 도독제군사호(都督諸軍事号)로 군관구에서 군정징용권(軍丁徵用權)·군자징발권(軍資徵發權) 등 총체적인 군사적 지휘 명령권을 황제로부터 위임받은 대행자를 의미하며, "왜왕의 관호는 남부조선의 징병 가능한 전군을 지휘하여 고구려에 대항할 수 있는 최고사령관의 지위"라고 주장하였다.51) 이처럼 일본 연구자들이 왜오왕 기사를 보는 시각은 당시 한반도 남부를 군사적으로 점령하여 실제로 지배하고 있었다는 쪽으로 굳어져 있다.

그러나 일본 연구자들의 주장처럼 군호가 한반도 남부 각국에 대한 실효적인 군사지배권을 의미한다면 당시 이미 사라진 진한, 마한까지 군사지배권에 포함되었다고 주장하는 것은 납득할 수 없다.

왜왕의 군호가 한반도 남부에 대한 실효적인 군사적 지배를 표시한다면 왜가 요청한 군호 중에 이미 멸한 진한, 마한이 포함된 이유를 설명할 수 없기 때문이다.

또한 왜는 백제에 대한 우위를 주장하면서 스스로 부여한 군호에 백제를 사용하고 있지만, 당시 송으로부터 백제에 대한 어떠한 군호도 받

---

49) 平野邦雄, 앞의 「ヤマト王權と朝鮮」, 256쪽.
50) 鬼頭淸明, 「倭からヤマト政權へ」, 『共同硏究 日本と朝鮮の古代史』, 三省堂, 1979, 45~57쪽.
51) 山尾幸久, 앞의 『古代の日朝關係』, 218~223쪽.

지 못함으로써 백제에 대한 우위를 인정받지 못하였다. 왜가 송으로부터 실제로 받은 군호도 백제에 미치지 못하였음은 백제나 고구려가 받은 군호를 비교하면 알 수 있다. 당시 왜가 받은 군호와 고구려 및 백제가 받은 군호를 살펴보면 다음과 같다.

【고구려, 백제 및 왜의 군호】

고구려		백제		왜	
연도	군호	연도	군호	연도	군호
413년	정동장군	372년	진동장군	438년	안동장군
420년	정동대장군	386년	진동장군	443년	안동장군
463년	차기대장군	416년	진동장군	451년	안동장군
480년	표기대장군	420년	진동대장군	462년	안동장군
494년	정동대장군	457년	진동대장군	478년	안동대장군

52)

원가 15년(438)에 왜국 왕이 안동장군을 받을 당시 고구려는 이미 정동대장군을, 백제는 진동대장군의 군호를 받았다.

『송서』 백관지를 보면 표기·차기·위장군호 및 제 대장군호(諸大將軍號)가 2품이고 그 외 장군호는 모두 3품으로 되어 있으며 안동장군, 진동장군, 정동장군은 모두 3품이나 서열은 바로 안동장군 →진동장군→정동장군 순으로 높아가는데, 군호를 비교한 표에 의하면 서열에 있어 왜왕은 백제왕이나 고구려왕보다 뒤진다는 것을 알 수 있다.53)

---

52) 이 표는 『宋書』 및 '坂元義種, 「古代東アジアの國際關係-和親 封冊 使節よりみたる」, 『古代東アジアの日本と朝鮮』, 吉川弘文館, 1978, 30쪽을 각 참고하여 작성하였다. 사카모토는 元嘉 28年(451) 왜의 군호를 『宋書』 本紀의 예에 따라 '安東大將軍'이라고 기술하고 있으나 앞서 설명한 바와 같이 列傳의 기사에 의거 '安東將軍'으로 보아야 할 것이다.

백제왕의 군호가 일본보다 높다는 사실은 당시 백제의 국제적 지위가 왜보다 앞섰으며 왜가 백제지역에서 실효적인 군사력을 확보하지 못하였다는 사실을 역설적으로 알려준다. 당시 가야의 군사력도 중장기병 전술을 바탕으로 막강한 무장체계를 이미 갖추고 있었으며, 고고학적으로 밝혀진 문화발달 정도로 보아도 한반도가 왜를 압도하고 있었다.

이러한 정황으로 볼 때 당시 왜가 한반도를 군사적으로 지배하였다는 주장은 허황된 논리일 뿐이다.

3. 결론

그렇다면, 당시 왜가 이처럼 무리한 군호를 요청한 이유는 무엇일까?

왜는 중국과의 외교에서 다른 왕조와는 드물게 왜오왕 시대에 10회에 걸쳐 집중적으로 조공하면서 이상하리만큼 송을 상대로 여러 차례 긴 군호를 줄기차게 요청하고 있다. 왜가 송과의 외교에서 군호를 얻기 위해 유례가 없는 빈번한 조공을 한 이유는 한반도의 지배와 관련된 것이 아니라 바로 대화정권 내부의 사정 때문이었다.

당시 일본열도는 응신이 기내에서 나라를 세우기 전에도 아라국 사람들뿐만 아니라, 금관국을 비롯한 가야세력은 물론 삼한세력도 일본열도에 이미 진출해 있었다. 응신이 일본열도로 진출한 후 광개토왕의 남정으로 인하여 백제인은 물론 신라인까지 밀려 들어왔고, 남정이 끝난 후에는 백제의 궁월군이 120현민을 이끌고 오는 등 한반도에 있는 각국의 사람들이 일본열도로 건너왔다.

응신은 이들을 통제하고 지배하기 위해서는 대화정권이 모두를 대표하는 정치체라는 사실을 일본열도 내 모든 한반도 출신 세력들에게 천명할 필요가 있었을 것이다.

---

53) 坂元義種, 앞의 「古代東アジアの國際關係-和親 封冊 使節よりみたる」, 31쪽.

이에 대한 가장 효과적인 방법이 송과의 조공외교를 통하여 송으로부터 대화정권이 일본에 진출해 있는 한반도의 세력들을 대표하는 징표를 받는 것이며, 그러한 목적으로 백제까지 포함하여 긴 군호를 요청한 것으로 추정된다. 당시 왜가 이미 멸망한 진한과 마한에 대한 군호까지 요청한 이면에는 삼한시대에도 한반도에서 일본열도로 진출한 세력이 있었음을 의미한다. 근기지역을 근거지로 새로운 나라를 세운 응신이 일본열도에 진출한 백제, 신라, 가야인들뿐만 아니라 먼저 와서 근거지를 형성하고 있던 옛 진한, 마한 사람들까지 지배하기 위한 가장 빠르고 효과적인 길은 바로 대화정권이 한반도에서 건너온 여러 나라 세력들을 대표한다는 정통성을 갖추는 일이었을 것이다.

대화정권의 현실에 비추어 볼 때 중국으로부터 받은 군호는 일본열도에 진출한 한반도의 세력들을 복종시키는데 가장 큰 효과를 발휘할 수 있었을 것이다. 이러한 이유로 대화정권은 일본열도에 진출한 한반도출신 사람들에 대한 통치적 정당성을 확보할 목적으로 줄기차게 송에 군호를 요청한 것으로 추정된다. 이처럼 송에 대한 군호 요청은 대화정권의 일본열도 통치를 위한 것으로 실제 한반도에 대한 영향력 행사와는 무관한 것이었다.

송의 입장에서 볼 때 그것이 일본열도 내에서 사용되는 한 당시 외교관계가 없었던 신라나 가야를 비롯하여 이미 망한 진한, 마한에 대하여는 어떤 군호를 붙여 내려도 큰 문제는 없었을 것이다. 그러나 백제는 송과 외교관계를 맺고 있었을 뿐만 아니라 당시의 국력에서도 왜에 뒤지지 않았으므로, 비록 군호가 일본열도에 한정하여 사용된다고 할지라도 백제와의 외교관계를 중시한 송으로서는 백제를 삭제한 후 각국에 대한 군호를 주었을 것이다.54)

---

54) 당시 대화정권이 이미 멸망한 마한과 함께 백제가 포함된 군호에 집착한 이유

대화정권은 송으로부터 받은 군호로 일본열도 내에서 최고 정치체로서의 정통성을 확보하고 한반도 출신 사람들을 효과적으로 통제하는 데 활용했던 것이다.

결국 『송서』 왜오왕 군호는 왜의 한반도에 대한 군사적 지배와는 전혀 무관한 것으로, 대화정권이 일본열도를 효과적으로 통치하기 위해 송으로부터 받은 일종의 선언적인 칭호에 불과하며, 동시에 5세기경 일본열도가 한반도에서 건너간 주요 세력들에 의해 이미 장악되었음을 알려주는 결정적인 사료이기도 하다.

중에는 광개토왕 남정 후 대규모로 일본열도에 이주한 백제세력, 특히 마한 왕족으로 추정되는 궁월군 집단에 대한 효과적인 통제력을 확보하려는 의도 역시 포함되어 있었을 것이다.

III. 임나일본부와 임나의 조

1. 임나일본부
가. 의의

임나일본부는 『일본서기』에 기록된 용어로 흠명기 2년조(541)에서 등장하는데,[55] 고대 한일관계의 연구에 있어 최대의 쟁점 중 하나이며 그 실체에 대한 논란이 사라지지 않고 계속 이어지고 있다.

일본에서의 임나일본부 연구는 대체로 고대 일본이 가야를 비롯한 한반도 남부를 지배하였다는 고정관념에서 출발하였다. 왜에 의한 한반도 남부 지배 사관은 에도시대인 1657년부터 편찬되어 1906년까지 무려 400여 년에 걸쳐 완성된 『대일본사』의 임나조에도 개략적으로 언급되어 있고, 제국주의 시기에는 칸 마사토모,[56] 쓰다 소키치,[57] 나카 미치요[58] 등에 의하여 연구되었으나 스에마쓰 야스카즈에 의해 체계적으로 확립되었다.

---

[55] 『日本書紀』 卷19, 欽明天皇 2年 4月條, "安羅次旱岐夷吞奚大不孫久取柔利 加羅上首位古殿奚 卒麻旱岐 散半奚旱岐兒 多羅下旱岐夷他 斯二岐旱岐兒 子他旱岐等 與任那日本府吉備臣 往赴百濟 俱聽詔書".
[56] 菅政友, 「任那考」, 『菅政友全集』, 1907.
[57] 津田左右吉, 「任那疆域考」, 『朝鮮歷史地理』1, 1913.
[58] 那珂通世, 「外交繹史」, 『那珂通世遺書』, 1915.

나. 연구 동향

일본학계의 동향 나카 및 스에마쓰는 『일본서기』 신공기 49년조의 신라정벌 및 가라 7국 등 평정 기사를 근거로 한반도 남부를 군사적으로 지배하였다는 취지의 임나일본부설을 전개하였다.

나카는 신공황후 당시 신라 및 가라 7국 등을 정벌하고 관리인 재(宰)를 두어 한반도 여러 나라를 통제했다고 하였다.[59] 스에마쓰는 일본이 기사년(369)에 군사력을 동원하여 가야 여러 나라를 공략한 후 김해에 가야 전체를 통치하기 위해 임나일본부를 두었고, 그 외 여러 나라에는 일본 관리를 상주하는 방식으로 가야를 직접 지배하고 백제와 신라는 조공을 받는 방식으로 간접 지배했다고 하였다.[60]

임나일본부를 왜의 임나 지배를 위한 통치기관으로 보는 스에마쓰의 견해는 지배기관설 또는 출선기관설이라고 불리면서 더욱 정교하게 발전하였다.[61]

그 후 일본학계에서는 『일본서기』 흠명기에 주목하여 임나일본부의 성립시기를 주로 6세기경으로 한정하고 그 실체를 안라에 설치된 외교적 기관으로 보는 견해가 대두하였다.

우케다 마사유키(請田正幸)는 흠명기 15년조의 '재안라제왜신(在安羅諸倭臣)'을 근거로 임나일본부는 안라일본부와 같은 뜻으로 안라(함안)에 존재하였으며 왜왕권의 지배력을 강화할 목적으로 함안에 설치한 "외교관적 성격을 가진 교섭기관"으로 이해하였다.[62]

스즈키 야스타미(鈴木靖民)는 임나일본부는 532년 금관국의 위기 때

---

59) 那珂通世, 앞의 「外交繹史」.
60) 末松保和, 앞의 『任那興亡史』.
61) 石母田正, 『日本の古代國家』, 岩波書店, 1971.
    井上秀雄, 앞의 『任那日本府と倭』.
62) 請田正幸, 앞의 「六世紀前期の日朝關係」, 193~197쪽.

근강모야신이 한반도에 출병한 것을 계기로 안라에 거점을 두고 성립된 것으로, 왜왕권이 파견한 왜신과 현지 토착왜인들로 구성된 "군사조직을 갖춘 정치집단"이며, 가야 여러 나라 사이의 내분이나 전쟁과 관련한 가야 한기층의 합의에 참여하여 절충하는 역할을 수행한 "단기적인 비상설 조직"이라고 하였다.63)

스에마쓰 등 초기 연구자들이 임나일본부를 규정함에 있어 4세기 이후 한반도 남부에서의 군사력을 동원한 영토적 지배에 중점을 두었는데 비해, 최근 일본학계의 주류는 임나일본부의 설치시기를 6세기로 한정하고 그 성격에 대하여도 왜왕권이 함안지역에 설치한 외교적 기능을 가진 기관으로 추정하고 있으나 한편으로는 가야지역에 대한 왜왕권의 지배력을 강화하거나 군사력을 동원할 수 있는 정치적 기능도 부여하는 견해도 있는 만큼 복잡한 양상을 띠고 있다.

한국학계의 동향 우리나라에서는 정치·군사적인 지배기관으로서의 임나일본부설을 부정하고 있다.

이병도는 임나일본부에서 "일본부 즉, '야마토미코토모치(ヤマトミコトモチ)'는 '왜재(倭宰)'의 뜻이며 '재(宰)'는 사신을 의미"하므로, 임나일본부는 왜국이 가야와의 무역을 위해 설치한 "일종의 공적 상관(公的商官)"으로 파악하였다.64)

천관우는 일본서기 원문의 왜를 백제로 바꾸어 읽으면 그 문맥과 내부 사정이 순리로 설명되는 수가 많다고 하면서 임나일본부를 "가야에 설치한 백제군사령부"로 불러야 한다고 하였다65).

김태식은 임나일본부는 원래 백제가 설치한 왜국사절 주재관으로 백

---

63) 鈴木靖民,「六世紀前期の朝鮮三國と伽耶と倭」,『伽耶はなぜほろんだか ; 日本古代国家形成史の再検討』, 大和書房, 1998, 15~18쪽.
64) 李丙燾,「三韓問題의 新考察(六)」,『眞檀學報』7, 1937, 113쪽.
65) 千寬宇, 앞의『加耶史硏究』, 160~162쪽.

제의 대외무역중개소로서 기능하였으나 뒤에 안라가 장악한 것으로 보았다. 즉, 530년대 전반에 가야 동남부 지역의 탁기탄, 남가라가 신라에 의해 멸망하자 530년대 후반 백제는 안라에 왜인 인지미를 파견하여 "백제·왜 사이의 교역 대행기관"으로서의 임나일본부를 설치하여 운영하였으나 540년대 이후에 안라가 일본부를 장악하면서 "안라와 왜 사이의 교역기관"으로 변질되었다는 것이다.66)

이영식은 임나일본부를 왜왕이 파견한 사신으로 보면서도 이들이 가야를 위한 외교에 종사하였으며 군사적 기능은 없었다고 한다. 『일본서기』 흠명기를 보면 일본부의 하내직, 길비신은 가야계 도래인으로 왜왕에 비협조적인 경우도 있어 반드시 왜왕의 의사에 따르지는 않았으며, "일본부는 가야의 여러 나라와 같이 행동했으며 가야의 이해관계를 우선시"하는 등 주로 가야를 위한 외교에 종사하였다는 것이다.67)

다. 임나일본부의 실상

고대 왜가 한반도 남부를 지배하였다는 주장은 왜의 지배를 인정할만한 문헌 및 고고자료도 없을 뿐만 아니라, 신공기의 삼한정벌 기사는 허구이며 신공 49년조의 기년은 249년으로 이주갑인상설을 적용할 수 없기 때문에 그 근본부터 성립할 수 없다.

그 외 백제가 가야를 지배하였다는 주장의 모순에 대하여도 앞의 '포상 4국과 임나 4현' 편에서 자세히 설명하였으므로 백제가 아라국을 장악하였다거나 영향력을 행사하였다는 것을 근거로 한 제반 견해는 부당하다.

최근 일본 연구자들뿐만 아니라 국내의 다수 견해도 임나일본부의 활

---

66) 金泰植, 「530년대 安羅의 日本府經營에 대하여」, 『울산사학』4, 1991, 29~30쪽.
67) 李永植, 「任那日本府の再檢討」, 『加耶諸國と 任那日本府』, 吉川弘文館, 1993, 317~319쪽.

동 시기는 6세기경으로 보고 임나일본부의 교역·외교적 기능을 강조하면서 그 설치 장소는 아라국이라는 견해가 대세를 이루고 있다. 임나일본부의 활동시기를 6세기경으로 보는 이유는 임나일본부가 흠명기에 서 유일하게 나타나며, 임나일본부라는 정식 명칭이 6세기 전에는 사료에 존재하지 않았다는 점을 그 주요한 근거로 들고 있다.68)

임나일본부가 설치된 곳이 함안 아라국이라는 사실은 흠명기를 살펴보면 확실하다. 흠명기는 임나일본부를 '재안라제왜신'이라고 명기하고 있으며, 그 의미가 '아라에 있는 왜계 관료'이므로 임나일본부가 함안에 있었다는 것은 역사적 사실이라 하겠다.

임나일본부는 함안지역에 있던 왜계 관료집단으로 그 구체적인 인명이 주로 6세기경 『일본서기』 계체기 및 흠명기에서 주로 발견되며, 계체기에 의하면 혜적신압산(穗積臣押山), 근강모야신(近江毛野臣)이, 흠명기에는 이나사(移那斯), 마도(麻都), 인지미(印支彌), 허세신(許勢臣), 적신(的臣), 길비신(吉備臣), 하내직(河內直)이 안라국에 파견되어 활동하였다는 것을 알 수 있다.

그러나 6세기경 흠명기에 왜신들의 이름이 자주 거론되는 것은 신라가 탁기탄, 금관국을 멸망시키자 왜정권이 임나 재건의 명목으로 수차 백제, 아라국 등 여러 나라와 접촉하는 과정에서 그 실명이 노출되었기 때문이며, 그 전에 구체적인 인명이 없고 임나일본부라는 명칭이 없다고 하여 6세기 전까지 가야와 왜의 연락체계인 왜계 관료집단이 없었다고 보는 주장은 설득력이 없다.

웅략 8년(464) 2월조를 보면 '일본부'라는 명칭과 함께 왜계 관료로 보이는 선신반구(膳臣斑鳩), 길비신소리(吉備臣小梨), 난파길사적목자(難波吉士赤目子)가 등장한다.69) 이처럼 임나일본부와 왜신의 구체적인 인명이

---

68) 請田正幸, 앞의 「六世紀前期の日朝關係」, 194~195쪽.

계체기와 흠명기의 전유물이 아니라는 사실이 『일본서기』를 통해서도 증명되므로 임나일본부의 설치시기를 6세기로 한정할 수 없다.

웅략기에 등장하는 구체적인 인명 등을 살펴보더라도 가야와 왜의 연락체계가 흠명기 이전에도 존재하였다는 사실은 명확하다. 또한 『일본서기』를 검토하더라도 가야에서 활동한 왜신들은 인명 외에 경(卿), 집사(執事), 대신(大臣) 등의 관직으로 다양하게 표현되어 있다.

임나일본부를 '안라제왜신'으로 해석할 때 안라에 있던 왜신들이 흠명기에 갑자기 등장한 것으로는 볼 수 없으며, 그전부터 아라국에 왜신들이 거주하고 있었을 것이다. 이들의 실체는 바로 일본열도로 진출한 아라국 사람들이고, '안라왜신관(安羅倭臣館)'이라고도 불리는 임나일본부가 최초로 설치된 시기는 응신이 왜로 건너가 아라국의 후국인 대화정권을 세운 4세기 후반경이며, 이때부터 응신은 본국인 아라국에 사신을 파견하여 정주(定住)하게 하면서 본국과의 유대를 강화했다고 하겠다.

결국 임나일본부의 본질은 응신의 대화정권이 4세기 후반 후국의 입장에서 본국과의 정치, 군사 및 행정 등 제반 사항에 관한 연락체계를 갖추기 위해 관리를 아라국에 파견하여 설치한 공적 기관으로 파악된다.

2. 임나의 조

가. 의의

일본 학계에서 임나의 조(租)는 임나일본부의 연장선에서 연구되어왔다. 임나일본부설은 오늘날 일본 학계에서도 그 원래의 모습이 퇴색되었으나 임나의 조는 오히려 변화를 거듭하여 그것이 마치 역사적 사실인 것처럼 자리하고 있다. 『일본서기』 흠명기 23년(562) 기사를 보면 신라가 임나 관가를 쳐서 멸망시켰다고 하여 임나 멸망을 알리고 있다.

---

69) 『日本書紀』 卷14, 雄略天皇 8年 2月條.

그런데도 흠명기 23년 임나 멸망 후 효덕기 2년(646) 9월 임나의 조를 그만두게 했다고 하는 기사70)에 이르기까지 84년간 임나가 『일본서기』에 계속 기록되어 있다.

나. 연구 개요 및 비판

임나일본부의 대표론자인 스에마쓰 야스카즈는 『임나흥망사』에서 4세기 중엽 이후부터 일본은 한반도 남부의 가야 여러 나라를 임나일본부를 통해 정치적으로 지배하면서 조세(租稅)를 직접 받았고, 562년 신라에 의해 임나가 멸망한 후에도 신라로부터 임나에 대한 조세를 받는 등 여전히 임나지역에 대한 지배권을 행사한 것으로 봄으로써 결국 임나일본부뿐만 아니라 임나의 조 또한 역사적 실체로 간주하였다.

이시모다 쇼(石母田正)는 스에마쓰의 견해를 더욱 발전시켜 562년 신라의 임나 병합 이후 신라가 임나의 조를 왜에 대납(代納)하였으며, "600년 제1회의 조선 출병71) 때 신라의 5개 성을 정벌하여 임나를 다시 회복하였고 그때 임나는 직할령에서 조공국으로 변하였으므로, 그전에 신라가 대납했던 임나의 조를 신라·임나가 분할하여 납부했다."라고 주장하였다.72)

야마오 유키히사(山尾幸久)는 임나의 조는 원래 "옛 금관국이 신라왕에게 바친 공진물(貢進物)"이었는데 신라가 옛 금관국으로부터 받은 공물을 왜왕에게 제공한 것은 "가야지역의 영유권을 둘러싸고 백제에 대항하기 위한 외교의 일환"으로 보았으며, 620년대 신라의 대외노선이 고구려·백제와의 대립으로 인하여 당과의 관계가 강화되는 방향으로 전환되었

---

70) 『日本書紀』 卷25, 孝德天皇 元年 9月條.
71) 『일본서기』 추고기 8년(600) 2월조를 의미하는 것으로 임나회복을 위해 단행되었다고 하는 신라정벌 기사를 지칭한다.
72) 石母田正, 「古代史槪說」, 『日本歷史』1, 岩波書店, 1962, 35쪽.

고 630년대 이후에는 당이 신라의 유일한 외교 상대국이 되어 신라가 더이상 왜를 상대로 외교 공세를 할 필요가 없어지자 임나의 조 제공이 종료된 것으로 보았다.73)

일본 연구자들의 견해는 공통적으로 임나의 조의 근거를 『일본서기』에 둔 채 신라가 임나에 대한 조를 왜왕에게 납부한 것을 역사적 사실로 받아들이고 있으나, 그 실체에 대하여 납득할만한 근거는 제시하지 못하고 있다. 신라가 임나의 조를 대납하였다는 것은 임나가 신라에 의해 멸망하기 전에 일본 군대에 의해 점령당한 후 왜의 직할령이 되었음을 전제로 하고 있다.

임나의 조에 대한 우리나라 학계의 동향은 그 존재 자체를 부정하며, 일본서기의 편찬자가 일본 율령국가의 신라 적대시 및 한반도 여러 나라에 대한 번국관에 입각하여 조작·윤색한 결과물이라고 하는 데 견해가 일치하고 있다.

임나가 고대 왜의 속국이 아니므로 조세를 바쳐야 할 이유가 전혀 없다. 그런데도 『일본서기』 편찬자들은 조작과 윤색을 덧붙여 허구에 불과한 임나의 조와 관련한 기사를 창작하였다. 『일본서기』를 보면 추고기 18년(610) 7월부터 효덕기 2년(646) 2월까지 이미 멸망한 임나가 신라와 함께 사신을 파견하여 조공했다고 하는 등 상식적으로 이해하지 못할 정도로 한반도와의 외교관계를 지속했다고 기록되어 있다.

『일본서기』에는 흠명기에서 임나가 멸망했다고 공식적으로 기록되어 있음에도 불구하고 추고천황 18년에 7월 신라와 임나의 사신이 축자에 왔고,74) 9월에는 왜가 신라와 임나의 사인을 불렀으며,75) 10월에는 신라와 임나의 사인이 왜에 왔다고 한다.76) 추고 19년 8월에는 신라와 임

---

73) 山尾幸久, 앞의 『古代の日朝関係』, 335~342쪽.
74) 『日本書紀』 卷22, 推古天皇 18年 7月條.
75) 『日本書紀』 卷22, 推古天皇 18年 9月條.

나 사신의 조공기사가 있고,[76] 추고 31년(623)에는 임나를 구하고 신라를 정벌하기 위해 군대를 파견했다고 하는[78] 등 그때까지 마치 임나가 한반도에 존재한 것처럼 서술되어 있다.

또한 서명천황 10년(638)에는 백제, 신라, 임나의 사신이 함께 조공했다고 하다가[79] 효덕천황 2년(646) 2월에는 백제, 임나, 신라에 더하여 고구려까지 조공했다고 한다.[80]

왜가 신라를 정벌하였다는 623년은 『삼국사기』에 의하면 신라 진평왕 45년(623)에 해당되는데 그해 10월에 당에 사신을 보내고 백제가 늑노현을 습격하였다는 기사[81] 외에 왜와의 전투는 고사하고 접촉한 흔적도 없다. 『일본서기』를 보면 흠명기에 이미 멸망한 임나는 추고 31년에 다시 멸망하였다고 기록되어 있고 심지어 효덕기 2년 2월조를 보면 고구려까지 조공 대열에 참가하고 있다.

그러나 『삼국사기』를 살펴보면 당시 고구려가 왜에 조공을 할 만큼 약한 나라가 아니었다. 『일본서기』에 고구려가 조공하였다는 기사는 그 전에도 있다. 즉, 응신 28년(417)에 고구려왕이 사자를 보내 조공하였다고 하는데,[82] 응신 28년의 이 기사는 일본에서조차 사실인지 심히 의심스럽다고 의문을 표시할 정도로 신뢰할 수 없다.[83]

인덕 12년 7월에도 고구려가 철로 만든 방패 등을 바쳤다고 기록하고

---

76) 『日本書紀』 卷22, 推古天皇 18年 10月條.
77) 『日本書紀』 卷22, 推古天皇 19年 8月條.
78) 『日本書紀』 卷22, 推古天皇 31年條.
79) 『日本書紀』 卷23, 舒明天皇 10年條.
80) 『日本書紀』 卷25, 孝德天皇 2年 2月條.
81) 『三國史記』 卷4, 新羅本紀4 眞平王 45年 10月條.
82) 『日本書紀』 卷10, 應神天皇 28年條.
83) 坂本太郞 等 校注, 앞의 『日本書紀』上, 377쪽 頭註 28. 이에 의하면, 5세기 전반의 고구려는 호태왕, 장수왕의 치세로 일본과는 적대관계에 있었으며 당시 천하를 호령하던 고구려가 왜에 조공할 이유가 없었다는 것이다.

있으나,84) 당시 고구려와 같은 강국이 조공할 이유가 없었으므로 이 기사 역시 『일본서기』 편찬자가 임의로 조작하여 삽입한 것으로 보인다.85) 고구려의 조공기사는 임나의 왜에 대한 조공기사가 허구라는 사실을 더하여 알려준다. 임나의 조공기사가 더욱 사실이 아닌 것으로 보이게 하는 근거는 효덕천황 2년 (646) 9월 임나의 조 중단 기사에 이어지는 효덕 3년(647) 신라 김춘추의 인질 기사이다.86)

『일본서기』에는 김춘추가 647년에 일본으로 건너간 것으로 되어 있고 『삼국사기』 신라본기 및 『구당서』 신라전을 보면 진덕여왕 2년(648)에 당에 들어간 것으로 기록되어 있다.87) 김춘추가 일본으로 간 때가 647년이고 당에 들어간 때가 648년인데 1년 정도에 불과한 일본 체류는 인질로서의 의미가 없다. 또한 『일본서기』를 보면 김춘추가 떠난 후에 대신 왔다는 김다수의 내조 시기가 649년으로88) 두 사람 사이에는 약 1년의 간격이 있는데, 인질의 교대 기간이 지나치게 짧고 인질의 성질상 국외로 먼저 내보내고 그 후 교대할 사람을 구하는 것은 있을 수 없으므로 김춘추의 인질 관련 기사는 비상적이며 믿을 수 없다.89) 국외로 자유롭게 돌아다니는 인질이 어디에 있는가? 김춘추는 당시 백제 의자왕의 대야성 공격으로 딸 고타소(古陁炤)와 사위까지 잃은 처참한 상황에서 왜의 지원을 받아 숙적 백제를 정벌하기 위해 방문하였을 뿐이다.

이처럼 일본 연구자들이 임나의 조를 받았다고 강변하는 이유는 임나 일본부설을 주장하는 것만큼이나 허황되고 비논리적이다.

---

84) 『日本書紀』 卷11, 仁德天皇 12年 7月條.
85) 坂本太郎 等 校注, 앞의 『日本書紀』 上, 395쪽 頭註 14.
86) 『日本書紀』 卷25, 孝德天皇 3年條.
87) 『三國史記』 卷5, 新羅本紀5 眞德王 2年條 ; 『舊唐書』 卷199, 列傳149 新羅條.
88) 『日本書紀』 卷25, 孝德天皇 5年條.
89) 三池賢一, 「日本書紀 "金春秋の來朝" 記事について」, 『古代の日本と朝鮮』, 學生社, 1974, 200~201쪽.

임나의 조는 고대 일본이 가야지역 전체를 정치·군사적으로 지배하였다는 전제에서 출발하고 있다. 그러나 임나, 즉 가야는 고대 일본의 지배지역이 아니라 오히려 일본을 탄생하게 한 나라였으며 일본열도가 가야에 의해 경영되었으므로, 왜의 가야지역에 대한 정치·군사적 지배라는 전제 자체가 성립될 수 없다.

일반적으로 조는 국가가 호(戶)에 부과하는 조세이다. 조세는 국가가 해당 지역에 대한 통치권이 미칠 때 기능을 발휘하는 제도임은 누구나 아는 사실이다. 상식적으로 살펴보아도 당시 왜가 한반도지역에서 조세를 거두어야 할 이유나 근거가 전혀 없다. 가야지역이 원래부터 왜의 땅이 아니었으며 신라가 왜로부터 가야지역을 양도받지도 않았다.『일본서기』흠명기를 보더라도 신라가 562년에 가야를 멸망시킬 당시 신라에 대한 원망이 담긴 문장만 나열하였을 뿐이며 가야 멸망과정에 왜가 직접적으로 개입한 흔적은 없다.

한마디로 고대 일본이 가야는 물론 한반도의 어떠한 지역으로부터도 조세를 받을 이유가 전혀 없다.

다. 결론

『일본서기』에 신라가 임나 멸망 후 임나와 관련하여 조를 바쳤다는 기사는 민달기 4년(575) 6월조에 처음 등장한다. 그러나 신라가 조를 바친 근거지인 다다라(多多羅), 수나라(須奈羅), 화타(和陀), 발귀(發鬼)를 통칭하는 임나 4촌은90) 다다라를 제외하고는 정확한 지명 비정도 어렵고 용어마저 신공기에 기술된 임나 4읍의 용례처럼 애매하다.91)

---

90) 『일본서기』민달기에는 4읍으로 되어 있으나 동일한 지명이 처음 나타나는 계체기 23년 4월조를 보면 4촌으로 기록되어 있어 4읍과 4촌의 용례마저 혼란스럽게 한다. 민달기의 4읍은 4촌의 오기로 보이며 신공기의 4읍과 구별하기 위해서라도 4촌으로 표기하여야 할 것이다.

민달기 4년조를 보면, 신라가 임나 4촌에 대한 조를 바치는 그 해에 백제가 사신을 보내 조를 바친 것으로 기록되어 있다.[92]

---

91) 다다라는 『일본서기』에 기록된 지명으로 지명적 유사성에 근거하여 대개 부산 다대포(多大浦)로 비정하고 있다. 다대포는 큰 포구가 많다는 뜻인데 주변이 바다와 낙동강 하구로 둘러싸여 있어 다다라가 그 고명(古名)이라면 진(津)이나 포(浦)이 덧붙여 있어야 할 것이다. 그러나 4촌이 최초로 등장하는 계체기 23년(529) 4월조의 또 다른 기사를 보면, 내륙의 벌판을 뜻하는 다다라원(多多羅原)으로 표기되고 나루나 포구가 붙여진 명칭은 다른 문헌에서도 발견되지 않는다. 또한 다다라가 다대포를 의미한다면 계체기에 의하는 한 신라 장군 이사부가 남쪽 해안 부근에서 3개월 동안이나 진주하였다는 것인데, 퇴로가 차단될 수 있는 해안 부근에서 장기간 주둔하였다는 자체가 군사 전략상으로도 맞지 않다. 오히려 다다라는 내륙의 들판을 뜻하는 다다라원과의 연관성, 지명의 유사성 및 철기 생산과의 직접적인 관련성으로 미루어 볼 때 합천 다라국(多羅國)으로 보는 것이 합리적이다. 다다라는 『삼국사기』 신라본기에 보이는 합천의 옛 이름인 대야(大耶)와 음상사(音相似)하며 쌍책면에 있는 '다라리'와도 연관된다. 다라라는 『신찬성씨록』에는 다다량(多多良)으로도 표기되어 있어 『삼국사기』 지리지에 기록된 합천의 고명인 대량(大良)과도 통한다. 또한 『신찬성씨록』에서 다다량의 출자를 임나국(御間名國)이라고 하고, 흠명기 23년(562)에 기록된 임나 10국에 다라국도 포함되어 다다라와 다라가 동일체라는 사실을 알려준다. 합천 쌍책면의 옥전고분군에서는 철제갑옷, 철촉 등의 철제무기류가 다수 출토되고 다량의 철정을 바닥에 깐 유구가 다수 발굴되어 다라국이 고도의 제련기술을 가졌음을 알게 해준다(이형기, 「합천·의령지역의 가야 세력-대가야의 발전과 관련하여」, 『한국고대사탐구』20, 2015, 55~56쪽). 합천군에 있는 야로면(冶爐面)은 『삼국사기』 지리지의 야로현으로, 여기서 '야로'가 대장간에서 바람을 다뤄 쇠를 달구는 기구인 '풀무'를 의미한다고 볼 때 다라국은 철을 잘 '다루는 나라'라는 의미를 내포한다고 볼 수도 있으며, 『일본서기』의 '다다라'라는 명칭 역시 합천시역의 고도화된 제련기술로 보아 대장간에서 달군 쇠를 '두드려라'라는 의미의 한국어에서 그 유래를 찾을 수도 있을 것이다. 다라국은 『삼국사기』 및 『일본서기』 등을 종합하면 6세기 중엽에 멸망했을 것이므로 당시 이사부가 진주했다고 하는 다다라원은 합천 인근의 들판이며, 계체기 23년 4월조의 실체는 당시 신라가 가야 여러 나라를 압박하고 이에 가야가 신라에 대응하는 장면으로 추정된다. 또한 다수의 견해는 이사부가 공략하였다고 하는 4촌 중 하나인 수나라를 김해 금관국으로 추정하지만, 『삼국사기』에 의하면 금관국은 법흥왕 19년(532)에 멸망한 것이 확실하다. 더구나 수나라는 추고기 8년조에서 금관국과 함께 등장하므로 수나라가 금관국일 수 없다. 결국 다라라를 제외한 수나라, 발귀, 화타는 그 정확한 위치를 파악할 수 없다.
92) 『日本書紀』 卷20, 敏達天皇 4年 2月條.

신라가 바친 조의 명목과는 달리 백제가 바친 조에는 그 이유를 명시하지 않았으나 『일본서기』 편찬자들은 임나의 조와 관련되어 있음을 암시하고 있다.

백제가 임나와 직접 관련을 맺은 기사는 『일본서기』 현종기 3년(487)조의 기생반숙녜(紀生磐宿禰) 사건 및 계체기 6년(512)조의 임나 4현 관련 기사에서 보인다. 먼저 기생반숙녜 사건을 살펴보기로 한다.

> 기생반숙녜가 임나에 머물면서 고구려와 교통하고 서쪽에서 삼한의 왕이 되기 위해 관부를 정비하고 스스로 신성(神聖)이라고 일컬었다. 임나의 좌로나기타갑배(左魯那奇他甲背) 등의 계책을 이용하여 이림성(爾林城)에서 백제의 적막이해를 죽였다(이림은 고구려의 땅이다). 그리고 대산성(帶山城)을 쌓아 동도를 막고 식량을 운반하는 나루를 끊어 군사를 굶주리게 하였다. 백제왕이 크게 노하여 영군 고이해와 내두 막고해 등을 파견하여 군사를 거느리고 대산을 공략하도록 하였다. 그러자 기생반숙녜가 역습하였고, 기개가 더욱 높아져 가는 곳마다 모두 승리하였다. 일당백의 기세였으나 오래지 않아 병사들이 줄어들고 지쳐갔다. 기생반숙녜는 일이 제대로 되지 못할 것을 알고 임나에서 돌아왔다. 백제국은 좌로나기타갑배 등 3백여 명을 죽였다.93)

기생반숙녜가 머문 임나는 현재 남원지역으로 비정되며,94) 기생반숙녜는 그곳에서 독자적으로 세력을 키우기 위해 고구려와 교통하였다. 당시 백제는 고구려와 적대적인 관계를 유지하고 있었으므로95) 기생반숙

---

93) 『日本書紀』卷15, 顯宗天皇 3年條.
94) 全榮來, 앞의 「百濟南方境域의 變遷」, 145쪽. 이에 의하면, 기생반숙녜 기사의 임나를 남원으로 비정하면서 대산성 전투를 남원의 기문국과 백제의 충돌로 추정하였다.
연민수, 앞의 「六世紀前半 加耶諸國을 둘러싼 白濟·新羅의 動向」, 110쪽. 이에 의하면, 임나는 남원뿐만 아니라 임실지역까지 포함하는 것으로 보고 대산성 전투 역시 남원을 중심으로 한 기문국과 백제의 충돌로 추정하였다.
95) 『삼국사기』 백제본기에 의하면 당시 백제는 동성왕의 치세로, 왕 15년(493) 3월

녜의 이러한 조치는 백제로 하여금 커다란 반감을 일으키게 하였고 왜와의 관계가 소원해지는 계기가 되었을 것이다. 이러한 상황에서 기생반숙녜가 이림성(지금의 임실지역96))에서 백제의 적막이해를 죽이고, 대산성(지금의 섬진강 상류지역97))을 쌓고 항구를 봉쇄하여 백제의 군사를 기아(飢餓)에 빠뜨리자 백제왕은 군사를 동원하여 마침내 대산성을 공략하고 좌로나기타갑배 등 임나인 300여 명을 죽였다.

『일본서기』를 살펴보면, 백제의 이러한 공격행위에 대하여 왜가 대응하였다는 기사가 없는 것으로 미루어 당시 백제에 대하여 어떠한 조치도 취하지 않았던 것으로 추정된다. 왜의 이러한 무반응의 이면에는 기생반숙녜의 백제에 대한 적대행위가 왜조정과는 무관한 개인적인 일탈이라는 것을 강조함으로써 백제와의 관계를 깨뜨리지 않으려는 의도가 작용하였을 것이다.

한편, 임나인 300여 명을 죽여도 왜가 아무런 조치 없이 소극적으로 나오자 백제는 그때부터 전남 동부 해안지역으로 진출하면서 임나 4현을 차지했다고 하겠다. 임나 4현은 광개토왕의 남정 전에는 아라국이 직접 지배하고 있었으나 남정 후에 아라국의 적지 않은 세력이 일본열도로 대거 이동함에 따라 대화조정과 공동으로 영유(領有)하고 있었을 것이다.

그러나 시간이 지남에 따라 전남동부 해안지역이 원거리에 위치하고

신라와 결혼동맹을 맺고 왕 16년(494) 7월 고구려와 신라가 전투를 벌이자 신라를 위해 구원병을 보냈으며, 17년(494) 8월 고구려가 백제의 치양성을 포위하자 신라가 군사를 보내는 등 고구려와는 적대적인 관계가 계속되었다.

96) 鮎貝房之進, 앞의 『雜攷』上, 106쪽.
全榮來, 앞의 「百濟南方境域의 變遷」, 145쪽.
연민수, 앞의 「六世紀前半 加耶諸國을 둘러싼 百濟·新羅의 動向」, 110쪽.
97) 全榮來, 위의 글, 145쪽. 이에 의하면 그 위치를 더 구체화하여 백제의 대산군지가 있던 정읍군 칠보면 무성리로 비정하였다.
연민수, 위의 글, 110쪽.

국내의 사정상 아라국과 대화조정이 관리하기 불가능할 정도로 거의 방치되었고 사실상 주인 없는 땅이 되었을 것이다.

임나 4현이 방치되어 있었다는 사실은 고고학적으로도 확인된다.

전남 동부 해안지역인 순천, 여수 및 광양지역에서 4세기 말엽에서 5세기 초엽으로 편년되는 아라계 유적은 5세기 중엽에서 6세기 초엽에는 소가야계 유물로 대체되고 6세기 중엽에는 대가야계 유물이 주로 발굴된다.[98] 이러한 고고학적 변화는 광개토왕 남정으로 인해 아라국의 세력이 일본열도로 건너간 이후 임나 4현 지역은 사실상 아라국과 대화조정의 통치권이 미치지 않는 공지(空地)가 되었고 그 뒤 소가야, 대가야세력이 일시적으로 세력을 뻗친 결과로 보인다. 그렇다고 하여, 임나 4현이 소가야나 대가야의 영역으로 편입된 것도 아니었다.

고고학적으로 살펴보아도 소가야 및 대가야가 영향을 끼친 기간이 짧을 뿐만 아니라 이들이 군사력을 동원하여 임나 4현 지역을 정벌하였다면 당연히 대가야 등의 움직임이 감지되거나 대화조정에서 특단의 조치가 있었을 것이다. 그러나 『일본서기』에 이와 관련한 아무런 기사가 없는 것으로 보아[99] 이들이 일시적으로 세력을 뻗쳤을 뿐 임나 4현을 통치영역으로 포함시키지 못하여 사실상 공지 상태가 계속되었을 것이다.

이런 상황에서 당시 백제가 남동진하던 중 "임나 4현을 군사작전을 통해 점령"[100]하자 왜는 기생반숙녀사건으로 손상된 양국관계를 회복하기 위한 목적으로 아라국과 협의한 후 백제의 임나 4현 점령을 사후에

---

98) 이동희, 「全南東部地域의 加耶系 土器와 歷史的 性格」, 『韓國上古史學報』46, 2004, 79~85쪽.
99) 『일본서기』에 대가야와 소가야가 임나 4현을 차지하였다는 기사는 없다. 또한 계체기 23년 3월조를 보면 다사진을 백제에 주려고 하자 대가야가 거세게 항의하는 기사가 있는데 반해, 계체 6년조의 임나4현에 대한 백제할양 기사와 관련해서는 가라 등의 반발이 있었다는 기사도 없다.
100) 유우창, 「6세기 우륵의 망명과정」, 『역사와 경계』108, 2018, 36쪽.

용인한 것으로 추정된다.101) 백제가 군대를 동원하여 무력으로 임나 4현을 정복하였다고 보는 이유는 임나 4현에 대한 영유권 결정이 『일본서기』에서 보는 것처럼 왜조정의 평화적인 할양으로 보이지 않고 그것에 대한 결정 과정이 정상적이지 않다는 데 있다. 『일본서기』 계체기 6년 12월조를 보면 당시 왜조정에서 임나 4현 할양을 결정하자 황자인 대형이 이를 번복하려고 한 조치가 기록되어 있다.

> 대형황자(大兄皇子)가 그전에 다른 일이 있어 영토를 주는 일에 관여하지 않았으나 뒤늦게 칙명이 있었다는 것을 알고 놀라 후회하며 이를 고치려고 하였다. 영을 내려 "응신천황 이래 관가를 설치한 나라를 번국이 성급하게 요구한다고 하여 쉽게 줄 수 있는가."라고 말하였다. 이에 일응길사(日鷹吉師)를 보내어, 백제 사신에게 칙을 고쳐서 알렸다. 사신이 "아버지인 천황이 편의를 살펴 칙명을 이미 내렸는데, 아들인 황자가 어찌 천황의 칙명을 어기고 경망스럽게 다시 고쳐 명령할 수 있는가. 이는 분명히 거짓이다. 비록 그것이 사실이라고 하더라도 몽둥이의 큰 쪽과 작은 쪽 중에서 어느 쪽으로 때리는 것이 더 아프겠는가."라고 말하고 물러갔다. 사람들 사이에 "대반대련과 다리국수 수적신압산이 백제로부터 뇌물을 받았다."라는 소문이 났다.102)

백제와 왜 사이에 임나 4현에 대한 순조로운 할양 절차가 있었다면 왜의 신하들에게 무리하게 뇌물을 뿌릴 필요가 없었으며, 천황의 명으로 결정된 사실에 대하여 대형황자가 명을 바꾸면서까지 급히 번복하려 하지도 않았을 것이다.

당시 뇌물을 주었다는 것 외에 백제가 대가관계로 왜에 정기적으로

---

101) 당시 대화조정에서 임나 4현에 대한 양도 결정이 있은 직후에 대형황자가 뒤늦게 알고 결정을 번복하려고 한 정황 등을 고려해 볼 때, 임나 4현의 백제 양도는 별다른 대가 없이 무상으로 양도한 것으로 보이며 그 이면에는 기생 반숙녜사건에 대한 화해의 의미도 포함되어 있었던 것으로 추정된다.
102) 『日本書紀』 卷17, 繼體天皇 6年 12月條.

조를 바치지 않았음은 『일본서기』를 통해서도 알 수 있다. 그런데도 임나 4현 할양 기사로부터 70여 년이 지난 시점인 민달기 4년(575) 2월 신라가 임나 4촌에 대한 조를 바쳤다는 그 해에 백제가 사신을 보내 조를 바쳤다고 하면서 마치 임나의 조인 것처럼 암시한 이유는 명확하다.

백제의 임나 4현 점령에 대하여 당시 왜조정이 사후 인정한 사실은 누대에 걸쳐 아쉬움으로 작용하였고, 이러한 심정은 가야지역을 정벌한 신라에 대한 감정과 결합하여 커다란 상실감으로 이어졌을 것이다.

이에 『일본서기』 편자들은 율령 국가적 이념을 구현하면서 왜왕의 지위를 고양하고 고구려를 비롯한 백제, 신라, 가야를 제후의 나라로 설정하는 과정에서 신라와 백제가 보낸 부정기적인 외교사절을 모두 번국이 상국에 바치는 성격의 조로 왜곡하였으며, 심지어 중국의 오나라에서도 조공하였다고 기록함으로써 중국마저 왜왕에게 조공하는 번국으로 확대하였다.103)

당시 왜가 임나의 조를 받을 권리가 있고 실제로 받았다면 당연히 흠명기 23년조에 멸망한 임나의 국명과 동일한 명칭을 사용하여 대상지를 명시할 것이지 임나의 국명과 전혀 다른 화타, 발귀, 수나라 등의 애매한 용어를 사용하지는 않았을 것이다. 흠명기 23년조의 국명과 다른 4촌과 같은 용례의 사용은 당시 임나의 조가 존재하지 않았음을 역설적으로 알려준다. 신공기 49년조의 4읍이 5년 3월조에도 전혀 다른 지역 명칭의 4읍으로 나타나는 만큼104) 임나 4읍은 후대에 창조된 공간이며 민달기의 임나 4촌 또한 신공기의 임나 4읍과 같은 역사적 성격을 띤다고 하겠다.

---

103) 『日本書紀』 卷11, 仁德天皇 58年 10月條 ; 卷14, 雄略天皇 6年 4月條. 이 기사에 의하면 고구려는 물론 중국의 오나라까지 조공대열에 합류하였다고 하였으나, 오는 그전에 이미 멸망하였다.
104) 『日本書紀』 卷9, 神功皇后 5年 3月條, "是時俘人等 今桑原佐糜高宮忍海凡四邑漢人等之始祖也".

『일본서기』 편찬자들은 천황을 정점으로 하는 율령국가의 취지를 고양하고 한반도에 대한 허구적인 지배권을 확보하기 위해 임나 4읍과 동일한 역사적 의미를 가진 임나 4촌을 만든 다음 임나의 조라는 가공(架空)의 사실을 『일본서기』에 삽입하였을 것이다. 결국 임나 4촌은 임나의 조를 만들기 위해 후대에 설정된 공간이며 신라가 임나의 조를 바쳤다는 기사 역시 허구의 역사일 뿐이다.

참고문헌

1. 문헌

『三國史記』　　　『三國遺事』　　　『朝鮮王朝實錄』
『高麗史』　　　　『東文選』　　　　『東國通鑑』
『新增東國輿地勝覽』『咸州誌』　　　『芝峯類說』
『東國地理志』　　『金海邑誌』　　　『東史綱目』
『駕洛三王事蹟考』『疆域考』　　　　『大東地志』
『海東繹史續』　　『迎日郡邑誌』　　『順菴先生文集』
『史記』　　　　　『漢書』　　　　　『三國志』
『後漢書』　　　　『宋書』　　　　　『隋書』
『梁書』　　　　　『周書』　　　　　『晉書』
『翰苑』　　　　　『北史』　　　　　『古事記』
『日本書紀』　　　『續日本記』　　　『風土記』
『通典』　　　　　『新撰姓氏錄』　　『貞觀儀式』
『延喜式』　　　　『舊唐書』　　　　『册府元龜』
『新唐書』　　　　『資治通鑑』　　　『高麗圖經』

2. 서적

李能和, 『朝鮮佛敎通史』下篇, 新文館, 1918.
安在鴻, 『朝鮮上古史鑑』上, 民友社, 1947.
李丙燾, 『韓國史 : 古代篇』乙酉文化社, 1959.
丁仲煥, 『加羅史草』, 釜山大學校 韓日文化硏究所, 1962.
梁柱東, 『增訂古歌硏究』, 一潮閣, 1965.
李基白, 『韓國史新論』, 一潮閣, 1967.

金錫亨, 『古代朝日關係史』, 勁草書房, 1969.
文定昌, 『日本上古史』, 柏文堂, 1970.
李弘稙, 『韓國古代史의 研究』, 新丘文化社, 1971.
李進熙, 『廣開土王陵碑の研究』, 吉川弘文館, 1972.
崔南善, 『朝鮮常識問答』, 玄岩社, 1973.
李進熙, 『好太王碑の謎』, 講談社, 1973.
文定昌, 『加耶史』, 柏文堂, 1974.
손성우, 『한국지명사전』, 경인문화사, 1974.
文定昌, 『百濟史』, 柏文堂, 1975.
金哲埈, 韓國古代社會研究, 知識産業社, 1975.
金在鵬, 『日本古代國家と朝鮮』, 大和書房, 1975.
金哲埈, 『韓國古代國家發達史』, 韓國日報社, 1975.
李丙燾, 『韓國古代史研究』, 博英社, 1976.
金廷鶴, 『任那と日本』, 小学館, 1977.
文定昌, 『廣開土王勳績碑文論』, 柏文堂, 1977.
李鍾旭, 『新羅上代王位繼承研究』, 영남대학교출판부, 1980.
全海宗, 『東夷傳의 文獻的 研究』, 一潮閣, 1980.
金達壽, 『古代日朝關係史入門』, 筑摩書房, 1981.
문정창, 『韓民族이 세운 日本古代史』, 관동출판사, 1981.
金琪彬, 『高興地名由來』, 在京高興郡江西會, 1982.
金聖昊, 『沸流百濟와 日本의 國家起源』, 知文社, 1982.
이희승, 『국어대사전』, 민중서림, 1982.
『近世韓國五萬分之一地形圖』 上卷, 朝鮮總督府, 1918 ; 『近世韓國五萬分之一地形圖』, 景仁文化社, 1982.
李丙燾 譯註, 『三國史記』上, 乙酉文化社, 1983.
李丙燾 譯註, 『三國史記』下, 乙酉文化社, 1983.
李賢惠, 『三韓社會形成過程研究』, 一潮閣, 1984.
李炳善. 『任那國과 對馬島』, 亞細亞文化社, 1987.
金元龍, 『韓國考古學研究』, 一志社, 1987.
허명철, 『가야불교의 고찰』, 종교문화사, 1987.
盧重國, 『百濟政治史 研究』, 一潮閣, 1988.

한국고대사연구회, 『한국고대사연구1』, 지식산업사, 1988.
한글학회, 『한국지명총람』, 1988.
文定昌, 『韓國史의 延長 古代日本史』, 인간사, 1989.
千寬宇. 『古朝鮮史·三韓史硏究』, 一潮閣, 1989.
金廷鶴, 『韓國上古史硏究』, 汎友社, 1990.
盧重國, 『韓國古代國家의 形成』, 民音社 1990.
魯成煥 譯註, 『古事記』中, 예전사, 1990.
千寬宇, 『加耶史硏究』, 一潮閣, 1991.
한국정신문화연구원, 『한국민족문화대백과사전』, 1991-1992.
韓國古代社會硏究所, 『譯註韓國古代金石文』Ⅰ, 駕洛國史蹟開發硏究院, 1992.
韓國古代社會硏究所, 『譯註韓國古代金石文』Ⅱ, 駕洛國史蹟開發硏究院, 1992.
金泰植, 『加耶聯盟史』, 一潮閣, 1993.
金廷鶴, 『伽倻史論』, 高麗大學校韓國學硏究所, 1993.
金鉉球, 『任那日本府硏究:韓半島南部經營論批判』, 一潮閣, 1993.
李永植 「任那日本府의 再檢討」, 『加耶諸國と 任那日本府』, 吉川弘文館, 1993.
이영희, 『노래하는 역사』, 조선일보사, 1994.
박시인, 『알타이신화』, 청노루, 1994.
昌原文化財硏究所, 『年報』, 1995.
김향수, 『일본은 한국이더라』, 문학수첩, 1995.
韓國古代史硏究會, 『三韓의 社會와 文化』, 新書苑, 1995.
아라가야향토사연구회, 『안라국고성』, 1996.
윤석효, 『신편가야사』, 혜안, 1997.
이종기, 『춤추는 神女』, 동아일보사, 1997.
조희승, 『가야사연구』, 민속원, 1997.
아라가야향토사연구회, 『함안고인돌』, 1997.
孔錫龜, 『高句麗 領域擴張史 硏究』, 書景文化社, 1998.
박병식, 『도적맞은 우리국호 일본』, 문학수첩, 1998.
윤내현, 『한국열국사연구』, 지식산업사, 1998.
金杜珍, 『韓國古代의 建國神話와 祭儀』, 一潮閣, 1999.
丁仲煥, 『加羅史硏究』, 혜안, 2000.
崔在錫, 『古代韓日關係와 日本書紀』, 一志社, 2001.

윤명철, 『한민족의 해양활동과 동아지중해』, 학연문화사, 2002.
스튜어트 J. 올샨스키·브루스 A. 칸스 지음;전영택 옮김, 『인간은 얼마나 오래 살 수 있는가 : 노화와 장수, 그 과학적 비밀을 찾아서』, 궁리출판, 2002.
金泰植宋桂鉉, 『韓國의 騎馬民族論』, 한국마사회 마사박물관, 2003.
白承玉, 『加耶各國史硏究』, 혜안, 2003.
南在祐, 『安羅國史』, 혜안, 2003.
부산대학교 한국민족문화연구소, 『가야고고학의 새로운 조명』, 혜안, 2003.
윤명철, 『한국해양사』, 학연문화사, 2003.
이이화, 『역사는 스스로 말하지 않는다』, 산처럼, 2004.
한신대학교 학술원, 『漢城期 百濟의 물류시스템과 對外交涉』, 학연문화사, 2004.
박천수, 『새로 쓰는 한일교섭사』, 사회평론, 2007.
裵勇一, 『延烏郞 細烏女 日月神話 硏究』, 浦項精神文化發展硏究會, 2007.
이영식, 『이야기로 떠나는 가야역사여행』, 지식산업사, 2009.
에릭 쥐르허 저;최연식 역, 『불교의 중국정복-중국에서의 불교의 수용과변용』, 씨-아이-알, 2010.
김종성, 『철의 제국 가야』, ㈜위즈덤하우스, 2010.
정형진, 『바람타고 흐른 고대문화의 비밀』, 소나무, 2011.
한국문화재조사연구기관협회, 『한반도의 제철유적』, 2012.
정구복 외, 『역주삼국사기』4 주석편(하), 한국정신문화연구원, 1997.
경남발전연구원 역사문화센터, 『고고학을 통해 본 아라가야와 주변제국』, 학연문화사, 2013.
재레드 다이아몬드 지음;김진준 옮김, 『총,균,쇠』, ㈜문학사상, 2015.
중앙문화재연구원, 『가야고고학개론』, 진인진, 2016.
한국고대사학회, 『가야사 연구의 현황과 전망』, 주류성, 2018.
백승옥 외, 『안라(아라가야)의 위상과 국제관계』, 학연문화사, 2018.
사다모리 히데오;김도영 번역, 『가야기마인물형토기를 해부하다』, 주류성, 2019.

林泰輔, 『朝鮮史』, 吉川半七, 1892.
『大日本地震史料』券1, 震災豫防調査會, 1893.
津田左右吉, 『朝鮮歷史地理』1, 南滿洲鐵道株式會社, 1913.
那珂通世, 『那珂通世遺書』, 那珂博士功績紀念會, 1915.

津田左右吉, 『古事記及び日本書紀の新研究』, 洛陽堂, 1919.
津田左右吉, 『古事記及 日本書記の研究 』, 岩波書店, 1924.
北畠親房 著;御巫淸勇 註, 『新註 神皇正統記』, 教育硏究會, 1928.
太田亮, 『日本古代史新硏究』, 磯部甲陽堂, 1928.
藤貞幹, 『日本思想鬪爭史料』4, 東方書院, 1930.
黑板勝美, 『國史の硏究』, 岩波書店, 1936.
今西龍, 『朝鮮古史の硏究』, 近澤書店, 1937.
鮎貝房之進, 『雜考7』上, 朝鮮印刷, 1937.
津田左右吉, 『古事記及 日本書記の硏究』, 岩波書店, 1938.
三品彰英, 『日鮮神話傳說の硏究』, 柳原書店, 1943.
津田左右吉, 『日本上代史の硏究』, 岩波書店, 1947.
末松保和, 『新羅史の諸問題』, 東洋文庫, 1954.
西田長男, 『日本古典の史的硏究』, 理想社, 1956.
井上光貞, 『日本國家の起源』, 岩波書店, 1960.
末松保和, 『任那興亡史』, 吉川弘文館, 1961.
三品彰英, 『日本書紀朝鮮関係記事考證』上, 吉川弘文館, 1962.
關晃, 『歸化人歸化人-古代の政治·經濟·文化を語る-』, 至文堂, 1962.
佐伯有淸, 『新撰姓氏錄の硏究 : 本文篇』, 吉川弘文館 1962.
直木孝次郞, 『日本古代の氏族と天皇』, 塙書房, 1962.
岡本堅次, 『神功皇后』, 吉川弘文館, 1963.
石井良助;井上光貞, 『邪馬臺国』, 創文社, 1966.
江上波夫 『騎馬民族國家』, 中央公論社, 1967.
石田英一郞, 『日本國家の 起源』, 角川書店, 1967.
藤間生大, 『倭の 五王』, 岩波書店, 1968.
水野祐, 『日本古代の國家形成』, 講談社, 1968.
上田正昭, 『日本と朝鮮の二千年 (1) - 神話時代 - 近世』, 太平出版社, 1969.
井上秀雄, 「日本書紀の新羅傳說記事」『日本書紀硏究』(4), 塙書房, 1970.
石母田正, 『日本の古代國家』, 岩波書店, 1971.
秋本吉郞 校注, 風土記, 岩波書店 1971.
鮎貝房之進, 『新羅王號攷·朝鮮國名攷』, 國書刊行會, 1972.
三品彰英, 『(增補)日鮮神話傳說の硏究』, 平凡社, 1972.

井上光貞, 『日本の歴史1-神話から歴史く』, 中央公論新社, 1973.
松本清張, 『邪馬臺国の常識』, 毎日新聞社, 1974.
上田正昭 外, 『古代日本と朝鮮 座談会』, 中央公論社, 1974.
坂本太郎 等 校注, 『日本書紀』上, 岩波書店, 1976.
坂本太郎 等 校注, 『日本書紀』下, 岩波書店, 1976.
佐伯有淸, 『廣開土王碑と參謀本部』, 吉川弘文館, 1976.
朝日新聞學藝部, 『邪馬臺国』, 朝日新聞社, 1976.
旗田巍, 『日本人の朝鮮觀』, 勁草書房, 1977.
井上秀雄, 『任那日本府と倭』, 寧樂社, 1978.
栗原朋信, 『上代日本對外關係の研究』, 吉川弘文館, 1978.
三品彰英, 『三國遺事考証(中)』, 塙書房, 1979.
安本美典, 『倭の五王の謎』, 講談社, 1981.
王健群, 『好太王碑 研究』, 雄渾社, 1984.
山尾幸久, 『古代の日朝關係』, 塙書房, 1989.
武田幸男, 『高句麗史と東アジア:「広開土王碑」研究序說』, 岩波書店 1989.
田中俊明, 『大加耶聯盟體の興亡と 任那』, 吉川弘文館, 1992.
大和岩雄, 『秦氏の研究』, 大和書房, 1993.
小熊英二, 『單一民族神話の起源 : <日本人>の自畵像の系譜』, 新曜社, 1998.
置田雅昭, 『歷史と氣候』, 朝倉書店, 1998.
笠井倭人, 『古代の日朝關係と日本書紀』, 吉川弘文館, 2000.
吉田晶, 『七支刀の謎を解く』, 新日本出版社, 2001.
吉野誠, 『明治維新と征韓論 : 吉田松陰から西鄕隆盛へ』, 明石書店, 2002.
木村 誠, 『古代朝鮮の國家と社會』, 吉川弘文館, 2004.

3. 연구논문

李丙燾, 「三韓問題의 新考察(一)-辰國及三韓考-」, 『眞檀學報』1, 1934.
李丙燾, 「三韓問題의 新考察(六)-辰國及三韓考-」, 『震檀學報』7, 1937.
鄭寅普, 「廣開土境平安好太王碑文釋略」, 『國學論叢 庸濟白樂濬博士 還甲記念』, 1955.

李基白, 「百濟王位繼承考」, 『歷史學報』11, 1959.
이홍직, 「여명기의 한일관계와 전설의 검토」, 『국사상의 제문제』2, 국사편찬위원회, 1959.
任昌淳, 「辰韓位置考」, 『史學研究』6, 1959.
金哲埈, 「新羅上古世系와 그 紀年」, 『歷史學報』17·18合輯, 1962.
金元龍, 「三國時代의 開始에 關한 一考察-三國史記와 樂浪郡에 대한 再檢討-」, 『東亞文化』7, 1967.
蘇在英, 「延烏細烏說話攷」, 『국어국문학』36, 1967.
金貞培, 「辰國과 韓에 關한 考察」, 『史叢·金成植博士華甲紀念論叢』, 1968.
高柄翊, 「三國史記에 있어서의 歷史敍述」, 『金載元博士 回甲紀念論叢』, 乙酉文化社, 1969.
丁仲煥, 「瀆盧國考」, 『白山學報』8, 1970.
金光洙, 「新羅上古世系의 再構成 試圖」, 『東洋學』3, 1973.
李丙燾, 「百濟七支刀考」, 『眞檀學報』38, 1974.
李寬逸, 「延烏郞·細烏女 說話의 한 硏究」, 『국어국문학』55-57, 1976.
李鍾旭, 「百濟의 國家形成」, 『大邱史學』11, 1976.
千寬宇, 「三韓의 國家形成(下)-三韓攷 第3部-」, 『韓國學報』2-2, 1976.
千寬宇, 「辰·弁韓諸國의 位置 試論」, 『白山學報』, 20, 1976.
權泰煥·愼鏞廈, 「朝鮮王朝時代 人口推定에 關한 一試論」, 『東亞文化』14, 1978.
金貞培, 「三韓社會의 "國"의 解釋問題」, 『韓國史研究』26, 1979.
朴性鳳, 「廣開土好太王期 高句麗 南進의 性格」, 『韓國史研究』27, 1979.
千寬宇, 「廣開土王陵碑再論」, 『全海宗博士 華甲紀念 史學論叢』, 一潮閣, 1979.
金永萬, 「廣開土王碑文의 新研究(1)」, 『新羅伽倻文化』11, 1980.
金貞培, 「七支刀 研究의 새로운 方向」, 『東洋學』10, 1980.
李鍾恒, 「加耶族이 세운 古代九州王國에 대한 研究」, 『韓國學論叢』2, 1980.
黃浿江, 「日本神話속의 韓國」, 『韓國學報』6-3, 1980.
盧重國, 「高句麗·百濟·新羅 사이의 力關係變化에 한 一考察」, 『東方學志』28, 1981.
李亨求·朴魯姬, 「廣開土大王陵碑文의 소위 辛卯年記事에 대하여-僞作 倭子考」, 『東方學志』29, 1981.
金廷鶴, 「古代國家의 發達」, 『韓國考古學報』12, 1982.

金廷鶴, 「神功皇后 新羅征伐說의 虛構」, 『신라문화제학술발표논문집』3, 1982.
李殷昌, 「伽耶古墳의 編年 硏究」, 『韓國考古學報』12, 1982.
姜吉云, 「伽耶語와 드라비다語와의 比較(Ⅱ)」, 『水原大學校論文集』1, 1983.
金廷鶴, 「伽耶史의 硏究」, 『史學硏究』37, 1983.
金昌鎬, 「新羅 太祖星漢의 재검토」, 『歷史敎育論集』5, 1983.
金顯吉, 「說話를 통해서 본 古代의 韓日關係」, 『湖西史學』11, 1983.
成洛俊, 「榮山江流域의 甕棺墓硏究」, 『百濟文化』15, 1983.
崔在錫, 「新羅王室의 王位繼承」, 『歷史學報』98, 1983.
尹德香, 「甕棺墓 數例」, 『尹武炳博士回甲紀念論叢』, 1984.
李永植, 「加耶諸國의 國家形成問題」, 『白山學報』32, 1985.
尹鍾周, 「우리나라 古代人口에 관한 小考」, 『한국인구학』8-2, 1985.
全榮來, 「百濟南方境域의 變遷」, 『千寬宇先生還曆紀念韓國史學論叢』, 1985.
鄭求福, 「高麗時代 史學史 硏究 : 史論을 中心으로」, 西江大學校大學院博士學位論文, 1985.
權五榮, 「初期百濟의 성장과정에 관한 一考察」, 『韓國史論』15, 1986.
金廷鶴, 「石上神宮所藏 七支刀의 眞僞에 對하여」, 『百濟硏究』17, 1986.
金秉模, 「駕洛國 許黃玉의 出自-阿踰陀國考(1)-」, 『三佛金元龍敎授停年退任紀念論叢』, 一志社, 1987.
盧重國, 「馬韓의 成立과 變遷」, 『馬韓·百濟文化』10, 1987.
方龍安, 「悉直國에 대한 고찰」, 『江原史學』3, 1987.
李妍淑, 「萬葉集의 韓人系 作家攷」, 『韓國文學論叢』22, 1988쪽.
이영식, 「가야불교의 전래와 문제점」, 『가야문화』10, 1988.
장용걸, 「宅號의 考察-계층성과 여성의 兩義性을 중심으로-」, 『비교민속학』3, 1988.
白承忠, 「1~3세기 가야세력의 성격과 그 추이-수로집단의 등장과 浦上八國의 난을 중심으로-」, 『釜大史學』13, 1989.
崔在錫, 「古代 日本으로 건너간 韓民族과 日本 原住民의 數의 推定」, 『東方學志』61, 1989.
무함마드 깐수, 「韓國佛敎南來說試考」, 『史學志』22, 1989.
盧重國, 「目支國에 대한 一考察」, 『百濟論叢』2, 1990.
安春培, 「考古學上에서 본 任那日本府說」, 『加羅文化』8, 1990.

연민수, 「六世紀前半 加耶諸國을 둘러싼 百濟·新羅의 動向」, 『신라문화』7, 1990.
尹日寧, 「關彌城位置考-廣開土王碑文, 三國史記, 大東地志를 바탕으로-」, 『北岳史論』 2, 1990.
李基東, 「百濟國의 成長과 馬韓 倂合」, 『百濟論叢』2, 1990.
崔盛洛, 「全南地方의 馬韓文化」, 『馬韓百濟文化』12, 1990.
金泰植, 「530년대 安羅의 日本府經營에 대하여」, 『울산사학』4, 1991.
徐永大, 「韓國宗敎史 資料로서의 三國志東夷傳」, 『韓國學硏究』3, 1991.
尹錫曉, 「伽倻의 佛敎受容에 관한 硏究」, 『漢城大學校論文集』15, 1991.
김용덕, 「가야불교설화의연구」, 『한국학논총』21·22, 1992.
申敬澈, 「金海禮安里 160號墳에 대하여-古墳의 發生과 관련하여-」, 『伽耶考古學論叢』1, 가락국사적개발연구원, 1992.
李基東, 「騎馬民族說에서의 韓·倭연합왕국론 비판」, 『韓國史市民講座』11, 1992.
李盛周 外, 「阿羅伽耶中心古墳群의 編年과 性格」, 『韓國上古史學報』10, 1992.
權珠賢, 「阿羅加耶의 成立과 發展」, 『啓明史學』4, 1993.
金煐泰, 「伽耶의 國名과 佛敎와의 관계」, 『伽耶文化』6, 1993.
宣石悅, 「《三國史記》〈新羅本紀〉加耶關係記事의 檢討-初期記錄의 紀年 推定을 중심으로-」, 『釜山史學』24, 1993.
李盛周, 「1-3세기 가야정치체의 성장」, 『韓國古代史論叢』5, 1993.
李仁哲, 「新羅의 村과 村民支配에 관한 硏究-正倉院 所藏 新羅帳籍을 中心으로」, 韓國學大學院博士學位論文, 1993.
李炯佑, 「斯盧國의 동해안 진출」, 『건대사학』8, 1993.
李熙德, 「新羅時代의 天災地變」, 『東方學志』82, 1993.
許明徹, 「三國遺事에 기록된 加耶佛敎」, 『金海文化』11, 1993.
金泰植, 「咸安 安羅國의 成長과 變遷」, 『韓國史研究會』86, 1994.
金泰植, 「廣開土王碑文의 任那加羅와 安羅人戍兵」, 『韓國古代史論叢』6, 1994.
이영식, 「구간사회와 가락국의 성립」, 『가야문화』7, 가야문화연구원, 1994.
權五曄, 「『古事記』의 百濟·新羅說話」, 『百濟研究』25, 1995.
金秉模, 「한·일(韓·日) 쌍어문(雙魚紋) 비교연구-邪馬臺國 卑彌呼의 鬼道를 중심으로-」, 『民族學研究』1, 1995.
金亨坤, 「阿羅伽耶의 形成過程 研究 -考古學的 資料를 중심으로-」, 『加羅文化』12, 1995.
白承忠, 「加耶의 地域聯盟史 研究」, 釜山大學校博士學位論文, 1995.

윤명철,「海洋條件을 통해서 본 古代 韓日 關係史의 理解」,『日本學』14, 1995.
尹撤重,「脫解王의 渡來地·'阿珍浦'의 位置辨證」,『白山學報』45, 1995.
李炯佑,「音汁伐國考」,『人文研究』17-1, 1995.
昌原文化財硏究所,『年報』, 1995.
權五榮,「三韓의 國에 대한 硏究」, 서울대학교박사학위논문, 1996.
金相敦,「新羅末 舊加耶圈의 金海 豪族勢力」,『眞檀學報』82, 1996.
손홍열,「韓國古代의 醫療制度」,『韓國韓醫學硏究院論文集』2, 1996.
金起燮,「4세기경 百濟의 人口와 住民構成」,『京畿史論』1, 1997.
이형구,『서울 風納土城[百濟 王城]實測調査研究』, 百濟文化開發研究院, 1997.
金泰植,「駕洛國記 所載 許王后 說話의 性格」,『韓國史研究』102, 1998.
李盛周,「新羅·伽耶社會의 政治·經濟의 起源과 成長」, 서울대학교박사학위논문, 1998.
李炯基,「阿羅伽耶聯盟體의 成立과 그 推移」,『史學研究』57, 1999.
金泰植,「加耶聯盟體의 性格 再論」,『韓國古代史論叢』10, 2000.
金賢,「咸安 道項里 木棺墓 瓦質土器에 대하여」,『道項里·末山里遺蹟』, (社)慶南考古學硏究所·咸安君, 2000.
朴鍾益,「咸安 城山山城 發掘調査와 木簡」,『韓國古代史研究』19, 2000.
이종욱,「『삼국사기』에 나타난 초기 백제와 풍납토성」,『서강인문논총』12, 2000.
이희근,「古代史 최초 異國여성 許黃玉은 누구인가? : 가락국의 허왕후는 인도 아닌 '한반도倭' 출신」,『월간중앙』, 2000.
박윤미·정복남,「阿羅伽倻와 大伽倻 古墳群의 銹着織物 : 도항리·지산동 고분군을 중심으로-」,『복식문화연구』9-5, 2001.
朴天秀,「考古資料를 통해 본 古代 韓半島와 日本列島의 相互作用」,『韓國古代史研究』27, 2002.
李東注,「巨濟島의 先史文化」,『石堂論叢』31, 2002.
徐榮一,「斯盧國의 悉直國 倂合과 東海 海上權의 掌握」,『新羅文化』21, 2003.
김종택,「일본 왕가의 본향 '高天原'은 어디인가」,『지명학』10, 2004.
이동희,「全南東部地域의 加耶系 土器와 歷史的 性格」,『韓國上古史學報』46, 2004.
李在碩,「『宋書』 倭國傳에 보이는 倭王(武) 上表文에 대한 검토」,『新羅文化』

24, 2004.
李永植, 「安羅國과 倭國의 交流史 硏究」, 『史學硏究』74, 2004.
정치영, 「조선후기 인구의 지역별 특성」, 『민족문화연구』40, 2004.
김기섭, 「5세기 무렵 백제 渡倭人의 활동과 문화전파」, 『왜 5왕 문제와 한일관계』, 한일관계사연구논집편찬위원회, 2005.
김두철, 「4세기 후반~5세기 초 고구려·가야·왜의 무기·무장체계 비교」, 『광개토대왕비와 한일관계』, 경인문화사, 2005.
김태식, 「4世紀의 韓日關係史-廣開土王陵碑文의 倭軍問題를 中心으로」, 『한일역사공동연구보고서』1, 2005.
박천수, 「3-6세기 한반도와 일본열도의 교섭」, 『한국고고학보』61, 2006.
연민수, 「神功皇后 전설과 日本人의 對韓觀」, 『韓日關係史硏究』24, 한일관계사학회, 2006.
李永植, 「가야인의 시간의식과 가야금12곡」, 『釜大史學』30, 2006.
曹秀鉉, 「火炎形透窓土器硏究」, 『韓國考古學報』59, 2006.
홍보식, 「한반도 남부지역의 왜계 요소-기원후 3~6세기대를 중심으로」, 『한국고대사연구』44, 2006.
김량훈, 「4-5세기 남부가야제국과 백제의 교섭추이」, 『역사와 경계』65, 2007.
柳江夏, 「漢代 西王母 畵像石 硏究」, 延世大學校大學院博士學位論文, 2007.
이기용, 「일본침략사상의 원형인 '神功皇后說話'」, 『日本思想』13, 한국일본사상사학회, 2007.
정재윤, 「初期百濟의 成長과 眞氏勢力의 動向」, 『歷史學硏究』29, 2007.
세키네 히데유키, 「한국인과 일본인의 계통연구와 패러다임」, 『민족문화연구』47, 2007.
최석영, 「일제 하 소시모리(曾尸茂梨) 비정을 둘러싼 논쟁사(論爭史)에 대한 소고」, 『중앙민속학』13, 2008.
박대재, 「謝承 『後漢書』 東夷列傳에 대한 예비적 고찰」, 『한국고대사연구』55, 2009.
방수영, 「아라가야왕자와 일본의 大運河」, 『한국논단』233, 2009.
정주희, 「咸安樣式 古式陶質土器의 分布定型과 意味」, 『韓國考古學報』73, 2009.
李永植, 「고대 한일교섭의 가교, 거제도-가야의 瀆盧國과 신라의 裳郡-」, 『동아시아고대학』22, 2010.

鄭孝雲,「고대한일관계사와 대마도」,『일어일문학』46, 2010.
조경철,「백제 칠지도의 제작연대 재론-丙午正陽을 중심으로-」『百濟文化』42, 2010.
조흥국,「고대 한반도와 동남아시아 및 인도의 해양교류에관한 고찰」,『해항도시문화교섭학』3, 2010.
곽장근, 전북지역 백제와 가야의 교통로 연구,『한국고대사연구』63, 2011.
박규태,「교토와 도래인 : 하타씨(秦氏)와 신사(神社)를 중심으로」『韓國學論集』45, 2011.
박재용,「『日本書紀』편찬과 百濟系 史官」,『百濟學報』6, 2011.
蘇鎭轍,「일본의고대국가 大倭의 뿌리는 韓」,『白山學報』90, 2011.
이동희,「全南 東部地域 加耶文化의 起源과 變遷」,『百濟文化』45, 2011.
백승충,「'임나4현'의 위치비정」,『역사와 경계』85, 2012.
이봉일,「『삼국유사(三國遺事)』연오랑·세오녀(延烏郎·細烏女)와『古事記』신라왕자 아메노히보코(天之日矛) 이야기의 비교분석 연구」,『국제한인문학연구』9, 2012.
장장식,「민속학과 역사학의 통섭을 위한 비판적 성찰」,『민속학연구』30, 2012.
박종욱,「602년 阿莫城戰鬪의 배경과 성격」,『한국고대사연구』69, 2013.
徐榮敎,「百濟의 倭使國書 奪取사건-602~3년 阿莫城·北漢山城 전투와 관련하여-」,『군사』86, 2013.
신가영,「대가야 멸망과정에 대한 새로운 이해-가야반 기사를 중심으로-」,『한국고대사연구』72, 2013.
李文基,「2~3세기 韓半島와 日本列島의 情勢와 交流에서 본 延烏郎 細烏女 說話의 歷史的 背景」,『東方漢文學』57, 2013.
김수인,「七佛寺 緣起說話의 成立史的 檢討」,『원불교사상과 종교문화』60, 2014.
김창겸,「신라의 悉直國 복속과 지방통치의 추이」,『新羅史學報』32, 2014.
유우창,「『일본서기』신공기의 가야인식과 임나일본부」,『지역과 역사』35, 2014.
이상수,「考古資料를 통해본 悉直國」,『이사부와 동해』8, 2014.
이연심,「안라국의 대왜교역로에 관한 검토」,『한국민족문화』51, 2014.
정성일,「朝鮮의 對日關係와 巨濟사람들-1830~80년대 巨濟府 舊助羅里〔項里〕주민의 대마도 난파선 구조를 중심으로-」,『韓日關係史研究』49, 2014.

최희수, 「百濟초기 部의 성립·운영과 地方統治」, 『韓國古代史探究』18, 2014.
白振在, 「加耶諸國의 倭交涉과 浦上八國戰爭」, 『지역과 역사』37, 2015.
연민수, 「변진시대 가락국의 성장과 외교-포상팔국의 침공과 관련하여」, 『한일관계사연구』51, 2015.
이형기, 「합천·의령지역의 가야 세력-대가야의 발전과 관련하여」, 『한국고대사탐구』20, 2015.
조성숙, 「가락국기 신화의 전승에 나타난 생태적 관점과 의미」, 『민족문화』47, 2016.
関根英行, 「한반도도래설을 부정한 일본인 기원론의 사상적배경」, 『東아시아古代學』44, 2016.
延敏洙, 「秦氏의 渡來傳承과 후예씨족의 활동」, 『한일관계사연구』58, 2017.
홍보식, 「전기가야의 고고학적 연구 쟁점과 전망」, 『한국고대사연구』85, 2017.
성정용, 「가야지역의 철 생산과 유통 양상」, 『역사와 담론』85, 2018.
유우창, 「6세기 우륵의 망명과정」, 『역사와 경계』108, 2018.
이기성, 「기후 변동의 고고학-일본고고학 연구 사례의 비판적 검토-」, 『선사와 고대』56, 2018.
이정근, 「아라가야의 토기 생산체계와 생산공간」, 『아라가야의 역사와 공간』, 선인, 2018.
하승철, 「유물을 통해 본 아라가야와 왜의 교섭」, 『중앙고고연구』25, 2018.
하승철, 「고고자료를 통해본 아라가야의 대외관계」, 『지역과 역사』42, 2018.
하승철, 「가야와 일본 와카야마(和歌山)지역 호족과의 교류」, 『東아시아古代學』53, 2019.
박영대·신종대, 「오진하치만신의 시대별 수용과 전개」, 『일어일문학』81, 2019.
김경나, 「몽골제국의 카라코룸 유물로 본 초원길의 동서교역」, 『아시아리뷰』8-2, 2019.
三上喜孝·오택현, 「일본 출토 고대 목간-고대 지역 사회에서의 농업경영과 불교활동」, 『목간과문자』24, 2020.

菅政友, 「大和國石上神宮寶庫所藏七支刀」, 『菅政友全集』, 1907.
管政友, 「任那考」(上), 『菅政友全集』, 1907.
今西龍, 「慶尙南道 咸安郡昌寧郡調査報告」, 『大正六年度古蹟調査報告』, 朝鮮總督府, 1920.

前間恭作, 「新羅王の世次と其名につきて」, 『東洋學報』15-2, 1925.
梶本杜人, 「石上神宮の七支刀とその銘文」, 『朝鮮學報』3, 1952.
石母田正, 「古代史槪說」, 『日本歷史』1, 岩波書店, 1962.
長谷部言人, 「日本民族の成立」, 『論集 日本文化の起源』5, 平凡社, 1973.
請田正幸, 「六世紀前期の日朝關係」, 『古代朝鮮と日本』, 龍溪書舍, 1974.
三池賢一, 「日本書紀"金春秋の來朝" 記事について」, 『古代の日本と朝鮮』, 學生社, 1974.
旗田巍, 「『三國史記』新羅本紀にあらわれた倭」, 『日本文化と朝鮮』2, 新人物往來社, 1975.
平野邦雄, 「ヤマト王權と朝鮮」, 『岩波講座 日本歷史1. 原始および古代』, 1975.
鬼頭淸明, 「倭からヤマト政權へ」, 『共同硏究 日本と朝鮮の古代史』, 三省堂, 1979.
鈴木靖民, 「六世紀前期の朝鮮三國と伽耶と倭」, 『伽耶はなぜほろんだか : 日本古代國家形成史の再檢討』, 大和書房, 1998.
吉村武彦, 「ヤマト王權と律令制國家の形成」, 『列島の古代史 8 : 古代史の流れ』, 岩波書店, 2006.

4. 유적발굴자료

慶尙南道, 『金海水佳里貝塚發掘 調査報告書』, 1981.
文化財硏究所, 『金海良洞里古墳發掘 調査報告書』, 1989.
釜山大學校博物館, 『勒島住居址』, 1989.
國立慶州博物館;慶北大學校博物館, 『慶州市 月城路 古墳群-下水道工事에 따른 收拾發掘調査報告-』, 1990.
釜山大學校博物館, 『東萊福泉洞古墳群 Ⅱ』, 1990.
昌原大學博物館, 『馬山 縣洞遺蹟』, 1990.
國立文化財硏究所, 『咸安 말갑옷(馬甲) 出土古墳 發掘調査槪報』, 1993.
國立昌原文化財硏究所, 『小加耶文化圈遺蹟精密地表調査報告-先史·古代』, 1994.
東亞大學校 博物館, 『巨濟市文化遺蹟精密地表調査報告書』, 1995.
國立昌原文化財硏究所, 『咸安岩刻畵古墳』, 1996.
東義大學校博物館, 『昌原道溪洞古墳群』, 1996.
國立昌原文化財硏究所, 『咸安道項里古墳群 Ⅰ』, 1997.

國立昌原文化財研究所,『咸安城山山城 發掘調査報告書』, 1998.
東亞大學校博物館,『金海府院洞遺蹟』, 1998.
國立昌原文化財研究所,『咸安道項里古墳群 Ⅱ』, 1999.
國立昌原文化財研究所,『咸安道項里古墳群 Ⅲ』, 2000.
慶星大學校博物館,『金海大成洞古墳群 Ⅰ-Ⅱ』, 2000.
東亞大學校博物館,『梁山勿禁遺蹟』, 2000.
國立昌原文化財研究所,『咸安道項里古墳群 Ⅳ』, 2001.
順天大學校博物館,『麗水 禾長洞遺蹟 Ⅰ』, 2001.
中央文化財研究院·機張郡,『機張 孝岩移住團地 造成事業 區域內 機張 林浪里 遺蹟』, 2001.
國立昌原文化財研究所,『咸安馬甲塚』, 2002.
順天大學校博物館,『麗水 禾長洞遺蹟 Ⅱ』, 2002.
咸安郡·慶南文化財研究院,『咸安苗沙里윗長命土器가마 遺蹟』, 2002.
國立昌原文化財研究所,『咸安道項里古墳群 Ⅴ』, 2004.
國立昌原文化財研究所,『咸安城山山城 Ⅱ』, 2004.
釜山大學校博物館,『勒島 貝塚과 墳墓群』, 2004.
嶺南文化財研究院,『高靈池山洞古墳群 Ⅰ-Ⅵ』, 2004-2006.
慶南文化財研究院,『晋州加佐洞遺蹟』, 2005.
東亞大學校 博物館,『固城松鶴洞古墳群 第1號墳 發堀調査報告書』, 2005.
大成洞 古墳博物館,『金海 舊官洞遺蹟』, 2006.
慶南文化財研究院,『巨濟鵝洲洞아파트新築敷地內 巨濟鵝洲洞古墳群』, 2006.
國立昌原文化財研究所,『咸安城山山城 Ⅲ』, 2006.
湖南文化財研究院,『고흥~녹동간 도로 확장공사구간 내 문화유적 발굴조사보고서 高興 新陽遺蹟』, 2006.
國立金海博物館,『咸安于巨里土器生産遺蹟』, 2007.
東亞細亞文化財研究院,『巨濟鵝洲洞共同住宅新築敷地內遺蹟 巨濟鵝洲洞古墳群』, 2007.
東亞細亞文化財研究院·大韓住宅公社,『咸安郡道項里宅地開發事業地區內 文化遺蹟發掘調査報告書』, 2007.
울산대학교박물관,『부산 정관신도시 개발지구내 유적 機長 芳谷里遺蹟』, 2007.

慶南發展硏究院, 『晋州安磵里遺蹟』, 2008.
慶南發展硏究院, 『馬山鎭東遺蹟1. 馬山鎭東地區土地區劃整理地區內文化財發掘調査』, 2008.
馬韓文化硏究院, 『順天德岩洞遺蹟Ⅰ-墳墓-』, 2008.
울산대학교 박물관, 『부산 정관시도시 개발지구내 유적 기장 가동유적 Ⅰ-Ⅱ』, 2008-2009.
東亞細亞文化財硏究院, 『機張 盤龍里 遺蹟 Ⅰ』, 2009.
福泉博物館, 『機張 淸江里遺蹟』, 2009.
全南文化財硏究院, 『光陽道月里遺蹟』, 2010.
國立中央博物館, 『昌原 茶戶里 1~7次 發掘調査 綜合報告書』, 2012.
문화재청 국립나주문화재연구소, 『高興 野幕古墳 발굴조사보고서』, 2014.
國立金海博物館, 『金海會峴里貝塚』, 2014.
順天大學校博物館, 『順天雲坪里遺蹟 Ⅲ』, 2014.
국립가야문화재연구소, 『김해봉황동유적 발굴조사보고서 Ⅰ』, 2019.
國立金海博物館, 『金海柳下貝塚發掘調査報告書』, 2017.
朝鮮總督府, 『古蹟調査報告』, 1920.
朝鮮總督府, 『金海貝塚發掘調査報告 : 大正九年度古蹟調査報告 第1冊』, 1923.

찾아보기

【ㄱ】
가라가미 61, 62, 63
가라산 251, 274
가시하라 311, 312, 313, 314, 333, 338, 356
가족국가관 50
간무(천황) 49, 57
간접교역로 270
갈문왕 37, 202
갈화(성) 237, 238, 245, 246, 254, 255, 256, 299
강수 33, 226
『강역고』 75, 237, 241, 242, 246, 247, 251, 253
개로왕 353, 388, 389
개화(천황) 190, 191
거등왕 123, 125, 126, 127, 128, 156, 188, 189, 205, 206
『경상도지리지』 232, 233, 234, 235
경애왕 24, 42
계왕 19, 92
고국양왕 315, 316, 317, 318, 329
고국원왕 84, 296, 317, 318, 328, 336, 345, 352
『고려사』 34, 38, 115, 117, 123, 223, 249, 250, 325
고이왕 21, 22, 23, 80, 82, 87, 91, 92, 93, 391
『고어습유』 361
고조선 28, 36, 71, 76, 82, 100, 226, 227, 303
고타소 413
고황산령존 162
골포 29, 238, 239, 245, 246, 247, 248, 252, 253, 254, 255, 256, 271, 272, 281

관문석성 373
관미성 317, 322, 323, 324, 329, 347, 348, 349
『관수매일기』 251
광개토왕(비문) 31, 35, 53, 103, 148, 183, 202, 223, 258, 314, 315, 316, 318, 319, 320, 321, 322, 325, 326, 327, 329, 330, 331, 337, 339, 345, 346, 347, 348, 349, 351, 352, 353, 354, 356, 357, 360, 362, 377, 387, 388, 392, 398, 401, 403, 417, 418
구간 96, 117, 118, 120, 124, 129, 134, 154, 173, 174, 191, 193, 206, 207, 263, 265
구시히 153
권근 16
구사나기노쓰루기 367
구지(가) 95, 96, 97, 153
구야진지렴 81, 125, 126
구이신 393, 394, 395
국서탈취사건 381
궁월군 51, 63, 314, 360, 361, 362, 401, 403
귀비고 209, 218
규림 142
근강국 302, 303
근강모야신 405, 408
근기국 210
근초고왕 19, 20, 21, 46, 82, 83, 84, 85, 86, 87, 88, 92, 93, 186, 187, 258, 259, 260, 261, 266, 267, 296, 318, 327, 328, 336, 345, 352, 386, 387, 388, 391, 393

찾아보기 439

금부정안라금　279
기각숙녜　330
기내론　194, 195
기마민족(설)　155, 307
기마인물형토기　312, 313, 314, 333, 342, 356
기벌포　35
기생반숙녜　356, 357, 416, 417, 418
기장족희존　58, 187, 191
기조신청인　180
길비국　311, 313, 337, 338
김다수　413
김문영　35
김방경　325
김알지　23, 32, 35, 73
김유신　22, 35, 72, 73, 91, 95, 107
김일제　71, 72, 73
김춘추　413
김해식유문토기　44
『김해읍지』 151, 152, 156

【ㄴ】
나제동맹　296, 328
낙랑　17, 75, 80, 117, 135, 136, 239, 240, 254, 279, 298
난잔고분　279, 333, 342
난파　338
남산신성비　224
남선경영론　17
내관가둔창　198, 201
내목황자　351, 376, 379, 380
내해이사금　18, 46, 98, 163, 164, 205, 206, 236, 237, 261
내물이사금　18, 21, 23, 24, 37, 105, 200, 239, 295, 296, 317, 327, 329, 331, 334
노객　323, 331, 332, 348, 349
눌지마립간　23, 37, 146

늑도　254, 274
니니기노미코토　153, 155, 157, 162, 365

【ㄷ】
다다라　414, 415
단군　35, 36, 49, 100, 303, 365
단마(국)　301, 302
당평　212, 213
대기귀명　367
대마도　27, 103, 104, 105, 251, 252, 272, 285, 286, 377
대비동　151, 157
대성동고분　121
대외무역중개소　407
대증산성　174
대티고개　227, 270, 271, 285
대화정권　110, 182, 194, 287, 307, 311, 312, 314, 332, 333, 338, 339, 340, 344, 345, 346, 348, 350, 351, 360, 364, 369, 374, 394, 401, 402, 403, 409
대혈모지신　367
대형황자　419
도기야　209
도독제군사호　399
도래인　51, 52, 53, 303, 315, 362, 407
도부호　231, 276
도항리　229, 230, 254, 276, 278, 280, 358, 363
도화녀와 비형랑　212
독로국　137, 250, 251, 252
독산성　296, 327
동북공정　35
동한직국　279, 280

【ㅁ】
마갑총　355

마두성 134, 165, 172
마추픽추 138
만세일계 48, 50, 182, 194, 260, 265, 266, 308, 368
『만엽집』 180, 309
말빗 198, 201
말이산 226, 311, 358, 364
명월사 151
모루 267, 268, 269
목심철판피발걸이 260
묘청 38
목지국 82, 87
무령왕 57, 296
무역중계지 170
무왕 374, 377, 379, 380, 391
문무왕 72, 105, 116, 117, 142, 249, 251
물계자 29, 223, 236, 237, 239, 241, 242, 245, 246, 255, 257
물금 118, 121, 133, 134, 165, 174, 175, 206
물부대련 267, 268
미마나 102, 106, 107, 108
미정잡성 53
미오야마국 102, 106, 107, 217
미질기지파진간기 198, 200
미추이사금 24, 37, 42, 175, 297, 299, 300, 327

【ㅂ】
박혁거세(거서간) 16, 17, 23, 24, 25, 35, 42, 43, 71, 77, 82, 90, 123, 131, 132
박제상 23, 24, 200
반도 134, 135,
발귀 414, 420
백강구 178
백제군사령부 259, 261, 406
범엽 75

범왕리 151, 157
법흥왕 116, 146, 147, 296, 370, 371, 372, 415
보주 139, 140, 141, 145, 149
봉황토성 121
『북사』 77, 79, 85, 161, 310
불모산 151, 156
비문변조설 326
비미국 192, 193, 215
비미호 25, 75, 159, 160, 161, 179, 180, 181, 182, 184, 185, 188, 189, 190, 191, 192, 193, 195, 196, 197, 201, 202, 204, 205, 206, 207, 214, 215, 217, 218, 219, 262, 263, 264, 265, 267, 287, 332

【ㅅ】
사량부 212
사물국 238, 239, 246, 247, 252, 254, 255, 256
사민정책 93
사천성 124, 140, 141, 145, 149, 152
사타 267, 268
사행천 228
삼종신기 367, 368
삼한일통 91
상다리 267, 268
쌍어문 136, 137, 141, 143, 144, 189
서긍 37
서왕모 140
석우로 29, 45, 46, 201, 202, 203, 204, 205, 206, 239, 260, 261, 262
석회도부작전 326
선인왕검 36
성산산성 358, 372, 373

『세종실록지리지』 123, 233, 234, 235
소나갈질지 107, 108
소노가미 61, 62, 63
소마시 75
소수림왕 146, 295, 318, 334
소시모리 365, 366, 367
소호금천씨 72
『송서』 104, 181, 309, 310, 339, 350, 388, 389, 393, 396, 397, 398, 400
수나라 414, 420
수릉왕묘 142
『수서』 40, 310, 380
수승 159, 161, 332
수중릉 105
숭신(천황) 51, 53, 60, 61, 62, 63, 102, 107, 108, 109, 110, 155, 159, 160, 161, 162, 190, 191, 195, 208, 209, 214, 215, 218, 219, 306, 307, 308, 332
스사노오 49, 62, 63, 209, 365, 366, 367, 368, 369
스에키 311, 312
신공(황후) 17, 18, 19, 20, 25, 29, 31, 46, 47, 48, 49, 53, 59, 60, 61, 62, 63, 83, 84, 86, 101, 109, 110, 159, 160, 163, 176, 177, 178, 179, 180, 181, 182, 183, 184, 185, 186, 187, 188, 190, 191, 195, 196, 197, 199, 200, 201, 202, 203, 204, 205, 206, 207, 208, 214, 215, 224, 257, 258, 259, 261, 262, 263, 264, 265, 266, 267, 268, 269, 287, 288, 308, 319, 320, 333, 351, 355, 368, 386, 387, 388, 396, 398, 405, 407, 414, 420
신김씨 73, 107

신답평 129
『신당서』 119
신무(천황) 30, 60, 61, 159, 190, 287, 306, 311, 313, 333, 337, 338
신미(제국) 83, 86, 87, 89
신상제 61
『신증동국여지승람』 115, 117, 133, 168, 193, 212, 223, 246, 248, 249, 251
『신찬성씨록』 52, 53, 310, 362, 415
실직(곡)국 29, 95, 116, 125, 131, 166, 167, 168, 169, 170, 171, 210

【ㅇ】
아나지야 375
아나도 195, 282, 283, 286, 289
아달라(이사금) 25, 127, 164, 179, 193, 196, 204, 206, 208, 209, 210, 212, 214, 216, 217, 218
아라사등 51, 62, 98, 108, 109, 110, 281, 282, 283, 284, 285, 286, 287, 299, 301, 305, 309, 336, 340, 357
아라신사 224, 302, 304
아라파사산 224, 271, 372, 373
아라히토가미 314
아리나례하 198
아리수 323
아마테라스(오미카미) 48, 63, 182, 365
아막성 110, 351, 370, 374, 376, 377, 378, 379, 380, 381
아사달 226
아신왕 30, 31, 92, 185, 314, 348, 349, 350, 351, 390, 391, 392
아시랑 223, 225, 226, 367, 370, 375

아유타 135, 136, 137, 139, 145, 147
아주동 252, 273, 274, 278
아지사주 280, 314, 360, 362
아진포 116, 131, 132, 170
아키히토천황 57
안동장군 397, 400
안라일본부 109, 405, 407
안라인수병 351, 354, 355, 356, 357
안라제왜신 405, 408, 409
안라차한기 371
안향각 141, 143, 144
알영 16, 32
야고 192
야마대 25, 61, 104, 108, 123, 153, 156, 158, 159, 161, 181, 182, 193, 194, 195, 196, 206, 214, 215, 287, 308
야마토 194, 195, 312, 340, 346, 406
야명주 390, 393, 394
『어석』 326
『양서』 41, 77, 79, 105, 159, 161, 394
양제 380
여항산 227, 243, 363, 372, 373
연구리 250
연유소내 45
염사치 75, 279
엽창치 326
『영일읍지』 212
영지 151, 156
예안리고분 145
예전별존 308
오두산성 324
오수전 254
오카야마 65, 285, 286, 287, 289, 290, 311, 313, 338, 343

오키나가타라시히메 160, 191
오호아나무지 367
온조(왕) 18, 19, 25, 37, 39, 78, 82, 83, 87, 89, 90, 91, 92, 93, 94, 95, 192, 345, 391
옹관묘 87, 88, 276
왕망 28, 37, 41, 71, 75
왕비족 91, 92, 93, 136, 172, 310, 345, 346
왕위전 142
왜한직 280, 360, 361
왜왕찬 309, 310, 396, 398
왜재 406
요시노가리유적 195
우거리 229, 231, 232, 275, 277
우두산 365, 366
우류조부리지간 199, 201
우륵 225, 418
우보 92
원가도명 388
월지국 80, 81, 362
『위략』 27, 75, 76
위만조선 71, 73, 136
위세품 254, 256, 281
율령국가 49, 53, 200, 305, 336, 362, 411, 421
을지문덕 35
읍즙벌국 95, 116, 125, 166, 167, 168, 169, 170, 171, 210
응신(천황) 30, 31, 51, 53, 60, 61, 62, 63, 110, 180, 181, 182, 185, 186, 187, 194, 201, 209, 211, 264, 265, 266, 268, 280, 281, 282, 283, 284, 287, 301, 305, 306, 307, 308, 309, 310, 311, 312, 313, 314, 315, 330, 332, 333, 334, 335, 336, 337, 338, 339, 340, 345, 346, 347, 348, 349, 350, 351, 357, 360, 361,

362, 363, 367, 368, 369, 374, 391, 392, 393, 394, 395, 396, 401, 402, 409, 412, 419
의부가라 98, 101, 109, 110, 283, 305
이림성 416, 417
이선 143
이운종 326
이주갑인상(설) 31, 86, 127, 176, 177, 183, 186, 187, 194, 210, 211, 257, 258, 259, 386, 388, 407
이즈모 62, 211, 282, 285, 286
이차돈 146
인수절 38
인종 34, 37, 38
일선동조론 48, 49, 50
일여 179, 180, 181, 182, 184, 262, 263, 264, 287
임나4읍 262, 264, 266, 267, 268, 414, 420, 421
임나4촌 414 415, 420, 421
임나4현 235, 253, 266, 267, 268, 281, 285, 300, 355, 407, 416, 417, 418, 419, 420

【ㅈ】
『자치통감』 40, 296
장령진 193, 216
장유화상 151, 156, 157
전기론 70
전지(왕) 185, 314, 350, 352, 353, 390, 391, 392, 393, 394
정습명 38
정약용 74, 237, 241, 242, 246, 247, 253, 269
정인보 320, 326
정조 136, 137, 141, 143
정한론 176
『제왕연대록』 32

조남산 358
조분(이사금) 18, 29, 261
『조선불교통사』 145
『조선왕조실록』 144, 232, 233
종발성 353, 358, 359, 360
좌로나기타갑배 416, 417
죠오몽 54
주길대신 267
주몽 35, 40
『주서』 21, 22, 85
준왕 75, 76
중간기착지 170, 250, 272, 273
중애(천황) 60, 159, 160, 180, 188, 190, 191, 195, 196, 197, 202, 203, 204, 205, 206, 215, 217, 262, 264, 266, 307, 333
중장기마전술 260
증조 134, 135, 141
지마(이사금) 105, 119, 163, 164, 171, 172, 173, 174, 201, 205, 206
지증왕 24, 32, 42, 43, 168, 169
진경대사(비) 101, 103, 106, 107
진국 73, 74, 75, 76, 93, 97, 100, 227
『진기거주』 179
진사왕 185, 314, 317, 329, 330, 346, 347, 348, 392
『진서』 85, 86, 87, 89, 295, 298, 300
진수 27, 36, 75
진왕 76, 77, 79, 80, 81, 82, 93, 155, 310, 362
진평왕 224, 374, 375, 376, 377, 381, 412
진흥왕 106, 115, 169, 238, 295, 297, 378, 379, 387, 388
질지왕 147, 148, 151, 152

【ㅊ】
『책부원구』 74
천일창 209, 210, 211, 281, 282, 283, 301, 302, 303, 304, 305, 306, 308, 309, 310, 311, 312, 313, 333, 335, 368
초선대 188
최신세 50
최치원 32
축자국 108, 313, 337
『충구발』 30
칠불사 151, 156, 157, 158
칠원 229, 230, 246, 247, 248, 249, 253, 284
칠천도 250, 252, 274
칠포 29, 238, 245, 246, 247, 248, 249, 250, 252, 253, 255, 274
침류왕 85, 146, 186, 347
침미다례 86, 258, 262, 264, 386

【ㅋ】
카라코룸 100
쿠로시오 99, 138

【ㅌ】
탁순 257, 258, 345, 371
탈해(이사금) 16, 23, 42, 98, 116, 124, 128, 130, 131, 132, 133, 167, 170, 171, 173, 189
택호 192
토사기 271
『통전』 83, 85, 86, 87, 89, 103
투후 72, 73

【ㅍ】
파사석탑 116, 139, 147, 148, 149
파사(이사금) 23, 25, 29, 46, 95, 105, 109, 116, 124, 125, 128, 133, 134, 164, 165, 166, 167, 168, 169, 170, 171, 172, 173, 180, 198, 200, 201, 204, 205, 210
파수부노형토기 121
파형동기 121
팔수부인 391, 392, 394
팔지경 368
팔척경곡옥 368
평저단경호 121
풍납토성 43, 44, 45

【ㅎ】
하구려후 41
하남위례성 43, 44
하내직 371, 407, 408
하다리 267, 268, 269
하치만신 306, 368, 391
하타(씨) 361, 362
한기부 125, 131, 166, 167, 168, 171, 172, 173, 174
한기층 406
한백겸 69, 104
한사잡물 136, 137
한왜연합왕국 155
『함주지』 228, 358, 373
허전 123
헤이안 52, 57
현동유적 271, 273
호공 17, 78, 90
화염형투창토기 231, 235, 284, 285, 342
화이진 197
화자포 133
화타 414
환령지간 256, 274, 275
황산진 128, 133
회현리패총 95, 120, 121
횡혈식석실분 89, 362
흠명(천황) 58, 59, 60, 91, 101

102, 106, 109, 111, 224, 259, 260, 345, 351, 370, 371, 372, 373, 374, 376, 404, 405, 407, 408, 409, 410, 411, 412, 414, 415, 420
홍국사 151
히미코 176, 215

안봉익

검찰공무원으로 근무하다가 검찰부이사관으로 명예퇴임하였다. 가야사 연구를 하고 싶은 생각은 오래전부터 있었으나, 대학 졸업 후 공직에 입문하면서 바쁘기도 하거니와 업무와 무관한 일을 할 수 없다고 판단했기에 틈틈이 고대사 관련 자료를 읽으며 후일을 기약하였다. 그러다가 공직을 퇴임하자마자 5년여의 기간 다른 일은 제쳐둔 채 오로지 가야사와 고대 한일관계사에 몰입한 결과 이 책을 출간하였다.

금관·아라국과 일본국가의 기원

초판 1쇄 펴낸 날 2023. 10. 23.

지은이	안봉익
발행인	안봉익
발행처	가우재
등록	2021-000327
주소	서울시 강남구 영동대로 602, 6층 J108호(삼성동, 삼성동 미켈란 107)
전화	070-8065-7308
팩스	02-6499-9928
이메일	gwj@gawoojai.co.kr
ISBN	979-11-976614-8-8

ⓒ 안봉익, 2023

이 책은 저작권법에 의해 보호받는 저작물이므로 책 내용의 전부 또는 일부를 이용하려면 사전에 저자와 가우재의 서면 동의를 받아야 합니다.

책값은 뒤표지에 있습니다.
파본은 구입하신 곳에서 바꿔드립니다.